D1683794

DIE ERSTEN 30 JAHRE

SUPER MARIO ENCYCLOPEDIA

1985 - 2015

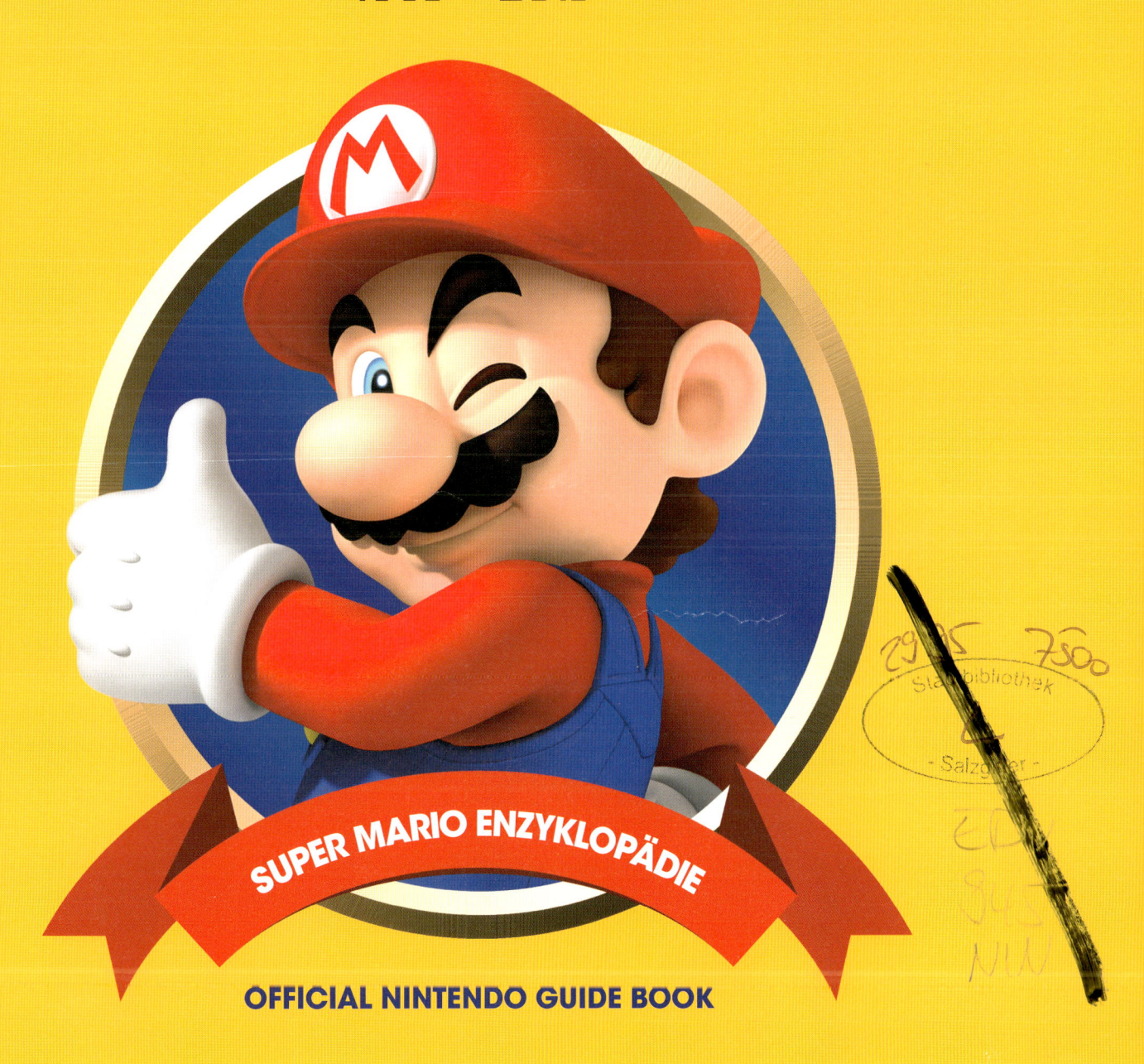

SUPER MARIO ENZYKLOPÄDIE

OFFICIAL NINTENDO GUIDE BOOK

TOKYOPOP

ZUM 30. JUBILÄUM VON SUPER MARIO BROS.
SPECIAL MESSAGE

Nintendo Co., Ltd. Planning & Production Headquarters, Planning Department

Takashi Tezuka

Mario ist mein Freund!

Seit dem Release des japanischen Famicom-Spiels *Super Mario Bros.* sind bereits 30 Jahre vergangen. In all diesen Jahren war Herr Tezuka an der Entwicklung von *Mario*-Spielen beteiligt. Was nun folgt, ist eine leidenschaftliche Nachricht für alle Mario-Fans.

Das könnte richtig heftig werden ...

Die *Super Mario*-Serie feierte im Jahr 2015 ihr 30. Jubiläum und alle Spiele zusammen wurden mehr als 300 Mio. Mal verkauft. Ich hätte mir nie träumen lassen, dass so viele Spieler diese Serie spielen würden. Jedoch gibt es etwas, woran ich mich noch immer ganz deutlich erinnern kann. Direkt nach einem Meeting vor dem Release ging ich zusammen mit Shigeru Miyamoto (Representative Director/Creative Fellow bei Nintendo Co., Ltd.) durch den Flur und er sagte zu mir: »Tezuka. Das Spiel *Super Mario* könnte richtig heftig einschlagen.« Er hatte dasselbe Gefühl wie beim Erscheinen von *Donkey Kong*. Ich habe dabei jedoch nichts empfunden und ihm einfach nur zugehört. Das war damals mein erstes Jahr in dieser Firma und bis zu dem Zeitpunkt hatte ich noch keinen einzigen Hit auf den Markt gebracht.

(SPECIAL MESSAGE) Takashi Tezuka: Mario ist mein Freund!

Jede Hilfe willkommen?!

Im Jahr 1983 kam die Konsole Family Computer* in Japan auf den Markt. Dieses Jahr war für mich das Jahr der Arbeitssuche. Und in diesem Jahr erzählte mir ein Freund etwas, das mein Leben komplett verändern sollte: »Es gibt eine interessante Firma.« Mit diesem Satz stellte er mir Nintendo vor. Das war kurz nach dem Erscheinen der Famicom-Konsole, daher hatte ich sie noch nicht ein Mal in den Händen gehabt. Damals war aber die tragbare LCD-Spielereihe *Game & Watch* von Nintendo bereits auf dem Markt und ich fühlte mich von der interessanten Spielbarkeit angezogen, trotz des simplen Designs.

Daher dachte ich, ich könnte auch in der Unterhaltungsbranche arbeiten, etwa als Designer von *Game & Watch*-Serien. Also bewarb ich mich bei Nintendo und wurde sogar angenommen. Normalerweise fängt ein neues Arbeitsjahr am 1. April an, doch schon davor wurde ich gefragt, ob ich nicht als Aushilfe kommen könnte. So unterstützte ich das Projekt zum Arcade-Game *Super Punch-Out!!* ... Ich entwarf Bilder in Pixelgrafik. Wahrscheinlich war damals für Nintendo jede Hilfe willkommen, selbst eine Katzenpfote hätten sie ausgeliehen**.

Athletisches Spiel mit großen Charakteren!

Nach dem offiziellen Firmeneintritt kam ich nicht in die *Game & Watch*-Abteilung, sondern ins Creative Department (später Information & Development Department) mit etwa sechs Mitarbeitern. Wir haben Spielkarten und Anleitungen designt und ab und zu andere Abteilungen bei der Game-Entwicklung unterstützt. Ich weiß noch, dass ich jeden Tag viel Spaß hatte. Währenddessen begann mein Leben als Game-Entwickler, zusammen mit Shigeru Miyamoto. Das erste Spiel für mich war *Devil World* für den Famicom.

◯ Notizen aus der Entwicklungsphase von *Super Mario Bros.*. Das schriftliche Konzept zum athletischen Spiel mit großen Charakteren.

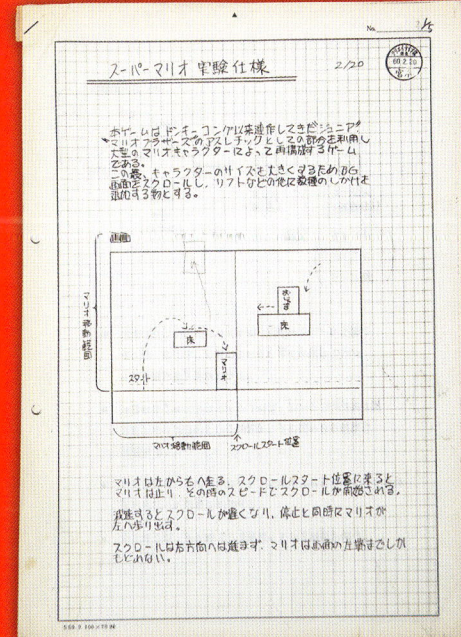

Ich war für die Pixelgrafik zuständig. Nach einer Weile, nachdem *Devil World* auf dem Markt war, verriet Shigeru Miyamoto mir das Konzept eines neuen Spiels. »Wir entwickeln ein athletisches Spiel mit großen Charakteren, mit Land, Meer und Himmel als Schauplatz.« Große Charaktere sind Charaktere mit 16 x 32 Pixeln. Davor waren die meisten Charaktere von Famicom-Spielen nur halb so groß, also 16 x 16 Pixel.

Aus diesem Grund haben wir einen großen quadratischen Charakter erstellt und diesen auf dem Bildschirm bewegt. Und wir hatten ein sehr gutes Gefühl dabei. Diesen großen Charakter nannten wir »Super Mario« – Damit war der Start des Projekts ganz offiziell eingeläutet. Damals war die Nintendo-Zentrale direkt am Tempel Tofukuji, der für seine bunten Herbstbäume berühmt ist. Wir hatten die Programmierung von *Super Mario* bei der Firma SRD (Systems Research & Development) in Auftrag gegeben, die in der Nintendo-Zentrale ein Büro bekommen hatte. Das Büro war auf einer Zwischenetage und hatte eine sehr niedrige Decke. Es glich einer Abstellkammer. Es waren sieben Kernmitarbeiter. Shigeru Miyamoto war der Director, ich war sein Assistent und Koji Kondo, der zusammen mit mir in die Firma gekommen war, war für den Sound zuständig. Toshihiko Nakago von SRD hat auch danach an *Mario*- und *Zelda*-Serien mitgearbeitet. Wie lief ein Arbeitstag in der Entwicklungsphase ab? Zunächst habe ich gemeinsam mit Herrn Miyamoto Levels designt. Wir zeichneten sie auf ein großes Karoblatt und übergaben es SRD am nächsten Morgen. Bis zum späten Nachmittag erhielten wir die programmierte Version, spielten diese Levels zusammen durch und testeten sie. Danach fassten wir unsere Korrekturen zusammen und reichten sie am nächsten Tag ein. Diesen Vorgang wiederholten wir Tag für Tag. Ich musste immer die letzte Bahn nach Hause nehmen, aber ich erinnere mich noch, dass Herr Miyamoto dann immer noch in der Firma war.

*japanische Version des Nintendo Entertainment System (NES)
**japanische Redensart für Situationen, in denen wirklich jede Hilfe benötigt wird

Mit der Ranke in den Himmel!

Was mich bei der Entwicklung am meisten beeindruckt hat, ist der Schauplatz »Himmel«. Ich dachte, »es würde sicher Spaß machen, wenn man frei durch den Himmel fliegen könnte«. Daher wollte ich Mario auf eine Wolke setzen, damit er in die Luftschlacht ziehen könnte. Selbstverständlich braucht man dafür neue Gegner, die am Himmel fliegen. Allerdings waren die Datenmengen von Famicom-Spielen damals sehr limitiert und es war nicht möglich, blindlings neue Charaktere hinzuzufügen. Daher trafen wir die Entscheidung, den bereits bestehenden Gegnern Flügel aufzusetzen. Auf diese Weise entstanden zum Beispiel die Parakoopas: Sie sind einfache Koopas mit Flügelchen auf dem Rücken.

Wir haben auch einen Prototyp entwickelt, dessen Ergebnis jedoch nicht so zufriedenstellend war. Es war eine Art Ballerspiel, das absolut nicht zur Mario-Welt gepasst hätte. Daher haben wir die Luftschlacht aufgegeben. Allerdings wollte ich trotz alledem unbedingt ein Himmelsabenteuer verwirklichen.

Eines Tages sagte ich zu Herrn Miyamoto: »Es wäre doch klasse, wenn Mario wie bei Hans und die Bohnenranke über eine Ranke in den Himmel steigen könnte.« Ich hatte ihm nur meine Idee mitgeteilt und schon machte er es möglich, den Himmel über eine Ranke zu erreichen. Er hat sogar die vorhandenen Bauteile genutzt und damit richtige Spielelemente aufgebaut. Da war ich wirklich beeindruckt.

Es ist einfach, eine Idee zu haben. Doch wirklich wichtig ist das Game-Design, also aus der Idee etwas Spielbares zu erschaffen. Bereits im zweiten Jahr konnte ich so das Kernelement des Game-Designs erlernen.

Gumbas sind Shiitakepilze!

Ich sage noch ein paar Worte zu den Gumbas, die ich entworfen habe. Zu Beginn des Projektes war ein Koopa der erste Gegner, dem man im Spiel begegnet. Wir Entwickler können die Koopas einfach besiegen, aber für Anfänger sind Koopas recht schwierig, weil ein Koopa sich in seinem Panzer versteckt, wenn man auf ihn draufspringt. Daher hieß es, dass wir für die Anfänger einen Gegner brauchen, den man mit einem einfachen Tritt besiegen kann. So entstand gegen Ende der Entwicklungsphase der Gegner Gumba. Er heißt auf Japanisch »Kuribo«, weil er einer »Kuri« (Kastanie) ähnelt, doch in Wirklichkeit ist er ein Shiitakepilz.

Eine schicksalhafte Fügung brachte mich zur Entwicklung des ersten Super Mario, und seitdem habe ich wie besessen verschiedene Super Mario-Spiele für unterschiedliche Konsolen entwickelt ... Ehe ich es mich versah sind 30 Jahre vergangen. So fühle ich mich jetzt. Gleichzeitig bin ich richtig glücklich, dass ich an Spielen mitarbeiten konnte, die über mehrere Generationen gespielt werden.

Marios Abenteuer geht noch weiter!

Zum 30. Jubiläum konnten wir das Spiel Super Mario Maker auf den Markt bringen. Dieses Spiel wurde nur durch das Wii U GamePad möglich. Schon zum Launch der Wii U wollte ich ein Spiel wie Mario Paint (ursprünglich für den Super Famicom) entwickeln. Ich dachte, es wäre sicher amüsant, wenn man mit dem Stift des Wii U GamePads etwas zeichnen könnte.

Mario Paint konnte ich aus verschiedenen Gründen nicht realisieren, aber in Super Mario Maker findet ihr diverse Elemente, die sich wie Mario Paint anfühlen. Beispielsweise lässt sich die Hand in eine Katzenpfote verwandeln. Ich hatte ja vorhin gesagt, dass Nintendo selbst eine Katzenpfote ausgeliehen hätte – und hier habe ich genau das möglich gemacht. Ach, ich habe zu Hause zehn Katzen. Zwei davon brachte ich in die Firma mit, um ihre Pfoten aufzunehmen.

Es sind noch eine Menge andere einzigartige Elemente enthalten. Ich hoffe, dass ihr bei *Super Mario Maker* vieles entdeckt, was ihr in der *Super Mario*-Videospielreihe noch nie gesehen habt.

Im Hinblick auf die 30-jährige Entwicklungsarbeit an der Serie kann ich sagen, dass Mario fast wie ein Freund für mich geworden ist. Ich habe mich bei der Entwicklung der Spiele stetig darum bemüht, Mario noch fesselnder zu gestalten. Es gab auch Momente, in denen er mich aufgemuntert hat. Daher werde ich auch weiterhin mit Mario arbeiten. Selbst das 30. Jubiläum ist nur eine Zwischenstation.

Zum Schluss bedanke ich mich bei allen Spielern, die mit Mario zusammen gespielt haben. Und ich wünsche euch allen auch weiterhin viel Vergnügen mit der Serie, da Marios Abenteuer ganz sicher noch lange kein Ende hat.

◉ Takashi Tezukas Katze ist sowohl in dem Spiel *Super Mario Maker* als auch im beigelegten Booklet zu sehen.

Interview / Text: Akinori Sao
Foto: Shoji Nakamichi

Geburtsdatum:	11. November 1960
Geburtsort:	Osaka-Shi, Osaka-Fu
Blutgruppe:	B
Abschluss:	Osaka University of Arts, Arts Design Faculty
Karriere:	Firmeneintritt April 1984, Game-Designer und Produzent von vielen *Super Mario*- und *Zelda*-Spielen
Spitzname:	Tenten
Kindheitstraum:	Zeichner werden
Lieblingsbeschäftigungen in der Kindheit:	verschiedene Sachen ausprobiert, wie zum Beispiel das Auseinanderbauen von Kassettenrekordern oder ein Dampfbügeleisen mit Sirup gefüllt usw.
Gut in diesem Schulfach:	Mathematik
Nicht gut in diesem Schulfach:	Japanisch
Lieblingsbeschäftigungen in der Schulzeit:	Werke erstellen, mit Freunden abhängen
Leibgericht:	Wassermelone und Garigari-kun-Eis**
Hassgericht:	Weichschildkröte
Lieblingsmusik:	Ich höre so ziemlich alles! (Neulich habe ich eine CD mit Bossa-Nova-Musik gekauft.)
Ich respektiere:	Shigeru Miyamoto (sag ich mal lieber)
Frühstück:	Brot oder Reis
Schlafzeit:	5–6 Stunden
Hobby:	Autofahren (In letzter Zeit fummle ich gerne an der Elektronik.)
Was ich an freien Tagen mache:	Ausgehen mit der Familie
Lieblingsort in Kyoto:	Arashiyama (selbst wenn der Ort voll mit Touristen ist)
Lieblingscharakter:	Lakitu (japanisch: Jugemu) (Ich mag den Namen. Wenn man ihn besiegt, kann man auf seiner Wolke fliegen.)
Hasscharakter:	keinen

⬆ »Marios Abenteuer geht noch weiter!« Takashi Tezuka vor dem Entwicklungsgebäude der Firma Nintendo.

*Takashi Tezuka **bekannte japanische Eis-am-Stiel-Sorte

SUPER MARIO MAKER™

Zum 30. Jubiläum der Serie erschien
Super Mario zum Basteln und Spielen!

©2015 Nintendo

Super Mario Maker ist ein Spiel, bei dem du Levels im Stil des 2-D-Jump-'n'-Runs *Super Mario* einfach selbst erstellen kannst, als würdest du auf dem Wii U GamePad etwas zeichnen. Die erstellten Levels können übers Internet veröffentlicht werden, und du kannst auch Levels anderer Spieler herunterladen.

Dieses Spiel erschien zum 30. Jubiläum der Serie. Hier können alle Spieler zum Baumeister werden. Es ist ein völlig anderes Spielprinzip als bisher.

- **Erscheinungsdatum:** 11. September 2015
- **Preis:** Retail-Version ca. 43,99 EUR, als Download-Version 39,99 EUR

Die Retail-Version beinhaltet außerdem ein Artbook voller Level-Ideen. Den Inhalt dieses Artbooks findet ihr auch als PDF auf der offiziellen Nintendo-Homepage.

Zwei Bundle-Versionen sind ebenfalls erschienen

Limitiert — **Super Mario Maker Wii U Premium Pack**
Preis: ab 279 EUR
Inhalt: Wii U (schwarz, 32GB) + Spiel-Disc + Download-Code + Artbook (Hardcover) + amiibo Mario (klassische Farben)

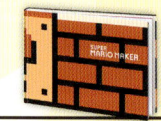

Super Mario Maker amiibo + Artbook Edition
Preis: 33.000 Yen (ca. 260 EUR)
Inhalt: Wii U (weiß, 32GB) + Spiel-Disc + Download-Code + Artbook (Hardcover)

Zum 30-jährigen Jubiläum sind zwei amiibo erschienen!
30 Jahre *Super Mario Bros.*
- **Preis:** ab 10,99 EUR

Mit bestimmten amiibo kann sich Mario in andere Charaktere verwandeln (Seite 8). Außerdem sind zwei Jubiläums-amiibo von Pixel-Mario erschienen. Das Einlesen dieser amiibo hat andere Auswirkungen als das Einlesen anderer amiibo.

⬆ Mit diesen amiibo kannst du den »Maxi-Pilz« erscheinen lassen. Sammelt ein Spieler ihn auf, verwandelt er sich in Maxi-Mario, der selbst harte Blöcke zerstört.

Klassische Farben — Moderne Farben

Einfaches Erstellen und Teilen von 2-D-Mario-Levels

Bei *Super Mario Maker* könnt ihr nach Belieben schwierige Levels mit vielen Gegnern oder auch total bizarre Levels erstellen. Hier findet ihr eine Erklärung zum Thema Bauen und Spielen.

Levels bauen
Mit dem GamePad erstellt ihr die 2-D-*Mario*-Levels. Diese lassen sich jederzeit korrigieren.

Levels spielen
Natürlich könnt ihr die selbst erstellten Levels auch spielen. Fertige Levels sind ebenfalls vorhanden.

Levels hochladen
Ihr könnt eure Levels hochladen und die hochgeladenen Levels von anderen spielen.

CREATE

Kombiniert die 60 Teile und erstellt eure eigenen Levels!

Ihr kombiniert Blöcke, Gegenstände und Charaktere und entwickelt auf diese Weise ganz eigene Levels. Dazu könnt ihr selbst das Zeitlimit, die Geschwindigkeit des Auto-Scrollings und den Zielort bestimmen. Auch die Spielthemen sind frei wählbar, wie das von *Super Mario Bros.* oder *New Super Mario Bros. U* (Seite 8). Spielt ihr eure selbst designten Levels durch, könnt ihr sie auch hochladen.

→ Einfach die Bauteile mit dem GamePad platzieren.

→ Es können auch Gegner eingesetzt werden, die im ursprünglichen Game nicht vorkamen, wie zum Beispiel Buu Huu (*Super Mario Bros.*). Dennoch wurden diese Charaktere passend zum Thema neu entworfen.

Es gibt auch Gegner, die im Originalspiel nicht vorhanden sind.

→ Kombiniert verschiedene Elemente, um neue Charaktere und Gimmicks zu erstellen!

Beim Level-Bau könnt ihr verschiedene Teile kombinieren, um neue Gimmicks zu erstellen, die im Hauptspiel unmöglich waren. Wie ihr sie nutzt, hängt ganz von euch ab.

→ Insgesamt gibt es 60 Bauteile. Schüttelt ihr die Teile, können sie sich verändern (zum Beispiel verwandelt sich ein grüner Koopa in einen roten Koopa).

·······[Kombinationsbeispiele]·······

Mario + Stachi-Helm
Harte Blöcke werden zerstörbar und Gegner können von unten attackiert werden.

Willi-Kanone + Münze
Die Kanonen feuern Münzen ab wie eine Fontäne.

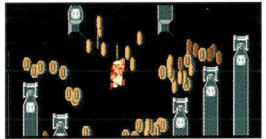

Bowser + Bowser Jr.
Bowser schultert Bowser Jr. Selbstverständlich greifen sie nun zu zweit an.

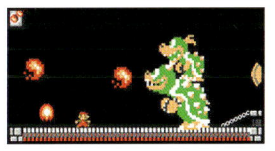

Mario + Käfer-Helm
Diese Kombination macht immun gegen Steinblockabstürze.

Mario + Koopa-Kopter
Mario kann das Fluggerät von Bowser benutzen.

PLAY

Tagtäglich neue Levels aus aller Welt

Ihr könnt die Levels aus aller Welt so viel spielen, wie ihr wollt. Außerdem findet ihr auch 64 vorgefertigte Levels im Spiel, und ihr könnt versuchen, mit zehn Marios so weit wie möglich zu kommen.

Peach wurde entführt!

↑ Aus vorgefertigten Levels werden acht Levels ausgewählt. Das ist der Einspielermodus »10-Mario-Herausforderung«.

→ 100-Mario-Herausforderung

Ihr müsst versuchen, die ausgewählten Levels anderer Nutzer mit 100 Marios zu bewältigen. Es gibt drei Schwierigkeitsstufen: »leicht«, »normal« und »schwer«. Ähnlich wie bei der »10-Mario-Herausforderung« versuchst du hier, Prinzessin Peach zu retten.

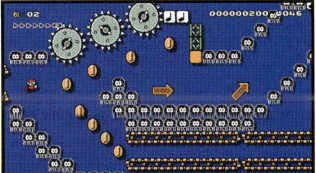

→ Levels suchen

Hier könnt ihr nach neueren Levels, Levels mit guten Bewertungen usw. suchen. Finde das Level, das zu dir passt!

Finde ein Level

→ Baumeister suchen

Habt ihr ein tolles Level gefunden, könnt ihr den Baumeister zu den Favoriten hinzufügen. Ist ein Baumeister hinzugefügt, könnt ihr euch seine kreierten Levels anschauen.

Finde den Baumeister

Themen und Umgebungen bestimmen die Welt und die Aktionen

Hier könnt ihr eines der vier Spielthemen und eine von sechs verschiedenen Spieleumgebungen aussuchen. In der Regel verhält sich Mario so wie im Spiel *New Super Mario Bros. U*, doch es gibt noch einige besondere Aktionen, die nur bei bestimmten Themen möglich sind. Hier erklären wir euch die Unterschiede.

Design-Veränderung — Spielthemen 
Ihr könnt das Thema jederzeit aussuchen. Die Musik wird der Spielzeit angepasst.

Szenen-Veränderung — Umgebungen 
Hier wählt ihr die Umgebung des Levels aus, wie Ober- oder Unterwelt. Hierfür wurden Umgebungen neu gezeichnet, die früher nicht vorhanden waren, wie zum Beispiel das Spukhaus im *Super Mario*-Stil.

SUPER MARIO BROS.
S. 16 ff.

Das ist der Ursprung dieser Serie, der die meisten Aktionselemente beinhaltet. Wie im Originalspiel ist die Feuer-Verwandlung möglich. Bei diesem Thema erscheint manchmal ein »?-Pilz« aus dem »?-Block«. Sammelt ihr ihn ein, wird Mario schlanker und er kann höher springen.

Umgebungen Spukhaus und Luftgaleere waren beim Originalspiel nicht dabei.

- Oberwelt
- Unterwelt
- Wasser
- Spukhaus
- Luftgaleere
- Festung

[Klassische Aktionen]

Sprinten
Mit gehaltener B-Taste rennt Mario schneller. Früher wurde diese Aktion »B-Dash« genannt.

Springen
Die klassische Aktion überhaupt, um Gegner zu besiegen oder Hindernisse zu überwinden.

Verwandlungen nur bei diesem Thema
Figuren-Mario
Sammelst du einen ?-Pilz ein, kann sich Mario in verschiedene Charaktere verwandeln. Die neuen Figuren erhältst du beispielsweise, wenn du neue amiibo einsetzt oder die »100-Mario-Herausforderung« meisterst.

↑ Du kannst bestimmen, ob die Verwandlung zufällig ist oder ob du einen bestimmten Charakter möchtest.

SUPER MARIO BROS. 3
S. 32 ff.

Ab diesem Spiel wurde die Weltkarte in die Serie eingeführt. Die Grafik ist deutlich detailreicher, auch wenn es genauso wie das erste Spiel für den Famicom (NES) entwickelt wurde. Im ersten Spiel und im dritten Teil kommt kein Yoshi vor, daher wurde dieses Element durch den »Gumba-Schuh« ersetzt.

Umgebungen Das Spukhaus war nicht beim Originalspiel dabei.

- Oberwelt
- Unterwelt
- Wasser
- Spukhaus
- Luftgaleere
- Festung

[Neue Aktionen]

Gegenstand tragen/werfen/hinlegen
Einen Panzer halten oder werfen – diese Aktionen sind heute selbstverständlich, aber sie wurden erst in *Super Mario Bros. 3* eingeführt.

Verwandlung nur bei diesem Thema
Waschbär-Mario
Sammelt ihr ein Superblatt auf, verwandelt sich Mario in Waschbär-Mario. Lauft ihr so lange, bis die Leiste oben links voll ist, breitet Mario seine Arme aus. Dann kann er fliegen.

↑ Bei voller Leiste fliegt Mario. Er kann auch mit dem Schweif angreifen.

SUPER MARIO WORLD

S. 50 ff.

Das Spiel *Super Mario World* erschien zeitgleich mit dem Super Famicom. Hier hatte Yoshi sein Debüt. Im ursprünglichen Spiel konnte Yoshi nicht mit ins Spukhaus gehen. Da dies nun möglich ist, trifft er zum ersten Mal auf bestimmte Gegner und es wurden neue Reaktionen eingeführt. So spuckt Yoshi Knochen, wenn er einen Knochentrocken frisst.

··················[**Neue Aktionen**]··················

Drehsprung 
Mit dem Sprung besiegt Mario Gegner und springt über Hindernisse. Diese neue Art wurde in diesem Spiel eingeführt.

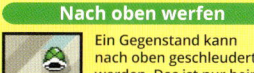

Nach oben werfen 
Ein Gegenstand kann nach oben geschleudert werden. Das ist nur beim *Super Mario World*-Thema möglich.

Verwandlung nur bei diesem Thema
Cape-Verwandlung 
Durch Aufnahme einer Cape-Feder verwandelt sich Mario in diese Form. Ihr könnt mit dem Cape attackieren und fliegen. Nach dem Flug ist auch ein Sturzflug als Angriff möglich.

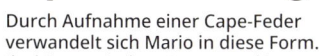

Umgebungen
Die Luftgaleere war nicht beim Originalspiel dabei.

Oberwelt — Unterwelt
Wasser — Spukhaus
Luftgaleere — Festung

NEW SUPER MARIO BROS. U

S. 204 ff.

Im Originalspiel können zusammen mit einem Unterstützer am GamePad bis zu fünf Spieler gleichzeitig spielen. Auch Yoshi ist wieder mit dabei.

··················[**Neue Aktionen**]··················

Dreisprung
Beim Laufen springen und bei der Landung wieder die Sprungtaste betätigen und das bis zum dritten Sprung.

Stampfattacke
In der Luft nach unten drücken, um Gegner zu attackieren oder Gimmicks zu aktivieren. Vielseitig einsetzbar.

Wandsprung
Im Sprung gegen die Wand treten, um auf die andere Seite zu springen. Solche Aktionen aus den 3-D-Mario-Spielen wurden auch hier eingeführt.

Verwandlung nur bei diesem Thema
Propeller-Mario 
Mithilfe des Propeller-Pilzes verwandelt sich Mario in diese Form. Nach einem schnellen Flug in die Luft fällt Mario langsam wieder hinab. Im Sturzflug kann er auch Gegner attackieren.

Themen

Oberwelt — Unterwelt
Wasser — Spukhaus
Luftgaleere — Festung

AND MORE
● ANDERES

Fliegen klatschen, um das »Baumeisterkostüm« zu erhalten

Schüttelt ihr das Mampfer-Teil, erscheinen drei Fliegen. Fangt ihr alle drei Fliegen, könnt ihr wie in *Mario Paint* das Mini-Spiel »Fliegenklatschen« spielen.

◐ Schüttelt das Mampfer-Teil, bis die Fliegen erscheinen.

◐ Baumeister-Mario

◐ Dann startet das Mini-Game. Besiegt alle Fliegen innerhalb des Zeitlimits.

◐ Es taucht ein großer Endgegner auf. Bewältigt ihr drei Levels, werdet ihr mit dem versteckten Baumeisterkostüm belohnt.

INHALT

Special Message
»Mario ist mein Freund!«, Takashi Tezuka ... 2
Super Mario Maker ... 6

AUFLISTUNG ALLER 17 SPIELE

Super Mario Bros.
Übersicht über alle Spiele aus 30 Jahren Spielgeschichte! ... 11
Die wichtigsten Charaktere aus 30 Jahren Spielgeschichte! ... 14
- Super Mario Bros. ... 16
- Super Mario Bros. 2 ... 24
- Super Mario Bros. 3 ... 32
- Super Mario Land ... 44
- Super Mario World ... 50
- Super Mario USA ... 64
- Super Mario Land 2: 6 Golden Coins ... 72
- Super Mario 64 ... 82
- Super Mario Sunshine ... 96
- New Super Mario Bros. ... 110
- Super Mario Galaxy ... 122
- New Super Mario Bros. Wii ... 140
- Super Mario Galaxy 2 ... 154
- Super Mario 3D Land ... 176
- New Super Mario Bros. 2 ... 190
- New Super Mario Bros. U ... 204
- Super Mario 3D World ... 220

Marios Auftritte in Videospielen! ... 238

KOLUMNEN

- Die Mario-Familie: Die Spin-offs ... 81
- Die Geschichte der Mario-Sportspiele ... 95
- Die Flyer der Super Mario-Games ... 109
- Die Remake-Geschichte der Super Mario-Games ... 175
- Ein Vergleich mit bisherigen Jubiläums-Events ... 189
- Als Mario noch nicht »super« war ... 237

Cover-Illustration
Die Illustration von Mario, Luigi und Peach wurde von Shigeru Miyamoto als Cover-Illustration für das offizielle Lösungsbuch »Super Mario Collection« (1993, Nintendo) gezeichnet.

1985 SUPER MARIO BROS.	1986 SUPER MARIO BROS. 2	1988 SUPER MARIO BROS. 3	1990 SUPER MARIO WORLD
			1989 SUPER MARIO LAND
1992 SUPER MARIO USA	1992 SUPER MARIO LAND 2 6 GOLDEN COINS	1996 SUPER MARIO 64	2006 NEW SUPER MARIO BROS.
		2002 SUPER MARIO SUNSHINE	2007 SUPER MARIO GALAXY
2009 NEW SUPER MARIO BROS. WII	2010 SUPER MARIO GALAXY 2	2012 NEW SUPER MARIO BROS. 2	
	2011 SUPER MARIO 3D LAND	2012 NEW SUPER MARIO BROS. U	2013 SUPER MARIO 3D WORLD

Auflistung aller 17 Spiele

(Die verwendeten Begriffe und die Illustrationen stammen in der Regel aus der Zeit, als die jeweiligen Spiele erschienen sind.)

Super Mario Bros.

Übersicht über alle Spiele aus 30 Jahren Spielgeschichte!

Die 30-jährige Geschichte der *Super Mario Bros.*-Serie

Hier findet ihr eine grobe Auflistung der 17 Spiele, die zwischen 1985 und 2015 erschienen sind. Zu einigen Titeln sind auch Remakes erschienen, jedoch werden hier nur die Originalversionen aufgelistet.

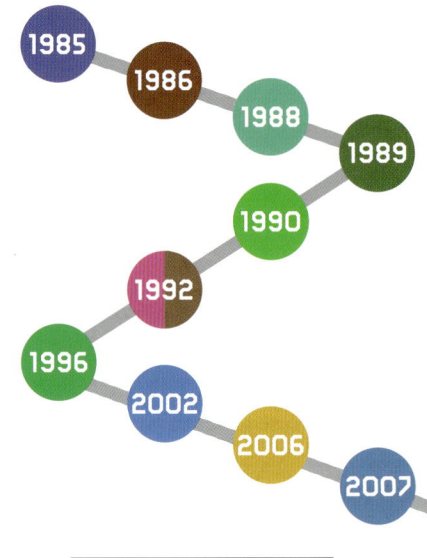

【 Vorwort 】

Seit dem Release des ersten *Super Mario Bros.* am 13. September 1985 in Japan sind 30 Jahre vergangen. Es begann als 2-D-Side-Scrolling-Action-Game, aus der 2-D-Welt wurde 3-D und aus den Pixelgrafiken wurden Polygon-Charaktere. Mittlerweile geht es quasi wieder zurück zum Ursprung, in die hoch entwickelte 2-D-Welt. So veränderte sich das Spiel zusammen mit den Entwicklungen in der Spielebranche und schrieb die Geschichte der Serie. In diesem Buch haben wir versucht die Geschichte der Serie und ihre Entwicklungen vollständig abzubilden. Es war unser Ziel, eine ultimative Datenbank zu der 30 Jahre alten Serie zusammenzustellen.

Wir hoffen, dass ihr mit euren Freunden in Erinnerungen schwelgen könnt, wenn ihr euch diese Chronologie zusammen anschaut, und ihr mit euren Liebsten noch viele weitere Spiele kennenlernt, die euch in Zukunft erwarten. Es würde uns freuen, wenn dieses Werk ein wenig dazu beitragen würde, dass sich noch mehr Mario- und Game-Fans untereinander austauschen.

1985 – 1986 – 1988 – 1989 – 1990 – 1992 – 1996 – 2002 – 2006 – 2007

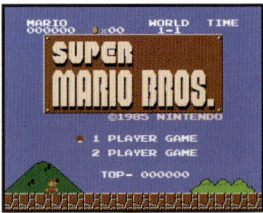

1985 S. 16 ff.
Super Mario Bros.
Family Computer (NES)
Side-Scrolling-2-D-Action

1986 S. 24 ff.
Super Mario Bros. 2
Family Computer (NES), Disc System
Side-Scrolling-2-D-Action

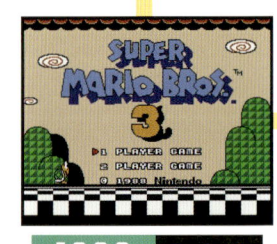

1988 S. 32 ff.
Super Mario Bros. 3
Family Computer (NES)
Side-Scrolling-2-D-Action

● Aufbau des Buches

Im Jahr 2015 startete Nintendo die Kampagne »30. Jubiläum von Super Mario Bros.«. Als eines der Kampagnenelemente werden hier die 17 Werke der Serie mit folgenden Unterkategorien erläutert. Die Bezeichnungen und Illustrationen stammen in der Regel aus dem jeweiligen Release-Zeitraum, doch einige von ihnen wurden an die aktuellen deutschen Bezeichnungen bzw. Illustrationen angepasst.

● Erklärungen in vier Unterkategorien

【 Teil 1: 】 **EINLEITUNG**	Die Daten und die Story des Werkes werden vorgestellt.	【 Teil 3: 】 **WELTEN**	Die Levels und auftretenden Gimmicks, also alle Elemente, die mit dem Schauplatz zu tun haben, werden hier erklärt.
【 Teil 2: 】 **CHARAKTERE**	Auftretende Charaktere und ihre Verwandlungsformen, dazu Feinde und andere Charaktere werden erläutert.	【 Teil 4: 】 **ANDERES**	Wissenswerte Punkte wie besondere Szenen des Werkes oder erwähnenswerte Techniken werden hier aufgeführt.

Auflistung aller 17 Spiele 〈 ÜBERSICHT ÜBER ALLE SPIELE AUS 30 JAHREN SPIELGESCHICHTE! 〉

1989 — S. 44 ff.
Super Mario Land
Game Boy
Side-Scrolling-2-D-Action

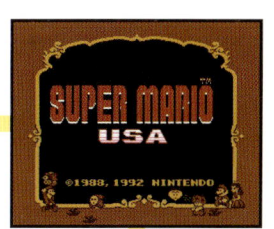

1992 — S. 64 ff.
Super Mario USA
Family Computer (NES)
Side-Scrolling-2-D-Action

2002 — S. 96 ff.
Super Mario Sunshine
Nintendo GameCube
3-D-Action

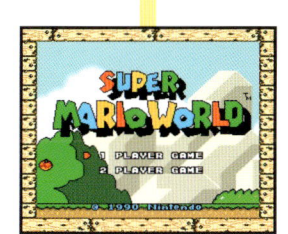

1990 — S. 50 ff.
Super Mario World
Super Famicom (SNES)
Side-Scrolling-2-D-Action

1992 — S. 74 ff.
Super Mario Land 2: 6 Golden Coins
Game Boy / Side-Scrolling-2-D-Action

2006 — S. 110 ff.
New Super Mario Bros.
Nintendo DS
Side-Scrolling-2-D-Action

1996 — S. 82 ff.
Super Mario 64
Nintendo 64
3-D-Action

2007 — S. 122 ff.
Super Mario Galaxy
Wii
3-D-Action

2009
2010
2011
2012
2013

2010 — S. 154 ff.
Super Mario Galaxy 2
Wii
3-D-Action

2012 — S. 190 ff.
New Super Mario Bros. 2
Nintendo 3DS
Side-Scrolling-2-D-Action

2009 — S. 140 ff.
New Super Mario Bros. Wii
Wii
Side-Scrolling-2-D-Action

2011 — S. 176 ff.
Super Mario 3D Land
Nintendo 3DS
3-D-Action

2012 — S. 204 ff.
New Super Mario Bros. U
Wii U
Side-Scrolling-2-D-Action

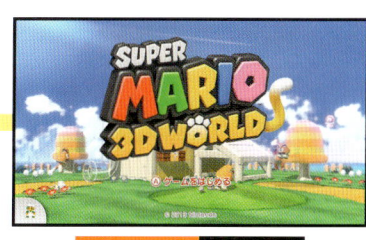

2013 — S. 220 ff.
Super Mario 3D World
Wii U
3-D-Action

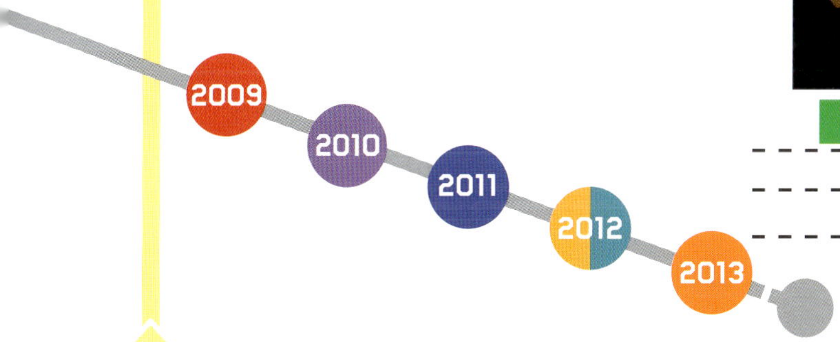

Die wichtigsten Charaktere
aus 30 Jahren Spielgeschichte!

Neben den Stammcharakteren Mario, Luigi, Peach und Bowser gibt es viele Nebencharaktere und Gegner, die im Verlauf der Serie erschienen sind. In diesem Buch werden ausnahmslos alle Charaktere erwähnt, aber auf diesen Seiten stellen wir euch erst einmal die Hauptcharaktere vor, die bei den 17 Spielen unumgänglich sind.

Mario
Der Held, immer fröhlich und optimistisch. Er tritt gegen den bösen Bowser an.

Luigi
Marios Zwillingsbruder. Etwas ängstlich, aber freundlich und aufrichtig.

Toad
Ein Bewohner des Pilz-Königreichs, der Prinzessin Peach dient. Er unterstützt Mario auf verschiedenste Arten.

Gelber Toad
Toads Freund mit gelbem Kopf und gelber Weste.

Blauer Toad
Toads Freund. Er erlebt ein Abenteuer mit dem gelben Toad und Mario.

Prinzessin Peach
Prinzessin des Pilz-Königreichs. Oft wird sie von Bowser entführt, erlebt aber auch eigene Abenteuer.

Gumba
Gumbas sind Verräter aus dem Pilz-Königreich. Sie sind Marios Gegner und Bowsers Untertanen.

Koopa
Koopas haben entweder einen roten oder einen grünen Panzer. Je nach Farbe besitzen sie unterschiedliche Eigenschaften.

Piranha-Pflanze
Diese Pflanze schießt aus den Röhren und schnappt zu.

Blooper
Blooper nähern sich dem Feind im Wasser. Manche können sogar fliegen.

Cheep-Cheep
Cheep-Cheeps schwimmen im Wasser oder springen aus dem Wasser heraus.

Hammer-Brüder
Die Hammer-Brüder greifen mit Hämmern an. Sie sind oft zu zweit.

Parakoopa
Parakoopas haben Flügel und können fliegen. Springt man auf sie drauf, werden sie zu normalen Koopas.

Lakitu
Lakitu fliegt durch die Luft und wirft mit Stachi-Eiern.

Stachi
Ihre stacheligen Panzer machen sie immun gegen Tritte. Berührt ein Stachi-Ei den Boden, wird es zum Stachi.

Käfer
Ihr harter Panzer macht sie immun gegen Feuerbälle. Käfer leben oft in der Unterwelt.

Kugelwilli
Er fliegt aus der Kanone heraus. Es gibt auch Kugelwillis, die einen verfolgen.

Bowser
Brutaler und wilder König der Koopas. Immer wieder begeht er Übeltaten und gefährdet den Frieden der Welt.

Kettenhund
Angekettet, aber angriffslustig.

Bob-omb
Nach einem Tritt oder nach einer gewissen Zeit explodieren sie.

Buu Huu
Die Gespenster genieren sich und können sich nicht rühren, wenn man sie anschaut.

Knochentrocken
Skelettgegner, die durch einen Tritt auseinanderfallen.

Morton
Einer der Koopalinge und der Größte.

Iggy
Einer der Koopalinge, etwas leichtsinnig.

Wendy
Vorwitzig und frech. Einzige weibliche Koopa der Koopalinge.

Larry
Einer der Koopalinge, ein Draufgänger.

Lemmy
Einer der Koopalinge. Ist klein und läuft auf einem Ball.

Shy Guy
Shy Guys sind schüchtern und tragen Masken. Je nach Farbe haben sie verschiedene Eigenschaften.

Ludwig
Einer der Koopalinge. Ist intelligent und möchte auffallen.

Roy Koopa
Einer der Koopalinge. Schwer und kräftig.

Prinzessin Daisy
Eine junge Prinzessin aus Sarasaland. Sie wurde einmal von einem Bösewicht namens Tatanga entführt.

Birdo
Birdos sind sehr mädchenhaft.

Yoshi
Marios Freund, der Mario auf dem Rücken trägt. Mit seiner langen Zunge frisst er Gegner und Früchte auf.

Monty Maulwurf
Er springt aus der Erde heraus und greift an.

Luma
Eines der Sternenkinder, das immer bei Rosalina ist. Es gibt Lumas in verschiedenen Farben.

Wario
Er behauptet, er sei Marios Sandkastenfreund und sein Erzrivale. Er liebt Knoblauch über alles.

Bowser Jr.
Bowsers Sohn. Er hilft seinem Vater und behindert Mario.

Rosalina
Eine mysteriöse Frau, die durch das Universum reist. Sie erlebte bereits gemeinsame Abenteuer mit Mario.

1985

SUPER MARIO BROS.™
スーパーマリオブラザーズ™

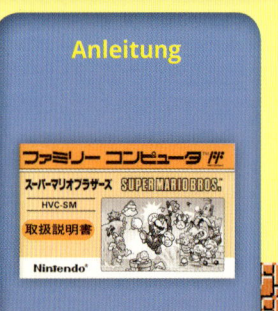

Verpackung

Spielmodul

Anleitung

- **Hardware**
  Family Computer
- **Erscheinungsdatum Japan/EU**
  13. September 1985
  15. Mai 1987
- **Spieleranzahl**
  1–2
- **Anmerkung**
  Erhältlich als Virtual-Console-Spiel für Wii U, Wii und Nintendo 3DS.

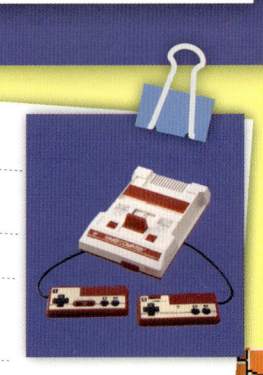

INTRODUCTION
● Einleitung

S T O R Y

Eines Tages drang die Koopa-Familie mit starker Magie in das friedliche Pilz-Königreich ein. Die Bewohner wurden in Felsen, Blöcke, Schachtelhalme und andere Wesen verwandelt und das Pilz-Königreich vernichtet.

Es heißt, nur die Prinzessin des Pilz-Königreichs, Peach, kann den Zauber brechen und das Königreich wiederauferstehen lassen. Doch sie wurde von dem bösen Koopa-König Bowser entführt.

Mario macht sich auf den Weg, um die Koopa-Familie zu besiegen, Prinzessin Peach zu retten und das friedliche Pilz-Königreich zu erlösen.

Du übernimmst die Rolle von Mario. Du bist der Einzige, der dieses Abenteuer bewältigen kann.

I N F O S

Der erste Teil der Serie, der für den Famicom-Hype sorgte

Das Side-Scrolling-2-D-Action-Spiel, das für den Family Computer erschienen war, wurde zum Fundament der gesamten Super Mario-Serie. Die fantastische Spielbarkeit, die Vielfältigkeit der Spielelemente wie die Warp-Zone oder die Feuerwerke, dazu die versteckten Tricks ließen es zum Gesprächsthema der Medien werden. Das repräsentative Werk wurde zur treibenden Kraft für den Famicom-Boom. Mit über 40 Mio. verkauften Einheiten wurde es zum Rekordhit und sein Name ging weltweit in die Geschichte ein.

Famicom-Hype, bei dem Sprinten und Sprünge zum Einsatz kommen

Im Arcade-Spiel Donkey Kong wurde Mario als »Jumpman« erschaffen. Das tolle Sprunggefühl wurde perfektioniert und so entstand dieses Spiel. Bis zum Release von Super Mario Bros. spielten die meisten Famicom-Games auf einem Bild ohne Scrolling. Das Scrollen nach rechts, passend zu Marios Bewegung, war eine bahnbrechende Neuerung inklusive Aktionen wie Sprinten oder Hüpfen. In dem Game waren schon sämtliche Grundlagen der Side-Scrolling-2-D-Action-Spieleserie enthalten, die bis heute fortgesetzt wird.

Power-Up durch Items

Das Power-Up-System mit Items kam ebenfalls zum ersten Mal in diesem Spiel vor. Mithilfe verschiedener Eigenschaften der Items wird das Abenteuer fortgeführt, wie zum Beispiel mit der Feuerblume, die Mario zu Feuer-Mario macht. Als Feuer-Mario kann Mario mit Feuerbällen angreifen. Solche Verwandlungen und andere Items tauchen auch immer wieder in den folgenden Spielen der Serie auf.

CHARACTERS
● Charaktere

SPIELBARE FIGUREN

Die Zwillingsbrüder Mario und Luigi machen sich auf ins Abenteuer.

Mario
Player 1. Mit seinen Sprungattacken bricht er auf, um Prinzessin Peach zu retten.

Luigi
Player 2. Marios Bruder, der als zweiter Spieler auftritt. Er hat dieselben Fähigkeiten wie Mario.

POWER-UPS

Mithilfe von versteckten Items verwandelt sich Mario auf verschiedene Arten.

Klein-Mario
Die Ursprungsform. Berührt Mario in diesem Zustand einen Gegner, verliert er einen Versuch.

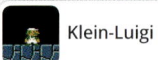

Klein-Luigi

Super Mario
Item ● Superpilz

Mario wird größer, ein Fehler führt nicht gleich zum Fehlversuch. So kann Mario auch Blöcke zerstören.

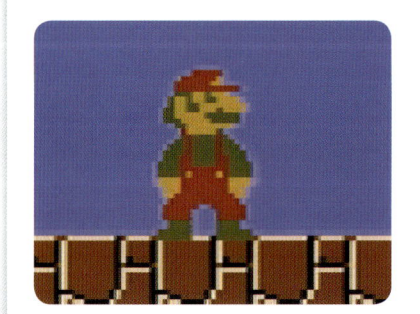

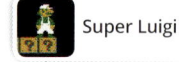

Super Luigi

Feuer-Mario
Item ● Feuerblume

Mario kann Gegner mit Feuerbällen attackieren, mit bis zu zwei Bällen gleichzeitig.

Feuer-Mario

Feuer-Luigi

Unverwundbarer Mario
Item ● Stern

Der Körper blinkt für eine Weile, und in der Zeit werden alle Gegner durch Berührung besiegt.

Unverwundbarer Luigi

Auflistung aller 17 Spiele | 1985 → SUPER MARIO BROS.

GEGNER

Hier findet ihr die Gegner, die in den Levels erscheinen. Einige Erklärungen basieren auf den Beschreibungen aus der Anleitung.

Kugelwilli
Er fliegt geradeaus und wird ab und an von der Willi-Kanone abgefeuert.

Bowser
Der letzte Endgegner, der im Level 8-4 auf Mario wartet. Er greift mit Hammer und Flamme an.

Gumba
Ein böser Pilz, der das Königreich verraten hat. Er läuft auf dem Boden.

Blooper
Lebt im Wasser und verfolgt Mario mit Auf- und-ab-Bewegungen.

Lakitu
Er verfolgt Mario in der Luft und wirft mit Stachi-Eiern.

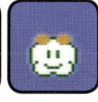

Stachi
Lakitus Haustier. Wegen der Stacheln kann man nicht auf ihn springen.

Falscher Bowser
Endgegner der Festungen. Speit zunächst Feuer, in den Welten 6 und 7 wirft er mit Hämmern.

Koopa (rot)
Ein Koopa mit rotem Panzer. Er ist ängstlich und läuft hin und her.

Koopa (grün)
Soldat des Koopa-Imperiums. Springt man auf ihn drauf, verkriecht er sich in seinen Panzer.

Stachi-Ei
Ein Ei von Stachi, das Lakitu wirft. Bei Bodenkontakt wird es zu einem Stachi.

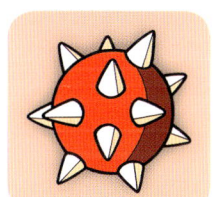

Parakoopa (rot)
Ein Koopa mit Flügeln, der in der Luft schwebt.

Parakoopa (grün)
Ein hüpfender Koopa mit Flügeln. Marios Sprung macht ihn zu einem normalen Koopa.

Piranha-Pflanze
Eine menschenfressende Pflanze. Bleibt in ihrer Röhre, wenn man direkt davor steht.

Hothead
Diese Kugel springt aus der Lava in den Festungen heraus.

Hammer-Brüder
Die Hammer-Brüder werfen mit Hämmern um sich. Sie können auf andere Ebenen springen.

Cheep-Cheep (rot)
Er schwimmt geradeaus oder schlenkernd im Wasser.

Cheep-Cheep (grau)
Dieselbe Bewegung wie Cheep-Cheep (rot), jedoch langsamer.

Kafer
Schützt sich mit dem dunklen Panzer, der ihn gegen Feuerballangriffe immun macht.

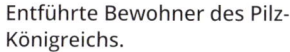

ANDERE CHARAKTERE

Entführte Bewohner des Pilz-Königreichs.

Prinzessin Peach
Die Prinzessin des Pilz-Königreichs. Sie hat die Kraft, Bowsers Zauber aufzuheben.

Toad
Sieben Toads dienen Prinzessin Peach. Sie werden in den sieben Welten als Geiseln festgehalten.

WORLDS
● Welten

LEVELS

In allen acht Welten gibt es jeweils vier Levels. Insgesamt warten 32 Levels auf Mario.

Welt 1

W1-1
Erstes Level in der Oberwelt. Die Gegner werden mit Power-Ups besiegt.

W1-2
Ein Level der Unterwelt. Mit vielen Blöcken ist der Weg deutlich begrenzter.

W1-3
Athletisches Level mit Ebenen auf unterschiedlichen Höhen und beweglichen Liftplattformen.

W1-4
Ein Festungs-Level mit vielen Feuerbarrieren. Am Ende wartet ein falscher Bowser.

Welt 2

W2-1
In diesem Oberwelt-Level hüpfen Parakoopas (grün) herum. In einem Block ist eine Ranke versteckt.

W2-2
Mario schwimmt durch das Unterwasser-Level. Hier schwimmen Cheep-Cheeps und Blooper umher.

W2-3
Voran über Brücken, über die viele Cheep-Cheeps kreuz und quer springen. Vorsicht vor den Lücken!

W2-4
Hotheads tauchen aus der Lava auf. Achtet auf das Sprung-Timing.

Welt 3

W3-1
Ein Oberwelt-Level bei Nacht. Hier behindern die Hammer-Brüder zum ersten Mal Marios Weg.

W3-2
Wenige Gimmicks, viele Gegner. Versuche, möglichst viele Gegner mit einem Panzer zu besiegen. Das verschafft dir einen Extraversuch.

W3-3
Ein athletisches Level bei Nacht, das mit den Plattformwaagen noch spannender ist.

W3-4
Hier rennt Mario durch Feuerbarrieren, die oben und unten platziert sind.

Welt 4

W4-1
Lakitu fliegt in der Luft, verfolgt Mario und greift mit Stachi-Eiern an.

W4-2
Ein Unterwelt-Level mit vielen versteckten Items. Hier gibt es auch eine Warp-Zone.

W4-3
Ein athletisches Level mit Pilzplattformen. Springt über die Plattformwaagen.

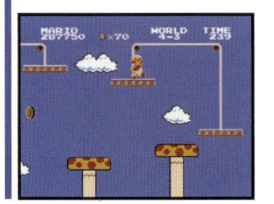

W4-4
Hier gibt es Abzweigungen. Man muss den richtigen Weg wählen, um voranzukommen.

Welt 5

W5-1
Besiegt viele Gegner mit einem Panzer, um einen Extraversuch zu erhalten. Kugelwilli hat hier seinen ersten Auftritt.

W5-2
Die Hammer-Brüder greifen immer wieder an. Hier gibt es auch versteckte Himmel- und Wasserbereiche.

W5-3
Die Plattformen sind schmaler als bei W1-3 und es kommen ununterbrochen Kugelwillis angeflogen.

W5-4
Dieselbe Struktur wie W2-4, jedoch mit mehr Feuerbarrieren.

Welt 6

W6-1
In diesem Nacht-Level greift Lakitu an. Ihr müsst zahlreiche Block-Berge überwinden.

W6-2
Hier sind große und kleine Röhren zu finden. In manchen von ihnen entdeckt man versteckte Gebiete.

W6-3
Athletisches Level mit weißen Podesten. Gegen Ende kommen Kugelwillis angeflogen.

W6-4
Das Level ist wie W1-4 aufgebaut, jedoch sind hier mehr Feuerbarrieren und Hotheads platziert.

Welt 7

W7-1
In diesem Oberwelt-Level sind mehrere Willi-Kanonen hintereinander aufgestellt.

W7-2
Dieselbe Landschaft wie W2-2, allerdings sind hier mehr Blooper zu finden.

W7-3
Erneut rennt ihr über die Brücke mit den herumfliegenden Cheep-Cheeps. Zudem tauchen Koopas und Parakoopas auf.

W7-4
Ein scheinbar endloses Festungs-Level. Man muss den richtigen Weg heraus finden.

Welt 8

W8-1
Ein langes Level mit kleinen Plattformen. Das Level beginnt mit weniger Zeit als sonst.

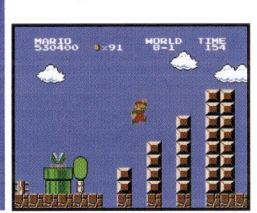

W8-2
In diesem Oberwelt-Level wartet Lakitu auf dich. Es sind viele Willi-Kanonen aufgestellt.

W8-3
Im Hintergrund ist die Burgmauer zu sehen. Bowsers Festung ist sehr nah. Unzählige Hammer-Brüder überfallen euch.

W8-4
Die letzte Festung, in der Bowser wartet. Man muss in die richtige Röhre steigen, um weiterzukommen.

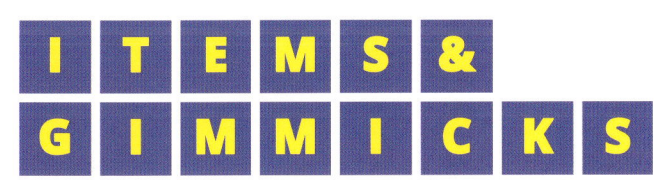

ITEMS & GIMMICKS

Hier findet ihr Hindernisse und nützliche Items, die ihr in den Levels seht.

Axt
Sie ist hinter dem (falschen) Bowser platziert. Ergreift man sie, ist das Level geschafft.

Unsichtbarer Block
In solchen Blöcken sind zum Beispiel Münzen zu finden.

Willi-Kanone
Eine Kanone, die Kugelwillis in Marios Richtung abfeuert.

Bowsers Flamme
Sie kommt gegen Ende der Festungs-Levels angeflogen.

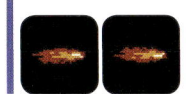

Münze
An vielen Orten zu finden. Für 100 gesammelte Münzen erhält man einen Extraversuch.

Zielpfahl
Wird die Flagge erreicht, ist das Level geschafft. Je nach Höhe gibt es Punkte.

Trampolin
Das Trampolin lässt einen hochhüpfen. Auf das richtige Timing kommt es an.

Superpilz
Damit wird Mario zu Super Mario.

Stern
Dieser Stern macht Mario für eine Weile unverwundbar.

Rankenblock
Mit der Ranke erreicht man ein Bonus-Gebiet oder eine Warp-Zone.

10er-Münzblock
Dieser Block spuckt mehrere Münzen aus, wenn man wiederholt auf ihn draufschlägt.

Plattformwaage
Zwei Lifte, die zusammengehören und wie eine Waage auf und ab gehen.

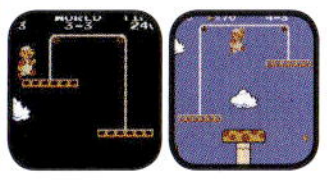

Röhre
Es gibt Röhren verschiedener Länge. Einige führen zu versteckten Gebieten.

?-Block
Schlägt man auf ihn drauf, taucht eine Münze oder ein Power-Up-Item auf.

Feuerbarriere
Rotierende Feuerbarriere. Können sich in beide Richtungen drehen.

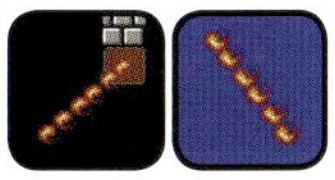

Feuerblume
Sie macht Mario zu Feuer-Mario.

Plattform
Je nach Variante bewegt sie sich nur in eine Richtung oder hin und her.

Block
Er lässt sich zerstören, wenn die Spielfigur groß ist. Manchmal sind Items darin versteckt.

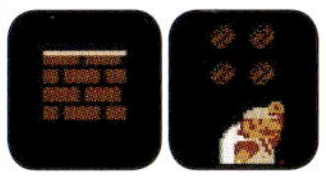

Warp-Röhre
Röhre in der Warp-Zone. Geht man hinein, landet man in einer anderen Welt.

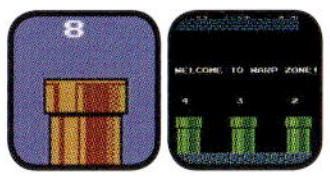

1-Up-Pilz
Verschafft Mario einen Extraversuch. Er ist oft gut versteckt.

AND MORE
● Anderes

BESONDERE SZENEN

Hier zeigen wir euch einige beeindruckende Szenen. Es gibt berühmte Szenen aus diesem Werk, die in den späteren Spielen übernommen worden sind.

Verstecktes Gebiet in den Röhren!

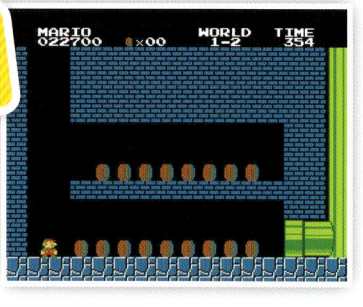

Ihr könnt in einige Röhren hineingehen. Diese führen zu versteckten Bonus-Gebieten mit vielen Münzen (manchmal führen diese Röhren zum Unterwassergebiet). Einige Röhren können als Abkürzungen dienen.

Gefunden! Versteckter 1-Up-Pilz!

Im ersten Level der jeweiligen Welt ist immer ein 1-up-Pilz versteckt. Jedoch ist es etwas schwierig, diesen zu bekommen. Denn er erscheint nur, wenn man bestimmte Voraussetzungen erfüllt hat. Die Voraussetzungen sind zum Beispiel »Die Welt durch die Warp-Zone erreicht«, »Nach einem Game-over wieder neu angefangen« oder »Im Level 3 der letzten Welt eine bestimmte Anzahl an Münzen geholt«.

Kampf gegen die falschen Bowser!

Am Ende des Festungs-Levels wartet Bowser – doch in den Welten 1 bis 7 trefft ihr nur falsche Bowser. Falsche Bowser besiegt ihr mit fünf Feuerbällen. Dann seht ihr, wer der falsche Bowser wirklich ist (die wahre Gestalt ist von Welt zu Welt unterschiedlich).

Mit der Ranke über die Wolken!

In W2-1 sowie W3-1 findet ihr versteckte Ranken. Damit kommt ihr zum Bonus-Gebiet über den Wolken, in dem ihr eine Liftplattform nehmt, um Münzen zu sammeln. Insgesamt sind Ranken an fünf Orten versteckt, doch die Ranke in W4-2 führt zu einer Warp-Zone.

Schwierige zweite Spielrunde!

Nach der Rettung von Prinzessin Peach beginnt die zweite Spielrunde und damit ein neues Abenteuer. Es wird schwieriger, da Gumbas zu Käfern werden, die Koopas und Käfer schneller laufen, die Plattformen kürzer sind usw. Drückt ihr die B-Taste im Titelbild, könnt ihr die Welt aussuchen, von der aus ihr starten wollt.

Wissenswertes & Techniken

Dieses Spiel hat viele versteckte Elemente. Hier haben wir die Techniken zusammengefasst, die damals als Geheimtricks berühmt wurden.

Warp-Zone in die andere Welt

In diesem Spiel gibt es zwei Levels mit versteckten Warp-Zonen, die zu anderen Welten führen. Die eine findet ihr, wenn ihr in W1-2 über der Decke am Rohr zum Ziel vorbeirennt. Dort sind drei Röhren platziert, die in die Welten 2 bis 4 führen. Die anderen Warp-Zonen sind in W4-2 versteckt. Rennt ihr auf der Decke, findet ihr die Warp-Zone zur Welt 5, nehmt ihr die Ranke zur Oberwelt, findet ihr die Warp-Zone zu den Welten 6 bis 8.

Panzer auf der Stufe für unendlich viele Extraversuche

Springt ihr auf den Stufen auf einen Panzer, könnt ihr mehrmals hintereinander draufspringen und mehrere Extraversuche erhalten. Springt auf einen Koopa, wenn dieser eine Stufe über euch ist. Bei richtigem Timing springt ihr danach kontinuierlich auf den Panzer! Dieser Trick ist in W3-1 oder W7-1 einfach auszuführen.

Das legendäre Level -1

Lasst ihr einen Block über dem letzten Rohr von W1-2 stehen und springt mit dem Rücken zu dem übrig gebliebenen Block, könnt ihr bei richtigem Timing durch die Wand zu den Röhren der Warp-Zone gelangen. Nun geht in das linke Rohr, bevor der Text der Warp-Zone erscheint. So erreicht ihr das mysteriöse Wasser-Level »-1«. Bei der Disc-System-Version landet ihr in einem anderen Level.

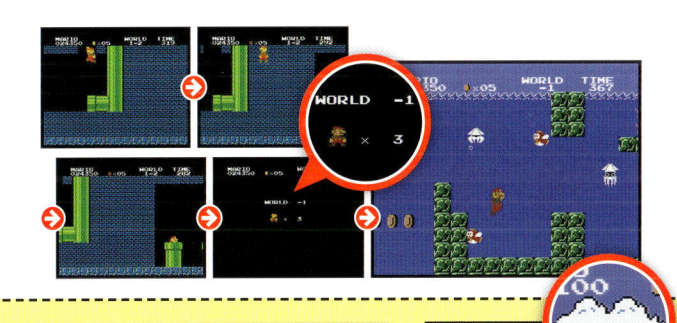

Kugelwilli-Lift

Wenn ihr in W6-3 auf den Kugelwilli springt, kann es passieren, dass er in der Luft stehen bleibt. Bleibt ihr auf dem Kugelwilli, wird die Linie verlängert und der Kugelwilli verhält sich wie eine Plattform.

Die Hammer-Brüder gehen voran

Die Hammer-Brüder hüpfen auf der Stelle und werfen Hämmer. Wartet ihr eine Weile, fangen sie an, auf euch zuzukommen.

Wolken- und Gebüsch-Grafiken

Die Grafiken von Wolken und Gebüsch sind identisch. Sie haben nur unterschiedliche Farben. Das ist eine Notlösung, weil man beim Famicom keine großen Datenmengen zur Verfügung hatte.

Feuerwerk am Ziel

Berührt ihr die Flagge, wenn die Endziffer der Zeit auf 1, 3 oder 6 steht, werden Feuerwerkskörper losgelassen.

Krone statt Restversuche

Bei zehn oder mehr Versuchen wird eine Krone angezeigt.

Continue

Haltet bei einem Game-over im Titelbild die A-Taste gedrückt und startet dann das Spiel. So beginnt das Spiel wieder vom ersten Level der Welt an, in der ihr alle Versuche verloren habt.

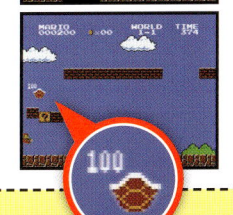

Klein-Feuer-Mario

Ein besonderer Trick, mit dem ihr als Klein-Mario Feuerbälle werfen könnt. In Level 4 müsst ihr als Super Mario (oder Feuer-Mario) die Axt nehmen, wobei ihr gleichzeitig Bowser berührt. Der Trick ist gelungen, wenn Mario im transparenten Zustand zu Toad gleitet. Im nächsten Level startet ihr als Super Mario, und wenn ihr dann den Superpilz und die Feuerblume einsammelt, werdet ihr zum kleinen Feuer-Mario. Berührt ihr danach einen Gegner, wird Klein-Feuer-Mario wieder zu Super Mario.

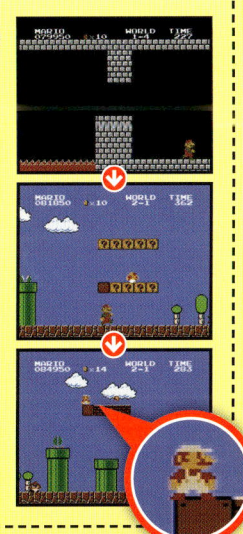

Gumba wird zum Koopa

Die Stachis in W6-1 verwandeln sich manchmal in Koopas, wenn man sie am linken Bildschirmrand über einen Block von unten her angreift. Wenn ihr den Gumba gegen Mitte von W1-1 auf diese Weise attackiert, könnte sich die Grafik in einen Koopa verwandeln.

1986

スーパーマリオブラザーズ™ 2

Super Mario Bros. 2

Verpackung — **Diskette** — **Anleitung**

- **Hardware**
  Family Computer Disc System
- **Erscheinungsdatum Japan/EU**
  3. Juni 1986/16. Dezember 1993
  (als Teil von *Super Mario All-Stars*)
- **Spieleranzahl**
  1
- **Anmerkung**
  Als Virtual-Console-Spiel für Wii U, Wii und Nintendo 3DS unter dem Namen *Super Mario Bros.: The Lost Levels* erhältlich.

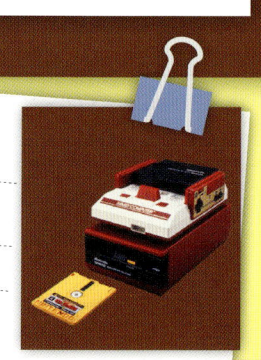

INTRODUCTION
● Einleitung

S T O R Y

Eines Tages drang die Koopa-Familie mit starker Magie in das friedliche Pilz-Königreich ein. Die Bewohner wurden in Felsen, Blöcke, Schachtelhalme und andere Wesen verwandelt und das Pilz-Königreich so vernichtet.

Es heißt, nur die Prinzessin des Pilz-Königreichs, Peach, kann den Zauber brechen und das Königreich wiederauferstehen lassen. Doch sie wurde von dem bösen Koopa-König Bowser entführt.

Mario macht sich auf den Weg, um die Koopa-Familie zu besiegen, Prinzessin Peach zu retten und das friedliche Pilz-Königreich zu erlösen.

Du übernimmst die Rolle von Mario. Du bist der Einzige, der dieses Abenteuer bewältigen kann.

I N F O S

Das zweite Spiel der Serie, speziell für Experten

Dieses Side-Scrolling-2-D-Action-Game ist das zweite Spiel der Serie, das für das Disc System erschienen ist. Auf der originalen japanischen Verpackung stand »FOR SUPER PLAYERS«, und wie diese Bezeichnung schon andeutet, ist es ein deutlich schwierigeres Spiel für die, die den Vorgänger *Super Mario Bros.* komplett gemeistert haben. Das Spielprinzip wurde beibehalten, jedoch gibt es einige gemeine Gimmicks wie den »Giftpilz« oder den Rückenwind, der den Charakter wegschiebt. Erfüllt man bestimmte Bedingungen, werden weitere Levels freigeschaltet, so warten 52, also 50 % mehr Levels als beim Vorgänger, auf den Spieler.

»Mario Game« und »Luigi Game«

Bei dem Spiel spielt ihr nicht abwechselnd mit Mario und Luigi, sondern ihr sucht euch einen der beiden Brüder aus. Diesmal ist jedoch das Spielgefühl anders: Luigi kann höher springen, allerdings schlechter bremsen. Hier wurden zum ersten Mal besondere Eigenschaften für Luigi eingeführt und diese sind oft auch in späteren Spielen dieser Serie zu finden.

CHARACTERS
● Charaktere

SPIELBARE FIGUREN

Ihr sucht euch für das Abenteuer einen der Charaktere mit unterschiedlichen Fähigkeiten aus.

Mario
Genauso wie beim Vorgänger will er mit Sprüngen und Sprints Prinzessin Peach retten.

Luigi
Er springt höher als Mario, rutscht aber häufiger aus.

POWER-UPS

Findet ihr die Items und sammelt sie ein, erhaltet ihr die Kraft der Verwandlung.

Klein-Mario
Der Zustand zu Beginn des Spieles. Er kann keine Blöcke zerstören, und bei Gegnerkontakt verliert er einen Versuch.

Klein-Luigi

Super Mario — Item ● Superpilz
Blöcke können zerstört werden. Da der Körper nun größer ist, muss er sich in niedrigen Gängen ducken.

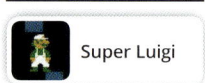

Super Luigi

Feuer-Mario — Item ● Feuerblume
Feuerbälle werden zum Angriff benutzt.

Feuer-Mario
Feuer-Luigi

Unverwundbarer Mario — Item ● Stern
Der Körper blinkt für eine Weile, in der Zeit werden alle Gegner durch Berührung besiegt.

Unverwundbarer Luigi

ANDERE CHARAKTERE

Gefangene Bewohner des Pilz-Königreichs, die Mario und Luigi retten wollen.

Toad
Die Toads dienen Prinzessin Peach und werden zurzeit als Geiseln gehalten.

Prinzessin Peach
Die Prinzessin des Pilz-Königreichs. Bowser hält sie gefangen.

Auflistung aller 17 Spiele: 1986 ▶ SUPER MARIO BROS. 2

G E G N E R

Gegner, die in den Levels erscheinen. Viele davon sind bekannt aus dem Vorgänger, doch es gibt auch Gegner, die zum ersten Mal erscheinen, wie der Flug-Blooper.

Kugelwilli
Er fliegt geradeaus und wird ab und an von der Willi-Kanone abgefeuert.

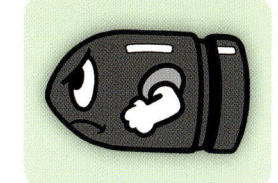

Flug-Blooper
Pinker, fliegender Blooper. Er wird besiegt, wenn man auf ihn draufspringt.

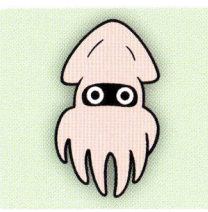

Bowser
Der König, der in der letzten Festung wartet. Er greift mit Flamme und Hammer an.

Bowser (blau)
Bowser mit blauem Körper. Er erscheint dreimal und greift mit Flamme und Hammer an.

Gumba
Verräter des Pilz-Königreichs. Er geht geradeaus.

Blooper
Er schwimmt auf und ab und verfolgt Mario im Wasser.

Lakitu
Er schwebt in der Luft und wirft mit Stachi-Eiern um sich. Manchmal fliegt er sehr tief.

Stachi
Der Stachel-Panzer macht ihn immun gegen Tritte.

Falscher Bowser
Er greift mit Flamme und Hammer an. Wird er besiegt, sieht man seine wahre Gestalt.

Koopa (rot)
Ein Mitglied der Koopa-Armee. Er läuft am Boden und dreht sich am Ende von Plattformen um.

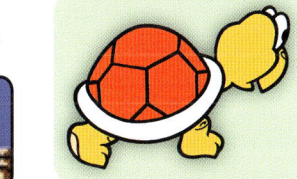

Koopa (grün)
Dieser geht am Ende von Plattformen einfach weiter. Nach einer Sprungattacke verkriecht er sich.

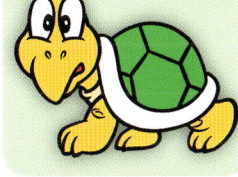

Stachi-Ei
Wird von Lakitu geworfen. Am Boden wird es zum Stachi.

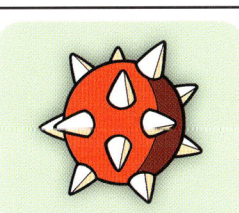

Parakoopa (rot)
Ein Koopa mit Flügeln, der fliegen kann.

Parakoopa (grün)
Er hüpft am Boden oder schwebt in der Luft auf und ab.

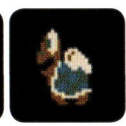

Piranha-Pflanze
Sie schießt aus den Röhren heraus. Stellt man sich direkt an die Röhren, bleibt sie drin.

Piranha-Pflanze (rot)
Diese schreckliche Piranha-Pflanze zeigt sich auch dann, wenn man sich direkt an die Röhren stellt.

Hothead
Der rote Fels springt aus der Lava und beschützt Bowser.

Hammer-Brüder
Sie greifen mit Hämmern an. Einige laufen nach vorne.

Cheep-Cheep (rot)
Er schwimmt im Wasser geradeaus oder auf und ab.

Cheep-Cheep (grau)
Der graue Cheep-Cheep schwimmt langsamer als der rote.

Käfer
Er ist immun gegen Feuerbälle. Springt man auf ihn drauf, verkriecht er sich in seinen Panzer.

WORLDS
• Welten

LEVELS

Mit insgesamt 52 Levels sind es deutlich mehr als beim Vorgänger. W9 und WA und spätere Levels werden nur unter bestimmten Voraussetzungen freigeschaltet.

Welt 1

W1-1 Das erste Oberwelt-Level. Der neue Giftpilz ist hier und da versteckt.

W1-2 In der Unterwelt muss man Röhren, Liftplattformen und schmale Podeste überwinden.

W1-3 Athletisches Level mit hohen Ebenen und Flug-Blooper.

W1-4 Festungs-Level mit einem falschen Bowser und vielen Feuerbarrieren.

Welt 2

W2-1 Ein Level am Wasser. Mit dem Super-Trampolin springt man über die Teiche.

W2-2 Ein Oberwelt-Level mit vielen Koopas. Am großen Abgrund sind unsichtbare Blöcke.

W2-3 Auf der Brücke springen viele Cheep-Cheeps und Parakoopas umher.

W2-4 In den niedrigen Gängen tauchen Koopas und Feuerbarrieren als Hindernisse auf.

Welt 3

W3-1 Ein Oberwelt-Level mit vielen Röhren. Eine davon führt zurück zu W1.

W3-2 Ein Wasser-Level mit Bloopern und Cheep-Cheeps. Auf dem Boden laufen Koopas.

W3-3 Ein athletisches Level mit weißen Podesten, Plattformwaagen und Trampolinen.

W3-4 An den Abzweigungen muss man den richtigen Weg wählen, sonst geht man im Kreis.

Welt 4

W4-1 Passt gut auf Lakitus und Piranha-Pflanzen (rot) auf und meistert den Röhren-Bereich.

W4-2 Hier tauchen viele Gegner auf wie Kugelwillis, Lakitus oder Hammer-Brüder.

W4-3 Ein athletisches Level mit diversen Liftplattformen. Am Ende tauchen Kugelwillis auf.

W4-4 Man muss durch niedrige Gänge mit Gegnern auf und ab gehen.

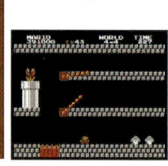

Welt 5

W5-1 Ein Oberwelt-Level mit Rückenwind. In der Schlucht sind unsichtbare Blöcke.

W5-2 Ein Unterwelt-Level mit vielen Röhren mit Piranha-Pflanzen (rot) am Boden und an den Decken.

W5-3 Nach den beweglichen Plattformen muss man in das richtige Rohr hinein.

W5-4 Auf den schmalen Podesten über der Lava sind mehrere Feuerbarrieren hintereinander platziert.

Welt 6

W6-1 Ein Oberwelt-Level. Ab der Mitte muss man mit Rückenwind über Liftplattformen springen.

W6-2 Ein Wasser-Level mit langen Korallen von oben und von unten.

W6-3 In dem Brücken-Level fliegen Cheep-Cheeps umher. Die Plattformen werden schmaler.

W6-4 Ein Endlosschleifen-Level. Weicht den Gefahren aus und wählt den richtigen Weg aus.

Welt 7

W7-1 Ein chaotisches Level mit Rückenwind. Cheep-Cheeps und Kugelwillis fliegen umher.

W7-2 Das Level ist in zwei Abschnitte unterteilt. Nur durch das richtige Rohr kommt man weiter.

W7-3 Hier springt man von einem Super-Trampolin zum nächsten. Sie stehen auf engen Podesten.

W7-4 In dem Festungs-Level blockieren Feuerbarrieren die schmalen Gänge.

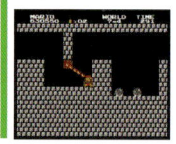

Welt 8

W8-1 Über mehrere Parakoopas überwindet ihr den Abgrund. Meidet die falsche Warp-Zone.

W8-2 Findet den Rankenblock, um das versteckte Ziel zu erreichen.

W8-3 Ein Level über den Wolken. Nach und nach greifen Hammer-Brüder an.

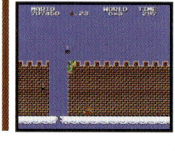

W8-4 Das Level ist in mehrere Räume aufgeteilt und ihr geht durch die Röhren weiter.

Welt 9

W9-1 Ein seltsames Level, in dem man schwimmt, obwohl es wie eine Oberwelt aussieht.

W9-2 Zwischen zahlreichen Röhren muss man Lakitus Attacken ausweichen.

W9-3 Ein Oberwelt-Level, das wie ein Festungs-Level aussieht. Bowser (blau) ist der einzige Gegner.

W9-4 Alle Charaktere tauchen auf. Die Felsen bilden eine Nachricht der Dankbarkeit ab.

Auflistung aller 17 Spiele (1986 → SUPER MARIO BROS. 2)

Welt A

WA-1
Hier beginnt die Parallelwelt. Es tauchen viele Koopas auf.

WA-2
In engen Gängen warten die Hammer-Brüder und Kugelwillis.

WA-3
Ein Level über den Wolken. Bei Rückenwind toben die Cheep-Cheeps herum.

WA-4
Auf schmalen Säulen greifen die Hotheads, in engen Gängen greifen die Kugelwillis an.

Welt B

WB-1
Ein Oberwelt-Level mit vielen Ebenen aus Blöcken. Hier sind viele Items versteckt.

WB-2
Ein Wasser-Level mit vielen Münzen. Die Parakoopas und Koopas beschützen sie.

WB-3
Ein athletisches Level, bei dem man mit großen Sprüngen über schmale Ebenen springt.

WB-4
Wirkt wie ein Endlos-Level, ist aber keins. Das Rohr führt zurück zum Start.

Welt C

WC-1
Unzählige Röhren mit roten Piranha-Pflanzen sind oben und unten platziert.

WC-2
Ein athletisches Level. Zuerst kommen Cheep-Cheeps, danach Kugelwillis.

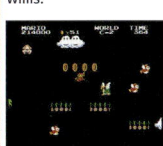

WC-3
Das Level ähnelt W7-3, doch dieses ist mit Rückenwind und Lakitus.

WC-4
Ähnlich wie W7-4, jedoch mit weniger sicheren Orten.

Welt D

WD-1
Bei dem Oberwelt-Level müsst ihr viel springen und Gegner geschickt ausschalten.

WD-2
Vor dem Ziel ist ein großer Teich, der mit einem Trampolin überwunden werden muss.

WD-3
Viele Willi-Kanonen sind hier aufgestellt und die Hammer-Brüder greifen an.

WD-4
Nach einer Festung folgen Szenen der Ober- und Unterwelt sowie der Kampf gegen Bowser.

ITEMS & GIMMICKS

Hier findet ihr die Items, die in den Levels erscheinen. Auch die fiesen Gimmicks wie der Giftpilz oder der Rückenwind werden hier gezeigt.

Rückenwind
Er taucht an bestimmten Stellen auf und schiebt Mario voran.

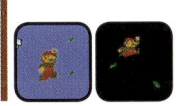

Axt
Sie wurde am Ende des Festungs-Levels platziert. Ergreift man sie, ist das Level beendet.

Unsichtbarer Block
Dieser Block taucht aus dem Nichts auf und kann danach als Podest genutzt werden.

Willi-Kanone
Diese Kanone feuert Kugelwillis ab. Sie wurde auch in der Unterwelt und der Festung aufgestellt.

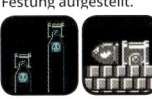

Bowsers Flamme
Sie kommt gegen Ende des Festungs-Levels angeflogen.

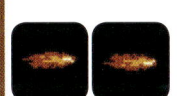

Münze
Sie steckt an vielerlei Orten. Bei 100 Münzen erhält man einen Extraversuch.

Zielpfahl
Erreicht man ihn, ist das Level beendet. Einige sind auch unter Wasser aufgestellt.

Trampolin
Wenn man darauf steht, hüpft man hoch. Bei richtigem Sprung-Timing kann man noch höher springen.

Superpilz
Das Item macht Mario zu Super Mario. In diesem Teil hat er ein Gesicht.

Super-Trampolin
Dieses Trampolin lässt Mario bis außerhalb des Bildschirms springen.

Stern
Der Stern macht Mario für eine Weile unverwundbar.

Rankenblock
Aus dem Block taucht eine Ranke auf. Die Ranke führt zu anderen Bereichen.

Plattformwaage
Stellt man sich auf eine Seite, geht die andere Seite nach oben. Bleibt man zu lange stehen, fällt sie wieder herab.

10er-Münzblock
Aus dem Block tauchen mehrere Münzen innerhalb eines bestimmten Zeitraumes auf.

Röhre
Hier nisten die Piranha-Pflanzen. Manche Röhren führen zu anderen Bereichen. Sie hängen mitunter von der Decke.

Giftpilz
Bei Berührung wird man verletzt. In den Unterwelt-Levels ist er blau.

?-Block
Schlägt man darauf, erscheint eine Münze oder ein Item – oder auch ein Giftpilz.

Feuerbarriere
Die Barriere dreht sich. Es gibt auch längere oder schnellere Varianten.

Feuerblume
Sie macht Mario zu Feuer-Mario.

Plattform
Sie bewegt sich in eine Richtung oder fällt bei Betreten herab. Einige tauchen auch unter Wasser auf.

Block
Zerstörbar von jedem außer Klein-Mario. Manchmal sind Items darin versteckt.

1-Up-Pilz
Mario erhält einen Extraversuch. In den Unterwelt-Levels hat er eine andere Farbe.

AND MORE
● Anderes

BESONDERE SZENEN

Hier haben wir einige beeindruckende Szenen ausgesucht, wie der erste Auftritt der neuen Elemente, oder wie man in die Parallelwelten kommt.

Achtung, Giftpilz!

Dieser gefährliche Pilz erscheint aus dem ?-Block und erzeugt Schaden, wenn man ihn aufnimmt. In der Unterwelt hat er eine andere Farbe, somit ist er leicht verwechselbar mit dem 1-Up-Pilz. Es ist ein Item, daher verschwindet er, wenn man ein anderes Item entdeckt.

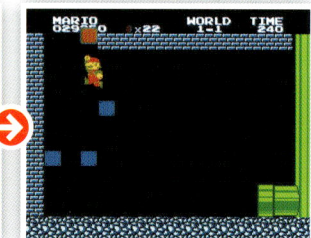

Ein fliegender Blooper!

Die Blooper haben Mario unter Wasser verfolgt, doch in diesem Spiel tauchen sie auch in der Oberwelt auf. Sie bewegen sich genauso wie unter Wasser. Jedoch ist dieser Feind hier leichter zu handhaben, weil man ihn mit einem Tritt besiegen kann.

Gefunden! Piranha-Pflanzen!

Hier tauchen die roten Piranha-Pflanzen zum ersten Mal auf. Sie erscheinen auch dann, wenn Mario direkt an den Röhren steht. Sie sind lästig und schießen auch aus den umgekehrten Röhren heraus. In den aktuellen Games sieht man rote Piranha-Pflanzen viel häufiger.

Der mysteriöse blaue Bowser!

Kurz vor dem Showdown gegen Bowser in W8-4 müsst ihr gegen einen blauen Bowser antreten. Er hat dieselben Fähigkeiten wie Bowser, doch wer er wirklich ist, bleibt ungeklärt. Er taucht auch in W9-3 und WD-4 auf.

Die legendären Welten!

Bewältigt ihr alle 32 Levels von W1 bis W8 ohne Warp-Zone (die, die zurück zu den früheren Levels führen, inbegriffen), könnt ihr nach dem Abspann W9 spielen. Diese Welt ist eine Wasserwelt, auch wenn sie wie eine Oberwelt aussieht. Sie basiert auf dem Bonus-Level des Vorgängers *Super Mario Bros.* Dabei beginnt das Spiel mit einem einzigen Versuch. Bei einem Game-over wird eine Nachricht der Entwickler angezeigt.

Sammelt acht ★ für die Parallelwelten!

Wird das Titelbild nach dem Beenden von W8-4 wieder angezeigt, findet ihr oben rechts einen ☆. Habt ihr acht und mehr Sterne gesammelt, haltet die A-Taste gedrückt und betätigt die START-Taste, um die Parallelwelten (WA-WD) zu starten. Auf dem Titelbild werden maximal 24 ☆ angezeigt.

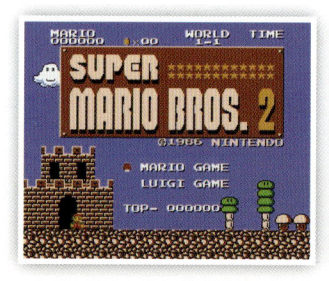

Auflistung aller 17 Spiele | 1986 → SUPER MARIO BROS. 2

Wissenswertes & Techniken

Hier zeigen wir euch nützliche Techniken, die bei dem schwierigen Spiel nützlich sein können. Bei einigen Tricks wie dem Feuerwerk-Trick wurden die Bedingungen geändert.

Mehrfach-1-Up-Trick am Startpunkt!

Wie beim Vorgänger könnt ihr mit einem Panzer und einer Unebenheit mehrfach Extraversuche bekommen. Nutzt dafür den roten Koopa am Startpunkt. Führt ihr diesen Trick hier aus, wird das Abenteuer erleichtert.

Mit Rückenwind durch die Blöcke!

Stellt euch im Level mit Rückenwind mit dem Rücken zur Wand und tippt mehrmals nach links. So könnt ihr durch die Wand gehen. Dieser Trick kann an mehreren Stellen nützlich sein.

Einfach über den Zielpfahl!

Beim Vorgänger war es schwierig, über den Zielpfahl zu springen, doch diesmal ist das einfacher. Für Luigi ist es sowieso ein Kinderspiel, und Mario kann es mit Super-Trampolinen oder unsichtbaren Blöcken schaffen. Manchmal findet man auch dahinter eine Warp-Zone.

Verkehrte Warp-Zonen!

In der Regel wird man durch Warp-Zonen in spätere Welten gebracht, doch es gibt diesmal Warp-Zonen, die dich in frühere Welten zurückbringen. Von W3-1 zu W1-1 und von W8-1 zu W5-1. Passt also gut auf.

1-Up am Zielpfahl!

Sorgt dafür, dass bei der Münzanzahl die Einerziffer und die Zehnerziffer gleich sind, und springt ins Ziel, wenn die letzte Ziffer der Zeit der Münzziffer (im rechten Bild ist es die 3) entspricht. Dann werdet ihr mit einem Extraversuch und Feuerwerk belohnt.

Hammer-Immunität!

Stellt ihr euch an den linken Bildschirmrand, erwischen euch die Hämmer der Hammer-Brüder nicht (allerdings könntet ihr vom Körper der Hammer-Brüder getroffen werden).

Komplexere Warp-Zonen!

Es gibt auch hier mehrere Warp-Zonen, doch diesmal sind sie besser versteckt als beim Vorgänger. Von W1-2 aus findet ihr Warp-Zonen zu W2, W3 und W4, jedoch sind die Röhren an verschiedenen Orten versteckt. Außerdem gibt es in W5-1 eine zu W6 und von W5-2 zu W7 und W8 (auch an verschiedenen Orten) und von WA-2 zu WB, WA-3 zu WC und von WB-4 zu WD. Allerdings müsst ihr aufpassen, weil einige Warp-Zonen euch in frühere Welten zurückbringen.

Feuerwerk am Ziel!

Wenn die Einerziffer der Münzanzahl und die letzte Ziffer der Restzeit bei Berührung des Zielpfahls übereinstimmen, werdet ihr mit Feuerwerk belohnt. Bei ungeraden Zahlen gibt es drei, bei geraden Zahlen gibt es sechs Feuerwerkskörper.

Am Rand durch die Wand!

Lasst ihr einen schmalen Spalt zwischen dem linken Bildschirmrand und einem Hindernis und springt dort hinein, wird Mario in dem Zwischenraum hängen bleiben. Springt ihr dann, kommt ihr weiter nach oben, bis ihr durch und über die Hindernisse auf die rechte Seite gelangt.

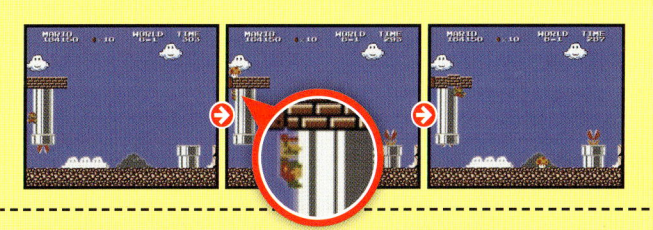

1988

スーパーマリオブラザーズ
SUPER MARIO BROS. 3

Verpackung  **Spielmodul**  **Anleitung**

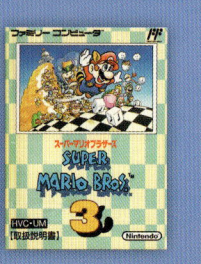

- **Hardware**
  Family Computer
- **Erscheinungsdatum Japan/EU**
  23. Oktober 1988
  29. August 1991
- **Spieleranzahl**
  1–2
- **Anmerkung**
  Als Virtual-Console-Spiel für Wii U, Wii und Nintendo 3DS erhältlich.

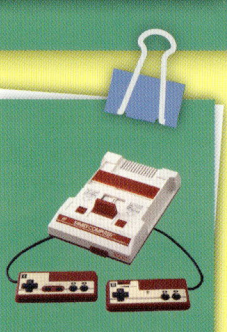

INTRODUCTION
• Einleitung

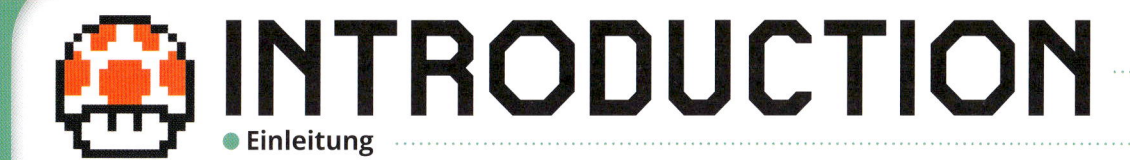

S T O R Y

Dank Mario und Luigi ist wieder Frieden im Pilz-Königreich eingekehrt. Doch das Königreich ist nur der Eingang zur Pilzwelt. Hinter dem Königreich warten noch unzählige mysteriöse Welten.

König Bowser wurde schwer bestraft und zog sich aus dem Pilz-Königreich zurück, in dem sich Mario aufhält. Allerdings macht er sieben Koopalinge zu seinen Untertanen und treibt in allen Welten sein Unwesen. Zuletzt stiehlt er sogar die Zauberstäbe, die seit alten Zeiten in den Ländern überreicht werden, und verwandelt damit die Könige und ihre Untertanen in Tiere. Nun müssen Mario und Luigi die Zauberstäbe von den Koopalingen zurückholen Und die Könige wieder zurückverwandeln.

»Viel Glück, und passt auf euch auf! ♥« Prinzessin Peach und Toad wünschen Mario und Luigi viel Erfolg, und die Brüder machen sich auf den Weg tief in die Pilzwelten hinein, die voller Geheimnisse stecken.

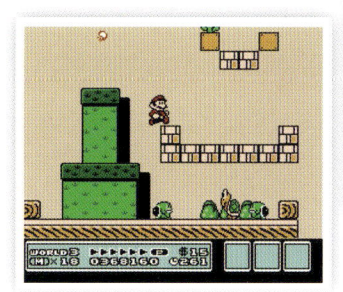

I N F O S

Mehr Umfang, mehr Abenteuer

Das dritte Spiel der Serie, das zwei Jahre nach dem Vorgänger (Super Mario Bros. 2) erschienen ist. Alle Elemente, also die Gegner, die Verwandlungsformen und die Levels, wurden umfangreicher. Mittlerweile bekannte Gegner wie die Koopalinge, Bob-omb und Buu Huu tauchten hier zum ersten Mal auf. Auch die Levels wurden vielfältiger, und zwar sowohl die athletischen Levels als auch die neuen Luftgaleeren-Levels. Zudem konnte Mario zum ersten Mal als Waschbär-Mario fliegen, das vergrößerte den Bewegungsradius innerhalb der Levels deutlich. Das Technical-Fantasy-Game wurde durch das für damalige Verhältnisse große 3-Mbit-Rom-Spielmodul möglich.

Mit der Weltkarte die Welten meistern

In diesem Spiel wurde die Weltkarte eingeführt. Man bewegt sich auf einem Spielbrett und spielt die jeweiligen Levels, bis man das Schloss mit dem König erreicht. Auf der Karte ist neben den Levels auch das Toad-Haus zu finden, in dem ihr ein Item erhaltet. Außerdem könnt ihr mithilfe von Items die Karte verändern oder mit Power-Ups in die Levels gehen. Je nach Welt findet ihr verschiedene Karten und könnt eure Route strategisch auswählen.

CHARACTERS
● Charaktere

SPIELBARE FIGUREN

Die Brüder Mario und Luigi reisen durch die Pilzwelten.

ANDERE CHARAKTERE

Charaktere, die euch in dem Abenteuer unterstützen.

Prinzessin Peach
Die Prinzessin des Pilz-Königreichs. Sie schreibt einen Brief und schickt ein Item, wenn die Brüder einen König gerettet haben.

Toad
Die Toads dienen den Königen der Welten. Außerdem unterstützen sie die Brüder mit Items im Toad-Haus.

Könige
Die Könige der jeweiligen Länder. Die Streiche der Koopalinge verwandelten sie in Tiere.

- Buschland
- Wüstenland
- Wasserland
- Riesenland
- Himmelland
- Eisland
- Röhrenland

Mario
Player 1 spielt mit ihm. Sein rotes Hemd und seine rote Mütze sind seine Markenzeichen.

Luigi
Player 2 spielt mit ihm. Sein grünes Hemd und seine grüne Mütze sind seine Markenzeichen.

POWER-UPS

Mit bestimmten Items werden unterschiedliche Power-Ups ermöglicht. Wird man im Power-Up-Zustand vom Gegner erwischt, wird man in den normalen Zustand zurückversetzt.

Klein-Mario
Zustand zu Beginn des Spiels. So kann er keine Blöcke zerstören.

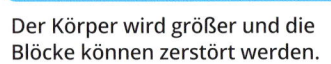

Klein-Luigi

Super Mario
Item ➔ Superpilz

Der Körper wird größer und die Blöcke können zerstört werden.

Super Luigi

Feuer-Mario
Item ➔ Feuerblume

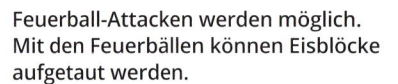

Feuerball-Attacken werden möglich. Mit den Feuerbällen können Eisblöcke aufgetaut werden.

Feuer-Luigi

Waschbär-Mario
Item ➔ Superblatt

Mario kann mit dem Schweif angreifen und im Fall schweben. Läuft man so lange, bis die Power-Leiste voll ist, kann man kurzzeitig fliegen.

Waschbär-Mario    Waschbär-Luigi

Auflistung aller 17 Spiele (1988 → SUPER MARIO BROS. 3)

Unverwundbarer Mario
Item → Stern

Mario wird für eine gewisse Zeit unverwundbar und besiegt die Gegner allein durch Berührung. Die Sprunghaltung ist auch anders, außer bei Klein- und Frosch-Mario.

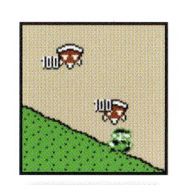

Unverwundbarer Luigi

Tanuki-Mario
Item → Tanuki-Anzug

Damit kann man sich für eine Weile in eine Statue verwandeln. In dieser Zeit ist man unverwundbar. Die Stampfattacke der Statue ist stark und besiegt die meisten Gegner. Andere Aktionen sind identisch zu Waschbär-Mario.

Tanuki-Mario
Tanuki-Luigi

Frosch-Mario
Item → Frosch-Anzug

In diesem Zustand kann er mit der Kreuztaste unter Wasser schwimmen. Mit der A-Taste beschleunigt er sich und kommt sogar gegen den Wasserstrom an. Jedoch hat er Schwierigkeiten an Land und kann nicht mehr sprinten oder sich ducken.

Frosch-Mario
Frosch-Luigi

Hammer-Mario
Item → Hammer-Anzug

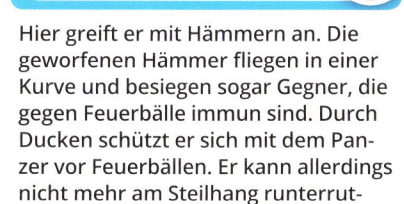

Hier greift er mit Hämmern an. Die geworfenen Hämmer fliegen in einer Kurve und besiegen sogar Gegner, die gegen Feuerbälle immun sind. Durch Ducken schützt er sich mit dem Panzer vor Feuerbällen. Er kann allerdings nicht mehr am Steilhang runterrutschen.

Hammer-Mario
Hammer-Luigi

Schuh-Mario
Power-Up durch Gimmick
Item → Gumba-Schuh

Mario verwandelt sich, wenn er in W5-3 den Gumba-Schuh des Gumbas aufnimmt. Er hüpft in diesem Schuh weiter und kann die meisten Gegner durch Drauftrampeln besiegen. Außerdem kann er einfach über Mampfer drüberlaufen. Am Levelende verliert man den Schuh jedoch wieder.

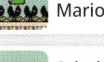

Schuh-Mario
Schuh-Luigi

Magischer Flügel
Spezielles Power-Up

Das Item wird auf der Weltkarte eingesetzt. Dieser Waschbär-Mario hat durchgehend eine volle Power-Leiste und kann somit immer fliegen. Die Wirkung geht nach einem Level verloren und Mario wird wieder zum normalen Waschbär-Mario.

Luigi

GEGNER

Hier findet ihr die Gegner, die in den Levels erscheinen. Buu Huu, Bob-omb und der Kettenhund tauchen in diesem Spiel zum ersten Mal auf.

Iggy
Der Endgegner in W4. Er springt manchmal und nutzt Zauberattacken.

Wendy
Die Endgegnerin in W3. Sie attackiert mit Ringen, die über den Bildschirm fliegen.

Hotfoot
Zunächst nur eine Kerzenflamme, verfolgt er einen, sobald man ihm den Rücken zudreht.

Spike
Er läuft am Boden und wirft mit Stachelbällen, sobald er Mario sieht.

Knochentrocken
Schildkröten-Skelett, das in den Festungen erscheint. Springt man drauf, zerfällt es für eine kurze Zeit.

Riesen-Gumba
Großer Gumba, der in W4 erscheint. Er verhält sich genauso wie ein normaler Gumba.

Riesen-Koopa (rot)
Ein großer Koopa. Abgesehen von der Größe ist er identisch mit dem normalen Koopa (rot).

Riesen-Koopa (grün)
Abgesehen von der Größe ist er identisch mit dem normalen Koopa (grün).

Riesen-Parakoopa (grün)
Ein großer Parakoopa, der sich am Boden hüpfend fortbewegt.

Riesen-Piranha-Pflanze (rot)
Taucht in bestimmten Intervallen aus den Röhren auf.

Riesen-Piranha-Pflanze (grün)
Sie taucht nicht auf, wenn man das Rohr berührt, in dem sie sich befindet.

Boss Bass
Er schwimmt an der Wasseroberfläche und führt Sprungattacken aus. Unter Wasser ist er nur selten.

Kugelwilli
Wird von der Willi-Kanone abgefeuert. Es gibt eine Variante, die wenden kann.

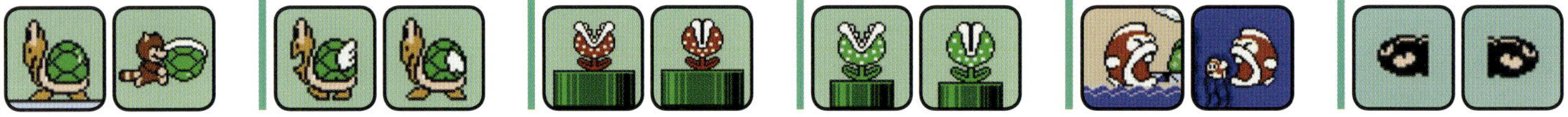

Cookie
Er dreht sich um eine Säule oder einen Block. Manchmal taucht er paarweise auf.

Schuh-Gumba
Ein Gumba, der einen Schuh trägt und damit in die Höhe springt.

Bowser
Der Endgegner in W8. Er führt Stampfattacken aus, nachdem er Feuer gespien hat.

Gumba
Er läuft geradeaus. Manchmal tauchen gleich mehrere aus den Röhren auf.

Blooper
Er schwimmt unter Wasser auf und ab und nähert sich Mario.

Flammenhund
Eine dunkle Kugel mit Flammenkörper. Er schwebt in der Luft, nähert sich Mario und spuckt Feuerbälle.

Blooper-Sitter
Ein Blooper mit mehreren Baby Bloopern. Die Baby Blooper folgen dem Blooper-Sitter.

Umkehr-Stachi
Ein Stachi, der an der Decke läuft. Er fällt herab, sobald Mario in der Nähe ist.

Umkehr-Käfer
Ein Käfer, der an der Decke läuft. Er verkriecht sich in seinen Panzer und fällt herab, wenn Mario sich nähert.

Quallektro
Er bleibt unter Wasser an einem Punkt. Bei Berührung erleidet man Schaden. Er ist unbesiegbar.

Lakitu
Er fliegt durch die Luft und wirft mit Stachi-Eiern um sich. Es gibt zwei verschiedene Stachi-Varianten.

Lavapflanze
Eine Unterwasserblume. Sie spuckt vier rote Kugeln, sobald Mario sich ihr nähert.

Sengende Sonne
Sie bleibt zunächst am oberen Rand des Bildschirms. Später führt sie Sturzflugattacken aus.

Verteil-Blooper
Dieser Blooper führt Baby Blooper mit sich und attackiert mit ihnen.

Buu Huu
Das Gespenst geniert sich, wenn man es anschaut, greift jedoch an, sobald man sich abwendet.

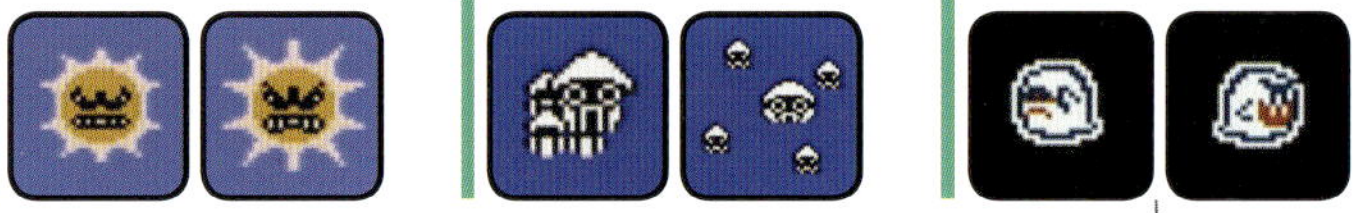

Stachi
Er ist immun gegen Sprungattacken. Mit dem Schweif kann man ihn umdrehen und dann seinen Panzer tragen.

Stachel-Cheep
Er schwimmt schneller als ein Cheep-Cheep, kann aber nur nach rechts oder nach links schwimmen.

Steinblock
Er fällt herab, wenn Mario in der Nähe ist. Manche bewegen sich zur Seite oder diagonal.

Buu-Laken
Es taucht aus weißen Ebenen auf. Das Gesicht verursacht Schaden.

Koopa (rot)
Er bewegt sich am Boden und wendet bei Unebenheiten.

Koopa (grün)
Er geht auch bei Unebenheiten weiter. Springt man auf ihn drauf, verkriecht er sich in seinen Panzer.

Stachi-Ei
Rotes Stachi-Ei, das Lakitu wirft. Bei Bodenkontakt wird es zu einem Stachi.

Stachi-Ei (grün)
Eine grüne Kugel, die Lakitu wirft. Auch bei Bodenkontakt bleibt sie so und kullert weiter.

Para-Gumba
Er fliegt in der Luft und lässt Mini-Gumbas fallen.

Para-Gumba (rot)
Er hüpft am Boden entlang. Durch einen Sprung verliert er seine Flügel und wird zu einem normalen Gumba.

Parakoopa (rot)
Er fliegt in der Luft. Springt man auf ihn drauf, wird er zu einem normalen Koopa (rot).

Parakoopa (grün)
Er hüpft am Boden entlang. Springt man auf ihn drauf, wird er zu einem normalen Koopa (grün).

Parakäfer
Ein fliegender Käfer. Wenn man auf seinen Rücken steigt, fliegt er kurz tiefer, steigt dann aber wieder auf.

Piranha-Pflanze
Sie schießt aus den Röhren. Es gibt zwei Varianten. Die rote Variante hat einen längeren Stiel.

Hothead
Eine Feuerkugel, die aus der Lava heraushüpft. Einige fallen von der Decke.

Hammer-Brüder
Sie werfen mit Hämmern. Meist tauchen sie zu zweit auf.

Vorschlag-Brüder
Sie werfen mit Hämmern. Manchmal springen sie und erzeugen bei der Landung Erdbeben.

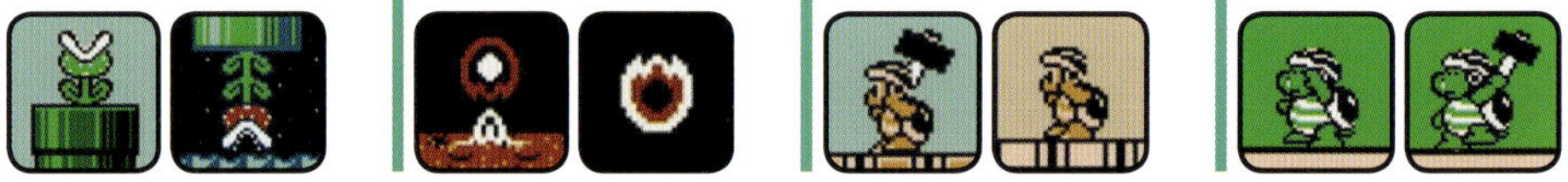

Auflistung aller 17 Spiele ❳ 1988 ➜ SUPER MARIO BROS. 3

Loderschlange
Eine Schlange aus Flammen. Sie nähert sich hüpfend.

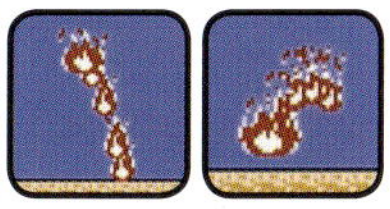

Feuer-Piranha-Pflanze
Diese Pflanze speit Feuer. Sie steckt in umgekehrten Röhren oder Treibsand.

Feuer-Zangen-Piranha
Sie rührt sich nicht von der Stelle und speit Feuer, wenn Mario in der Nähe ist.

Feuer-Brüder
Sie attackieren mit Feuerbällen. Der rote Körper ist ihr Erkennungsmerkmal.

Rocky Schraubschlüssel
Eine Koopa-Art, die wie ein Maulwurf aussieht. Er wirft mit Schraubenschlüssel.

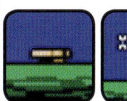

Flora Morgenstern
Sie pustet einen Stachelball in die Luft. Entweder sie kommt aus den Röhren, oder sie läuft am Boden entlang.

Bumerang-Brüder
Sie attackieren mit Bumerangs. Der geworfene Bumerang kommt wieder zurück.

Cheep-Cheep
Er schwimmt an der Wasseroberfläche und hüpft auf Mario zu.

Cheep-Cheep (grün)
Er schwimmt langsam nach links oder rechts unter Wasser.

Zangen-Piranha
Er springt hoch, wenn Mario versucht, über ihn zu hüpfen. Einige können nach links und rechts gehen.

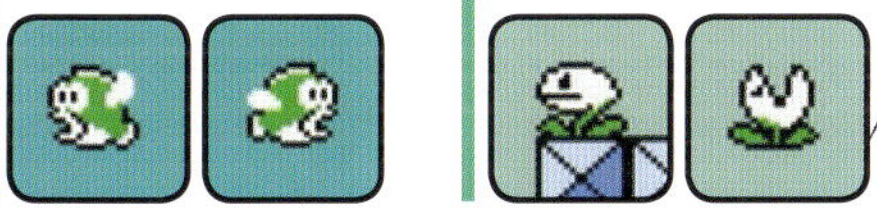

Mampfer
Er rührt sich nicht von der Stelle und fügt bei Kontakt Schaden zu. Manchmal guckt er auch aus Röhren raus.

Block-Mini-Gumba
Er ahmt einen Block nach und kommt plötzlich angesprungen, wenn man sich ihm nähert.

Bumm Bumm
Der Hüter der Festung. Er greift je nach Festung z. B. mit hohen Sprüngen oder Flugattacken an.

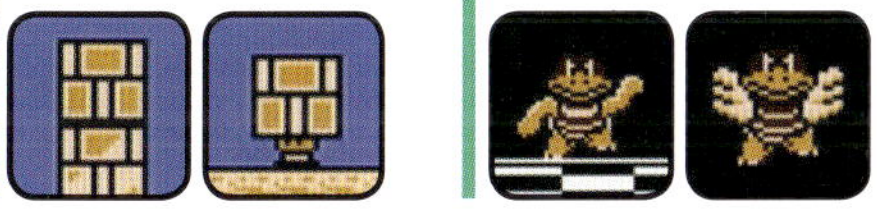

Bob-omb
Springt man drauf, explodiert er nach einer Weile. Einige werden aus Kanonen gefeuert.

Mini-Gumba
Sie werden von Para-Gumbas abgeworfen. Sie schränken eure Beweglichkeit ein.

Käfer
Lebt in der Unterwelt. Nach einer Sprungattacke verkriecht er sich in seinen Panzer.

Morton
Der Boss von W2. Manchmal springt er und führt Zauberattacken aus.

Larry
Der Boss von W1. Manchmal springt er und führt Zauberattacken aus.

Block-Käfer
Sobald er einen Eiswürfel sieht, hebt er ihn hoch und wirft ihn in Marios Richtung.

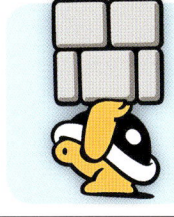

Ludwig
Der Boss von W7. Er führt Zauberattacken aus und erzeugt bei jedem Sprung Erdbeben.

Lemmy
Der Boss von W6. Er zaubert hüpfende Bälle und attackiert damit.

Roy
Der Boss von W5. Er führt Zauberattacken aus und erzeugt bei jedem Sprung Erdbeben.

Kettenhund
Er ist an einem Block angekettet. Nach kleinen Sprüngen versucht er zu beißen.

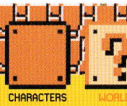

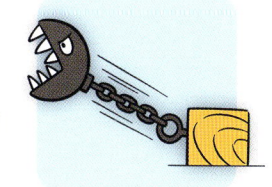

WORLDS
• Welten

L E V E L S

Das Abenteuer findet in acht verschiedenen Ländern wie dem Wüstenland oder dem Wasserland statt. In W1 bis W7 müsst ihr die Koopalinge der Luftgaleere besiegen und die Zauberstäbe zurückholen.

Welt 1 – Buschland
Hier beginnt das Abenteuer. Die Levels mit Steilhang tauchen zum ersten Mal in der Serie auf.

W1-1 Bunte Säulen erscheinen. Fliegt ihr als Waschbär-Mario, findet ihr auch Plattformen in der Luft.

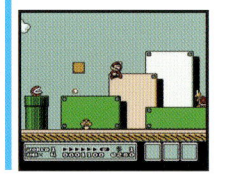

W1-2 Ein Busch-Level mit vielen Steilhängen. Die Gumbas aus den Röhren gehen dort entlang.

W1-3 Im Himmel oder im Hintergrund findet ihr viele versteckte Routen.

W1-4 Ein Forced-Scroll-Level, in dem ihr über bewegliche Plattformen hüpfen müsst.

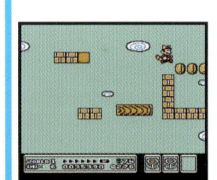

W1-Festung Aus der Lava tauchen Hotheads auf und in engen Gängen rotieren Cookies.

W1-5 Ein Level bestehend aus Ober- und Unterwelt. In der Unterwelt findet ihr auch kleine Teiche.

W1-6 Ein athletisches Level, in dem ihr über Schienenplattformen durch den Himmel reist.

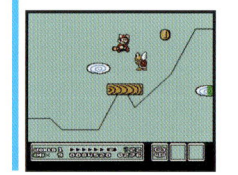

W1-Luftgaleere In diesem Forced-Scroll-Level wartet einer der Koopalinge. Vorsicht vor den Kanonenkugeln!

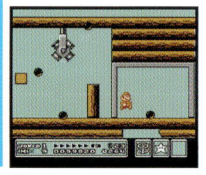

Welt 2 – Wüstenland
Ein Land voller Sand. Hier findet ihr auch Pyramiden.

W2-1 Lauft über das Röhrengerüst. Block-Mini-Gumbas warten auf euch.

W2-2 Mit den beweglichen Plattformen fahrt ihr über die Oase, in der Cheep-Cheeps schwimmen.

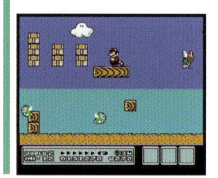

W2-Festung Steinblock, Buu Huu und Knochentrocken erscheinen. Gegen Ende erwarten euch bewegliche Stachelwände.

W2-3 In diesem Oberwelt-Level sind die Blöcke pyramidenförmig aufgestapelt.

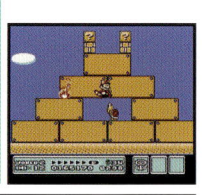

W2-Wüste Die sengende Sonne starrt euch an und attackiert gegen Ende des Levels sogar.

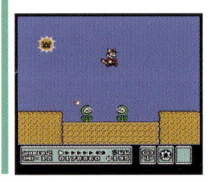

W2-4 Die obere Route des Levels erreicht ihr, wenn ihr fliegt. Dort sind viele Münzen.

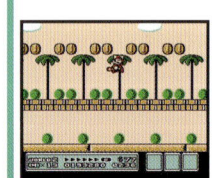

W2-5 In dem Level warten viele Kettenhunde auf euch. Irgendwo findet ihr auch eine versteckte Ranke.

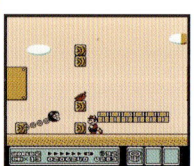

W2-Pyramide Ein kompliziertes Pyramiden-Level. Macht die Wege frei, die mit Blöcken verschlossen sind.

W2-Luftgaleere Hier sind unzählige Willi-Kanonen aufgestellt. Rocky Schraubenschlüssel taucht zum ersten Mal auf.

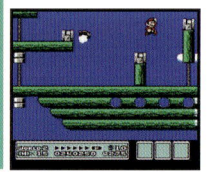

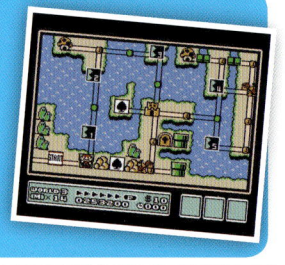

Welt 3 – Wasserland
Ein großes Wasserland. Hier müsst ihr unter und über Wasser vorangehen.

W3-1 Blooper schwimmen in diesem Unterwasser-Level. Am Meeresgrund findet ihr auch Lavapflanzen.

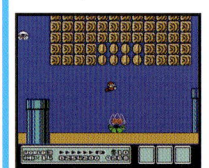

W3-2 In der Nähe von Wasser hüpfen Cheep-Cheeps herum. Ihr reist mit beweglichen Plattformen.

W3-3 Ein Überwasser-Level mit Ebbe und Flut. An der Wasseroberfläche schwimmt Boss Bass, der zuschnappt.

W3-Festung 1 Man muss unter den vielen Türen die richtige Tür finden, die zu Bumm Bumm führt.

W3-4 Ein Gras-Level am Wasser. Gegen Ende greift Lakitu mit Stachi-Eiern an.

W3-5 Hier wird man von vielen Quallektros attackiert. Schwimmt vorsichtig zwischen ihnen durch.

W3-6 Ein Forced-Scroll-Level. Die Plattformen sind oben und unten verteilt.

W3-7 Auf den grünen Hügeln tauchen viele Spikes auf. Hier gibt es auch ein verstecktes Ziel.

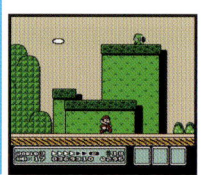

W3-Festung 2 Eine Festung unter Wasser. Schwimmt geschickt zwischen den Buu-Laken hindurch.

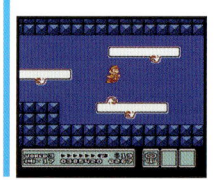

W3-8 Meistert die beweglichen Plattformen, ohne von Boss Bass gefressen zu werden.

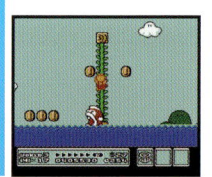

Auflistung aller 17 Spiele — 1988 — SUPER MARIO BROS. 3

W3-9
Hier laufen Bob-ombs herum. Geht man in die Röhre, landet man in die unteren Wasser-Level.

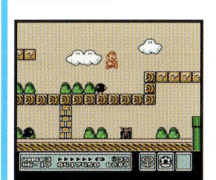

W3-Luftgaleere
Hier lauft ihr durch schmale Gänge mit Doppel-Diagonal-Kanonen.

Welt 4 — Riesenland
In diesem Land sind die Landschaften und Blöcke riesig. Auch große Gegner tauchen auf.

W4-1
Gegner und Gimmicks tauchen in größeren Varianten auf. Über dem Wasserfall ist ein Wasserbecken.

W4-2
Hier geht ihr über Plattformen, die auf und ab gehen. Aus dem Wasser greifen Cheep-Cheeps an.

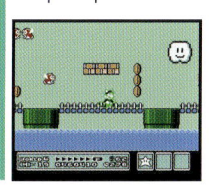

W4-3
Eine Höhle mit instabilen Böden. Umkehr-Stachi und Umkehr-Käfer fallen von oben herab.

W4-Festung 1
Die schmalen Gänge werden von Steinblöcken versperrt und von hinten nähern sich Hotfoots.

W4-4
Wasser-Level mit großen Korallen. Lakitu wirft Stachi-Eier ins Wasser.

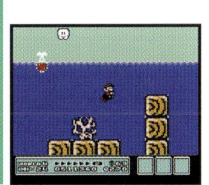

W4-5
Die Willi-Kanonen feuern viele Kugelwillis ab. Es gibt sogar Kugelwillis, die wenden können.

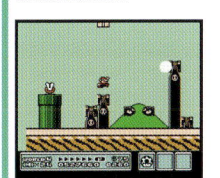

W4-6
Es gibt Gebiete mit kleinen und großen Gegnern. Mit den Türen wechselt ihr zwischen den Gebieten.

W4-Festung 2
Hier lauft ihr über Donutblöcke über die Lava. Hinter der versteckten Tür geht es zum Bonusgebiet.

W4-Luftgaleere
Hier müsst ihr die vielen Brenner umgehen, die überall aufgestellt sind.

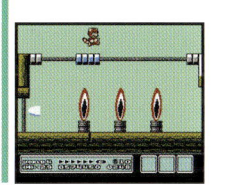

Welt 5 — Himmelland
Das Land ist in Himmel und Oberwelt aufgeteilt. Über den Turm könnt ihr dazwischen wechseln.

W5-1
Man rennt über blaue Blöcke, die den Teich bedecken. Von unten versuchen Kettenhunde anzugreifen.

W5-2
Nach einem langen Sturz wartet eine Höhle voller Block-Käfer auf euch.

W5-3
Das Level ist in eine obere und eine untere Ebene aufgeteilt. Das einzige Level mit Schuh-Gumbas.

W5-Festung 1
Hier sind viele unebene Blöcke aufgestellt. In engen Gängen ziehen Cookies ihre Kreise.

W5-Turm
Geht durch mehrere kleine Räume nach oben. Ein Rohr führt zum Gebiet über den Wolken.

W5-4
Über sich drehende Plattformen geht es im Himmel weiter.

W5-5
Parakoopas und andere Gegner greifen an den Plattformen aus Donutblöcken an.

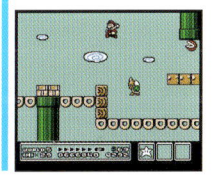

W5-6
Ein Forced-Scroll-Level, in dem ihr über mehrere Paraköfer springen müsst.

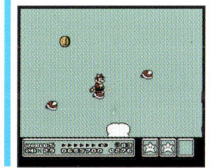

W5-7
Eine Festung über den Wolken aus Blöcken. Block-Mini-Gumbas und Kugelwillis greifen Mario an.

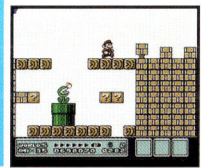

W5-Festung 2
In der Lavafestung müsst ihr den Hotheads von oben und unten ausweichen.

W5-8
Ein athletisches Level über den Wolken mit Lakitu, der viele Stachi-Eier herunterregnen lässt.

W5-9
Ein Forced-Scroll-Level über den Wolken, in dem ihr über Lifte diagonal voranschreitet.

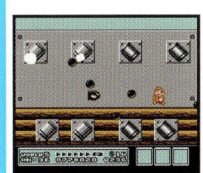

W5-Luftgaleere
Ihr lauft durch den Kugelhagel zwischen den zahlreichen Doppel-Diagonal-Kanonen.

Welt 6 — Eisland
Eine Welt voller Schnee und Eis. Der Boden ist sehr rutschig.

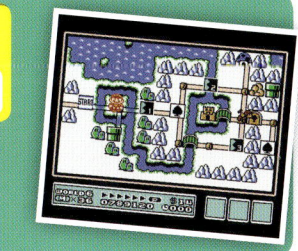

W6-1
Ein Schnee-Level mit rutschigem Boden. Hier warten die Flora Morgensterns auf euch.

W6-2
Ein Forced-Scroll-Level mit Wolkenflößen. Hier geht es auf und ab.

W6-3
Ein athletisches Eis-Level mit schmalen Eisblöcken und Liften.

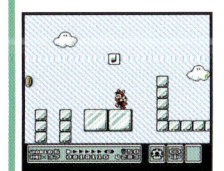

W6-Festung 1
Mithilfe von beweglichen Plattformen gelangt ihr durch die Hothead-Zone. Hüpft an den Cookies vorbei.

W6-4
Ein athletisches Eis-Level, in dem ihr die Schienenplattformen nutzt. Am Ende folgen sich drehende Plattformen.

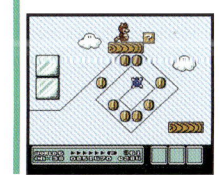

W6-5
Ein Unterwelt-Level mit vielen Block-Käfern. Findet das versteckte Rohr, das euch zum Ziel führt.

W6-6
Eine Höhle mit unterirdischem See. Aus dem Wasser hüpfen Cheep-Cheeps heraus.

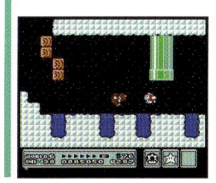

W6-7
Ein athletisches Level mit vielen Donutblöcken. Weicht den Attacken der Flammenhunde aus.

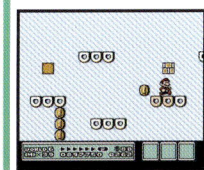

W6-Festung 2
Eine zugefrorene Festung. Sich seitlich bewegende Steinblöcke behindern euch.

W6-8
Ein Grasland mit leichten Steilhängen. Zangen-Piranhas und Block-Käfer laufen hier herum.

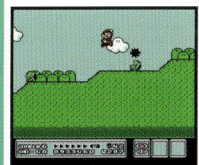

W6-9
Ein Unterwelt-Level, das zur Hälfte unter Wasser liegt. Findet das Rohr, das zum Ziel führt.

W6-10
Ein Level mit Eisblöcken. Hier seht ihr festgefrorene Münzen und Mampfer.

W6-Festung 3
In diesem Level bewegt ihr euch auf Buu-Laken oder Fließbändern über den Stachelboden.

W6-Luftgaleere
Blaue Luftgaleere in der Kälte. Viele Brenner sind installiert, als wollte jemand damit gegen die Kälte ankämpfen.

Welt 7
Röhrenland
Ein Land mit zahlreichen Röhren. Hier findet ihr viele labyrinthartige Levels, in denen ihr euch durch die Röhren fortbewegen müsst.

W7-1
Ein vertikales Level voller Röhren. Ihr müsst durch die Röhren nach oben.

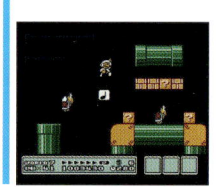

W7-2
Mithilfe der Röhren wechselt ihr zwischen Ober- und Unterwelt.

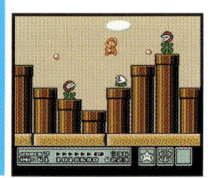

W7-3
Ein Grasland mit langen Steilhängen. Sammelt die Sterne auf, um weiterzukommen.

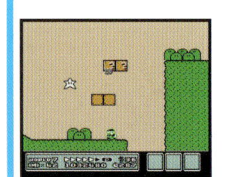

W7-4
Ein Forced-Scroll-Level, in dem unzählige Stachel-Cheeps schwimmen.

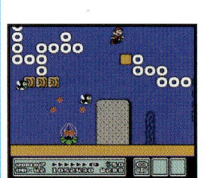

W7-5
Das Level ist in viele kleine Abschnitte unterteilt. Mithilfe von Röhren kommt ihr durch die Räume voran.

W7-Festung 1
Eine Festung voller Blöcke. Ihr müsst fliegen, um ans Ziel zu kommen.

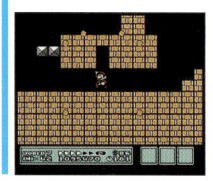

W7-6
Ein vertikales Level mit verbundenen Bildschirmrändern. Fahrt mit den Mystplattformen.

W7-7
Hier muss man mithilfe von Sternen durch die Mampfer-Bereiche rennen.

W7-8
In dem Level tauchen viele Piranha-Pflanzenarten auf, wie Flora Morgensterns oder Zangen-Piranhas.

W7-9
Die Röhren sind miteinander verbunden. Findet die Öffnungen und geht weiter.

W7-Festung 2
Springt von einem Rohr mit Piranha-Pflanzen zum nächsten über die Lava weiter.

W7-Piranha-Pflanze 1
Ein kurzes Level, bei dem ihr am Ende ein Item erhaltet.

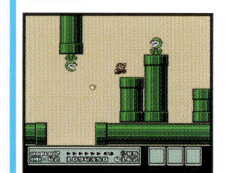

W7-Piranha-Pflanze 2
Ein kurzes Level mit unzähligen Röhren und einem Piranha-Pflanzen-Gebiet.

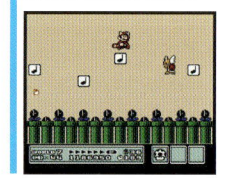

W7-Luftgaleere
Ihr dreht an den Schraubenmuttern, um weiterzugehen. Gegen Ende müsst ihr das Luftschiff wechseln.

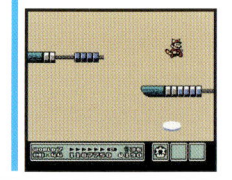

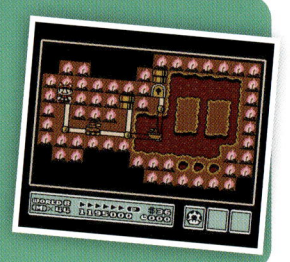

Welt 8
Dunkelland
In diesem Land werdet ihr von Bowser erwartet. Panzer und Schlachtschiffe greifen euch an.

W8-Panzer 1
Mehrere Panzer mit Kanonen und Rocky Schraubschlüssel greifen an.

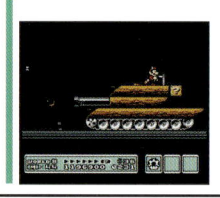

W8-Schlachtschiff
Das Schiff schwebt über dem Wasser. Die Rocky Schraubenschlüssel sind unermüdlich.

W8-Handfalle 1
Ein kurzes Level mit vielen Brüder-Gegnern.

W8-Handfalle 2
Ein kurzes Level. Überwindet die Lavaabgründe und weicht den Hotheads aus.

W8-Handfalle 3
In dem kurzen Level lauft ihr über eine Brücke mit umherfliegenden Cheep-Cheeps.

W8-Schnellluftgaleere
Ein Forced-Scroll-Level mit hoher Geschwindigkeit. Meistert die Schiffswechsel.

W8-1
Ein dunkles Oberwelt-Level mit vielen Willi-Kanonen. Auch Buu Huus sind zu sehen.

W8-2
Lange Steilhänge, auf denen Feuer-Piranha-Pflanzen warten. Die sengende Sonne stürzt herab.

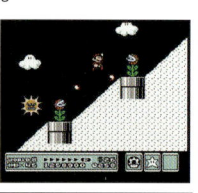

W8-Festung
Es gibt zwei Routen. Man benutzt die Türen, um in die Tiefe zu gelangen.

W8-Panzer 2
Ein äußerst langer Panzer. Die Kugeln werden auch von oben abgefeuert.

W8-Bowser-Schloss
Das letzte Level wird von Bowser-Statuen überwacht. Zwei Wege führen zu Bowser.

ITEMS & GIMMICKS

Auflistung der Hindernisse, Items usw. Die Items, die ihr im Toad-Haus oder über ein Pik-Feld erhalten habt, nutzt ihr auf der Weltkarte.

Eisblock
Der Block kann getragen oder weggetreten werden. Er verschwindet nach einer Weile.

Blauer Lift
Der Lift taucht auf, sobald man sich aufstellt. Er steigt schnell auf und bleibt am festgelegten Punkt stehen.

Roter Block
Mario kann ihn nicht zerstören, aber Bowsers Sturzangriff.

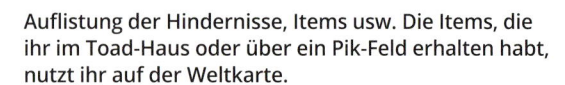

Auflistung aller 17 Spiele — 1988 — SUPER MARIO BROS. 3

Anker
Ein Item für die Weltkarte. Damit werden Luftschiffe gestoppt.

Fließband
Das Fließband bringt einen nach links oder nach rechts. Mit einem Schalter wird es gestoppt.

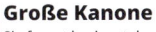

Große Kanone
Sie feuert horizontal eine große Kugel ab.

Spieluhr
Ein Item für die Weltkarte. Die Brüder-Gegner schlafen für eine Weile.

Drehkanone
Die vier Kanonen drehen sich und aus zweien werden Kugeln abgeschossen.

Frosch-Anzug
Der Anzug macht Mario zu Frosch-Mario.

Unsichtbare Münze
Diese Münze erscheint, wenn man einen P-Schalter betätigt.

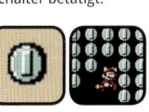

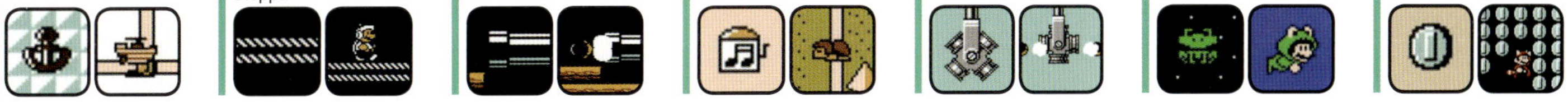

Unsichtbarer Block
Versteckter Block. Es gibt auch versteckte Notenblöcke.

Riesenröhre
Große Röhren. Diese sind nicht betretbar, aber aus einigen tauchen Piranha-Pflanzen auf.

Riesen-?-Block
Manchmal findet man ein besonderes Item im Riesen-?-Block.

Riesenblock
Dieser Block ist nur größer und hat dieselben Eigenschaften wie ein normaler Block.

Willi-Kanone
Diese Kanone feuert Kugelwillis ab. Es gibt sie in verschiedener Länge.

Bowsers Flamme
Gegen Ende des Bowser-Schlosses fliegt sie euch entgegen.

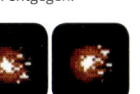

Bowser-Statue
Einige Bowser-Statuen führen diagonale Laserattacken aus.

Wolkenfloß
Dieser wolkenförmige Lift fliegt durch die Luft. Er fällt nicht herab, auch wenn man drauftsteigt.

Gumbas Schuh
Das Item macht Mario zu Schuh-Mario. Erhältlich nach dem Sieg gegen den Schuh-Gumba.

Drehende Plattform
Dreht sich oder kippt, wenn man draufspringt. Vorsicht bei Abgründen!

Münze
Die Münzen sind in Levels platziert oder in Blöcken versteckt. Bei 100 Münzen gibt es einen Extraversuch.

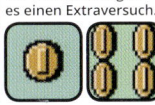

Eisblock
Rutschiger Boden. Ein Eisblock mit Inhalt lässt sich mit Feuerbällen auftauen.

Zielplatte
Sie befindet sich am Level-Ende. Es gibt drei verschiedene Symbole. Bei Berührung ist das Level abgeschlossen.

Notenblock
Mario hüpft auf diesem Block. Ein Sprung mit dem richtigen Timing lässt ihn höher springen.

Lakitu-Wolke
Ein Item für die Weltkarte. Damit kann ein Level übersprungen werden.

Weiße Wand
Wenn man sich auf dieser Plattform für eine Weile duckt, landet man hinter den Kulissen.

P-Schalter
Durch Betätigen verwandeln sich normale Blöcke in Münzen, oder es werden bestimmte Gimmicks aktiviert.

Wasserstrom-Röhre
Der Wasserstrom treibt Mario in Fließrichtung ab, außer Frosch-Mario.

Superpilz
Der Superpilz verwandelt Mario in Super Mario.

Superblatt
Das Blatt macht Mario zu Waschbär-Mario.

Super-Notenblock
Versteckter Notenblock.

Stern
Der Stern macht Mario für eine Weile unverwundbar.

Wasserfall
Der Wasserfall erscheint in bestimmten Levels und lässt Mario hinuntersinken.

Tornado
Wird man mitgerissen, wird man etwas zurückgesetzt. Man überwindet ihn mit Sprints und Sprüngen.

Tanuki-Anzug
Der Anzug macht Mario zu Tanuki-Mario.

Donutblock
Er vibriert, wenn man sich draufstellt, und fällt nach einer Weile herab.

Rankenblock
Schlägt man auf den Block, taucht eine Ranke auf, an der man klettern kann.

10er-Münzblock
Aus dem Block tauchen durch Schläge mehrere Münzen auf. Gleicht optisch einem normalen Block.

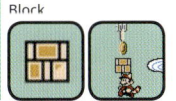

Röhre
Aus den Röhren tauchen Gegner auf oder sie bringen Mario in andere Gebiete. Einige verlaufen horizontal.

Stachel
Bei Berührung fügt er Schaden zu. Platziert an Decken oder Böden.

Schraubenmutter
Durch Sprünge von oben verschiebt sich diese Plattform nach rechts, durch Sprünge von unten nach links.

Diagonal-Kanone
Sie feuert Kugeln oder Bob-ombs diagonal ab. Bob-ombs haben parabolische Flugbahnen.

Doppel-Diagonal-Kanone
Schräg platzierte Kanone mit zwei Öffnungen. Es gibt zwei Schussrichtungen.

Brenner
Vertikale und horizontale Brenner erzeugen Feuersäulen in bestimmten Zeitabständen.

P-Flügel
Ein Item, das auf der Weltkarte genutzt wird. Damit wird die Power-Leiste gefüllt und man kann fliegen.

?-Block
Schlägt man drauf, taucht eine Münze oder ein Item auf. Mit Panzer oder Schweif kann man ihn ebenfalls schlagen.

Hammer
Ein Item, das für die Weltkarte genutzt wird. Er zerstört Felsen, die den Weg versperren.

Hammer-Anzug
Der Anzug macht Mario zu Hammer-Mario.

Feuerblume
Die Blume macht Mario zu Feuer-Mario.

Flöte
Ein Item, das für die Weltkarte genutzt wird. Sie bringt einen zur Warp-Zone.

Mystplattform
Sie bewegt sich in die angezeigte Richtung. Bei einem !-Symbol verändert sich die Richtung.

Kanone
Sie feuert Kugeln horizontal ab.

Gemusterter Block
Unzerstörbare gemusterte Blöcke. Manche geben nach einem Stupser ein Item frei.

Lava
Rote Flächen in den Festungen. Bei Kontakt verliert man einen Versuch.

Plattform
Bewegt sich in alle vier Richtungen. Es gibt einige, die runterfallen oder auf der Wasseroberfläche schweben.

Treibsand
Man wird langsam in den Tod gezogen. Die Flucht gelingt durch mehrere Sprünge hintereinander.

Schienenplattform
Dieser Lift bewegt sich entlang der Linie. Manche bewegen sich erst, wenn man draufsteht.

Block
Ein Schlag zerstört den Block. Er verwandelt sich durch den P-Schalter in eine Münze.

1-Up-Pilz
Mario erhält einen Extraversuch. Aus dem Riesen-?-Block können drei auf einmal erscheinen.

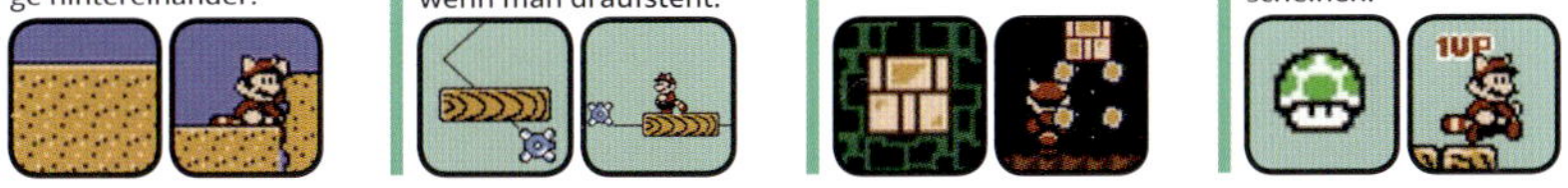

AND MORE
• Anderes

BESONDERE SZENEN

Hier zeigen wir euch besondere Momente und Elemente, die zum ersten Mal enthalten waren. Es gibt auch vieles, das man beim normalen Spielen gar nicht bemerkt.

Giftpilz wurde hinzugefügt!

Steilhänge wurden eingefügt. Dadurch wird die Landschaft uneben und die Levels sind vielfältiger. Man kann darauf rutschen und so die Gegner besiegen.

Das Debüt der Forced-Scroll-Levels!

Egal ob nach oben, nach unten oder diagonal - Der Bildschirm läuft allein weiter. Man kann nicht schneller laufen und auch nicht zurückgehen und ist gezwungen, sich innerhalb des angezeigten Bildes zu bewegen. Wird man am Bildschirmrand von den Hindernissen zerquetscht, verliert man einen Versuch.

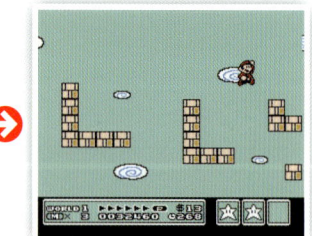

Sammelt die Zielplatten!

Am Ende der Levels erhält man eine Zielplatte. Sammelt man drei gleiche Symbole, wird man mit zwei (Pilzsymbol), drei (Blumensymbol) oder fünf Extraversuchen (Sternsymbol) belohnt. Der Trostpreis ist ein Extraversuch.

Angriff der sengenden Sonne!

In der W2-Wüste taucht die sengende Sonne auf. Zunächst bleibt sie am Himmel, doch gegen Ende des Levels greift sie plötzlich an. Sie taucht auch in W8-2 auf und kann dort mit einem Panzer besiegt werden.

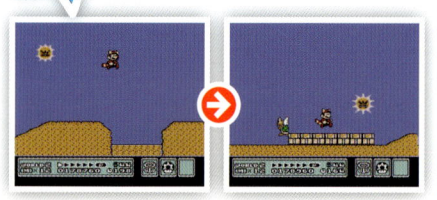

Entfesselter Kettenhund!

Normalerweise sind Kettenhunde angekettet. Doch nach einer Weile wird die Kette abgetrennt und sie verlassen den Bildschirm.

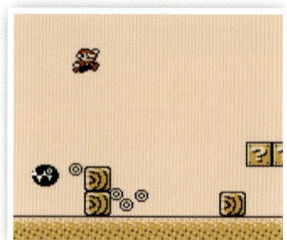

Nostalgisches Spiel Mario Bros.!

Wenn man zu zweit spielt und auf der Karte auf dem Luigi-Symbol (bzw. Mario-Symbol) steht und dann die A-Taste drückt, wird das Retro-Spiel *Mario Bros.* aktiviert. Es basiert auf dem Famicom-Spiel *Mario Bros.* und ist ein Mini-Game, das man zu zweit spielen kann. Es gewinnt derjenige, der zuerst fünf Gegner besiegt, und endet, wenn der Gegenspieler einen Gegner berührt. Danach kann der Gewinner auf der Weltkarte weiterspielen. Greift man den Gegenspieler an, kann man die Zielplatte rauben.

In W3 erinnern die Umrisse dieses Abschnittes an Japan!

Die Inseln hinter dem letzten Rohr sehen wie die japanischen Inseln aus. Das Schloss befindet sich an der Stelle der Präfektur Kyoto, dem Hauptsitz der Firma Nintendo. Der König ist, warum auch immer, Mario sehr ähnlich.

Großartig, ich habe meine alte Gestalt zurückbekommen. Vielen Dank. Prinzessin Peach hat dir einen Brief geschickt.

Felsen auf der Weltkarte zerstören!

Mit dem Item Hammer kann an die Felsen auf der Weltkarte zerstören. Das sorgt für Abkürzungen. Manchmal findet man auf diese Weise auch versteckte Toad-Häuser.

42

Auflistung aller 17 Spiele   1988 → SUPER MARIO BROS. 3

Die entführte Prinzessin Peach!

Mario und Luigi starten auf Wunsch der Prinzessin in ihr Abenteuer. Zu Beginn ist Peach kein Entführungsopfer und sie schickt nach jeder erfolgreich abgeschlossenen Welt einen Brief und ein Item. Doch nach W7 bekommen die Brüder einen Brief von Bowser, in dem steht, dass Prinzessin Peach entführt wurde. Aus diesem Grund machen sich die Brüder auf den Weg zu Bowsers Schloss.

Ha! Ich habe Peach entführt, während du herumgelungert hast. Ärgert dich das? Dann komm doch zu meiner Burg. Harr harr! Bowser

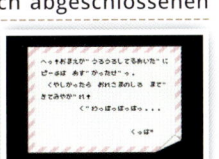

Rutschender Hammer-Mario!

Als Hammer-Mario könnt ihr eigentlich nicht den Steilhang hinunterrutschen. Doch zieht ihr den Hammer-Anzug an, während ihr rutscht, kann man ihn rutschen sehen.

Der König spricht anders!

Besiegt ihr einen Koopaling als Tanuki-, Frosch- oder Hammer-Mario, reagiert der König anders als sonst.

Danke, du freundlicher Dachs. Verrate mir, wie du heißt.

Bist du so nett und schenkst mir dein Outfit ...? Nein ...? Kann man wohl nichts machen.

Wissenswertes & Techniken

Hier zeigen wir euch nützliche Dinge wie versteckte Elemente, die unter bestimmten Bedingungen auftauchen.

Das versteckte Toad-Haus

Wenn man in bestimmten Levels eine bestimmte Anzahl an Münzen sammelt, taucht ein weißes Toad-Haus auf der Weltkarte auf. Die Levels und die Anzahl sind folgende: W1-4 (44 Münzen), W2-2 (30 Münzen), W3-8 (44 Münzen), W4-2 (24 Münzen), W5-5 (28 Münzen), W6-7 (78 Münzen), W7-2 (46 Münzen). In den Welten mit ungerader Zahl erhält man Anker, in den Welten mit gerader Zahl einen P-Flügel.

Huch?! Du hast mich gefunden?! Hier gibt es etwas Besonderes, das du woanders nicht bekommst!

Block-Mini-Gumbas leuchten nicht

Die Block-Mini-Gumbas ahmen Blöcke nach, doch wenn man genau darauf achtet, erkennt man, dass sie die Sonne nicht reflektieren. Außerdem werden sie im Pausen-Bildschirm nicht angezeigt.

Ein Pik-Feld mit einem »N«

Erreicht ihr 80.000 Punkte innerhalb eines Landes, taucht ein Pik-Feld mit einem »N« auf. Dort spielt ihr Memory und werdet mit den angezeigten Items belohnt.

Sicher unter Bowser

Im finalen Kampf muss man Bowser den Boden zerstören lassen. Bleibt man unter Bowser geduckt, wird man nicht verletzt. Allerdings ist man nicht immun gegen Bowsers Flamme.

Warp-Zone mit der Flöte

Setzt ihr eine Flöte ein, kommt ihr nach W9 (Warp-Zone). Dann könnt ihr in die andere Welt fliegen. Die Ziele ändern sich, je nachdem, wo ihr die Flöte eingesetzt habt. Setzt ihr sie in W1 ein, kommt ihr nach W2, W3 oder W4. Setzt ihr sie in W2-6 ein, kommt ihr nach W5, W6 oder W7. Bei W7-9 nach W8. Die Flöte ist an drei Orten erhältlich: W1-3, W1-Festung und W2-Feuer-Brüder.

Mysteriöse weiße Plattform

Duckt ihr euch auf der weißen Plattform, landet ihr hinter den Hintergründen und so bleibt ihr auch von Gegnern verschont. Das ist in fünf Levels möglich: W1-1, W1-3, W3-Luftgaleere, W5-7 und W7-8. Lauft ihr bei W1-3 so zum Ziel, erhaltet ihr eine Flöte.

Ein Schatzschiff voller Münzen

Beendet ein Level unter folgender Bedingung: Die Einser- und Zehnerziffer der Münzen sind identisch mit der Zehnerziffer der Punktzahl. Dann verwandeln sich die Hammer-Brüder auf der Weltkarte in ein Schatzschiff. In diesem Luftschiff sind 188 Münzen zu finden. Am Ende warten Bumerang-Brüder. Besiegt man sie, erhält man zur Belohnung ein weiteres Item.

Hammer-Brüder mit einem Geschenk

Wenn man die Hammer-Brüder herausfordert, wenn sie an bestimmten Stellen auf der Weltkarte auftauchen, erhält man ein Power-Up-Item aus einem Block.

1989

SUPER MARIOLAND

スーパーマリオランド

Verpackung	Spielmodul	Anleitung

- **Hardware**
  Gameboy
- **Erscheinungsdatum Japan/EU**
  21. April 1989
  28. September 1990
- **Spieleranzahl**
  1
- **Anmerkung**
  Als Virtual-Console-Spiel für Nintendo 3DS erhältlich.

INTRODUCTION
● Einleitung

S T O R Y

Es war einmal ein friedliches Land, das hieß Sarasaland. Es war unterteilt in die vier Reiche Birabuto, Muda, Easton und Tschai.

Eines Tages war der Himmel plötzlich bedeckt von finsteren Wolken. Zwischen den Wolken tauchte der rätselhafte Raumfahrer Tatanga auf und versuchte, das Sarasaland zu erobern. Er hypnotisierte die Bewohner des Reiches und beeinflusste sie. So gewann er nach und nach die Kontrolle über Sarasaland. Er entführte sogar die dort regierende Prinzessin Daisy, um sie bald zu heiraten.

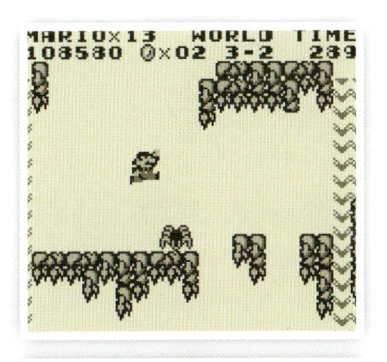

Als Mario davon erfährt, macht er sich auf den Weg zum Königreich Tschai, um den Frieden in Sarasaland wiederherzustellen. Wird es Mario gelingen, Tatanga zu besiegen, alle von der Weltall-Hypnose zu befreien und Prinzessin Daisy zu retten? Das alles hängt von Mario und natürlich eurer Fingerfertigkeit ab.

Viel Erfolg, Mario!
Auf ins Abenteuer!

I N F O S

Die neue Serie auf einer Handheld-Konsole

Das erste Spiel der Serie erschien zeitgleich mit dem Gameboy. Es wurde als ein neues Action-Spiel veröffentlicht, das nicht zur *Super Mario Bros.*-Serie gehört, die für die Heimkonsole vermarktet wurde. Die fantastische Spielbarkeit des Action-Games wurde beibehalten und Mario begibt sich allein in eine Welt, die etwas anders ist als das Pilz-Königreich.

Rettet das Sarasaland!

Diesmal ist der Schauplatz das Sarasaland. Mario begibt sich auf ein Abenteuer durch vier Königreiche, um Prinzessin Daisy zu retten, die von dem mysteriösen Raumfahrer Tatanga entführt wurde. Je nach Level muss er sogar wie bei einem klassischen Ballerspiel im Flieger fliegen. Trotz des kleinen schwarz-weißen Bildschirms erwartet euch ein großes Abenteuer an Land, im Meer und am Himmel.

CHARACTERS
● Charaktere

SPIELBARE FIGUREN

In diesem Spiel bestreitet Mario das Abenteuer ganz allein.

Mario

POWER-UPS

Klein-Mario wird durch den Superpilz zu Super Mario. Sammelt er dann eine Blume auf, wird er zu Superball-Mario. In einigen Levels nutzt er Fahrzeuge.

Klein-Mario
Der Zustand zu Beginn des Spiels. Bei Gegnerkontakt verliert er einen Versuch.

Super Mario
Item ➜ Superpilz

Er wird größer und kann Blöcke zerstören. Bei Gegnerkontakt wird er wieder zu Klein-Mario.

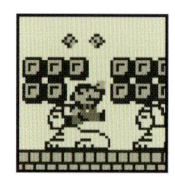

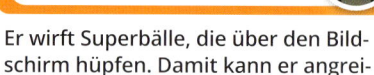

Superball-Mario
Item ➜ Blume

Er wirft Superbälle, die über den Bildschirm hüpfen. Damit kann er angreifen und auch Münzen einsammeln.

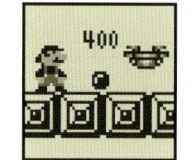

Unverwundbarer Mario
Item ➜ Stern

Der Körper blinkt für eine Weile, in der Zeit können Gegner durch Berührung besiegt werden.

Marine Pop
Power-Up durch Gimmick

Ein U-Boot, das Torpedos abfeuern kann. Es kann auch Blöcke zerstören.

Sky Pop
Power-Up durch Gimmick

Ein Flugzeug, mit dem Mario Raketen abfeuern kann. Diese zerschlagen Gegner und Blöcke.

GEGNER

Hier sind die Gegner aufgelistet. Die meisten davon tauchen nur in diesem Spiel auf.

Tatanga, der rätselhafte Raumfahrer
Mit seinem Kampfroboter Pagosu kann er Streuwellen abfeuern.

Gao
Er greift mit Feuerbällen an. Wegen seines enormen Körpergewichts bleibt er an einer Stelle.

Gantschan
Ein Fels, der vom Himmel fällt und hüpfend herumkullert. Mario kann sich davon transportieren lassen.

Gira
Eine gerade fliegende Rakete, die aus der Kanone abgefeuert wird.

König Totomesu
Der Endgegner in Birabuto. Er hüpft und speit Feuer.

Gunion
Er bewegt sich im Wasser. Wird er zweimal von Torpedos getroffen, teilt er sich auf und greift an.

Auflistung aller 17 Spiele (1989 ➔ SUPER MARIO LAND)

Kopfüber-Pakkun
Pakkun-Blume, die aus einem umgekehrten Rohr erscheint.

Suu
Er lebt in den Höhlen, hängt an der Decke und kommt lautlos herunter, wenn man sich ihm nähert.

Tamao
Ein unsterbliches Wesen, das Dragonzamasu beschützt. Es bewegt sich diagonal.

Tschikako
Er schwebt in der Luft und wird von einer Barriere beschützt. Zehn Schüsse erledigen ihn.

Chicken
Ein Kampfvogel, der geradeaus fliegt. Ist Mario in der Nähe, fliegt er eine Kurve.

Tschibibo
Ein Pilz ohne Widerstandskraft. Er geht am Boden entlang.

Tokotoko
Eine Statue, die mit schwingenden Armen angerannt kommt. Springt man drauf, wird sie besiegt.

Dragonzamasu
Der Boss von Muda. Er bewegt sich an der Wand auf und ab und speit Feuer.

Torion
Menschenfressender Fisch, der in Dreiergruppen auftritt. Er wendet am Bildschirmrand.

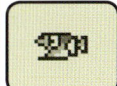

Nyololin
Diese Schlange speit Feuerkugeln. Da sie ängstlich ist, rührt sie sich nicht.

Nokobon
Diese Schildkröte trägt eine Bombe auf dem Rücken. Springt Mario auf sie drauf, explodiert sie.

Biokinton
Der Boss von Tschai. Sein Körper ist in der Wolke versteckt und niemand weiß, wie er aussieht.

Batadon
Eine Statue mit Flügeln. Sie springt in einem Bogen und versucht Mario zu zerquetschen.

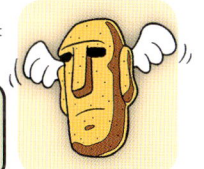

Pakkun-Blume
Sie schiebt sich gelegentlich aus den Rohren. Steht Mario direkt daneben, bleibt sie drin.

Hiyoihoi
Der Boss von Easton, der mit Gantschans um sich wirft.

Pionpi
Er hüpft herum. Wird er getreten, bleibt er für eine Weile liegen.

Fly
Eine blutsaugende Fliege, die sich Mario mit großen Sprüngen nähert.

Kumo
Die Spinne lebt in den Höhlen und nähert sich Mario mit kleinen Sprüngen.

Bunbun
Sie fliegt und lässt Pfeile nach unten sausen.

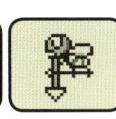

Honen
Ein Torion, der von Tatanga aufgegessen wurde. Er springt senkrecht aus dem Wasser heraus.

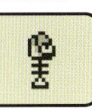

Pompon-Blume
Die Blume geht ein paar Schritte und schleudert danach Giftpollen in die Luft.

Mekabon
Dieser Roboter wirft mit seinem Kopf. Ein Sprung auf den fliegenden Kopf kann ihn nicht besiegen.

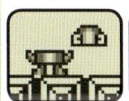

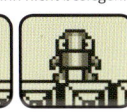

Yurarin
Dragonzamasus Untertan schwimmt in diagonalen Bahnen.

Yurarin Boo
Yurarins großer Bruder, der sich auf und ab bewegt und Feuer speit.

Roketon
Schlachtflugzeug von Tatangas Leibwächter. Es feuert Kugeln ab.

ANDERE CHARAKTERE

Prinzessin Daisy

Die Prinzessin von Sarasaland ist etwas frech und richtig munter. Sie wird von dem Außerirdischen Tatanga entführt.

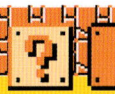

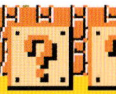

WORLDS
● Welten

LEVELS

In jedem der vier Königreiche (Welten) gibt es drei Levels, also warten insgesamt zwölf Levels auf Mario. Je nach Königreich besitzen diese verschiedene Eigenschaften.

Welt 1 – Birabuto

W1-1
Im ersten Level sind Pyramiden zu sehen. Ihr lauft über Hügel mit Tschibibos.

W1-2
Hier fehlt der Boden und ihr springt von einem Baum zum anderen. Aus der Luft attackiert Bunbun.

W1-3
In der Pyramide gibt es viele Gimmicks. Die einstürzenden Decken stoppen Eindringlinge.

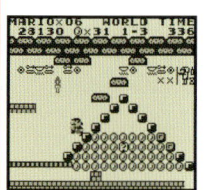

Welt 2 – Muda

W2-1
Hüpft auf dem Meer von einer Plattform zur anderen. Aus dem Wasser tauchen Honens auf.

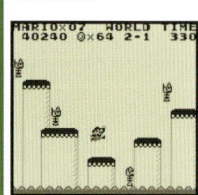

W2-2
Am Startpunkt ist ein Ufo zu sehen, und zwischendurch werdet ihr von Mekabons erwartet.

W2-3
Mit Marine Pop fahrt ihr durchs Wasser. Beseitigt die Feinde und Blöcke mit Torpedos.

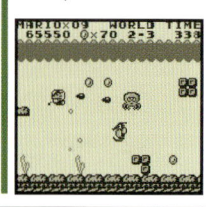

Welt 3 – Easton

W3-1
Dieses Königreich ist voller Felsen. Die Steingegner überfallen und helfen euch …

W3-2
Spinnengegner wie Suu oder Kumo nisten in dieser Höhle.

W3-3
Der Tempel in der Luft mit vielen Plattformen. In der Tiefe wartet Hiyoihoi auf euch.

Welt 4 – Tschai

W4-1
Ein Level mit zahlreichen Röhren und Bambus im Hintergrund.

W4-2
Auf schmalen Plattformen laufen Pompon-Blumen entlang. Gegen Ende werden die Gänge enger und es rotieren Flammen.

W4-3
Der Showdown findet über den Wolken statt. Mit Sky Pop besiegt ihr die Gegner.

ITEMS & GIMMICKS

Hier seht ihr die auftauchenden Items. Vieles ist hier anders, zum Beispiel gibt euch das Herz und nicht der Pilz einen Extraversuch.

Fahrstuhl
Steigt man ein, fährt er hoch. Er taucht aus dem unsichtbaren Block auf.

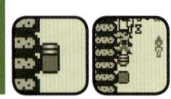

Fall-Decke
Fällt herab, wenn man in der Nähe ist. Schaden bei Kontakt.

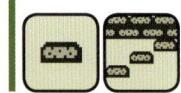

Fall-Stachel
Er befindet sich an der Decke und fällt herab, wenn man in der Nähe ist. Schaden bei Kontakt.

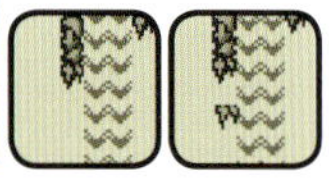

Fall-Plattform
Die Plattform fällt herab, wenn man auf ihr steht. Man muss schnell weiterspringen.

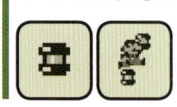

Dreh-Flamme
Die Flammenkugel dreht sich um einen Block.

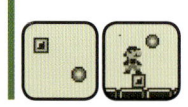

Unsichtbarer Block
Der Block taucht aus dem Nichts auf, wenn man dagegenspringt.

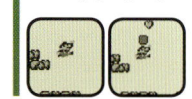

Gira-Kanone
Sie taucht in bestimmten Zeitabständen aus den Röhren auf und feuert Gira ab.

Faust
Die Faust taucht aus den Röhren auf und versucht Mario zu zerquetschen.

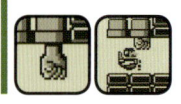

Münze
Bei 100 Münzen erhält man einen Extraversuch. Sie lassen sich auch mit dem Superball einsammeln.

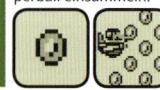

Stern
Er macht Mario für eine Weile zum unverwundbaren Mario.

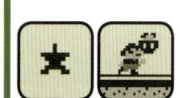

Superpilz
Er macht Mario zu Super Mario.

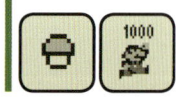

10er-Münzenblock
Aus dem Block erscheinen für eine Weile Münzen.

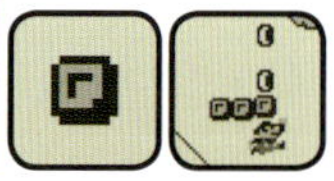

Röhre
Aus den Röhren tauchen Gegner auf. Manchmal führen sie aber auch zu geheimen Schatzkammern.

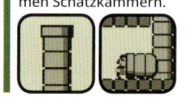

Giftstachel
Giftige Stacheln am Boden. Schaden bei Kontakt.

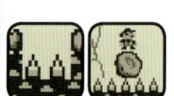

?-Block
Ein Block mit dem ?-Symbol. In so einem Block kann eine Münze oder ein Item stecken.

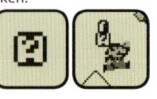

Blume
Sie macht Mario zu Superball-Mario.

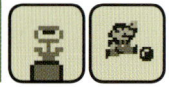

Block
Er lässt sich mit einem Schlag (außer bei Klein-Mario) zerstören. Mitunter findet man ein Item darin.

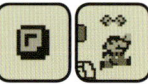

Boss-Zerstörer
Der Schalter befindet sich hinter dem Boss. Tritt man auf den Schalter, wird der Boss besiegt.

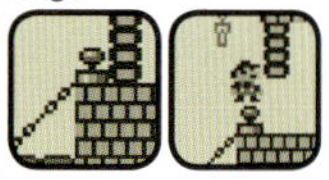

Plattform
Eine Plattform bewegt sich in zwei Richtungen. Mario kann sich damit transportieren lassen.

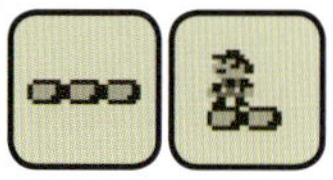

1-Up-Herz
Mario erhält einen Extraversuch. Die meisten Herzen sind versteckt.

AND MORE
- Anderes

BESONDERE SZENEN

Das Spiel hat ein besonderes Ambiente. Nachfolgend haben wir für euch ein paar beeindruckende Szenen ausgesucht. Einige Elemente wurden von *Super Mario Bros.* übernommen.

Unverwundbarkeit mit bekannter Musik!

Bei Unverwundbarkeit wird ein Musikstück aus *Orpheus in der Unterwelt* (Jacques Offenbach) gespielt.

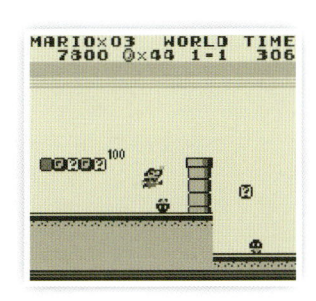

Eines der Ziele führt zum Bonus-Game!

Am Ziel sind zwei Tore. Erreicht man das obere Tor, kann man an einem Bonus-Spiel teilnehmen. Je nach Timing wird man mit einer Blume oder mit bis zu drei Extraversuchen belohnt.

Falsche Daisy!

Prinzessin Daisy aus Sarasaland taucht hier zum ersten Mal auf. Nach Birabuto, Muda und Easton geben sich unterschiedliche Gegner als Daisy aus und verwirren damit Mario.

Meistert die Baller-Levels!

In W2-3 und W4-3 benutzt ihr ein Fahrzeug und schießt damit die Gegner ab. Auch beim Endkampf gegen Tatanga müsst ihr feindlichen Attacken ausweichen und dabei auf den Gegner schießen.

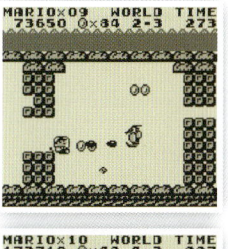

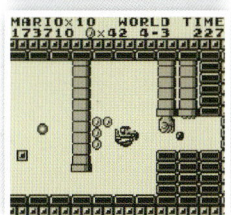

Ein Raum voller Münzen!

In W4-2 findet ihr einen versteckten Raum voller Münzen. Nur als Superball-Mario können alle Münzen aufgesammelt werden.

Besiegt Tatanga für die zweite Spielrunde!

Nach dem Sieg gegen Tatanga wird der Pilz-Cursor im Hauptmenü zum Mario-Cursor. Startet ihr dann das Spiel, beginnt die zweite Spielrunde mit mehr Gegnern. Beispielsweise tauchen Gaos gleich in W1-1 auf, somit wird das Spiel deutlich schwieriger.

Wissenswertes & Techniken

Diese Funktionen werden unter bestimmten Bedingungen freigeschaltet. Beide sind sehr wichtig, um das Spiel komplett zu genießen.

Level wählen

Schafft ihr auch die zweite Spielrunde, könnt ihr im Hauptmenü ein beliebiges Level aussuchen.

Level fortführen

Erreicht man 100.000 Punkte, erhält man eine Chance zum Fortfahren. Dann kann man auch bei einem Game-over das Spiel wieder von der entsprechenden Welt aus fortsetzen.

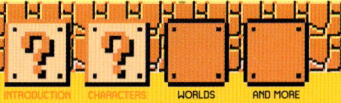

1990

SUPER MARIO WORLD
SUPER MARIO BROS. 4
スーパーマリオワールド

Verpackung

Spielmodul

Anleitung

- **Hardware**
  Super Famicom (SNES)
- **Erscheinungsdatum Japan/EU**
  21. November 1990
  11. April 1992
- **Spieleranzahl**
  1–2
- **Anmerkung**
  Als Virtual-Console-Spiel für Wii U, Wii und New Nintendo 3DS erhältlich.

INTRODUCTION
● Einleitung

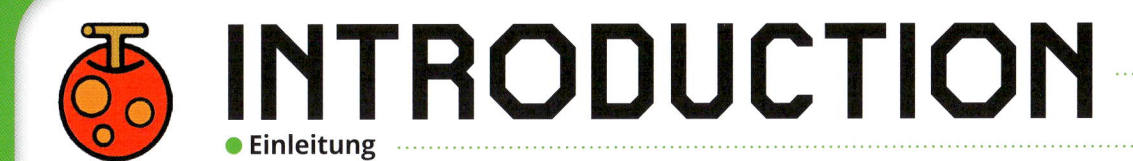

S T O R Y

Mario und Luigi haben der Pilzwelt den Frieden zurückgebracht. Nun wollen sie einen ruhigen Urlaub genießen und machen sich zusammen mit Prinzessin Peach auf den Weg zur Insel Yoshis Eiland, die im südlichen mysteriösen Dinosaurierland liegt.

Doch schon kurz nach der Ankunft verschwindet Prinzessin Peach. Sie durchsuchen verzweifelt die gesamte Insel und finden bald am Inselrand ein rätselhaftes Ei. Sie schauen sich das Ei in Ruhe an und es schlüpft ein komischer Drache.

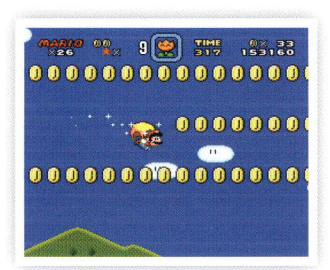

Diesmal ist das Dinosaurierland der Schauplatz. Auf dieser ominösen Insel wird schon wieder Prinzessin Peach vermisst. Das kann nur Bowser gewesen sein!

Der Drache nennt sich »Yoshi« und spricht die Brüder an: »In letzter Zeit sind schildkrötenartige Monster im Dinosaurierland aufgetaucht. Sie haben meine Freunde mit einem Zauber in Eier gesperrt. Ich habe versucht, meine Freunde zu retten, doch sie waren sehr stark und am Ende wurde auch ich in ein Ei gesperrt ... Ich bitte euch. Würdet ihr bitte zusammen mit mir meine Freunde retten?« Wer hätte das gedacht? Bowser scheint immer noch nicht genug zu haben. Wahrscheinlich wurde auch Prinzessin Peach von Bowsers Untertanen entführt.

Und so machen sich die Brüder erneut auf zu einem Abenteuer, um Yoshis Freunde und Prinzessin Peach zu retten.

I N F O S

Das Dinosaurierland lebt ...?

Das Dinosaurierland ist eine seltsame Insel, es scheint fast, als würde sie leben. Die Berge wachsen und Brücken tauchen plötzlich aus dem Nichts auf – während des Abenteuers gibt es zahlreiche Veränderungen in der Landschaft. In diesem Spiel gibt es keine strikt getrennten Welten wie bisher, sondern es handelt sich um eine große Insel, die in mehrere verbundene Gebiete wie die »Donut-Ebene« oder den »Vanille-Berg« aufgeteilt ist. In den Levels gibt es auch versteckte Ziele, die nur mit bestimmten Schlüsseln zu finden sind. Dadurch werden neue Wege freigespielt. Ihr müsst die Wege finden und auf eure Art zu Bowsers Schloss gelangen.

Das große Abenteuer im bunten Dinosaurierland

Das Side-Scrolling-Action-Spiel kam zusammen mit dem Super Famicom (SNES) auf den Markt. Das Abenteuer mit dem neuen Freund Yoshi beginnt im Dinosaurierland, in dem viele Dinosaurier leben. Auf dem Super Famicom konnte sowohl die Grafik als auch die Musik deutlich verbessert werden. Es tauchen Gegner auf, die viel größer sind als Mario und die sich auch drehen oder vergrößern können. Die gesamte Inszenierung wurde vielfältiger und auch bunter. Durch die Back-up-Funktion ist es möglich, mitten im Abenteuer zu speichern.

Der neue Freund: Yoshis Debüt

In diesem Spiel taucht der neue Freund Yoshi zum ersten Mal auf. Man kann auf ihm reiten und mit seiner langen Zunge angelt er sich Gegner und Früchte. Seitdem besteht Yoshi zusammen mit Mario in vielen Spielen Abenteuer, er wurde sehr populär und spielte den Hauptcharakter in Spin-off-Spielen wie *Mario & Yoshi*, *Yoshi's Story* oder *Yoshi's Woolly World*.

CHARACTERS
● Charaktere

SPIELBARE FIGUREN

Mario und Luigi ziehen los, um die verschollene Prinzessin Peach und Yoshis Freunde zu retten.

Mario
Player 1. Er kann nun einen Drehsprung ausführen.

Luigi
Player 2. Er hat dieselben Fähigkeiten wie Mario.

POWER-UPS

Mit den Items werden Power-Ups mit verschiedenen Fähigkeiten möglich. Einige Items kann man aufbewahren und jederzeit einsetzen.

Klein-Mario
Der Zustand zu Beginn des Spiels. Mit dem Drehsprung kann er keine Drehblöcke zerstören, und bei Gegnerkontakt verliert er einen Versuch.

Klein-Luigi

Super Mario — Item ● Superpilz
Mario wird zu Super Mario, wenn er einen Superpilz aufsammelt oder wenn Klein-Mario durch den Rücksetzpunkt geht. Der Drehsprung zerstört Drehblöcke.

Super Luigi

Feuer-Mario — Item ● Feuerblume
Hier greift Mario mit Feuerbällen an. Ist der Angriff erfolgreich, werden getroffene Gegner zu Münzen. Einige Gegner sind jedoch dagegen immun!

Feuer-Luigi

Cape-Mario — Item ● Cape-Feder
Mario fliegt mit dem Cape und kann damit angreifen. Bei geschicktem Auf- und Absteigen kann er lange in der Luft bleiben.

Cape-Mario
Cape-Luigi

Auflistung aller 17 Spiele   1990   SUPER MARIO WORLD

Unverwundbarer Mario — Item → Stern

Man wird kurzfristig unbesiegbar: Gegner sterben bei einfachem Kontakt. Vernichtet man acht Gegner hintereinander, wird man mit einem Extraversuch belohnt.

Unverwundbarer Luigi

Ballon-Mario — Item → P-Ballon

Marios Körper wird aufgeblasen und er kann sich für eine Weile in der Luft in alle Richtungen bewegen.

Ballon-Luigi

YOSHI & SEINE FREUNDE

Yoshi, der neue Freund im Abenteuer. Er schlüpft aus einem Ei und nachdem man ihn gefüttert hat, kann man auf ihm reiten. In der Sternenwelt findet ihr die legendären bunten Yoshis.

Yoshi

Er kann Mario tragen und mithilfe seiner Zunge Gegner und Früchte verspeisen. Isst er einen Koopa-Panzer, erhält er je nach Panzerfarbe eine besondere Fähigkeit. Yoshi läuft bei Gegnerkontakt davon.

Baby Yoshi

Wenn Yoshi aus dem Ei schlüpft, ist er noch ein Baby. Baby Yoshi kann getragen werden. Frisst er fünf Gegner bzw. Power-Up-Items, wird er zum erwachsenen Yoshi.

Roter Yoshi

Dieser Yoshi speit Feuer in drei Richtungen, egal, was für einen Panzer er frisst. Getroffene Gegner verwandeln sich in Münzen.

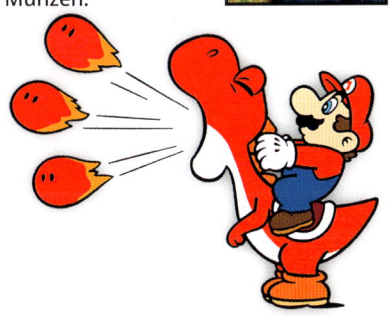

Gelber Yoshi

Dieser Yoshi führt bei Landung eine Erdbebenattacke aus, egal, was für einen Panzer er frisst. Damit besiegt er die Gegner in der Umgebung.

Blauer Yoshi

Dieser Yoshi kann fliegen, unabhängig davon, was für einen Panzer er frisst. Mit dem Yoshi-Flügel wird derselbe Effekt erzielt.

ANDERE CHARAKTERE

Charaktere, die Mario und Luigi unterstützen.

Delphin
Die Delphine tauchen in der Welt »Vanille-Rätsel 3« auf. Sie springen übers Wasser und bringen Mario voran.

Prinzessin Peach
Die Prinzessin des Pilz-Königreichs. Sie wollte mit Mario und Luigi Urlaub machen, doch plötzlich war sie verschwunden. Das kann nur Bowser gewesen sein.

GEGNER

Hier findet ihr eine Auflistung aller auftretenden Gegner. Schauplatz ist diesmal das Dinosaurierland, daher tauchen viele Gegner auf, die auf Dino-Motiven basieren.

Para-Bruder
Er steht auf einem Flügelblock und wirft mit Hämmern um sich.

Riesen-Buu-Huu
Ein großer Buu Huu. Als Boss kann er mit Lila-Blöcken besiegt werden.

Iggy
Der Boss von Yoshis Eiland. Man kämpft auf einer kippenden Insel, die auf Lava schwimmt.

Mega-Monty
Der Maulwurf kommt geradeaus angelaufen. Man kann sich von ihm transportieren lassen.

Wendy
Der Boss der Schoko-Insel. Ähnlicher Kampf wie gegen Lemmy, jedoch sind mehr Hotheads im Raum.

Igluck
Bewegt sich im Wasser auf bestimmten Routen vertikal oder horizontal.

Feuerdrache
Er lebt in der Lava und greift mit seinem großen Maul an, sobald er Mario sieht.

Kletter-Koopa (rot)
Der Koopa klettert am Gitter entlang. Er ist schneller als sein grüner Artgenosse.

Kletter-Koopa (grün)
Der Koopa kann mit Schlägen besiegt werden, wenn er auf der anderen Gitterseite ist.

Magikoopa
Teleportiert und führt Magieattacken aus.

Kreissäge
Sie fährt am Boden oder eine Bahn entlang. Sie ist schnell und unbesiegbar.

Knochentrocken
Springt man drauf, bricht er für eine Weile zusammen. Es gibt eine Variante, die mit Knochen wirft.

Kugelwilli
Er fliegt geradeaus. Es gibt aber auch eine Variante, die diagonal fliegt.

Rip Van Fish
Er schläft unter Wasser. Wenn Mario in der Nähe ist, wacht er auf und verfolgt ihn.

Bowser
Er fliegt mit dem Koopa-Kopter und greift an. Werft seine Robo-Koopas zurück, um ihm Schaden zuzufügen.

Galumba
Springt man auf ihn drauf, bleibt er auf dem Rücken liegen. Dann kann man ihn tragen und werfen.

Sumo-Bruder
Er bewegt sich seitwärts und wenn er aufstampft, erzeugt er einen Blitz, der zu Boden fällt.

Auflistung aller 17 Spiele · 1990 · SUPER MARIO WORLD

Kleinschein
Diese kleine Elektrokugel läuft an Hindernissen entlang.

Steinblöckchen
Dieser kleine Block hüpft zur Seite.

Pokey
Yoshi kann seinen langen Körper nach und nach auffressen. Dadurch wird dieser immer kürzer.

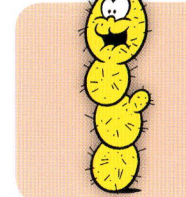

Lakitu
Er wird besiegt, wenn man etwas nach ihm wirft. Einige Lakitus kommen aus den Röhren.

Lakitu-Buu
Er hält eine Angelrute, an der eine Flamme hängt, und fliegt damit über Mario herum.

Mini-Rhino
Er bewegt sich flink und speit gelegentlich Feuer zur Seite oder nach oben.

Monty Maulwurf
Er springt aus der Wand oder aus dem Boden, wenn Mario in der Nähe ist, und rennt auf ihn los.

Fuzzy
Er bewegt sich entlang einer Bahn und ist immun gegen die meisten Attacken.

Buu Huu
Er verfolgt einen, wenn man ihm den Rücken zudreht. Einige fliegen im Kreis oder von Wand zu Wand.

Dino-Spuki
Ein Gespenst, das in Geisterhäusern erscheint. Es fliegt seitlich.

Torpedo-Ted
Wird er abgefeuert, schwimmt er geradeaus weiter. Im Soda See tauchen unzählige davon auf.

Stachi
Er hat einen stacheligen Panzer. Einige kommen bei Bodenkontakt aus Stachi-Eiern.

Pickel-Käfer
Eine Schildkröte mit einem großen Stachel. Läuft an Hindernissen entlang.

Steinblock
Ist Mario in der Nähe, verändert er seine Mimik und fällt herab. Er taucht auch unter Wasser auf.

Rex
Er geht am Boden. Springt man auf ihn, verkleinert er sich und wird schneller.

Koopa (blau)
Er ist schnell und wendet kurz vor einer Unebenheit. Wenn Yoshi ihn frisst, kann er fliegen.

Flappflapp
Wartet an der Decke und gleitet herab, wenn Mario in der Nähe ist.

Koopa (rot)
Ein roter Koopa. Er wendet kurz vor einer Unebenheit.

Koopa (gelb)
Verschwindet ein panzerloser Koopa in seinem Panzer, beginnt er zu blinken und verfolgt einen.

Koopa (grün)
Hüpft man auf ihn drauf, springt der panzerlose Koopa heraus. Den Panzer kann man tragen.

Stachi-Ei
Ein stacheliges Ei, das von Lakitu geworfen wird. Bei Bodenkontakt wird es zu Stachi.

Großschein
Er dreht sich an Hindernissen entlang. Er ist größer und langsamer als Kleinschein.

Panzerloser Koopa
Er taucht auf, wenn man auf einen Koopa oder Super Koopa springt. Einige kicken ihren Panzer weg.

Flügel-Galumba
Ein Galumba mit Flügeln. Springt man auf ihn drauf, verliert er sie und wird zu einem normalen Galumba.

Parakoopa (rot)
Er fliegt in der Luft oder hüpft am Boden entlang.

Parakoopa (gelb)
Obwohl er Flügel besitzt läuft er am Boden. Bei Hindernissen springt er hoch.

Parakoopa (grün)
Er hat Flügel. Springt man auf ihn drauf, wird er zu einem normalen Koopa (grün).

Ninji
Er taucht nur im letzten Gang in Bowsers Schloss auf und hüpft auf der Stelle.

Piranha-Pflanze
Diese Pflanze nistet in umgekehrten Röhren und zeigt sich in bestimmten Zeitabständen.

Wiggler
Er läuft langsam über den Boden. Springt man auf ihn drauf, wird er wütend und bewegt sich schneller.

Hothead
Diese Feuerkugel hüpft aus der Lava heraus. Es gibt eine Variante, die von Wänden abprallt.

Para-Galumba
Fällt mit einem Fallschirm herab und wird nach der Landung zu einem normalen Galumba.

Para-Bomb
Fällt mit einem Fallschirm herab und wird nach der Landung zu einem Bob-omb.

Hüpfer-Piranha
Die Hüpfer-Piranha-Pflanze springt schnell aus den Röhren heraus und fällt langsam nach unten.

Feuer-Hüpfer-Piranha
Sie spuckt Feuerkugeln zur Seite und fällt langsam hinunter.

Skelettfisch
Er schwimmt geradeaus und taucht im Wasser bei Festungen und Schlössern auf.

Angler-Lakitu
Ein Lakitu, der einen 1-Up-Pilz mit sich führt.

Reznor
Der Boss der Festungen. Vier Reznors sitzen auf den Plattformen und spucken Feuerkugeln.

Blurp
Er schwimmt seitwärts. Oft tauchen mehrere auf einmal auf.

Cheep-Cheep
Er schwimmt an bestimmten Stellen hin und her. An Land hüpft er herum.

Stachelfisch
Er schwimmt an die Wasseroberfläche zu Mario. Sein Rücken ist mit Stacheln bedeckt.

Mampfer
Er rührt sich nicht von der Stelle und ist unbesiegbar. Schaden bei Kontakt.

Football-Chuck
Er hat viele Angriffsmöglichkeiten, wie Sprung auf der Stelle oder Ballwurf.

Block-Buu
Schaut man ihn an, wird er zu einem Block. Wendet man ihm den Rücken zu, kommt er näher.

Knochen-Käfer
Er bleibt nach einer Weile stehen und zeigt seine Stacheln. Das richtige Timing ist gefragt.

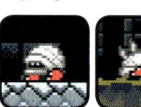

Bob-omb
Taucht auf, wenn ein Para-Bomb landet oder eine Blase berührt. Explodiert nach einer Weile.

Vulkan-Pflanze
Sie rührt sich nicht von der Stelle und spuckt in bestimmten Zeitabständen vier Feuerkugeln aus.

Riesen-Kugelwilli
Riesiger Kugelwilli. Sehr beeindruckend, doch ein Sprung und er ist weg.

Super Koopa
Der blinkende Super Koopa hinterlässt ein Cape, wenn man auf ihn draufspringt.

Robo-Koopa
Er bewegt sich auf Mario zu. Springt man auf ihn drauf, bleibt er liegen und kann dann getragen werden.

Käfer
Er ist meistens in den Höhlen. Springt man auf ihn drauf, verkriecht er sich in seinen Panzer.

Morton
Der Boss der Donut-Ebene. Er klettert zur Decke und lässt sich dann fallen.

Dino-Rhino
Er geht langsam und kann Unebenheiten überwinden. Springt man auf ihn drauf, wird er zum Mini-Rhino.

Larry
Der Boss von Bowsers Tal. Man bekämpft ihn auf einer Insel, die auf Lava schwimmt. Vorsicht vor Hotheads!

Ludwig
Der Boss der Zwillingsbrücken. Er greift mit seinem Panzer an, nachdem er Feuer gespien hat.

Lemmy
Der Boss des Vanille-Doms. Er zeigt sich zusammen mit Koopaling-Puppen aus den Röhren.

Roy
Der Boss vom Wald der Illusionen. Nach gezielten Sprungattacken wird der Raum immer kleiner.

WORLDS
● Welten

L E V E L S
Das Dinosaurierland wird in mehrere Bereiche aufgeteilt. In bestimmten Levels gibt es versteckte Ziele.

Yoshis Eiland
Eine kleine Insel mit Yoshis Haus. Oben links ist der Kappa Berg.

Yoshis Eiland 1
Hier beginnt das Abenteuer. Es tauchen viele Rexe oder Riesen-Kugelwillis auf. 

Yoshis Eiland 2 
Im Wald sind viele Koopas. Hier lernt ihr Yoshi kennen.

Yoshis Eiland 3 
Ein athletisches Level mit Drehplattformen und Dehnblöcken.

Yoshis Eiland 4 
Im Wasser schwimmen Stachelkugeln. Ihr hüpft über die kleinen schwimmenden Inseln.

Iggys Festung 
Haltet euch am Gitter fest und überbrückt die Lavazone. Gegen Ende fallen gigantische Holzhämmer herab.

Kappa Berg, Gelber Schalterpalast 
Palast mit dem gelben !-Schalter. Betätigt man den P-Schalter, tauchen viele Münzen auf.

Donut-Ebene
Eine Ebene mit einem großen Teich in der Mitte.

Donut-Ebene 1
Hier fliegen Super Koopas hin und her. Man findet auch einen Bonus-Bereich voller Münzen. 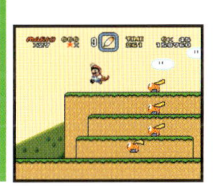

Donut-Ebene 2 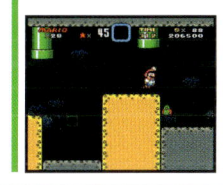
Eine Forced-Scroll-Höhle. Hoch und runter fahrende Böden behindern Mario.

Donut-Spukhaus 
Das Nest der Buu Huus. Ihr müsst das Rätsel lösen, um das Ziel zu erreichen.

Donut-Ebene 3 
Dreh-, Schienen- und andere bewegliche Plattformen müssen abwechselnd genutzt werden.

Donut-Ebene 4 
Ein Hügel-Level mit vielen Unebenheiten. Viele Galumbas und Flügel-Galumbas tauchen auf.

Mortons Festung 
Ihr müsst die sich horizontal bewegenden Wände als Plattformen nutzen, um nach oben zu kommen.

Donut-Rätsel 1 
Blurps und Cheep-Cheeps schwimmen im See. Auch Rip Van Fishs schlafen überall.

Donut-Rätselhaus 
In diesem Haus leben verschiedene Buu Huus. Findet die versteckte Tür.

Donut-Rätsel 2 
An den Wänden dieser rutschigen Eishöhle laufen Pickelkäfer entlang.

Donut-Ebene, Grüner Schalterpalast 
Palast mit dem grünen !-Schalter. Mit einem gut platzierten Panzer habt ihr die Chance auf Extraversuche.

Vanille-Dom
Ein Höhlengebiet. Durch das Rätsel-Level erreicht ihr die Hochebene.

Vanille-Dom 1
Eine lange, komplex aufgebaute Höhle. Käfer laufen in den engen Gängen herum. 

Vanille-Dom 2 
Eine Höhle mit unterirdischem See. Hier reist ihr an Land und unter Wasser weiter.

Vanille-Spukhaus 
Um die kleinen Plattformen schweben Buu Huus und grüne Blasen herum.

Vanille-Dom 3 
Ihr fahrt mit der Skelettplattform über den Lavasee. Das längste Level des Dinosaurierlandes.

Vanille-Dom 4 
Ein athletisches Level mit unzähligen Kugelwillis. Sie kommen aus allen Richtungen.

Lemmys Festung 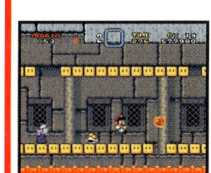
Die Magikoopas behindern Mario. Weicht den Zauberattacken aus und nutzt sie, um voranzukommen.

Vanille-Rätsel 1
Mit dem Trampolin springt ihr nach oben. Erreicht ihr das Ziel, kommt ihr zur Hochebene.

Vanille-Dom, Roter Schalterpalast
Palast mit dem roten !-Schalter. Überwindet die Koopa-Truppe.

Vanille-Rätsel 2
Eine Hochebene mit vielen steilen Stellen. In der ersten Hälfte tauchen viele Parakoopas auf.

Vanille-Rätsel 3
Ihr reist auf dem Rücken von Delphinen weiter. An der Wasseroberfläche schwimmt ein Stachelfisch.

Vanille-Festung
Eine Unterwasser-Festung mit vielen Morgensternen. Auch im Wasser fallen die Steinblöcke herunter.

Zwillingsbrücken
Hier geht ihr über eine der zwei Brücken.

Käsebrücke 1
In der ersten Hälfte nutzt ihr Plattformen, in der zweiten Hälfte Seile. Vorsicht vor den Kettensägen. 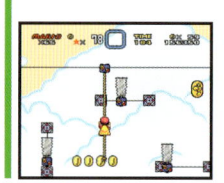

Cookie-Berg 1
Sumo-Brüder erzeugen Donner und es tauchen viele Monti Maulwürfe in diesem chaotischen Level auf.

Ludwigs Festung
Ihr müsst durch die drei Räume in verschiedene Richtungen gehen. Dabei fallen viele Stacheln herab.

Soda-See
Von beiden Seiten wird ein Torpedo-Ted nach dem anderen abgefeuert.

Butterbrücke 1
Ein athletisches Forced-Scroll-Level. Hüpft von einem Waage-Pilz zum anderen.

Butterbrücke 2
Auf der Brücke fliegen viele Super Koopas umher und die panzerlosen Koopas attackieren mit losen Panzern.

Wald der Illusionen
Die Routen sind sehr kompliziert mit vielen versteckten Zielen. Man verläuft sich sehr leicht.

Wald der Illusionen 1
Zwischen den dichten Bäumen versucht ihr voranzukommen, ohne Wiggler wütend zu machen. 

Wald der Illusionen 2
Ein labyrinthartiges Wasser-Level. Die Iglucks versperren die engen Durchgänge.

Wald der Illusionen 3
Hier schweben viele Blasen umher. Ihr müsst den versteckten Ausgang finden, um den Wald zu verlassen.

Wald der Illusionen 4
Von oben und aus den Röhren werfen Lakitus mit Stachi-Eiern.

Roys Festung
Mit dem Schlangenblock überwindet ihr das Lavameer mit unzähligen Hotheads.

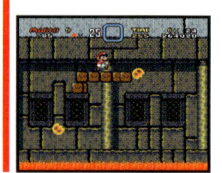

Wald-Spukhaus
Weicht den Gegnern aus, passiert die engen Gänge und ihr werdet von der Buu-Huu-Horde erwartet.

Wald-Rätsel
Ihr springt von einer Flugplattform zur nächsten und überfliegt das Level.

Wald-Festung
An allen Ecken sind Kreissägen zu sehen. Gegen Ende werdet ihr vom Riesen-Holzhammer überrascht.

Wald der Illusionen, Blauer Schalterpalast
Palast mit blauem !-Schalter. Setzt die P-Schalter geschickt ein, um Extraversuche zu bekommen.

Schoko-Insel
Eine blaue Landschaft mit vielen athletischen Levels.

Schoko-Insel 1
Dino-Rhinos und Mini-Rhinos greifen Mario an. Das große Tal wird mit dem Kanonenrohr überbrückt. 

Schoko-Spukhaus
Am Boden sind Spuk-Löcher, von der Seite kommen Dino-Spukis und von oben tauchen Lakitu-Buus auf.

Schoko-Insel 2
Ein seltsames Level, in dem sich die Routen je nach Restzeit und der Anzahl gesammelter Münzen verändern.

Schoko-Insel 3
Ein athletisches Level mit Drehplattformen. Nur wenn ihr das richtige Ziel erwischt, kommt ihr weiter.

Schoko-Festung
Holzspeere und Flammen behindern euren Weg. Gegen Ende sind viele Steinblöcke und Mini-Steinblöcke zu finden.

Schoko-Insel 4
Eine zerklüftete Höhle. Den Lavabereich passiert ihr mit den Schrägplattformen.

Auflistung aller 17 Spiele | 1990 → SUPER MARIO WORLD

Schoko-Insel 5
Items und Stachis sind von Blöcken umzingelt.

Wendys Festung
Dornensäulen und ähnliche Stachel-Gimmicks kommen aus allen Richtungen.

Schoko-Rätsel
Eine Höhle mit vielen Schrägen. Gegen Ende müsst ihr über versinkende Plattformen springen.

Versunkenes Geisterschiff
Ein versunkenes Schiff unter Wasser mit vielen Buu Huus.

Bowsers Tal
In diesem Tal ist das Versteck von Bowser.

Bowsers Tal 1
Mega-Montys und Football-Chucks laufen in dieser Labyrinth-Höhle umher. 

Bowsers Tal 2
In diesem schmalen Gang müsst ihr versuchen, nicht zerquetscht zu werden.

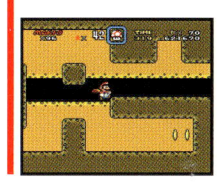

Tal-Spukhaus
Betätigt den P-Schalter und rennt los, um unter den vielen Türen die richtige zu finden.

Bowsers Tal 3
In dem athletischen Level muss man über mehrere Zählplattformen hüpfen.

Bowsers Tal 4
Eine Höhle, aus der Lava strömt. Football-Chucks lassen Felsen rollen.

Tal-Festung
Eine Festung voller Stacheln. Viele Dornensäulen bewegen sich schnell auf und ab an den schmalen Plattformen.

Larrys Festung
Mit den Schlangenblöcken kommt ihr voran – allerdings müsst ihr den Morgensternen ausweichen.

Bowsers Festung
In der ersten und zweiten Hälfte gibt es jeweils vier Räume und man muss sich für einen entscheiden.

Sternenwelt
Ein besonderes Gebiet über den Wolken. Nur durch versteckte Ziele kommt man weiter.

Sternenstraße 1
Das Level ist voller Drehblöcke. Mit Drehsprüngen bohrt ihr euch nach unten durch. 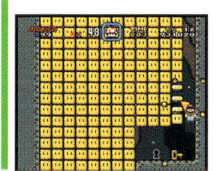

Sternenstraße 2
Eine glatte Umgebung, jedoch mit wahnsinnig vielen Rip Van Fishs und Blurps.

Sternenstraße 3
Das Ziel ist direkt nebenan. Aber hoch über den Wolken findet ihr ein verstecktes Ziel.

Sternenstraße 4
Ein athletisches Level mit vielen Parakoopas. Nutzt die Drehplattformen.

Sternenstraße 5
Verwandelt die Kontroll-Münzen in Blöcke, um das Tal zu bewältigen.

Spezialwelt
Ein spezielles Gebiet mit schwierigen Levels.

Gnarly
In diesem schrägen Level müsst ihr einmal hoch und später wieder runter, um ein Rohr am Startpunkt zu erreichen. 

Tubular
Eine Reise durch den Himmel mit den P-Ballons. Sammelt sie geschickt auf, um nicht zu fallen.

Way Cool
Die Route wird mit den Schaltern bestimmt. Bei einer falschen Entscheidung landet ihr im Abgrund.

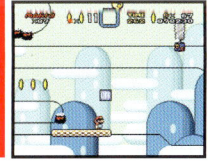

Awesome
Auf den glatten Plattformen erscheinen lauter Gegner. Am Ende tauchen noch jede Menge Cheep-Cheeps auf.

Groovy
Dieses Level ist im Startmenü zu sehen. Gegen Ende werdet ihr von Pokeys erwartet.

Mondo
Ein Level mit Ebbe und Flut. Die Wassermenge entscheidet über den Verlauf.

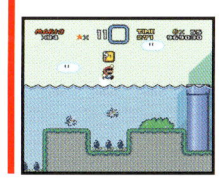

Outrageous
Im Wald werdet ihr von Kugelwillis angegriffen. Am Boden hüpfen Loderschlangen herum.

Funky
Das allerletzte Level des Spiels. Am Ende seht ihr eine Nachricht aus Münzen.

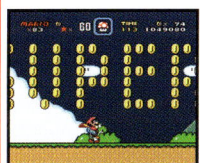

ITEMS & GIMMICKS

Hier findet ihr die Items und andere Elemente aus den Levels. Da Mario mehr Aktionen ausführen kann, gibt es auch entsprechend mehr Gimmicks.

Schwebeinsel
Sie schwebt an der Wasseroberfläche. Stellt man sich drauf, versinkt sie.

Rolltreppe
Sie wird an Steilhänge gelegt und bringt Mario automatisch weiter.

Spuk-Loch
Ein bewegliches Loch, das in Spukhäusern erscheint. Befindet es sich unter Mario, fällt er hinunter.

ON/OFF-Schalter
Der Schalter beeinflusst Gimmicks.

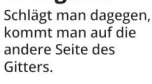

Drehgitter
Schlägt man dagegen, kommt man auf die andere Seite des Gitters.

Drehplattform
Ein drehender Lift. Einige kippen durch Gewichte, einige rotieren durchgehend.

Zählplattform
Stellt ihr euch darauf, zählt der Zähler rückwärts. Bei 0 fällt die Plattform in die Tiefe.

Schlüssel
Wird er zum Schlüsselloch gebracht, kommt man zum versteckten Ziel.

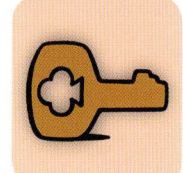

Schlüsselloch
Berührt man es mit einem Schlüssel in der Hand, wird das versteckte Ziel geöffnet.

Unsichtbarer Block
Er taucht aus dem Nichts auf. Darin stecken Münzen oder Items.

Gitter
Man kann sich daran festhalten und die Gegner auf der anderen Seite schlagen.

Neutraler Block
Ein bereits geschlagener Block. Kann als Plattform fungieren.

Holzhammer
Der Hammer fällt von der Decke. Wird man zerquetscht, verliert man einen Versuch.

Willi-Kanone
Die Kanone feuert Kugelwillis ab. Es gibt verschiedene Größen.

Beere (rot)
Frisst Yoshi zehn davon, legt er ein Ei mit einem Item.

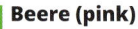

Beere (pink)
Frisst Yoshi zwei davon, legt er ein Ei, aus dem eine Bonus-Wolke auftaucht.

Beere (grün)
Frisst Yoshi sie auf, wird die Restzeit um 20 Sekunden verlängert.

Holzspeer
Diese Pfähle bewegen sich auf und ab. Das Ende ist spitz und fügt Mario Schaden zu.

Bowser-Statue
Sie rührt sich nicht und speit in regelmäßigen Abständen Feuer.

Bowser-Statue (Gold)
Die goldene Variante hüpft auf den Spieler zu. Schaden bei Kontakt.

Morgenstern
Eine angekettete Eisenkugel. Die Kette darf man berühren.

Drehblock
Schlägt man drauf, dreht er sich für eine Weile. Manchmal versteckt sich ein Item darin.

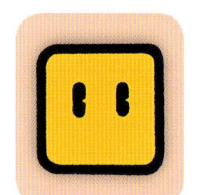

Münze
Die Münzen findet man in den Levels oder den Blöcken. 100 Münzen ergeben einen Extraversuch.

Eisblock
Rutschiger Block. Er ist nicht mit Drehsprüngen zu zerstören.

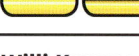

Zielschranke
Geht man durch, ist das Level beendet. Je nach Schrankenhöhe erhält man unterschiedlich viele Sterne.

Kontrollmünze
Die Münzen tauchen in Marios Bewegungsrichtung auf.

Dreieckblock
Damit könnt ihr eine senkrechte Wand erklimmen. Yoshi springt hoch.

Luftblase
In den Blasen stecken Gegner oder Items. Bei Berührung geht sie kaputt und der Inhalt fällt herab.

Trampolin
Bei richtigem Timing wird ein hoher Sprung möglich.

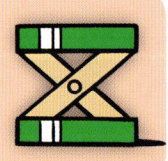

Noten-Block
Bei richtigem Timing wird ein hoher Sprung möglich. Manchmal versteckt sich ein Item darin.

Silbermünze
Mit dem P-Schalter (Silber) werden Gegner in Silbermünzen verwandelt. Sie verschaffen euch Extraversuche.

Kristallkugel
Der Schatz aus dem versunkenen Schiff. Sammelt man sie auf, ist das Level beendet.

P-Schalter
Der Schalter verwandelt Münzen in neutrale Blöcke oder andersherum.

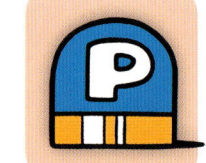

P-Schalter (Silber)
Der Schalter verwandelt Gegner in Silbermünzen.

Wasserstrom
Der Strom schiebt den Spieler in eine Richtung. Es gibt auch Ebbe und Flut.

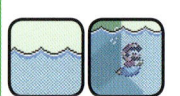

Superpilz
Der Pilz macht Mario zu Super Mario. Man kann außerdem einen von ihnen aufbewahren.

Stern
Der Stern macht Mario für eine Weile unverwundbar.

Schlangenblock
Eine Plattform aus Blöcken. Steigt man auf, bewegt sie sich auf festgelegten Routen.

Scheinwerfer
Wird der Schalter betätigt, beleuchtet er Mario und seine Umgebung im Dunkeln.

3-Up-Mond
Man erhält drei Extraversuche. Dieses Item ist meist innerhalb der Levels platziert.

Schienenplattform
Dieser Lift bewegt sich an einer Schiene entlang.

Kanonenrohr
Mario wird mit Schwung aus dem Rohr herausgeschleudert.

Koopaling-Puppe
Lemmy und Wendy nutzen diese Puppen zur Täuschung.

Baby Yoshi
Baby Yoshi kommt aus einem Ei. Er wird nach fünf Gegnern oder durch Items erwachsen.

Rücksetzpunkt
Berührt man ihn, kann das Spiel nach einer Niederlage von hier aus fortgesetzt werden.

Auflistung aller 17 Spiele | 1990 → SUPER MARIO WORLD

Ranke
Sie ist in Blöcken versteckt. Man kann sich daran festhalten und damit fortbewegen.

10er-Münzblock
Schlägt man mehrmals darauf, springen für eine Weile Münzen heraus.

Strichlinien-Block
Mit dem !-Schalter werden sie zu !-Blöcken.

Waage-Pilz
Zwei Pilze gehören zusammen. Stellt man sich auf einen drauf, fährt der andere hoch.

Torpedo-Kanone
Feuert Torpedo-Teds ab. Eine Hand stellt sie unten bereit.

Röhre
Diese Röhren werden als Plattformen oder Transportmittel genutzt. Einige von ihnen ändern ihre Größe.

Skelettplattform
Schwimmt auf Lava. Geht es bergab, teilt sie sich in mehrere Teile auf.

Stachel
Schaden bei Kontakt. Einige fallen von der Decke herab.

Dornensäule
Sie wird mit hoher Geschwindigkeit herausgeschossen. Wird man zerquetscht, verliert man einen Versuch.

Stachelkugel
Sie wird an der Wasseroberfläche oder fällt von oben herab. Schaden bei Kontakt.

Drachenmünze
Eine große Münze mit einem Yoshi-Symbol. Bei fünf Drachenmünzen erhält man einen Extraversuch.

Schrägplattform
Die Plattform bewegt sich schräg. Es gibt zwei Varianten.

Kettensäge
Diese Kettensäge fährt auf einer Schiene. Schaden bei Kontakt.

Koopa-Panzer
Ein Panzer ohne Inhalt. Diese werden manchmal in den Levels platziert.

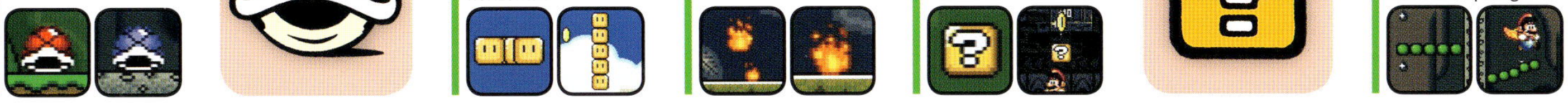

Dehnblock
Diese Blöcke strecken und verkürzen sich regelmäßig. Je nach Variante vertikal oder horizontal.

Loderschlange
Sie bewegen sich hüpfend. Dabei hinterlassen sie kleine Flammen.

?-Block
Ein Schlag holt eine Münze oder ein Item heraus.

Sprungfeder
Lässt einen höher springen. Je weiter man sich an den Rand stellt, desto höher der Sprung.

Fliegender ?-Block
Ein ?-Block mit Flügeln. Er schwebt in der Luft.

P-Ballon
Er macht Mario für eine Weile zu Ballon-Mario.

Grüne Blase
Das grüne Wesen taucht in Spukhäusern auf und bewegt sich wellenförmig.

!-Schalter
Der Schalter ist im Schalterpalast zu finden und lässt !-Blöcke auftauchen.

!-Block
Aus einem gelben !-Block erscheint ein Superpilz, aus einem grünen eine Cape-Feder.

Feuerblume
Sie macht Mario zu Feuer-Mario. Sie kann aufbewahrt werden.

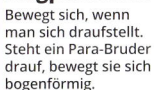

Flugplattform
Bewegt sich, wenn man sich draufstellt. Steht ein Para-Bruder drauf, bewegt sie sich bogenförmig.

Lila-Block
Er kann getragen und weggetreten werden. Er verschwindet nach einer Weile.

Bonus-Wolke
Sie schwebt in der Luft und erzeugt viele Lächel-Münzen. Fangt sie alle auf, um einen Extraversuch zu erhalten.

Bonus-Block
Hat man in einem Level 30 und mehr Münzen gesammelt, erscheint hieraus ein 1-Up-Pilz.

Feuer
Es fliegt geradeaus. Eine Bowser-Statue kann auch Feuer speien.

○-Block
Man schlägt sie mit dem richtigen Timing. Werden drei ○-Symbole angezeigt, erhält man einen 1-Up-Pilz.

Cape-Feder
Diese Feder macht Mario zu Cape-Mario. Sie kann aufbewahrt werden.

Nachrichtenblock
Schlägt man drauf, wird eine nützliche Nachricht angezeigt.

Lava
Bei Berührung verliert man einen Versuch. Hier nisten Hotheads und Feuerdrachen.

Yoshi-Ei
Aus einem Yoshi-Ei schlüpft Yoshi. Wird es vom eigenen Yoshi gelegt, ist ein Item drin.

Yoshi-Flügel
Werden sie von Yoshi aufgesammelt, kommt man ins Bonus-Gebiet. Danach wird er ein blauer Yoshi.

Plattform
Sie bewegen sich hin und her, fallen herab, wenn man sich draufstellt, oder schweben über Wasser.

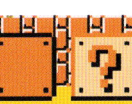

Rouletteblock
Hier wechselt das Item.

Seil
Hängt man sich dran, bewegt es sich entlang der Schiene. Man kann dabei hoch und runter klettern.

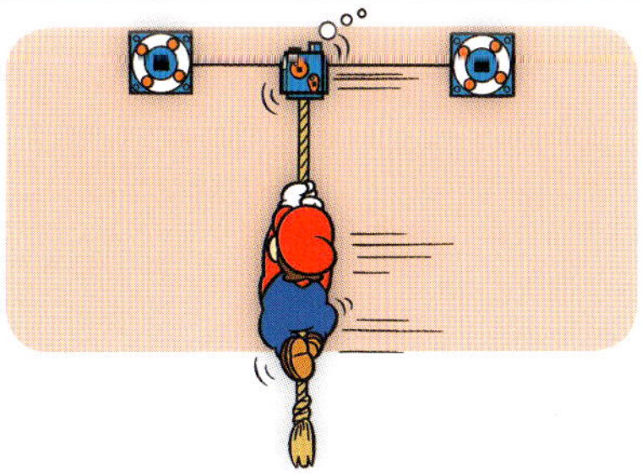

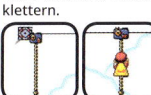

1-Up-Pilz
Der Pilz gibt einem einen Extraversuch. Er taucht auch auf, wenn man bestimmte Orte erreicht.

AND MORE
● Anderes

BESONDERE SZENEN

Beeindruckende Szenen und neue Elemente werden hier aufgeführt. Es gibt viele Momente mit Yoshi, der zum ersten Mal auftaucht.

Erste Begegnung mit Yoshi!

Willkommen. Ich mach mich auf den Weg, um meine Freunde von Bowser zu befreien. Schade, dass ich nicht für dich da sein kann. Yoshi, der Superdrache

Das Abenteuer beginnt am Yoshi-Haus. Durch den Nachrichtenblock erfährt man, dass er verreist ist. Allerdings wurde er kurz nach dem Start des Levels »Yoshis Eiland 2« in den ?-Block eingesperrt.

Puh, ich bin gerettet! Ich bin Yoshi. Als ich in die Burg wollte, um meine Freunde zu retten, wurde ich von denen in ein Ei gesperrt.

Yoshis Schwächen!

Yoshi geht nicht ins Spukhaus oder in die Festung. Er wartet draußen.

Marios Hosentaschen!

Am Po von Marios Overall sind Hosentaschen. Das sieht man etwa, wenn er sich am Gitter festhält.

Mit Bonus-Stern zum Bonus-Spiel!

Sammelt ihr mehr als 100 Bonus-Sterne, die ihr am Ziel bekommt, beginnt ein Bonus-Spiel. Ihr spielt quasi Bingo und für jede Dreierreihe erhaltet ihr einen 1-Up-Pilz. Erreicht man am Ziel 50 Bonus-Sterne, gibt es drei Extraversuche.

Koopa läuft zum ersten Mal auf zwei Beinen!

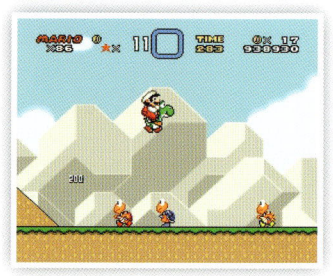

Seit diesem Spiel laufen die Koopas auf zwei Beinen. Springt man auf sie drauf, hüpft der Inhalt (panzerloser Koopa) heraus. Außerdem gibt es vier Panzerfarben mit unterschiedlichen Eigenschaften. Bei den Koopas hat sich in der Zwischenzeit also viel getan.

Flug mit den Lakitu-Wolken!

Besiegt ihr einen Lakitu zum Beispiel durch einen Panzerwurf, hinterlässt er seine Wolke. Auf dieser könnt ihr kurzzeitig fliegen. Dieses Element wurde auch in anderen Spielen der *New Super Mario Bros.*-Serie beibehalten.

Flüchtiger Blick von Riesen-Buu-Huu!

Ein Riesen-Buu-Huu versteckt sein Gesicht genauso wie ein Buu Huu, wenn man ihn anschaut. Doch nach einer Weile nimmt er seine Hände kurz runter, um den Spieler anzuschauen.

Die legendäre schwere Spezialwelt!

Findet ihr das versteckte Ziel in »Sternenstraße 5«, landet ihr in der noch schwierigeren »Spezialwelt«.

Sternenstraße

Bleibt ihr auf der Karte für eine Weile stehen, könnt ihr den Remix der Oberwelt-Musik aus *Super Mario Bros.* hören.

Dieses Level kenn ich doch!

»Sternenstraße 5« ist das Level, das im Hauptmenü zu sehen war. Die zweite Hälfte wird nicht auf dem Startbildschirm angezeigt, in ihr gibt es unzählige Pokeys.

Die seltsame andere Welt!

Wenn die »Spezialwelt« beendet wird, öffnet sich die andere Welt. Die Farbe des Dinosaurierlandes verändert sich und einige Gegner bekommen eine neue Optik. Die Koopas tragen eine Maske, die wie Mario aussieht.

Wissenswertes & Techniken

Hier findet ihr nützliche Tricks, um das große Dinosaurierland zu überleben. Die Tastenangaben basieren auf der Super-Famicom-Version.

Tritt den Wiggler für jede Menge Boni!

In »Wald der Illusionen 1« könnt ihr Koopas oder Wiggler auf den Bäumen treffen, aber bei den Wigglern taucht eine seltsame Anzeige auf und ihr werdet nicht nur mit Extraversuchen, sondern auch mit Münzen und Punkten belohnt.

Und plötzlich erscheint der 1-Up-Pilz!

Geht ihr an bestimmten Stellen vorbei, oder lauft ihr einmal um bestimmte Blöcke herum, kann plötzlich ein 1-Up-Pilz erscheinen. Insgesamt gibt es 14 solche Stellen im Spiel.

Yoshi stellt den P-Schalter wieder her!

Ein P-Schalter verschwindet sofort, wenn man auf ihn draufspringt. Doch lasst ihr ihn vor dem Verschwinden von Yoshi schlucken, wird der Schalter wiederhergestellt.

Die höchste Zahl neben dem Spielstand ist 96!

Neben dem Spielstand wird immer eine Zahl angezeigt. Sie steht für die Anzahl erreichter Ziele. Bei einem Level mit einem versteckten Ziel erhöht sich die Zahl um 2. Wer alle Ziele findet, kommt auf die Zahl 96.

Sicherer Gewinn im Bonus-Gebiet!

Im Bonus-Gebiet mit aneinandergereihten ?-Blöcken müsst ihr eine Reihe mit ○-Symbolen füllen, um einen 1-Up-Pilz zu erhalten. Schlagt ihr normal auf den Block, habt ihr keine große Chance, doch mit einem Cape-Angriff von links ist der Erfolg garantiert.

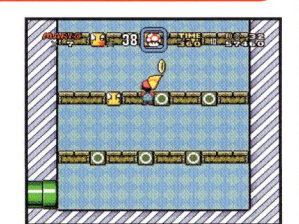

Experten-Flugtechniken!

Wenn ihr als Cape-Mario fliegt, könnt ihr mit der X-Taste wenden (fliegt ihr mit der X-Taste, dann mit der Y-Taste). Drückt ihr im Flug auf B, wird Mario bei jeder Betätigung langsamer.

Mit einem Gegenstand über die Ranke!

Werft einen Gegenstand hoch und haltet Y, wenn ihr die Ranke hochklettert, und fangt ihn dann auf. So könnt ihr mit dem Gegenstand weiterklettern.

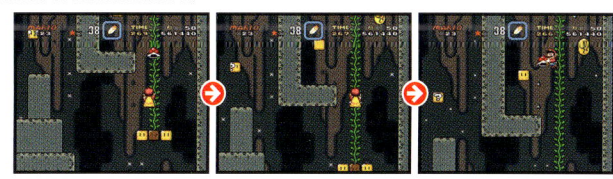

Geheimgang entdeckt!

Erreicht ihr das versteckte Ziel im »Donut-Spukhaus«, findet ihr die »Top Secret Ebene«. Das ist ein kleines Level mit mehreren ?-Blöcken. Hier findet ihr Yoshi und andere Power-Up-Items.

Am Ziel eine Item-Verwandlung!

Geht ihr mit Gegenständen wie Panzern oder P-Schaltern durchs Ziel, verwandeln sich diese Gegenstände in ein Power-Up-Item. Was ihr bekommt, hängt vom Mario-Zustand ab. Erreicht ihr das Ziel als Ballon-Mario, bekommt ihr auch ein Item.

1992

スーパーマリオ
SUPER MARIO USA

Verpackung	Spielmodul	Anleitung

- **Hardware**
  Family Computer (NES)
- **Erscheinungsdatum Japan/EU**
  14. September 1992
  28. April 1989
- **Spieleranzahl**
  1
- **Anmerkung**
  Unter dem Namen *Super Mario Bros. 2* als Virtual-Console-Spiel für Wii U, Wii und Nintendo 3DS erhältlich.

INTRODUCTION
● Einleitung

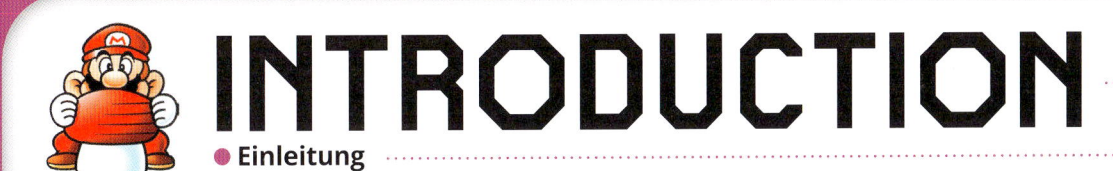

S T O R Y

Eines Abends hatte Mario einen merkwürdigen Traum.

Er träumte von einer laaangen Treppe, die zu einer Tür weit oben führte. Als er die Tür öffnete, sah er eine große Welt, die er noch nie zuvor gesehen hatte. Er spitzte die Ohren und hörte eine leise Stimme. »Willkommen im Land der Träume: Subcon. Wart quält uns und er hat das ganze Land verflucht. Wir haben auf dich gewartet. Bitte vernichte Wart und versetze Subcon wieder zurück in seinen ursprünglichen Zustand. Warts Fluch in der Realität hat keine Wirkung auf dich in der Traumwelt. Bitte vergiss nicht, dass Wart Gemüse hasst. Bitte hilf uns!« Begleitet von einem Schrei schlug ein Blitz direkt vor Marios Augen ein. Überrascht rutschte er aus und fiel zu Boden.

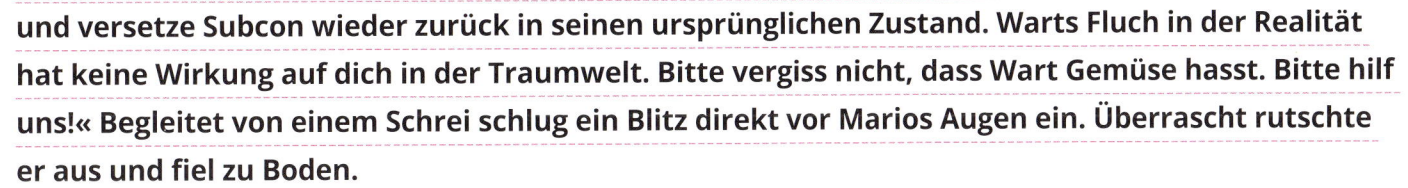

Vor Schreck wachte Mario auf und merkte, dass er auf dem Bett stand. Um einen klaren Kopf zu bekommen, erzählte Mario Luigi, Toad und Prinzessin Peach von dem Traum.

Dann gingen sie für ein gemeinsames Picknick zum nächsten Berg. Als sie ihr Ziel erreichten und sich umsahen, fanden sie eine kleine Höhle in der Nähe. Welch eine Überraschung! In der Höhle gab es eine lange Treppe, die immer weiter nach oben führte – genau wie in Marios Traum. Sie alle gingen die Treppe hoch und fanden die Tür, von der Mario ebenfalls geträumt hatte. Sie öffneten sie ganz vorsichtig … und entdeckten dahinter die Welt, die Mario im Traum gesehen hatte.

I N F O S

Einzigartige Rauszieh-Action

Das Side-Scrolling-2-D-Action-Spiel spielt in der Traumwelt Subcon. Das Spiel trägt nicht den Namen »Bros.«, somit ist es eher ein Spin-off, dessen Welt und Spielsystem leicht von der Serie abweichen. Das markante Merkmal des Spieles ist die Rauszieh-Action, mit der man Gemüse aus dem Erdreich zieht oder Gegner aufnimmt und trägt. Man kann nicht auf den Gegner springen und die wichtigste Angriffsmethode ist der Wurfangriff mit den aufgehobenen Elementen. Bei diesem Abenteuer wird alles, Gegner, Gimmicks und Items, aufgehoben und geworfen. Außerdem gibt es hier das Lebensenergie-System, ein weiterer Unterschied.

Vier Helden mit unterschiedlichen Fähigkeiten

Mario, Luigi, Prinzessin Peach und Toad machen sich auf in ein gemeinsames Abenteuer. Sie haben unterschiedliche Lauf- und Sprungeigenschaften. Vor jedem Level kann man sich den Charakter aussuchen. Daher ist es empfehlenswert, eine zum jeweiligen Level passende Figur zu wählen.

Auf dem außerjapanischen Markt bekannt als Super Mario Bros. 2

Das Spiel basiert auf dem Spiel *Yume Koujou: Doki Doki Panic*, das im Jahr 1987 für das Famicom Disc System erschienen ist. Außerhalb Japans kam die abgeänderte Version als *Super Mario Bros. 2* auf den Markt. Dieses wurde wiederum zurück nach Japan importiert und dort veröffentlicht. Deswegen steht im Titel der Zusatz »USA«.

CHARACTERS
• Charaktere

SPIELBARE FIGUREN

Der Spieler sucht sich einen aus vier Charakteren mit unterschiedlichen Fähigkeiten aus. Diese variieren in Hinsicht auf die Sprungkraft, Kraft beim Aufheben und Laufgeschwindigkeit beim Tragen.

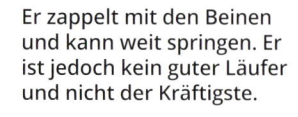

Luigi
Er zappelt mit den Beinen und kann weit springen. Er ist jedoch kein guter Läufer und nicht der Kräftigste.

Mario
Er hat die durchschnittliche Fähigkeiten, doch er springt etwas niedriger, wenn er etwas hält.

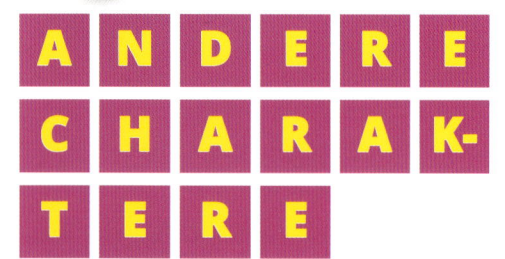

Toad
Er ist kräftig und schnell, dafür hat er keine gute Sprungkraft.

Peach
Sie ist die Schwächste und die Langsamste, kann aber in der Luft schweben.

ANDERE CHARAKTERE

Diese Charaktere unterstützen Mario und seine Freunde.

Die Bewohner der Traumwelt. Sie wurden von Wart gefangen genommen.

POWER-UPS

Es gibt keine Verwandlung mit bestimmten Fähigkeiten, aber je nach Lebensenergie verändert sich die Optik. Die Unverwundbarkeit wurde beibehalten.

Mario	Item ➜ Pilz

Normaler Zustand bei 2 bis 4 Kraftpunkten.

- Luigi
- Toad
- Peach

Klein-Mario

Kleiner Zustand bei einem Kraftpunkt. Die Fähigkeiten bleiben gleich, berührt er so jedoch einen Gegner, verliert er einen Versuch.

- Klein-Mario
- Klein-Luigi
- Klein-Toad
- Klein-Peach

Unverwundbarer Mario Item ➡ Stern

Der Körper blinkt für eine Weile. Gegner werden durch eine einfache Berührung besiegt.

- Unverwundbarer Luigi
- Unverwundbarer Toad
- Unverwundbare Peach

GEGNER

Das sind die auftretenden Gegner. Die meisten von ihnen können hochgehoben und zum Angriff genutzt werden. Hier taucht Shy Guy zum ersten Mal auf.

Triclyde
Der Boss von W2 und W6. Hat drei Köpfe und speit Feuer.

Phanto
Der Wächter der Schlüssel. Phanto verfolgt den Spieler, solange er einen Schlüssel hält.

Kobra
Sie wartet im Sand oder in einem Topf. Hüpft heraus und schießt Kugeln ab, wenn Mario in der Nähe ist.

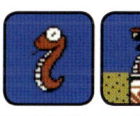

Graue Birdo
Diese Variante speit Feuer. Je nach Level kann sie auch grün sein.

Pinke Birdo
Sie wartet am Ende des Levels und greift mit Eiern an.

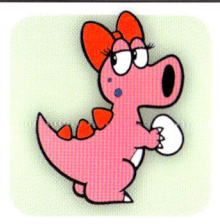

Rote Birdo
Eine rote Variante, die manchmal auch Feuer spuckt.

Pokey
Nimmt man den Kopf ab, wird das nächste Körperteil zum neuen Kopf.

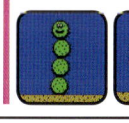

Spark
Er setzt Strom frei und wandert um die nächste Plattform herum.

Hoopster
Er klettert an Ranken und Leitern hoch und runter. Manchmal bewegt er sich schnell.

Autobomb
Der rote Shy Guy fährt darauf herum und schießt damit auf Mario.

Ostro
Dieser Vogel rennt mit einem roten Shy Guy auf dem Rücken.

Clawgrip
Der Boss von W5. Ein krabbenähnlicher Gegner, der mit Felsen wirft.

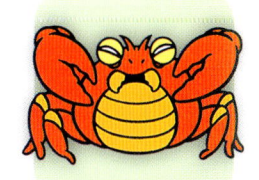

Trouter
Er hüpft vertikal am Wasserfall heraus. Man kann ihn als Plattform nutzen.

Pidgit
Ein Rabe auf einem fliegenden Teppich. Der Spieler kann ihm den Teppich wegnehmen.

Mauser
Der Boss von W1 und W3. Diese stolze Maus attackiert mit Bomben.

Grauer Beezo
Er fliegt von einem Bildschirmrand zum anderen. Je nach Level ist er grün statt grau.

Roter Beezo
Er führt Sturzangriffe von oben aus.

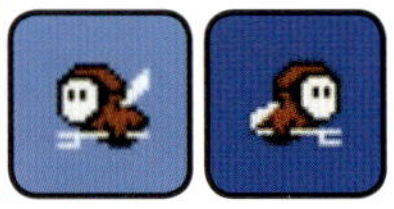

Albatoss
Er fliegt in der Luft. Es gibt eine Variante, die Bob-ombs auf Mario wirft.

Flurry
Ein Schneemonster. Es gleitet auf Eis und verfolgt Mario.

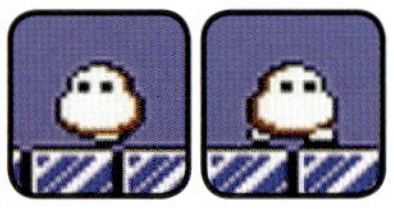

Ninji A
Er hüpft an bestimmten Stellen, bleibt aber an einem Ort.

Ninji B
Er verfolgt Mario und hüpft gelegentlich.

Igel
Er läuft am Boden. Wegen der Stacheln kann man sich nicht auf ihn stellen.

Fryguy
Der Boss von W4. Der Feuerkörper speit Feuer und fliegt herum. Nach drei Attacken teilt er sich auf.

Pinker Shy Guy
Er geht am Boden und wendet an Unebenheiten.

Roter Shy Guy
Er geht am Boden und läuft auch an Abgründen weiter.

Bob-omb
Diese Bombe verfolgt Mario und explodiert nach einer Weile. Manchmal taucht sie aus dem Gras auf.

Grauer Panser
Er bleibt stehen und spuckt Feuerkugeln nach oben.

Pinker Panser
Er bewegt sich und spuckt Feuerkugeln. Er überwindet auch Unebenheiten.

Roter Panser
Er spuckt Feuerkugeln auf Mario, die bogenförmig fliegen.

Falkentor
Das Tor bringt einen zu anderen Räumen. Ein einziges Mal greift es auch als Gegner an.

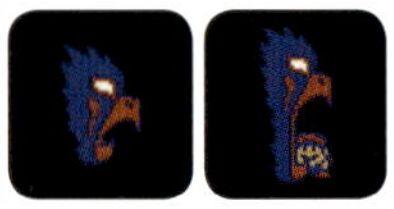

Wart
Der Boss von W7. Er spuckt Blasen aus seinem großen Mund. Er hasst Gemüse.

Grauer Snifit
Er bleibt auf der Stelle, hüpft und verschießt Kugeln.

Pinker Snifit
Er verschießt Kugeln und wendet an Unebenheiten.

Roter Snifit
Er schießt Kugeln und geht auch an Unebenheiten weiter.

Tweeter
Hat Flügel und hüpft zappelnd herum.

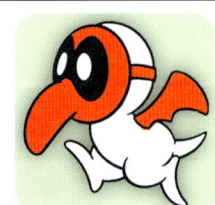

WORLDS
• Welten

LEVELS

In sieben Welten warten 20 Levels auf die Spieler. Es gibt kein Zeitlimit und die Levels sind in der Regel recht lang.

Welt 1

W1-1
Ein Grasland-Level mit hohen Bergen. Gegen Ende klettert ihr auf Bergen über den Wolken.

W1-2
Das große Tal überwindet ihr mit dem Teppich eines Pidgits. Hinter der Tür wartet eine Höhle auf euch.

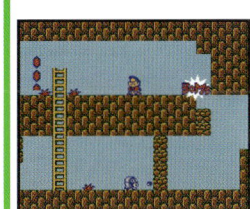

W1-3
Mit Trouters und Bäumen überbrückt ihr die Wasserfall-Zone. Im Gebäude sucht ihr nach einem Schlüssel.

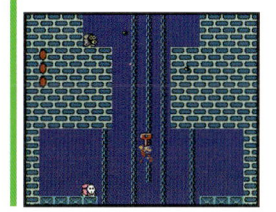

Welt 2

W2-1
Ein Wüsten-Level. In der Pyramide schaufelt ihr euch im Sand nach unten.

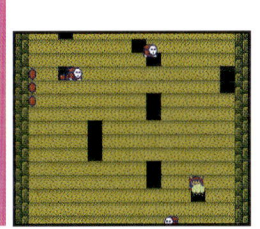

W2-2
Hier gibt es viele Vasen mit Kobras. Gegen Ende müsst ihr wieder schaufeln.

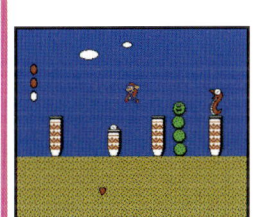

W2-3
Hier fliegen Rote Beezos herum. In der Pyramide schaufelt ihr im Sand und findet einen Schlüssel.

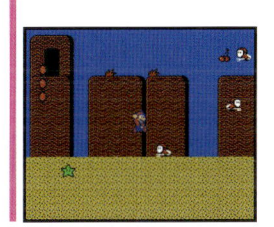

Welt 3

W3-1
Am Wasserfall geht es hoch in den Himmel. Über den Wolken versuchen Graue Panser euch zu stoppen.

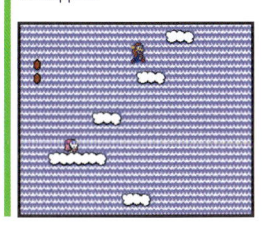

W3-2
Mit Leitern durchquert ihr die Oberwelt und den Untergrund.

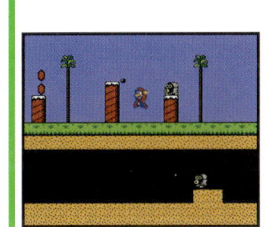

W3-3
Viele Räume sind verbunden und ihr sucht nach den richtigen Türen.

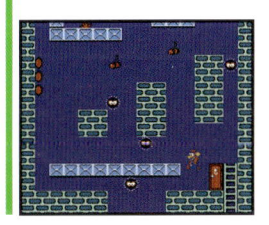

Welt 4

4-1
Auf dem Eis rennen Flurrys herum. Hier gibt es keinen Boss und ihr müsst nur die Gegnerhorde überwinden.

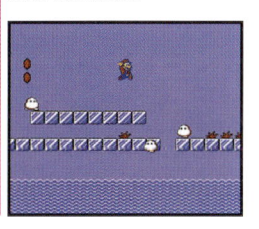

4-2
In der ersten Hälfte überwältigt ihr die Horde Grauer Beezos, danach springt ihr über Walfische.

4-3
Fliegt mit einem Birdo-Ei übers Meer und klettert den eisigen Turm hoch.

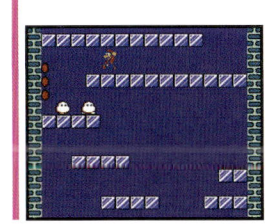

Welt 5

W5-1
Die Wasserfall-Höhle bewältigt ihr mit Baumstämmen und Trouters.

W5-2
In dem Nacht-Level laufen Ostros herum. In den Bäumen lauern Hoopsters.

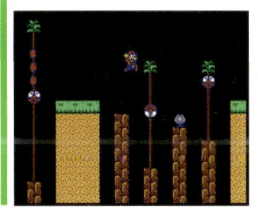

W5-3
Ein Albatoss nach dem anderen wirft mit Bob-ombs um sich. Am Ende geht ihr durch einen großen Baum.

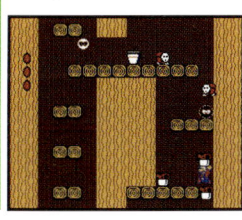

Welt 6

W6-1
Wüstengebiet mit Treibsand-Zonen. In der Höhle gibt es viele Vasen und ihr müsst darin einen Schlüssel finden.

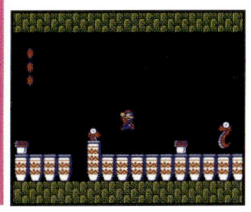

W6-2
Auf einem Albatoss fliegt ihr durch das Level. Dabei werdet ihr von Pansern und Beezos behindert.

W6-3
Ein Level voller Gimmicks wie Wüste, Bombenhöhle und Rankenhimmel.

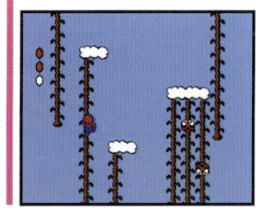

Welt 7

W7-1
Hier geht es über den Wolken weiter. Klettert hoch zu Warts Palast.

W7-2
Der große Palast. An vielen Stellen werdet ihr von Bossen aufgehalten.

ITEMS & GIMMICKS

Hier findet ihr die Items und Gimmicks. Diese Elemente sind recht wichtig, da in diesem Spiel nur wenige Power-Ups auftauchen.

Schlüssel
Mit ihm kann man Schlüsseltüren öffnen. Sammelt man ihn auf, kommt ein Phanto angeflogen.

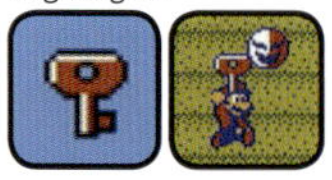

Schlüsseltür
Zum Öffnen wird ein Schlüssel gebraucht.

Pilz
Man findet ihn in der Unterwelt. Er erhöht die Kraftpunktzahl und füllt die Kraftpunkte auf.

Pilzblock
Es gibt verschiedene Varianten. Diese Blöcke können für den Angriff und als Plattformen genutzt werden.

Gras
Überall sind Gräser zu finden. Zieht sie aus der Erde, um euch ein Item zu holen.

Kette
Man kann daran hoch- und runterklettern.

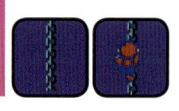

Wal
Die Wale schwimmen an der Wasseroberfläche und ihr könnt drüberlaufen. Manchmal stoßen sie Luft aus.

Münze
Sie taucht auf, wenn man in der Unterwelt Gras pflückt. Ab dem dritten Mal kommt unreifes Gemüse.

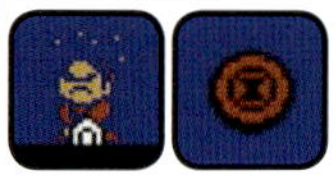

Panzer
Wirft man ihn, gleitet er am Boden entlang und besiegt Gegner. Er verschwindet an der Wand.

Kristall
Er taucht auf, wenn man vier Birdo besiegt. Manchmal ist er auf einem Podest platziert.

Stoppuhr
Die Uhr pflückt man, nachdem man vier Gemüse geerntet hat. Sie stoppt die Gegner für eine Weile.

Sand
Einige Orte wie die Pyramide sind voll damit. Man kann darin graben.

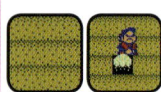

Kleines Herz
Es erscheint nach acht besiegten Gegnern innerhalb eines Levels. Es füllt einen Kraftpunkt auf.

Kleine Vase
Aus der Vase kommen viele Gegner heraus. Man selbst kann jedoch nicht hineingehen.

Kirsche
Sie sind in den Levels versteckt. Sammelt man fünf davon, taucht ein Stern auf.

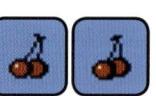

Vase
Man kann in die Vase hineinschlüpfen. Manchmal sitzt eine Kobra darin.

Ranke
Man kann daran hoch- und runterklettern. Manchmal klettern Hoopsters daran herum.

Stachel
Schaden bei Kontakt. Manchmal muss man auf einen Gegner über die Stacheln kommen.

POW-Block
Wird dieser Block geworfen, werden alle Gegner im Bild durch Erdbeben besiegt.

Bombe
Sie explodiert nach einer Weile und zerstört Backsteine oder Gegner.

Leiter
Man kann daran hoch- und runterklettern. Einige führen zum nächsten Gebiet.

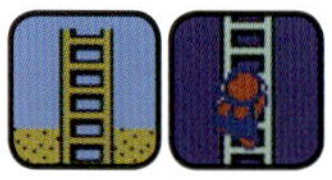

Unreifes Gemüse
Ein unreifes Gemüse. Damit kann man angreifen.

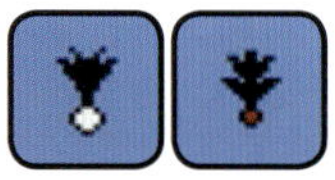

Fließband
Es bringt den Spieler automatisch weiter. Eine Variante fährt nach rechts, eine andere nach links.

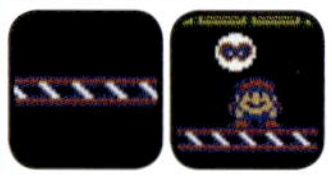

Stern
Er erscheint, wenn man fünf Kirschen sammelt. Er macht den Spieler für eine Weile unverwundbar.

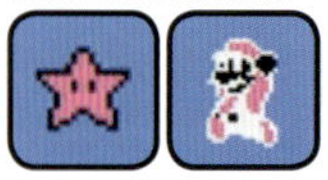

Knochen
Er schwimmt im Treibsand. Bei starker Strömung kann er als Plattform genutzt werden.

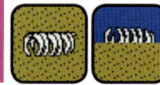

Falkentor
Öffnet den Mund, wenn man den Kristall aufnimmt. Geht man hinein, ist das Level beendet.

Zaubertrank
Erscheint aus einem Gras. Wird er zu Boden geworfen, erscheint eine Tür zur Unterwelt.

Baumstamm
Er fließt am Wasserfall herab und kann als Plattform genutzt werden.

Gemüse
Ein reifes Gemüse. Das fünfte Gemüse lässt die Stoppuhr erscheinen.

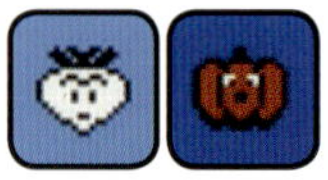

Treibsand
Der Körper wird langsam hineingezogen. Es gibt auch eine Variante mit schnellerer Strömung.

Backstein
Backsteine versperren den Weg und können durch Explosionen zerstört werden.

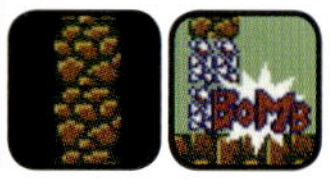

Rakete
Sie erscheint, wenn man ein Gras herauszieht. Sie bringt einen zum nächsten Gebiet.

1-Up
Das Item erscheint, wenn man ein Gras herauszieht, und man erhält einen Extraversuch.

Auflistung aller 17 Spiele 1992 SUPER MARIO USA

AND MORE
● Anderes

BESONDERE SZENEN

Das Spiel glänzt mit ungewohnten Eigenschaften. Hier zeigen wir euch einige Szenen, die das Spiel so besonders machen.

Pilzsuche in der Unterwelt!

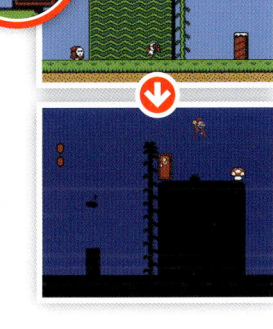

Geht ihr durch die Tür, die durch den Zaubertrank erscheint, kommt ihr in die dunkle Unterwelt. Hier findet ihr Münzen und Pilze, die für mehr Kraftpunkte sorgen. Die Fundorte der Pilze sind immer gleich, daher müsst ihr euch gut überlegen, wo ihr die Tür anlegt. Die Musik der Unterwelt ist die Oberwelt-Musik von *Super Mario Bros.*

Die Rückkehr der POW-Blöcke!

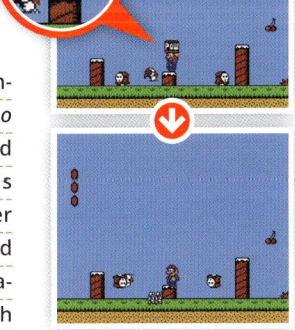

Der POW-Block tauchte zum letzten Mal in *Mario Bros.* auf dem Famicom auf und feiert hier seine Rückkehr als Item. Diesmal ist er rot, aber er hat nahezu denselben Effekt und fügt allen Gegnern im Bild Schaden durch das Beben zu. Danach taucht er zum Beispiel in *New Super Mario Bros. 2* oder in *Super Mario 3D World* auf.

Einarmiger Bandit!

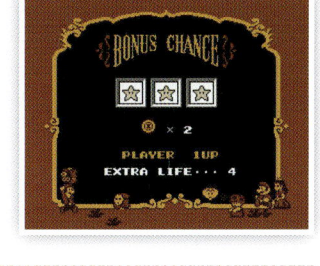

Nach einem Level könnt ihr mit den Münzen aus der Unterwelt den einarmigen Banditen nutzen. Bei übereinstimmenden Symbolen werdet ihr mit Extraversuchen belohnt.

Wer ist der wahre Held?

Im Abspann wird angezeigt, welcher Charakter wie viele Levels bewältigt hat, und dieser wird als »Contributor« (Beitragsleistender) präsentiert.

Ist das Ganze etwa nur Marios Traum?

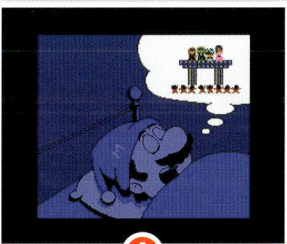

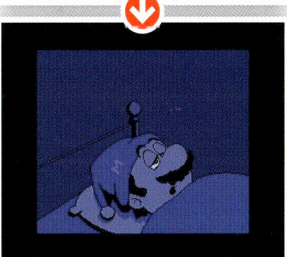

Im Abspann sieht man Mario, der in seinem Bett träumt. Das Abenteuer im Traumland Subcon hat sich vielleicht nur im Traum von Mario abgespielt.

Wissenswertes & Techniken

Hier zeigen wir euch nützliche Techniken. Das bekannte Warpen aus der Serie taucht hier ebenfalls auf, wenn auch in anderer Form.

Warpen mit einer Vase!

Nutzt ihr bestimmte Vasen in der Unterwelt, könnt ihr in eine andere Welt springen. Es gibt insgesamt vier von diesen praktischen Warp-Vasen: Ihr reist von W1-3 nach W4, von W3-1 nach W5, von W4-2 nach W6 und von W5-3 nach W7.

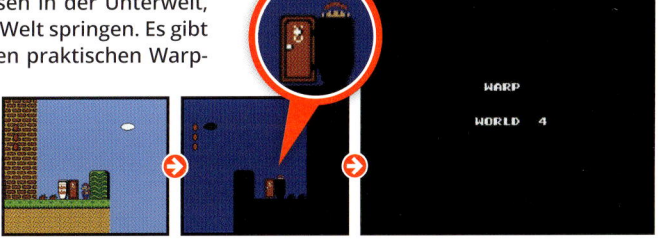

Selbstmord!

Pausiert ihr und drückt auf dem zweiten Controller Oben + A + B gleichzeitig, verliert ihr einen Versuch. Davon kann man Gebrauch machen, wenn man an irgendeiner Stelle hängenbleibt oder das Level noch mal von vorn starten möchte.

1992

スーパーマリオランド2 6つの金貨

Super Mario Land 2: 6 Golden Coins

Verpackung	Spielmodul	Anleitung

- **Hardware**
  Game Boy
- **Erscheinungsdatum Japan/EU**
  21. Oktober 1992
  28. Januar 1993
- **Spieleranzahl**
  1
- **Anmerkung**
  Als Virtual-Console-Spiel für Nintendo 3DS erhältlich.

Auflistung aller 17 Spiele — 1992 → SUPER MARIO LAND 2: 6 GOLDEN COINS

INTRODUCTION
● Einleitung

S T O R Y

Oh nein!!

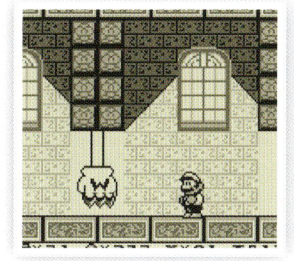

Während ich in Sarasaland den rätselhaften Raumfahrer Tatanga besiegte, wurde mein Schloss von einem Schurken erobert! Auch die Bewohner von Mario Land wurden durch Magie zu seinen Untertanen gemacht.

Der Schurke heißt »Wario«, ein böser Mann, der mich nachahmt. Er hat schon häufig versucht, mir mein Schloss wegzunehmen.

Er verteilte die sechs Goldmünzen aus dem Schloss überall in Mario Land und lässt sie von seinen Untertanen bewachen. Ohne diese Münzen komme ich nicht ins Schloss hinein, in dem sich Wario aufhält.

Ich muss die sechs Goldmünzen finden, Wario in Marios Schloss besiegen und alle retten! Los geht's!!

I N F O S

Duell zwischen Mario und Wario
um sechs Goldmünzen

Die Fortsetzung des Spiels *Super Mario Land*, das für den Game Boy erschienen ist. Die Story schließt direkt an den Vorgänger an und spielt in Mario Land, in dem sich Marios Schloss befindet. Das Ziel ist es, die sechs Goldmünzen zu finden, um Marios Schloss zurückzuerobern. Die Bosse mit den Goldmünzen warten in sechs verschiedenen Zonen und ihr könnt mit jeder beliebigen Zone starten.

Bessere Spielbarkeit und einige
neue Elemente

Die Charaktere sind größer als beim Vorgänger und die Welt ähnelt der von *Super Mario World*. Doch hier bewegt ihr euch auf der Weltkarte und könnt den Spielstand speichern, das System hat sich also weiterentwickelt. Dazu hat das Spiel einige Besonderheiten: kein Extraversuch bei 100 Münzen oder durch das Besiegen der Gegner mit dem Panzer, außerdem gibt es einen leichten Spielmodus.

CHARACTERS
● Charaktere

SPIELBARE FIGUREN

Wie beim Vorgänger zieht Mario allein los.

POWER-UPS

Mit bestimmten Items wird Mario stärker. In einigen Bereichen erhält er ein besonderes Aussehen.

Mario
Er sucht die sechs Goldmünzen, um das eigene Schloss zurückzugewinnen.

Klein-Mario
Der Zustand zu Beginn des Spiels. Er kann keine Blöcke zerstören und keine Drehsprünge machen.

Super Mario
Item ➜ Superpilz

Er kann Blöcke zerstören, zum Beispiel mit Drehsprüngen. Auch von Feuer-Mario oder Hasi-Mario wird er zu Super Mario, wenn er einen Pilz aufsammelt.

Feuer-Mario
Item ➜ Feuerblume

Er greift mit Feuerbällen an und zerstört damit Feuerblöcke. Das Erkennungszeichen ist die Feder an der Mütze.

Unverwundbarer Mario
Item ➜ Stern

Er besiegt Gegner durch bloße Berührung. Ab dem fünften besiegten Gegner gibt es ein 1-Up.

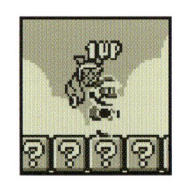

Hasi-Mario
Item ➜ Möhre

Mario springt höher und sogar mehrmals in Folge, wenn man die Sprungtaste hält. Durch mehrfaches Betätigen der Sprungtaste gleitet er langsam zu Boden.

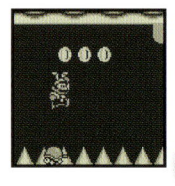

Space-Mario
Power-Up durch Gimmick

Mario in der »Space Zone«. Er kann nicht laufen, dafür aber langsam springen und länger in der Luft bleiben.

Aqua-Mario
Power-Up durch Gimmick

Mario unter Wasser. Dort kann er nicht auf Gegner springen.

Blasen-Mario
Power-Up durch Gimmick

Er schwebt in einer Luftblase. Die Blase geht kaputt, sobald er einen Gegner oder das Wasser berührt.

Auflistung aller 17 Spiele — 1992 — SUPER MARIO LAND 2: 6 GOLDEN COINS

GEGNER

Im Spiel vorkommende Gegner. Es sind viele, da in der Regel in jeder neuen Zone neue Gegner auftreten.

Tauch-Gumba
Er nistet in Walkörpern und bewegt sich wie ein normaler Gumba.

Antotto
Geht am Boden entlang. Die Fühler machen ihn irgendwie charmant.

Unibo
Bleibt stehen, bis Mario in der Nähe ist. Dann bewegt er sich auf und ab.

Bienenlarve
Killerbienenlarve. Sie kriecht langsam durchs Bienennest.

Knochen-Biene
Vorfahre der Killerbiene. Wird sie getreten, bleibt sie für eine Weile liegen.

Karakara
Springt hoch und gleitet trudelnd mit dem Schirm wieder herunter.

Karamenbo
Eine stachlige Säule. Fällt drehend herab, wenn Mario in der Nähe ist.

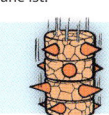

Kidcut
Ein Blechsoldat, der nur geradeaus gehen kann.

Libelle
Sie nähert sich Mario langsam in der Luft.

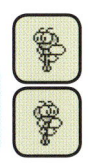

Kyororo
Blickt umher und läuft los, sobald er Mario entdeckt.

Kugelwilli
Er wird aus der Willi-Kanone abgefeuert und fliegt geradeaus.

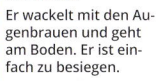

Gumba
Er wackelt mit den Augenbrauen und geht am Boden. Er ist einfach zu besiegen.

Guruguri
Dieses Stachelwesen dreht sich um eine Kugel. Schaden bei Kontakt.

Kurocula
Bewegt sich nicht und holt Miniculas heraus.

Radonkel
Der Boss der Tree Zone. Er bewegt sich bogenförmig zur Seite.

Cape
Schnappt sich das 1-Up-Herz und rennt weg.

Genkozz
Eine Stachelfaust, die sich schnell auf und abbewegt. Wird durch Schalter aktiviert.

Goronto
Freund von Antotto. Mit der Schaufel lässt er Felsen kullern.

Heiße Hexe
Der Boss der Pumpkin Zone. Teleportiert sich und greift mit Zauberfeuer an.

J-Son
Er geht geradeaus. Trotz der schrecklichen Optik lässt er sich mit einem Tritt besiegen.

Joe
Der Haifisch schwimmt hin und her. Findet er Mario, nähert er sich in rasantem Tempo.

Star
Schwebt im Weltall. Schaden bei Kontakt.

Tatanga
Der Boss der Space Zone. Er greift mit zwei verschiedenen Waffen an.

Tatenoko
Diese Säge bewegt sich an einer Schiene auf und ab.

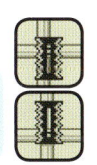

Tamanoripu
Er geht auf einem Ball. Wird er besiegt, kann der Ball benutzt werden.

Eibert
Killerbienes Ei. Es hüpft senkrecht aus dem Nest nach oben.

Chikunto
Freund von Antotto. Er geht ein paar Schritte und fährt danach die Stacheln aus.

Spuk-Gumba
Gumba als Gespenst. Er fliegt zickzackförmig durch die Luft.

Buu Huu
Schaut man ihn an, bleibt er stehen. Wendet man ihm den Rücken zu, nähert er sich.

Tosanball
Die Kugel bewegt sich an der Kette auf und ab. Bleibt am Rand kurz stehen.

Tosenbo
Er bläst sich in regelmäßigen Zeitabständen auf und versperrt den Weg.

Bazooka-Ameise
Freund von Antotto. Mit der Kanone feuert sie kleine Kugeln ab.

Togetsuku
Hängt an der Decke neben den Stacheln und fällt herab, wenn Mario in der Nähe ist.

Stachel-Cheep
Bläst er sich auf, bewegt er sich auf und ab. Ansonsten zur Seite.

Stachel-Bienenlarve
Ältere Bienenlarve. Wegen der Stacheln ist sie nicht mehr zertretbar.

Fliegender Fisch
Mit den Eigenschaften von Fisch und Vogel hüpft er an der Wasseroberfläche entlang.

Don Gabamen
Er lasst sich in Räumen von den Wänden abprallen.

Spatz
Einer der wenigen Fluggegner. Er fliegt einfach nur geradeaus.

No. 48
Er kommt vom selben Planeten wie Tatanga und wirft mit explosiven Sternen.

Neiji
Dieser schraubenähnliche Gegner hüpft aus dem Boden und bewegt sich bogenförmig.

Koopa
Er wendet vor Unebenheiten. Springt man drauf, verkriecht er sich in seinen Panzer.

Noko Bombette
Springt man drauf, wird er zur Bombe, die nach einiger Zeit hochgeht.

Oktopus & Mini-Oktopus
Der Boss der Turtle Zone. Er spuckt Mini-Oktopusse aus.

Para-Gumba
Fliegender Gumba. Springt man drauf, wird er zu einem normalen Gumba.

Piranha-Pflanze
Sie schießt aus Röhren oder Blumentöpfen. Manche kommen aus umgekehrten Röhren.

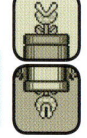

Bē
Sie stoppt ab und fliegt weg, sobald Mario in der Nähe ist.

Killerbiene
Sie bewacht das Nest und greift an, sobald Mario in der Nähe ist.

Pick
Ein Gegner wie ein Tentakel. Hüpft hin und her.

Spikey
Er lädt sich elektrisch auf und rollt herum. Als Kugel machen ihm Tritte nichts aus.

Zauderkröte
Hüpft und bleibt gelegentlich stehen, um die Zunge herauszustrecken.

Biroron
Ein Schachtelmännchen, das aus dem ?-Block auftaucht. Hüpft herum.

F-Boy
Eine Feuerkugel, die in der Luft eine Acht zeichnet.

Feuer-Piranha-Pflanze
Sie schlüpft aus den Röhren und spuckt Feuer nach Mario.

Fall-Hummel
Sie bewegt sich erst, wenn Mario kommt. Dann führt sie einen Sturzflug aus.

Bucho
Einer der Bosse der Mario Zone. Er bewegt sich mit kleinen Sprüngen.

Bubon
Einer der Bosse der Mario Zone. Er bewegt sich mit großen Sprüngen.

Buro
Einer der Bosse der Mario Zone. Er rollt am Boden entlang.

Blurp
Er schwimmt und stoppt im Wasser.

Cheep-Cheep
Er schwimmt im Wasser und wendet an den Wänden und an der Oberfläche.

Furiko
Bewegt sich so wie Furizo, jedoch ist diese Kugel kleiner.

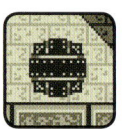

Furizo
Eine Stachelkugel, die sich halbkreisförmig bewegt.

Bero
Eine Spuk-Laterne, die einem die Zunge zeigt. Die Zunge fügt Schaden zu.

Kampfkäfer
Er läuft am Boden entlang. Am Rand der Plattform fliegt er los.

Honebone
Ein Knochen-Fisch, der im Wasser diagonal schwimmt.

Bombom 123
Feuert Kugeln horizontal oder diagonal ab. Je nach Zone in drei verschiedenen Farben.

Poro
Ein Raumschiff, das entlang der Hintergründe patrouilliert.

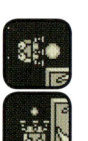

Minicula
Diese Fledermaus wird von Kurocula gerufen und fliegt schräg nach oben.

Ochsenfisch
Ein Fisch mit zwei Hörnern. Er schwimmt im Pflanzensaft hin und her.

Yashichi
Diese Klingen bewegen sich entlang von Schienen senkrecht oder horizontal.

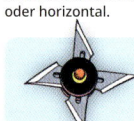

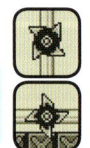

Bohrwurf
Er taucht auf, wenn Mario in der Nähe ist, und geht auf diesen zu.

Riesenmaus
Der Boss der Macro Zone. Er läuft herum und bewegt sich auch durch die Röhren an den Seiten.

Rerere
Ein Zauberbesen, der sich bogenförmig bewegt. Heiße Hexe lässt ihn putzen.

Wakiri
Eine Kreissäge, die sich geradlinig bewegt. Entweder am Boden oder an der Decke.

Wario
Er macht Power-Ups mit dunklen Items und beherrscht drei verschiedene Angriffsarten.

ANDERE CHARAKTERE

Charakter, der Mario bei seinem Abenteuer unterstützt.

Müder Zed
Die Eule wohnt in der Tree Zone. Sie schläft in der Regel, doch sobald Mario auf ihr steht, wacht sie auf und bringt ihn an einen anderen Ort.

Auflistung aller 17 Spiele | 1992 → SUPER MARIO LAND 2: 6 GOLDEN COINS

WORLDS
● Welten

LEVELS
Insgesamt 32 Levels warten auf Mario, aufgeteilt in sechs verschiedene Zonen und andere Levels wie Warios Schloss.

Mario Land
Hier findet das Abenteuer statt. Es gibt zwei Levels, die zu keiner Zone gehören.

Torbogen-Level  – Das ist der Eingang zum Mario Land. Hier gibt es bekannte Gegner wie die Gumbas.

Aussichtsplattform-Level – Ein Forced-Scroll-Level mit vielen Gumbas und Para-Gumbas.

Tree Zone
Die Zone liegt auf einem großen Baum. Erreicht den höchsten Punkt!

Baumstamm-Level  – Im und am Baum tummeln sich viele Gegner, besonders an den Wurzeln.

Wurzel-Level – Das Level ist mit Pflanzensaft gefüllt. Nutzt ihn, um die Stachelstellen zu überwinden.

Bienenstock-Level – Hier nisten viele Killerbienen. Aufgeteilt in viele kleine Räume.

Blatt-Level – Blätter und Plattformen führen zum hoch gelegenen Ziel.

Eulen-Level – In luftiger Höhe gibt es nur wenige Plattformen. Ihr benötigt die Hilfe des Müden Zeds.

Geheimes Level 1 – Auf dem Hügel sind viele Koopas. Werft einen Panzer und es wird zum Kinderspiel.

Space Zone
Mit dem Astronautenanzug ins Weltall. Hier erlebt ihr ein anderes Action-Gefühl.

Blasen-Level 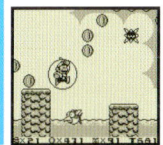 – Hier reist ihr als Blasen-Mario übers Meer. Es gibt zwei Ziele.

Mond-Level – Zerklüftete Landschaft mit vielen Stacheln. Schwebesprünge bringen euch voran.

Stern-Level – In dem schwerelosen Forced-Scroll-Level schwebt ihr durch die Sterne.

Geheimes Level 2 – Hier gibt es viele Münzen zum Einsammeln. Fallt bloß nicht runter!

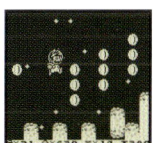

Macro Zone
Mario wird klein und erlebt im Haus ein großes Abenteuer. Selbst Ameisen wirken riesig.

Kanal-Level  – Ein Level in der Unterwelt. Viele Antottos laufen dort herum.

Blumenbeet-Level – Das Abwasserrohr führt vom Garten ins Haus. Vorsicht vor den Piranha-Pflanzen!

Kamin-Level – Pfeilblöcke, Flammen und viele Gimmicks tauchen hier auf.

Dachboden-Level – Hier wurden große Bücher aufgestapelt. In den Blöcken könnten Capes stecken.

Geheimes Level 3 – Ein Forced-Scroll-Level. Je nach Marios Zustand gibt es verschiedene Wege.

Pumpkin Zone
Hier erforscht man nicht nur Villen mit vielen Geistern, sondern auch zwei geheime Levels.

Vampirhaus-Level  – Tosanballs versperren die schmalen Gänge. An den Decken sind viele Stacheln.

Monstertempel-Level – Am Friedhof tauchen japanisch angehauchte Gegner auf. Lauft besser über die Dächer.

Spukhaus-Level – Spuk-Gumbas und Buu Huus patrouillieren hier. Vorsicht bei den Plattformen!

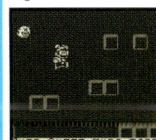

Hexenhaus-Level – Die Villa der Heißen Hexe. Ihr findet viele mysteriöse Vasen und Flaschen.

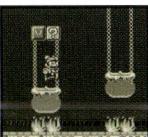

Geheimes Level 4 – Ein Bonus-Level mit unzähligen Münzen im Himmel.

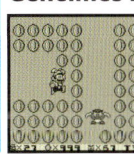

Geheimes Level 5 – Ein athletisches Level mit vielen Feuerblöcken. Verwendet Feuerbälle.

Mario Zone
Diese Welt stellt ein großes Blechmodell von Mario dar.

Zahnrad-Level 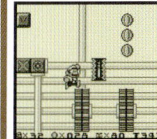 – Drehende Zahnräder und auf Schienen laufende Tatenokos und Yashichis.

Gummiball-Level – Am Boden liegen viele Gummibälle. Auf den Stacheln nutzt ihr Tamanoripus Ball.

Kran-Level – Hier nutzt ihr bewegliche Gimmicks, um durch die engen Gänge zu laufen.

Block-Level – Ein Level mit aufgestapelten Blöcken und stacheligen Feinden wie die Wakiris.

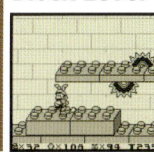

Turtle Zone
Eine Zone unter Wasser. Hier liegt ein großes versunkenes Schiff.

Cheep-Cheep-Level 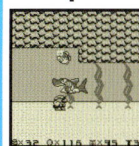 – Eine Sandbank mit Cheep-Cheeps und Blurps. Weicht geschickt den Felsen aus.

Versunkenes-Schiff-Level – Ein künstliches Labyrinth. Hier geht ihr abwechselnd an Land und im Wasser.

Wal-Level
Hier lauft ihr durch das Innere eines Walfischs. Meidet den Kontakt mit den Stacheln.

Geheimes Level 6
Die Münzen bilden eine Nachricht. Lest sie beim Weitergehen.

Warios Schloss
Mit sechs Goldmünzen geht es zum Showdown.

Im Schloss
Ein Schloss mit drei Ebenen. Je nach Räumen gibt es verschiedene Gimmicks. 

ITEMS & GIMMICKS

Hier findet ihr die Items und Gimmicks. Die Welt ist zwar anders als die des Vorgängers, doch das 1-Up-Herz wurde beibehalten.

Eskatama
Stellt man sich darauf, bewegt sich die Kugel an der Kette zickzackförmig.

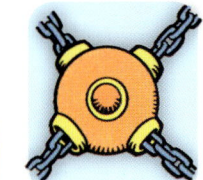

Verstecktes Ziel
Ein Ziel mit einem Sternchen. Das führt zur versteckten Route.

Unsichtbarer Block
Er taucht aus dem Nichts auf. Manchmal steckt ein Item drin.

Willi-Kanone
Feuert Kugelwillis ab, in die Richtung, in der sich Mario aufhält.

Wolkenfloß
Die Wolke bewegt sich hin und her und wird als Plattform genutzt.

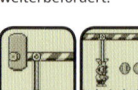

Kran
Steht man unter dem Kran, wird man hochgezogen und langsam weiterbefördert.

Münze
Ihr könnt bis zu 999 Münzen sammeln. Diese werden beim einarmigen Banditen benutzt.

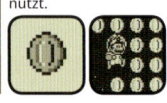

Ziel
Erreicht man es, wird das Level beendet. Manchmal befindet sich die Bonus-Glocke in der Nähe.

Pflanzensaft
Darin kann man sich nur langsam bewegen. Mit Sprüngen steigt man auf.

Superpilz
Er macht Mario zu Super Mario.

Stern
Er macht Mario unverwundbar. Er erscheint je 100 besiegte Gegner.

3-Up-Herz
Es taucht im Bonus-Spiel auf und gibt Mario drei Extraversuche.

Rücksetzpunkt-Glocke
Wird sie geläutet, kann man bei einer Niederlage ab dieser Stelle weiterspielen.

Glühbirne
Sie erscheint in Warios Raum, bewegt sich zur Seite und fällt durch Warios Beben herunter.

Blinkblock
Er wird unsichtbar und taucht wieder auf. Auch im unsichtbaren Zustand kann man sich draufstellen.

Röhre
Manchmal nisten hier Piranha-Pflanzen. Sie können einen aber auch weiterbringen.

Stachel
Schaden bei Kontakt. Je nach Gebiet ändert sich das Design.

Stachelball
Schaden bei Kontakt. Manchmal schweben diese Bälle in der Luft.

Lächelblock
Mario kann ihn zerstören (außer Klein-Mario). Manchmal befindet sich ein Item darin.

Möhre
Sie macht Mario zu Hasi-Mario.

Zahnrad A
Ein horizontales Zahnrad, das Mario nach rechts bewegt. Am rechten Rand fällt Mario runter.

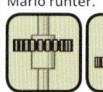

Zahnrad B
Ein vertikales Zahnrad, das sich dreht. An der Mitte angelangt, fällt Mario runter.

?-Block
Darin steckt eine Münze, ein Item oder ein Biroron.

Nilpferd-Statue
Aus den Nasenlöchern steigen Blasen. Damit wird Mario zu Blasen-Mario.

Feuer-Piranha-Pflanze-Statue
Speit Feuerkugeln. Es gibt eine große und eine kleine Variante.

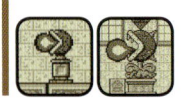

Feuerblume
Sie macht Mario zu Feuer-Mario.

Feuerblock
Der Block kann mit Feuerbällen zerstört werden. Manchmal steckt ein Item drin.

Lucky Bag
In diesem Beutel sind 50 Münzen. Oft ist er versteckt.

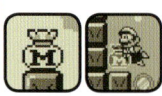

Propellerplattform
Sie bewegt sich zur Seite und kann als Plattform benutzt werden. Klein und schnell.

Fließband
Das Fließband bringt Mario entweder nach rechts oder nach links.

Bonus-Glocke
Läutet man sie, kann man am Ziel ein Bonus-Spiel spielen.

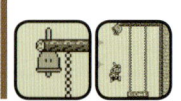

Knochenblock
Stellt man sich drauf, zerbricht er.

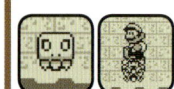

Knochen-Plattform
Stellt man sich drauf, fällt sie sofort runter oder steigt vorher noch kurz hoch.

Flamme
Sind an bestimmten Stellen platziert. Schaden bei Kontakt.

Hexentopf
Den findet ihr im Kampf gegen Heiße Hexe. Der Inhalt kocht nach einer Weile über.

Sechs Goldmünzen
Besiegt man sechs Bosse kann man mit den Goldmünzen Warios Schloss betreten.

Pfeilblock
Man wird in Pfeilrichtung bewegt, wenn man sich draufstellt. Nach rechts oder nach links.

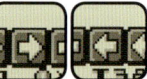

Speer
Diese Speere stechen in regelmäßigen Zeitabständen zu. Schaden bei Kontakt.

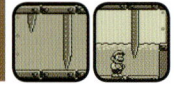

Lava
Man verliert einen Versuch bei Kontakt. Sie ist im Kanal-Level oder in Warios Schloss zu finden.

Plattform
Eine schmale Plattform, die sich bewegt. Es gibt eine Variante, die herabfällt.

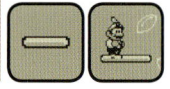

1-Up-Herz
Mario erhält einen Extraversuch.

AND MORE
● Anderes

BESONDERE SZENEN

Hier zeigen wir euch beeindruckende Momente und originelle Elemente dieses Spiels. Warios erster Auftritt ist besonders hervorzuheben.

Panzer auf dem Kopf!

In diesem Spiel setzt sich Mario den Panzer auf den Kopf, anstatt ihn mit den Händen zu halten. Springt ihr dann gegen einen Block, verliert er den Panzer.

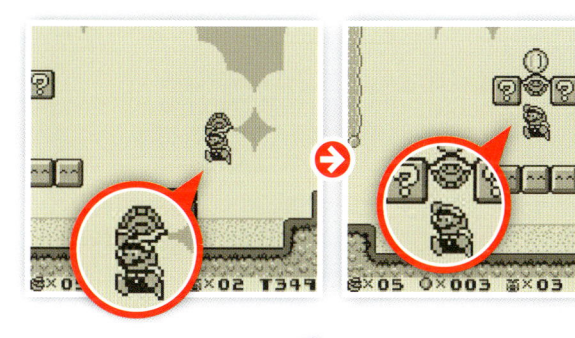

Zwei Bonus-Spiele!

In vielen Levels findet ihr eine Bonus-Glocke vor dem Ziel. Läutet ihr sie, bevor ihr ins Ziel geht, beginnt ein Bonus-Spiel. Es gibt zwei Spiele, einmal »Mario Catcher«, bei dem ihr euch ein Item mit dem Greifhaken holen müsst, und die »Leiterlotterie II«. Bei »Mario Catcher« tauchen viele 3-Up-Herzen auf, wenn ihr ein Level mit beachtlicher Restzeit beendet.

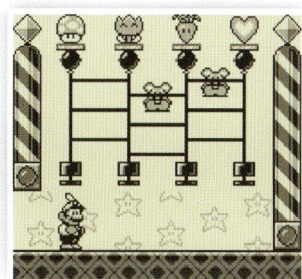

Mario Catcher

Leiterlotterie II

Sammelt alle Münzen für das Kasino!

In den meisten anderen Spielen bekommt ihr für 100 Münzen einen Extraversuch, doch hier werden die Münzen für das Kasino gesammelt. Es gibt vier verschiedene einarmige Banditen: x 30, x 50, x 200 und x 999. Je nach Typ gibt es unterschiedliche Belohnungen.

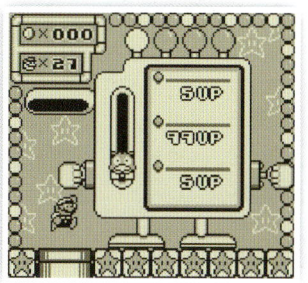

Marios erstes Weltraum-Abenteuer!

In der »Space Zone« reist Mario das erste Mal ins All. Hier trägt er einen Astronautenanzug und bewegt sich mit schwebenden Sprüngen.

Die Rückkehr von Tatanga!

Tatanga, der Endgegner des Vorgängers *Super Mario Land* taucht als Boss der »Space Zone« auf. Er hat Pagosu aufgegeben und fordert Mario mit einer neuen Maschine heraus.

Die seltene Musik im »Spukhaus-Level«!

Die Musik in der »Pumpkin Zone« im »Spukhaus-Level« ist ein Remix der Röhrenraum-Musik des Vorgänger-Games. Diese Version ist einzig und allein in diesem Level zu hören.

Nostalgisches Spielzeug »N&B-Block«!

Im »Block-Level« der »Mario Zone« gibt es einen einzigen Block, auf dem »N&B« steht. Das ist der Name des Block-Spielzeugs, das Nintendo im Jahr 1968 auf den Markt brachte.

Änderungen der Zonenkarte!

Alle Zonen außer der »Mario Zone« haben mindestens ein verstecktes Level. Werden sie bewältigt, passiert etwas auf der jeweiligen Karte. In der »Pumpkin Zone« zum Beispiel verändern sich die Augen des Kürbisses und die Buu Huus beginnen zu tanzen.

Warios erster Auftritt als Gegner!

Der selbst ernannte »größte Rivale von Mario« taucht zum ersten Mal auf. Im direkten Nachfolger *Wario Land: Super Mario Land 3* wird er sogar zum Hauptcharakter. Danach folgten noch weitere Spiele mit ihm in der Hauptrolle. Denn Wario erlebt tagtäglich Abenteuer, um Reichtümer zu ergattern und Schlösser einzunehmen.

Verwandlung in Bomben-Mario!

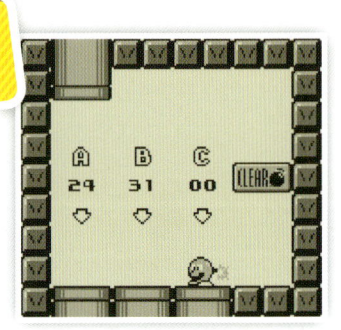

Schlagt ihr bei der Spielstandauswahl auf den CLEAR-Block, verwandelt sich Mario in eine Bombe. Geht ihr dann ins Rohr hinein, könnt ihr einen Spielstand löschen.

Versteckte Musik beim Game-over!

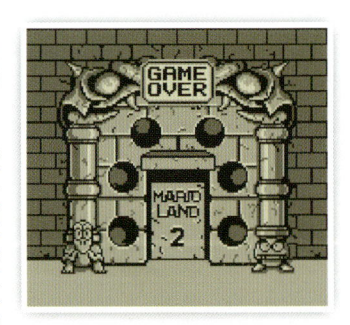

Lasst ihr den Game-over-Bildschirm zweieinhalb Minuten ruhen, wird plötzlich eine mysteriöse Musik abgespielt. Diese Melodie wird übrigens auch in anderen Spielen und nicht nur bei dieser Reihe als versteckte Musik genutzt.

Wissenswertes & Techniken

Hier zeigen wir euch nützliche Techniken. Der »Easy-Modus« taucht nur in diesem Spiel auf.

Spiel im »Easy-Modus«!

Drückt ihr bei der Auswahl der Spielstände auf die Select-Taste, verkleinert sich Mario und der »Easy-Modus« wird gestartet. In ihm tauchen weniger Gegner auf und einige Gimmicks sind langsamer als im normalen Spielmodus.

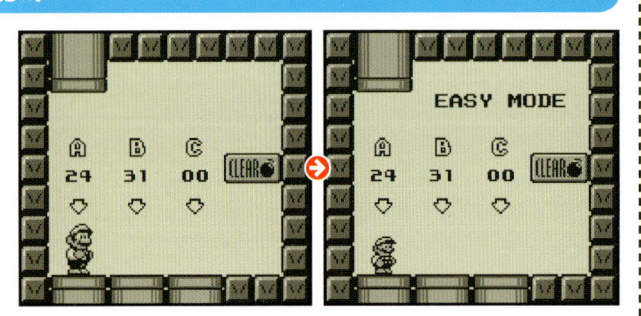

Spiel in der Demo-Sequenz!

Mit einer bestimmten Tastenkombination könnt ihr in den Demo-Sequenzen spielen. Oben + Select für das »Torbogen-Level«, Oben + A + Select für das »Blasen-Level«, Oben + B + Select für das »Cheep-Cheep-Level« und Oben + A + B + Select für das »Kanal-Level«.

COLUMN • Kolumne

Die Mario-Familie:
Die Spin-offs

Einige der *Mario*-Charaktere waren so beliebt, dass sie zum Hauptcharakter anderer Spiele wurden. Hier schauen wir uns die Erfolge der Mario-Familie an.

Luigi

Normalerweise steht er immer hinter seinem großen Bruder Mario, doch 2001 gelang es ihm, die Hauptrolle im Nintendo-GameCube-Spiel *Luigi's Mansion* zu spielen. Er macht sich auf den Weg in die unheimliche Villa und kämpft gegen Gespenster, die er absolut nicht leiden kann, um seinen verschollenen Bruder Mario zu finden. Als Waffe benutzt er den Staubsauger »Schreckweg 08/16«, den der Geisterexperte Professor I. Gidd entwickelt hat. Professor Gidd ist übrigens auch der Entwickler der Wasserdüse, die Mario im Spiel *Super Mario Sunshine* einsetzt.

2013 erschien die Fortsetzung *Luigi's Mansion 2* als Nintendo-3DS-Spiel. Im gleichen Jahr feierte er sein 30. Jubiläum. Er zog weitere Aufmerksamkeit auf sich, weil er im Spiel *New Super Luigi U* die Hauptrolle spielte.

Puh, ich bin gerettet! Ich bin Yoshi. Als ich in die Burg wollte, um meine Freunde zu retten, wurde ich von denen in ein Ei gesperrt.

Luigi's Mansion
Nintendo GameCube
Japan: 14. September 2001
EU: 3. Mai 2002
©2001 Nintendo

Luigi's Mansion 2
Nintendo 3DS
Japan: 20. März 2013
EU: 28. März 2013
©2013 Nintendo

Peach

Sie hatte ihre Erfolge in Spielen wie *Super Mario USA*, doch bei *Super Princess Peach* aus dem Jahr 2005 für den Nintendo DS spielte sie die Hauptfigur eines Side-Scrolling-2-D-Action-Games. In der Regel wird sie von Bowser entführt und ist die zu rettende Figur. Doch in diesem Spiel gibt sie alles, um Mario und Luigi zu befreien, die von Bowser entführt wurden. Sie verwandelt ihre Gefühle in Fähigkeiten und macht sich mitsamt ihrem Sonnenschirm auf den Weg.

Super Princess Peach
Nintendo DS
Japan: 20. Oktober 2005
EU: 26. Mai 2006
©2005 Nintendo

Toad & Captain Toad

Im Spiel *Wario's Woods* aus dem Jahr 1994 für den Family Computer (NES) war Toad zum ersten Mal ein Hauptcharakter. Es ist ein Puzzle-Action-Spiel, in dem er gegen Monster kämpft, um den Feenwald vor Wario zu beschützen. Wie bei *Super Mario USA* zeigt er seine Kraft und kann Gegner sowie Bomben werfen. Captain Toad hatte seinen ersten Auftritt in *Super Mario Galaxy* und spielte im Jahr 2014 die Hauptrolle in *Captain Toad: Treasure Tracker*, einem Adventure-Game. Seine Aufgabe besteht darin, in drehbaren Levels die grünen Sterne zu finden. Das Abenteuer hängt eng mit *Super Mario 3D World* zusammen und Captain Toad meistert so manches Level zusammen mit Toadette. An einigen Stellen tauchen identische Power-Up-Items und Gegner auf.

Wario's Woods
Family Computer (NES)
Japan: 19. Februar 1994
EU: 1995
©1994 Nintendo

Captain Toad: Treasure Tracker
Wii U
Japan: 13. November 2014
EU: 2. Januar 2015
©2014 Nintendo

Yoshi

Yoshi debütierte in *Super Mario World* und schon Ende 1991, nur ein Jahr danach, wurde er bei *Mario & Yoshi* zum Hauptcharakter. Diese Rolle hatte er mehrmals inne, z. B. in *Yoshi's Cookie* oder *Tetris Attack*. Außerdem spielte er erfolgreich die Hauptrolle in einigen Action-Spielen. Im Spiel *Yoshi's Island* wird die Geschichte erzählt, als Mario noch ein Baby war. Dort zeigt Yoshi, wie gut er mit Eiern werfen kann. Diese Wurfattacke wurde später zu seiner wichtigsten Aktion.

Mario & Yoshi
Family Computer (NES)
Japan: 14. Dezember 1991
EU: 10. Dezember 1992
©1991 Nintendo

Super Mario World 2: Yoshi's Island
Super Famicom (SNES)
Japan: 5. August 1995
EU: 6. Oktober 1995
©1995 Nintendo

Wario

Er feierte sein Debüt in *Mario Land 2: 6 Golden Coins* und war dort der Endgegner, der das Schloss seines Sandkastenfreunds Mario gekapert hat. Die Fortsetzung *Wario Land: Super Mario Land 3* erschien im Jahr 1994, und darin ist er der Hauptcharakter des Spiels. Danach begann die *Wario Land*-Serie und er beging seine Abenteuer mit heftigem Körpereinsatz, um reich zu werden. Im Spiel *WarioWare Inc.: Minigame Mania* aus dem Jahr 2003 gründete er sogar die Firma »WarioWare« und wurde zu ihrem Präsidenten. Auch daraus wurde eine neue Serie und seitdem versucht er in verschiedenen Branchen noch reicher zu werden.

Wario Land: Super Mario Land 3
Game Boy
Japan: 21. Januar 1994
EU: 13. Mai 1994
©1994 Nintendo

Game & Wario
Wii U
Japan: 28. März 2013
EU: 28. Juni 2013
©2013 Nintendo

1996

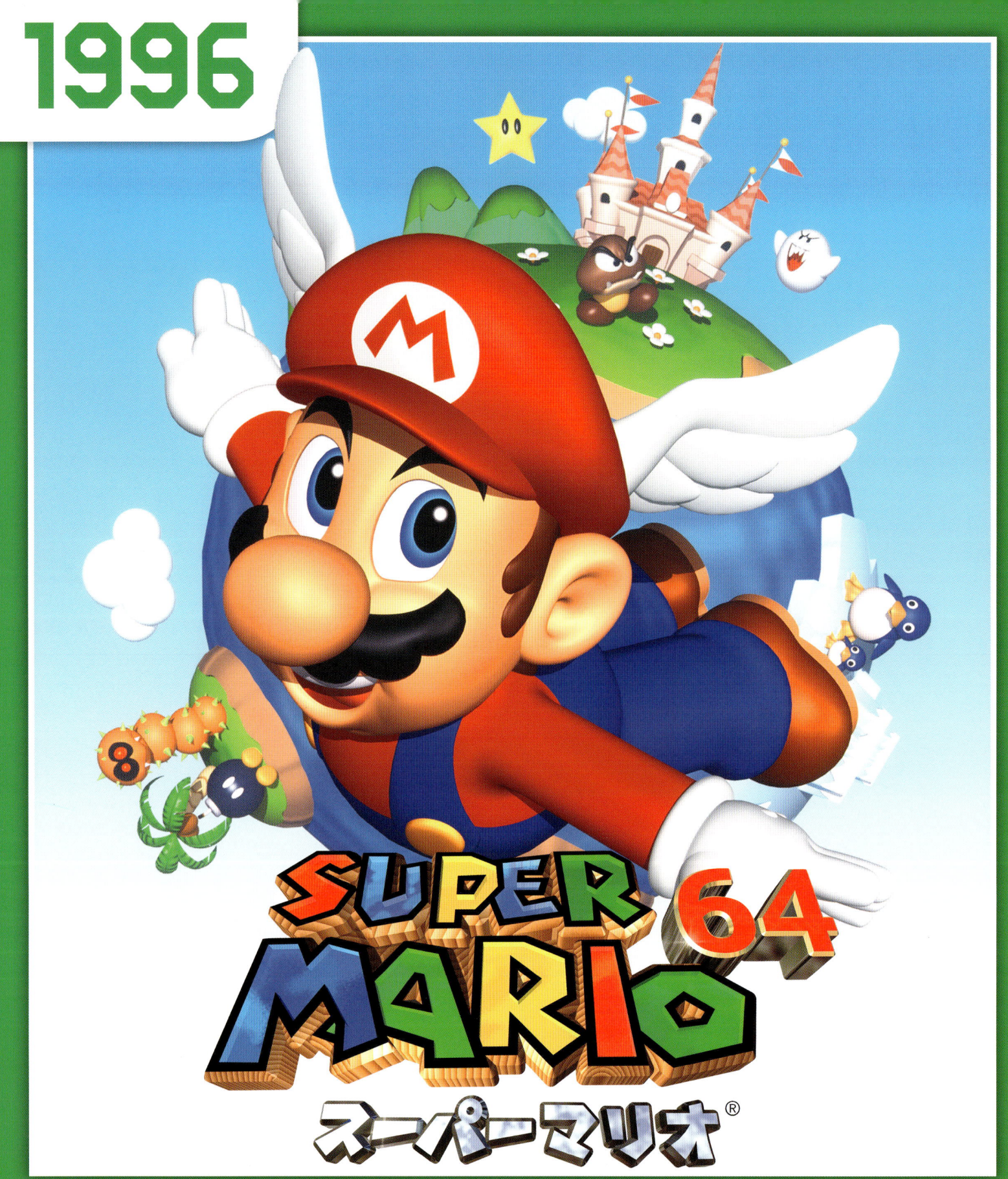

SUPER MARIO 64
スーパーマリオ®

Verpackung	Spielmodul	Anleitung	Steuerungs-übersicht

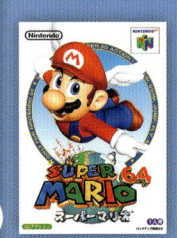

- **Hardware**
  Nintendo 64
- **Erscheinungsdatum Japan/EU**
  23. Juni 1996
  1. März 1997
- **Spieleranzahl**
  1
- **Anmerkung**
  Als Virtual-Console-Spiel für Wii U und Wii erhältlich.

INTRODUCTION
● Einleitung

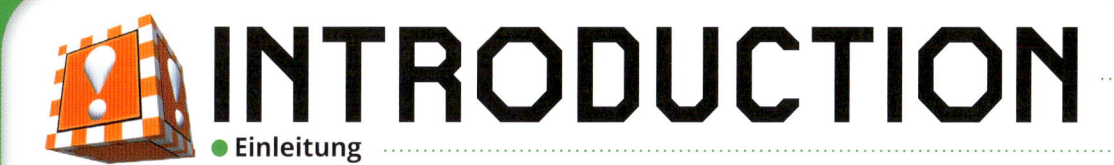

S T O R Y

»Lieber Mario! Komm mich doch einmal im Schloss besuchen! Der Kuchen steht bereit!«
»Wow, eine Einladung von Prinzessin Peach. Ich bin sofort bei dir, warte auf mich!«
Mario freut sich sehr über die Einladung von Prinzessin Peach aus dem Pilzschloss. Er wirft sich in Schale und macht sich auf den Weg.

Lieber Mario! Komm mich doch einmal im Schloss besuchen! Der Kuchen steht bereit! In Freundschaft, Toadstool

»Huch? Irgendwas stimmt mit dem Schloss nicht. Es ist ja so still hier.«
Mit einer schlechten Vorahnung betritt er das ausgestorbene Schloss.

»Es ist niemand zu Hause, also verschwinde besser wieder ...! Hua hua hua!«
Plötzlich hört er diese komischen Laute. »Wer bist du?! Moment, diese Stimme kommt mir bekannt vor ...«
Mario sucht das ganze Schloss ab. Die meisten Türen sind verschlossen, aber er findet eine offene und geht in den Raum hinein.
Dort findet er ein Gemälde. Ein so großes Gemälde hat er noch nie gesehen. Auf einmal hört er seltsame Geräusche aus dem Bild kommen.

»Ich glaube, jemand ruft nach mir. Das muss ein Geheimnis sein.«
Mutig springt Mario in das Gemälde hinein. Und siehe da, er findet sich in einer ganz anderen Welt wieder!
So beginnt ein großes Abenteuer!

Auf dem Gemälde schlagen die Bob-ombs eine Schlacht. Die roten Bob-ombs erzählen, dass plötzlich Monster angegriffen und die »Power-Sterne« erbeutet hätten, die das Schloss beschützt haben.
Außerdem wollen diese Monster das Pilzschloss erobern und die Bewohner der Gemälde ebenso zu Monstern machen.
Wenn niemand etwas gegen sie unternimmt, werden die Monster nach und nach aus den Gemälden ausbrechen.
»Dafür kann nur Bowser verantwortlich sein!«

Ganz sicher hat Bowser Prinzessin Peach und die Toads in die Welt der Gemälde mitgenommen.
Mario muss die Power-Sterne so schnell wie möglich zurückholen, sonst wird Bowser zum Herrscher dieser Welt.
»Das wirst du nicht schaffen, Bowser!«

Die erbeuteten Power-Sterne sind überall in den Gemäldewelten versteckt. Nutze dein Wissen und deine Fähigkeiten, um wieder Frieden ins Pilzschloss einkehren zu lassen.

Mario, du bist der Einzige, der sie retten kann!

I N F O S

Holt die Power-Sterne aus den Gemälden zurück!

Ziel des Abenteuers ist es, die Power-Sterne einzusammeln und am Ende Prinzessin Peach zu retten. Ihr müsst die Gegner, die sich euch unterwegs in den Weg stellen, besiegen und viele Rätsel lösen, um die versteckten Power-Sterne zu finden. Insgesamt gibt es 120 von ihnen.

Die Entstehung eines räumlichen 3-D-Mario-Spiels

Das erste 3-D-Action-Spiel dieser Serie kam zusammen mit der Konsole Nintendo 64 auf den Markt. Diesmal wird Mario nicht mehr mit der Kreuztaste, sondern mit dem Analog-Stick gesteuert. Damit bewegt ihr Mario frei durch die weite dreidimensionale Welt. Er hat auch viele neue Fähigkeiten wie »Dreisprung« oder »Wandsprung« erhalten und beherrscht nun fast 30 verschiedene Aktionen. Mithilfe dieser Bewegungen bewältigt ihr das Abenteuer. Übrigens ist das das erste Spiel, in dem Mario redet.

Version mit Rumble-Pak

Etwa ein Jahr später kam das Spiel in Japan erneut mit Rumble-Pak-Unterstützung auf den Markt. Wird das »Rumble Pak« in den Controller eingesetzt, vibriert er passend zu Marios Bewegungen. Außerdem gibt es mehr Sprachausgaben für Mario und Peach und noch andere Änderungen bei Feinheiten wie den Soundeffekten oder Illustrationen zu »Piratenbucht-Panik«. Die Virtual-Console-Version für Wii bzw. Wii U entspricht der Rumble-Pak-Version.

CHARACTERS
Charaktere

SPIELBARE FIGUREN

Mario muss das Abenteuer, Prinzessin Peach zu retten, ganz allein bewältigen.

Mario
Mit neuen Aktionen rennt er durch die 3-D-Welten und sammelt die Power-Sterne ein.

POWER-UPS

Mario bekommt besondere temporäre Fähigkeiten, wenn er Kappen aus bestimmten Blöcken holt und sich diese auf den Kopf setzt.

Mario
Normaler Zustand. Wenn er verletzt wird und die Power-Anzeige leer ist, verliert er einen Versuch.

Flügel-Mario — Item ❯ Flügel-Kappe
Nach einem Dreisprung oder mithilfe einer Kanone kann er durch die Luft fliegen. Ihr müsst geschickt mit dem Analog-Stick umgehen, um Mario sicher durch die Lüfte zu manövrieren.

Durchsichtiger Mario — Item ❯ Tarnkappe
Marios Körper wird transparent und er kann an Gegnern oder Flammen vorbeilaufen. Er kann sogar durch Maschendraht und einige Wände gehen.

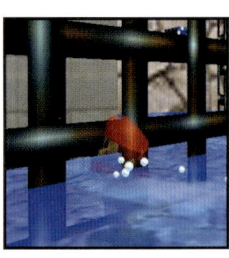

Metall-Mario — Item ❯ Metallkappe
Marios Körper wird zu Metall. Er besiegt Gegner durch einfache Berührung. Wegen des Gewichts kann er unter Wasser am Boden laufen, aber nicht schwimmen.

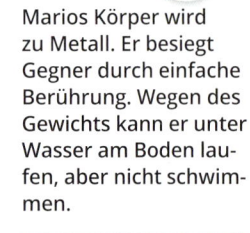

Kröten-Surf — Item ❯ Koopa-Panzer
Power-Up durch Gimmick

Mario kann mit dem Koopa-Panzer am Boden oder auf der Wasseroberfläche gleiten. So besiegt er auch Gegner. Der Panzer verschwindet, wenn er gegen eine Wand stößt.

Auflistung aller 17 Spiele | 1996 → SUPER MARIO 64

ANDERE CHARAKTERE

Charaktere, die Mario während des Abenteuers kennenlernt.

Bob-omb Buddy
Eine freundliche Bob-omb-Variante. Sie lässt Mario die Kanone benutzen.

Tuxie
Er hat sich in »Bibberberg Bob« verlaufen.

Nessi
Nessi lebt im unterirdischen See in der »Grünen Giftgrotte«. Man kann auf Nessi reiten.

Eule
Hält sich Mario an ihr fest, fliegt sie für eine Weile herum.

Mama Pinginola
Diese Pinguinmutter sucht nach ihrem Kind und ist auch die Wettrenn-Meisterin.

Mips
Der Hase von Prinzessin Peach. Fängt man ihn, bekommt man einen Power-Stern.

Lakito
Er trägt die Kamera und filmt Mario.

Koopa
Er ist ein guter Läufer und fordert Mario zum Wettrennen heraus.

Prinzessin Peach
Die Herrin des Pilzschlosses. Bowser hat sie entführt.

Yoshi
Er wartet auf dem Dach des Schlosses, wenn man 120 Power-Sterne gesammelt hat.

Rochen
Er schwimmt langsam im Wasser und erzeugt Ringe.

Schneemann
Sein Körper ist geschmolzen und er sucht nach einem neuen.

Affe
Er spielt auf dem Gipfel des Berges im »Fliegenpilz Fiasko«.

Toads
Die Bewohner des Schlosses. Sie wurden in den Wänden eingesperrt.

GEGNER

Diesen Gegnern werdet ihr in den Levels begegnen. Auch bereits bekannte Gegner sind nun in 3-D.

Glubschi
Schaut man es an, schießt es auf Mario. Wird ihm schwindelig, ist es besiegt.

Bad Bully
Bully aus der Schneewelt. Er verhält sich genauso wie ein normaler Bully.

Zyklaps
Diese Hand schubst und zerquetscht Mario. Das Auge ist der Schwachpunkt.

Kano der Aal
Er hat einen langen Körper und wohnt im versunkenen Schiff oder in den Höhlen.

Tox-Box
Dieser Würfel kullert durch die Gänge der Wüste. Bei der offenen Würfelseite ist man sicher.

Maxi-Buu
Ein großer Buu Huu. Bei jedem Angriff wird er kleiner und schneller.

Trippeltrap
Diese Spinne läuft in den Höhlen herum. Sobald sie Mario sieht, kommt sie näher.

Krötsus
Sie verwandelt sich in eine Münze. Ist Mario in der Nähe, hüpft sie weg.

Kugelwilli
Wird aus Willi-Kanonen abgefeuert und fliegt in Marios Richtung.

Vampiano
Tarnt sich als Klavier. Ist Mario in der Nähe, versucht es, ihn zu beißen.

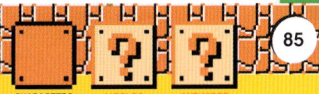

Vampuch
Das Buch springt aus dem Regal und beißt zu. Die kleinere Variante fliegt nur geradeaus.

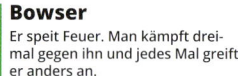

Bowser
Er speit Feuer. Man kämpft dreimal gegen ihn und jedes Mal greift er anders an.

Gumba
Er läuft am Boden. Sieht er Mario, stürmt er auf ihn zu.

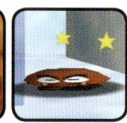

Pokey
Er hat mehrere Körperteile. Bei jedem Angriff wird er kürzer. Ein Kopfangriff besiegt ihn.

Klepto, der Kondor
Ein Kondor, der in der Wüste herumfliegt. Er fliegt auf Mario zu und raubt ihm die Mütze.

Lakitu
Er wirft mit Stachi-Eiern um sich. Wird er besiegt, verschwindet auch die Wolke.

Schneemann
Er erscheint aus dem Schnee und wirft Schneekugeln auf Mario.

Mini-Gumba
Kleiner Gumba. Er rammt Mario zwar, fügt ihm aber keinen Schaden zu.

Mini-Koopa
Kleiner Koopa. Greift man ihn an, verschwindet auch sein Panzer.

Mini-Feuer-Piranha-Pflanze
Sie sprießt aus dem Boden und speit Feuer, das Schaden verursacht.

Monty Maulwurf
Er schaut aus dem Boden heraus und wirft Steine auf Mario.

Riesen-Gumba
Er kann nicht weggeschlagen werden. Eine Stampfattacke macht ihn zu einer blauen Münze.

Riesen-Feuer-Piranha-Pflanze
Sie sprießt aus dem Boden und speit Feuer.

Buu Huu
Er verfolgt Mario. Schaut man ihn an, bleibt er stehen und wird durchsichtig.

Stachi
Entsteht, sobald ein Stachi-Ei den Boden berührt. Er läuft langsam.

Steinblock
Er bewegt sich auf und ab. Gerät man unter ihn, wird man zerquetscht. Man kann auf ihm stehen.

Mumien-Steinblock
Manche bewegen sich an einer Stelle auf und ab, andere bewegen sich von ihrem Platz weg.

Walzen-Walter
Er rollt mit heftigem Geräusch hin und her.

Bully
Er rammt und schubst Mario weg. Stößt ihr ihn in die Lava, ist er besiegt.

Koopa
Er rennt weg, wenn man sich ihm nähert. Springt man drauf, kann man seinen Panzer entwenden.

Stachi-Ei
Bei Bodenkontakt wird es zu einem Stachi. Fällt es ins Wasser, verschwindet es.

Big Bill
Er schwimmt im Wasser und versucht mit seinem Riesenmaul Mario zu verschlucken.

Flappflapp
Wartet an der Decke. Sobald Mario in der Nähe ist, kommt er angeflogen.

Piranha-Pflanze
In der Regel schläft sie. Sie wacht auf, wenn Mario in der Nähe ist, und versucht, ihn zu beißen.

Wummp
Wenn er Mario sieht, versucht er, auf ihn zu fallen. Der Rücken ist seine Schwachstelle.

König Wummp
Er verhält sich wie ein Wummp, ist aber größer und es ist schwerer, seinen Attacken auszuweichen.

Wiggler
Er rennt durch die Gegend. Springt man auf ihn drauf, wird er wütend und schneller.

Rokano
Ein Wolken-Gegner, der mit einem starken Windstoß versucht, Mario wegzupusten.

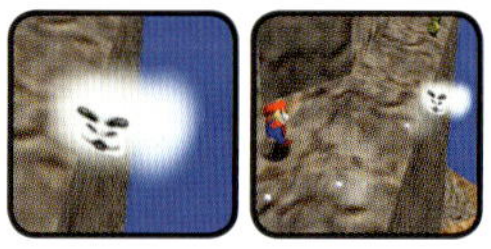

Sparky
Eine Stromkugel. Sie dreht sich oder kommt aus der Wand heraus.

Cheepy
Er schwimmt im Wasser und greift nicht an.

Fly Guy
Er fliegt und speit Feuer oder rammt Mario.

Spindrift
In Schnee-Levels unterwegs. Hüpft man auf ihn drauf, springt man hoch und segelt langsam hinab.

Hainz
Er schwimmt im Wasser. Er greift zwar nicht an, verursacht aber trotzdem Schaden bei Kontakt.

Big Bully
Riesiger Bully. Er kann Mario stärker wegschubsen.

Roboter-Bagger
Stellt man sich auf das Brett, wird man weggeschleudert. Man muss warten, bis er kurz stehenbleibt.

König Bob-omb
Der König der Bob-ombs. Wird man von ihm gefangen, wird man weggeschleudert.

Bob-omb
Ist Mario in der Nähe, raucht sie und verfolgt Mario, bis sie explodiert. Man kann sie tragen.

Wurfmufti
Diese Bombe rennt auf Mario zu, fängt ihn und schleudert ihn dann weg.

Snifit
Er kann fliegen und feuert von oben mehrmals auf Mario.

Wasserläufer
Er gleitet übers Wasser. Er läuft jedoch auch an Land herum.

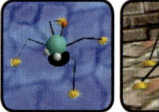

Affe
Hebt man ihn hoch, klaut er Marios Mütze und rennt weg.

Kettenhund
Er ist angekettet und versucht, Mario zu beißen. Stampft man den Pfahl in die Erde, verschwindet er.

Auflistung aller 17 Spiele 〈 1996 ➡ SUPER MARIO 64 〉

WORLDS
• Welten

LEVELS

Pro Level stehen mehrere Power-Sterne und somit auch mehrere Aufgaben zur Verfügung.

Level 1 — Bob-ombs Bombenberg

Ein Grasland mit vielen Bergen. Hier kämpfen die Bob-ombs miteinander.

1 Besiege König Bob-omb!
Ihr klettert auf den Berg mit den vielen rollenden Eisenkugeln und am Gipfel fordert ihr König Bob-omb heraus. 

2 Besiege den schnellen Koopa! 
Ein Wettlauf gegen einen Koopa, der ein guter Läufer sein soll. Wer zuerst den Gipfel erreicht, gewinnt.

3 Fliege zur schwebenden Insel! 
Mit der Kanone geht es zur schwebenden Insel.

4 Finde die 8 roten Münzen! 
Hier lauft ihr durchs Level und sucht acht rote Münzen.

5 Durchfliege alle Münzenringe! 
Ihr fliegt durch fünf Münzenringe als Flügel-Mario.

6 Befreie den Kettenhund! 
Lasst den Kettenhund den Maschendraht zerstören, um den Power-Stern zu erreichen.

Level 2 — Wummps Wuchtwall

Eine Festung aus Steinen. Hier tauchen viele steinige Gegner wie der Steinblock auf.

1 Besiege König Wummp!
Der König ist wütend über den Umgang mit den Steinen. Gegen ihn kämpft ihr auf der obersten Plattform der Festung. 

2 Steige auf die Bergfestung! 
Über die herausstehenden Plattformen klettert ihr die Festung hoch. Am Höhepunkt befindet sich ein Power-Stern.

3 Flieg ins Blaue! 
Ihr fliegt mit der Kanone. Das Ziel ist der Power-Stern auf der Terrasse.

4 Finde die 8 roten Münzen! 
Ihr sammelt die verstreuten acht roten Münzen ein. Schaut auch auf den schwebenden Inseln nach.

5 Wecke die Eule! 
Mit der Eule fliegt ihr zum Käfig im Himmel. Versucht gezielt zu fallen.

6 Zerstöre die Felswand! 
Zerstört die Wand mit der Kanone, um den versteckten Power-Stern zu finden.

Level 3 — Piratenbucht Panik

Eine unheimliche, nebelige Bucht. Am Meeresgrund liegt ein versunkenes Piratenschiff.

1 Tauche in das Schiffswrack!
Hier geht es zum versunkenen Schiff mit dem Riesen-Aal, um den Power-Stern zu finden. 

2 Locke den Aal Kano heraus! 
Der Aal Kano nistet in den Höhlen. Am hinteren Ende hängt der Power-Stern.

3 Tauche zur Schatzhöhle! 
Eine Höhle mit vielen Fallen. Sucht in der Tiefe nach dem Power-Stern.

4 Finde die 8 roten Münzen! 
Sammelt die acht roten Münzen ein. Ihr findet sie in den Perlenmuscheln oder im Piratenschiff.

5 Fliege zu den Steinsäulen! 
Fliegt mit der Kanone zu den Steinsäulen. Über einer vorspringenden Plattform schwebt der Power-Stern.

6 Laufe durch den Strudel! 
Lauft als Metall-Mario am Meeresgrund entlang und holt euch den Power-Stern.

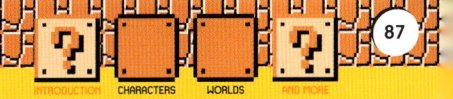

Level 4

Bibberberg Bob

Ein Schneeberg der Pinguine. In der Hütte ist eine Eisbahn.

1 Rutsche auf der Eisbahn!
In der Hütte ist eine riesige Eisrutsche. Zwischendurch gibt es eine Abkürzung. 

2 Finde das Pinguinbaby!
Am Gipfel hat sich ein Babypinguin verlaufen. Bringt ihn zu seiner Mutter.

3 Besiege den schnellen Pinguin!
Wettlauf gegen den Rutsch-Champion. Wer zuerst ins Ziel kommt, gewinnt.

4 Finde die 8 roten Münzen!
Findet die verstreuten roten Münzen. Dafür müsst ihr das Level komplett durchsuchen.

5 Baue einen Schneemann!
Ein Schneemann sucht nach seinem Kopf. Bringt den Körper zum Kopf.

6 Denke an den Wandsprung!
Hinter dem Berg liegt ein verstecktes Gebiet. Mit Wandsprüngen müsst ihr versuchen, den Power-Stern zu erreichen.

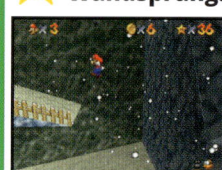

Level 5

Big Boos Burg

Ein unheimliches Haus der Buu Huus auf vier Ebenen.

1 Gehe auf Geisterjagd!
Besiegt alle Buu Huus und ihr kämpft gegen den Maxi-Buu. 

2 Besuche Big Boos Karussell!
Erneut tretet ihr gegen den Maxi-Buu an, diesmal im Karussell.

3 Löse das Bücherei-Rätsel!
Bringt die Bücher zurück ins Regal und begebt euch zum versteckten Raum mit dem Power-Stern.

4 Finde die 8 roten Münzen!
Sammelt die roten Münzen im Haus ein. Vorsicht bei den Fallen!

5 Klettere auf Big Boos Balkon!
Nun kommt der dritte Kampf gegen den Maxi-Buu. Dieser wird auf dem Balkon ausgetragen.

6 Finde das Auge im Geheimraum!
Macht euch durchsichtig und erreicht den Dachboden. Dort besiegt ihr den Glubschi.

Level 6

Grüne Giftgrotte

Eine dunkle Grotte mit komplexem Aufbau. Im unterirdischen See lebt Nessi.

1 Klettere auf Nessis Rücken!
Das Ziel ist der unterirdische See ganz unten. Lasst euch von Nessi helfen und holt euch den Power-Stern. 

2 Finde die 8 roten Münzen!
Bedient die Kontrolltafel und sammelt die Münzen in der Luft.

3 Laufe auf dem Grund des Sees!
Betätigt den Unterwasserschalter als Metall-Mario und der Weg zum Power-Stern öffnet sich.

4 Durchsuche das Nebellabyrinth!
Findet den Ausweg aus dem Nebellabyrinth. Danach erreicht ihr den Power-Stern.

5 Suche im Nebel den Notausgang!
Geht durch den Notausgang und findet die neue Route.

6 Achte auf rollende Felsen!
Hier rollen zahlreiche Kullerfelsen. Über den Felsen ist der Power-Stern versteckt.

Level 7

Lava Lagune

Eine große Lavafläche mit kleinen Plattformen. In der Mitte ist ein Vulkan.

1 Wirf Big Bully in die Lava!
Versucht, Big Bully in die Lava zu werfen. 

2 Wirf die Bullies in die Lava!
Diesmal müsst ihr noch weitere drei Bullies in die Lava werfen.

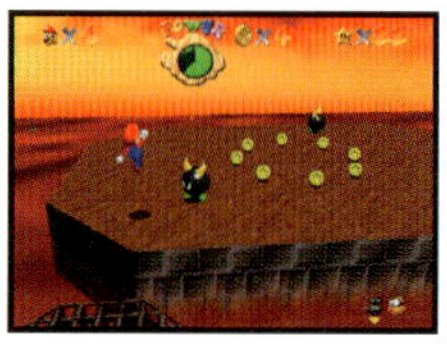

3 Finde die 8 roten Münzen!
Sammelt die roten Münzen, die auf dem Bowser-Puzzle verteilt sind.

4 Tanze auf dem Baumstamm!
Lasst die Baumstämme rollen und überquert die Lava. Ihr braucht ein gutes Gleichgewicht.

5 Erkunde den Vulkan!
Jetzt seid ihr im Vulkan. Über Plattformen an den Wänden gelangt ihr hoch zum Power-Stern.

6 Gewinne im Vulkan an Höhe!
Nutzt die Plattformen im Vulkan. Der Power-Stern liegt am höchsten Punkt.

Auflistung aller 17 Spiele (1996 ➔ SUPER MARIO 64)

Level 8 — Wobiwaba Wüste

Eine Wüste mit riesiger Pyramide. Der Treibsand nimmt euch die Bewegungsfreiheit.

1 Folge dem Riesengeier!
Schnappt euch den Kondor Klepto, der mit dem Power-Stern durch die Gegend fliegt. 

2 Bringe Licht in die Pyramide! 
Klettert die Außenwände hoch, um den Power-Stern auf dem Gipfel der Pyramide zu erreichen.

3 Begebe dich in die Pyramide! 
Innen findet ihr ein großes Labyrinth. Klettert die schmalen Plattformen hoch.

4 Lande auf allen vier Säulen! 
Stellt euch auf die vier Säulen um die Pyramide und ihr kommt in die Pyramide hinein. Kämpft gegen Zyklaps.

5 Finde die 8 roten Münzen! 
Hier muss man acht rote Münzen finden und sogar fliegen, um die in der Luft aufzusammeln.

6 Löse das Pyramidenpuzzle! 
Findet den geheimen Punkt in der Pyramide, so erhaltet ihr den Power-Stern.

Level 9 — Wilde Wasserwerft

Das Level hat zwei Gebiete: Das Meer und das U-Boot.

1 Entere Bowsers U-Boot!
Geht durch die engen Gänge hinein. Auf dem U-Boot liegt der Power-Stern. 

2 Öffne die Truhen! 
Öffnet die vier Truhen um den Wirbelstrom.

3 Springe zu den roten Münzen! 
Nun ist das U-Boot verschwunden. Nutzt die Pfosten, um die Münzen zu sammeln.

4 Schwimme durch die Ringe! 
Ihr müsst an den geheimen Punkten die Wasserströme passieren.

5 Folge dem Fisch! 
Folgt dem Rochen und passiert die Wasserringe.

6 Vereine die Mützen! 
Nutzt die Metallkappe und die Tarnkappe, um den Maschendraht unter Wasser zu erreichen.

Level 10 — Frostbeulen Frust

In der Mitte des Schneefeldes befindet sich der Schneemannberg. Ihr findet auch einen gefrorenen Teich.

1 Erklimme den Kopf!
Klettert den Berg hoch und holt euch den Power-Stern. 

2 Spiele mit Bad Bully! 
Ihr müsst Bad Bully von der rutschigen Eisfläche schubsen.

3 Wage dich ins Eis! 
Geht durch das Eisobjekt, das wie ein 3-D-Labyrinth aufgebaut ist.

4 Gehe zum Eissee! 
Mithilfe von Spindrift springt ihr über die hohe Mauer am Teich.

5 Finde die 8 roten Münzen! 
Hier sammelt ihr acht rote Münzen. Die rote Münze über dem Teich bekommt ihr nur mit einem Panzer.

6 Schau im Iglu nach! 
Im Labyrinthhaus von Spindrift sucht ihr nach dem Power-Stern.

Level 11 — Atlantis Aquaria

Der Wasserstand ändert sich je nachdem, wann ihr ins Gemälde springt, oder wenn ihr einen Wasserstandschalter betätigt.

1 Folge den blauen Pfeilen!
Ihr springt über die schwebenden Miniplattformen. Sparkys stören euch dabei. 

2 Suche nach der Spitze der Stadt! 
Geht weiter nach oben, um den Power-Stern am höchsten Punkt zu bekommen.

3 Erforsche die Höhen und Tiefen! 
Findet die tunf geheimen Punkte. Diese findet ihr zum Beispiel auf einer hohen Plattform oder am Boden.

4 Beeile dich – Expressaufzug! 
Nutzt den Fahrstuhl, um den Power-Stern im Maschendraht zu erhalten.

5 Finde die 8 roten Münzen! 
Hier seid ihr in einer unterirdischen Stadt. Holt euch die acht Münzen, die überall verteilt sind.

6 Beachte das Zeitlimit! 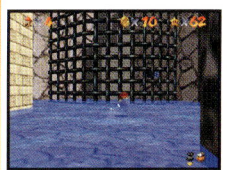
Sprintet als durchsichtiger Mario, um durch das Gitter der Stadt zu kommen!

Level 12
Fliegenpilz Fiasko
Felsiger Berg, an dem viele Pilze wachsen. Ihr beginnt am Fuß des Berges und klettert um ihn herum nach oben.

1 Erklimme den Berg!
Der Gipfel ist das Ziel. Mit Sprüngen und Hechtsprüngen klettert ihr hoch. 

2 Erkunde den Affenkäfig! 
Schnappt euch den Affen, der am Gipfel spielt. Lasst ihr ihn dann wieder los, werdet ihr belohnt ...

3 Finde die 8 roten Münzen! 
Sammelt die roten Münzen auf den Pilzplattformen und am Kliff.

4 Erforsche die Steilwand! 
Bewältigt die versteckte Riesenrutsche. Vorsicht an der Abzweigung.

5 Halte Ausschau auf der Brücke! 
Lasst die Plattform erscheinen und holt euch den Power-Stern im Wasserfall.

6 Suche den einsamen Pilz! 
Lasst euch mit der Kanone zur entfernten Pilzplattform mit dem Power-Stern schießen.

Level 13
Gulliver Gumba
Es gibt eine große und eine kleine Insel. Mit den Röhren reist ihr hin und her.

1 Pflücke die Schnapp-Piranhas!
Auf der kleinen Insel vor der Giganto-Insel müsst ihr alle Feuer-Piranha-Pflanzen besiegen. 

2 Begib dich zur Spitze der Insel! 
Klettert die Giganto-Insel hoch zum Gipfel. Vorsicht vor den riesigen Gegnern.

3 Tritt noch einmal gegen Koopa an! 
Der schnelle Koopa fordert euch erneut heraus. Ihr müsst über die halbe Giganto-Insel rennen.

4 Löse die 5 Itty-Bitty-Rätsel 
Findet die fünf geheimen Punkte der Mini-Insel.

5 Finde die 8 roten Münzen! 
In der Höhle der Giganto-Insel sammelt ihr acht rote Münzen.

6 Drehe Wiggler im Kreis! 
Wiggler ist wütend wegen des großen Lochs. Hier kämpft ihr gegen ihn.

Level 14
Tick Tack Trauma
Ein Level im Innern einer Uhr. Die Geschwindigkeit der Gimmicks verändert sich je nachdem, zu welcher Uhrzeit ihr hineinspringt.

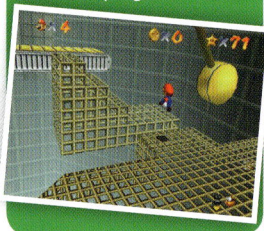

1 Rolle den Käfig!
Nutzt die Gimmicks wie Zahnräder oder Pendel, um hochzukommen. 

2 Achte auf das Pendel! 
Bewältigt den Käfig und geht noch höher. Hinter den beiden Pendeln seht ihr den Power-Stern.

3 Lass dir den Weg zeigen! 
Mit dem Uhrzeiger nähert ihr euch dem Power-Stern.

4 Stampfe mächtig auf! 
Nun versucht ihr den höchsten Punkt zu erreichen. Der Power-Stern ist über dem Steinblock.

5 Springe auf den Schwebebalken! 
Ihr nutzt die Schwebebalken und springt in den Käfig mit dem Power-Stern.

6 Finde die 8 roten Münzen! 
Hier holt ihr euch die Münzen auf den Drehwippen. Es wird einfacher, wenn ihr bei 0 Minuten hineinspringt und die Gimmicks stoppt.

Level 15
Regenbogen Raserei
In dem Himmel-Level müsst ihr viele Gimmicks überwinden.

1 Reise auf den Regenbögen!
Auf dem fliegenden Teppich weicht ihr vielen Gimmicks aus und erreicht das Flugschiff. 

2 Suche das Haus am Himmel! 
Jetzt nutzt ihr einen anderen Teppich und fliegt in die Villa.

3 Finde die 8 roten Münzen! 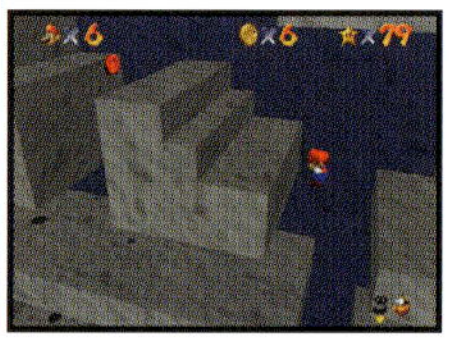
Geht durch das Labyrinth und sammelt die roten Münzen.

4 Lass dich von der Brise tragen! 
Ein athletisches Level mit vielen Schaukelplattformen und Donutbalken.

5 Überwinde die Macht der Dreiecke! 
Springt über die Pyramidenblöcke und erreicht den Power-Stern.

6 Schau dir den Regenbogen an! 
Nutzt die Kanone auf dem Flugschiff und fliegt durch den Regenbogen zur Insel mit dem Power-Stern.

Auflistung aller 17 Spiele • 1996 • SUPER MARIO 64

Pilzschloss (Versteckte Sterne)

Im Schloss sind einige Extra-Levels versteckt.

Peachs Rutschbahn 
Diese Rutsche ist hinter dem Bleiglasfenster versteckt. Seid ihr schnell genug, bekommt ihr auch den zweiten Power-Stern.

Verstecktes Aquarium 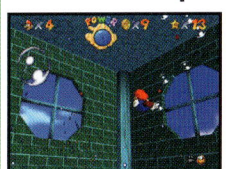
In diesem kleinen Raum bekommt ihr keine Luft. Ihr müsst die Münzen schnell einsammeln.

Wolken-Turm 
Als Flügel-Mario fliegt ihr durch die Luft. In der Mitte des Turmes ist der rote Schalter.

Bowsers Schattenwelt 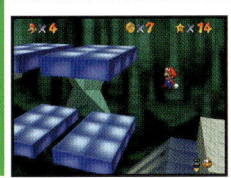
Der erste Kampf gegen Bowser. Bewältigt die schmale Route mit vielen Gimmicks.

Hinter dem Wasserfall 
Ihr rennt als Metall-Mario durch den starken Strom. Hier findet ihr den grünen Schalter.

Geheimnis im Schlossgraben 
Ein athletisches Level mit langen Brettern. Hier ist der blaue Schalter versteckt.

Bowsers Lavasee 
Nutzt die Plattformen, die über der Lava auf- und abtauchen. Das Level ist in drei Ebenen aufgeteilt.

Über dem Regenbogen 
Als Flügel-Mario fliegt ihr von einer Wolke zur anderen und sammelt die roten Münzen.

Bowsers Luftschloss 
Der Showdown gegen Bowser. In engen Gängen warten viele komplexe Gimmicks auf euch.

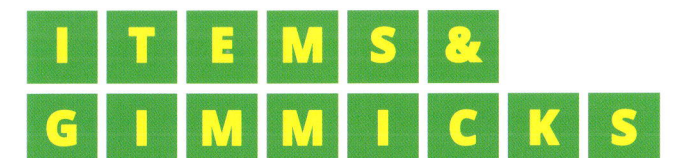

ITEMS & GIMMICKS

Hier findet ihr die Gimmicks und Items. Die Münzen sehen anders aus und es gibt keinen ?-Block mehr.

Eisblock-Schleuder
Produziert einen Eishügel nach dem anderen. Berührt man ihn, wird man weggeschleppt.

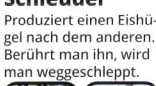

Blaue Münze
Diese Münze zählt so viel wie fünf gelbe Münzen.

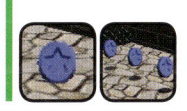

Blauer !-Block
Aus dem Block taucht die Tarnkappe auf, die Mario unsichtbar macht.

Blauer Münzblock
Nach einer Stampfattacke, erscheinen für eine Weile blaue Münzen.

Rote Münze
In jedem Level sind acht rote Münzen versteckt. Sammelt man sie alle ein, taucht ein Power-Stern auf.

Roter !-Block
Aus dem Block kommt die Flügelkappe, die Mario zu Flügel-Mario macht.

Nebel
Im Nebel bekommt Mario keine Luft mehr und verliert nach und nach Energie.

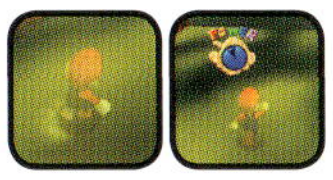

Luftblase
Die Blase versorgt Mario unter Wasser mit Luft. Man findet sie zum Beispiel in der Schatztruhe.

Steinwürfel
Ein unzerstörbarer Würfel, der hin und her geschoben werden kann.

Brett
Bei Angriffen wackelt es. Greift man es erneut an, kippt es um und kann als Plattform genutzt werden.

Strudel
Ist man in der Nähe, wird man hineingerissen. Wird Mario komplett hineingesogen, verliert er ein Leben.

Perlenmuschel
Sie ist am Meeresgrund und öffnet sich hin und wieder. Nicht selten findet man ein Item darin.

Drehplattform
Die Plattform dreht sich in regelmäßigen Abständen. Es gibt auch eine dreieckige Variante.

Drehwippe
Sie verändert ihre Drehgeschwindigkeit je nach der Uhrzeit, wann man ins Level gesprungen ist.

Schlüssel
Er taucht auf, wenn man Bowser besiegt, und öffnet eine neue Schlossetage.

Vulkan
Er bricht in regelmäßigen Zeitabständen aus. Ist er ruhig, kann man hineingehen.

Maschendraht
Man kann sich daran festhalten und bewegen. Man kann auch darauf laufen.

Panzer
Er taucht aus gelben Blöcken auf oder auch, wenn man einen Koopa besiegt.

Schild
An einem Schild kann man Nachrichten lesen.

Gelbe Münze
Nach 100 gesammelten Münzen erscheint ein Power-Stern.

Gelber !-Block
Schlägt man drauf, taucht ein Item wie eine Münze oder ein Power-Stern auf.

Baum
Man kann daran hoch- und runterklettern. Je nach Level oder Location ändert sich das Design.

Windstoß
Weht an bestimmten Stellen. Weht er nach oben, wird Mario in die Höhe gehoben.

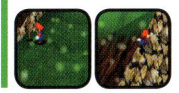

Pfahl
Kann ins Erdreich gestampft werden. Rennt man um den Pfahl herum, erscheinen Münzen.

Bowser-Puzzle
15 Panels mit Bowser-Bildern. Sie bewegen sich sehr schnell.

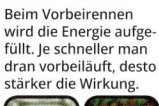

Dreh-Puzzle
Beim Vorbeirennen wird die Energie aufgefüllt. Je schneller man dran vorbeiläuft, desto stärker die Wirkung.

Flammen-Ball
Diese dunkle Kugel erzeugt Flammen in regelmäßigen Zeitabständen.

Kullerfels
Diese Felsen tauchen in »Grüne Giftgrotte« auf. Sie rollen schnell.

Geheimer Punkt
An bestimmten Stellen taucht eine Nummer auf.

Wippenplattform
Stellt man sich drauf, kippt sie durch das Gewicht. Es gibt verschiedene Formen.

Wasserstandschalter
Ein Gimmick aus »Atlantis Aquaria«. Bei Berührung steigt oder fällt der Wasserstand.

Schalter
Der Schalter aktiviert verschiedene Gimmicks, manche nur für einen bestimmten Zeitraum.

Schneemann-Berg
Der Berg in »Frostbeulen Frust«. Er versucht Mario wegzupusten.

Steuerplattform
Bewegt sich in die Richtung des gedrückten Schalters.

Fliegender Teppich
Der Teppich fliegt entlang des Regenbogenweges. Verlässt man ihn, verschwindet er.

Kanone
Bob-omb Buddy stellt sie Mario zur Verfügung. Sie feuert Mario an entfernte Orte.

Schatztruhe
Diese Truhen befinden sich am Meeresgrund. Man muss sie in der richtigen Reihenfolge öffnen.

Kleiner Block
Man kann ihn tragen. Wirft man ihn, gleitet er am Boden. Er zerfällt bei Kontakt mit Hindernissen.

Donutbalken
Bleibt man für eine Weile stehen, fällt er langsam herab.

Schwebebalken
Dieser Balken springt in regelmäßigen Intervallen aus den Wänden heraus.

Kaltes Wasser
Eiskaltes Wasser, das bei Berührung Schaden zufügt.

Eisenkugel
Schnell rollende, runde Kugel. In »Gulliver Gumba« sieht man die kleine Variante.

Transparenter !-Block
Muss erst mithilfe eines Schalters aktiviert werden.

Röhre
Röhren bringen Mario zu anderen Bereichen. Sie tauchen zum Beispiel in »Gulliver Gumba« auf.

Bombe
Bomben sind im Kampf gegen Bowser zu sehen. Mario muss Bowser gegen eine Bombe schleudern.

Hüpfblock
Hält man sich daran fest, hüpft man automatisch dreimal. Danach geht er kaputt und hinterlässt fünf Münzen.

Power-Stern
Nimmt man ihn auf, ist das Level geschafft. Insgesamt gibt es 120 Sterne im Spiel.

Sternpodest
Hier taucht der Power-Stern auf, wenn man acht rote Münzen gesammelt hat.

!-Schalter
Betätigt man ihn, wird der transparente !-Block zum normalen !-Block.

Pyramidenblock
Betätigt man einen Schalter, wird aus ihm eine Plattform.

Starker Strom
Der starke Wasserstrom spült Mario weg, es sei denn, er ist Metall-Mario.

Schaukelplattform
Schaukelt hin und her. Auch wenn er schräg ist, rutscht man nicht aus.

Pendel
Schaukelt hin und her. Man sieht viele Pendel in »Tick Tack Trauma«.

Block
Man findet ihn überall. Dieser Block kann zum Beispiel mit Schlägen zerstört werden.

Fließband
Das Fließband bringt Mario in die Pfeilrichtung. Es gibt zwei Richtungen.

Pfosten
Man kann dran klettern und auch zu anderen Pfosten springen.

Flamme
Berührt Mario sie, verbrennt er sich. Es gibt auch Feuersäulen und Feuerkugeln.

Poltergeist
Er wirft einen Stuhl auf Mario, wenn er in der Nähe ist.

Miniplattform
Diese kleine Plattform bewegt sich in die Pfeilrichtung, wenn man sich draufstellt.

Marios Mütze
Mario verliert seine Mütze durch bestimmte Gimmicks oder Gegner. Berührt er sie, setzt er sie wieder auf.

Baumstamm
Läuft Mario am Rand, dreht sich der Baumstamm und bewegt sich hin und her.

Wasserbombe
Die Wasserbombe fällt vom Himmel herab, hüpft ein paarmal und platzt danach.

Grüner Block
Aus dem Block taucht die Metallkappe auf, die Mario zu Metall-Mario macht.

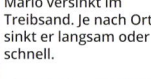

Lava
Bei Kontakt erleidet Mario Schaden und springt in die Luft.

Plattform
Manche bewegen sich erst, wenn man sich draufstellt, oder drehen sich an bestimmten Stellen.

Treibsand
Mario versinkt im Treibsand. Je nach Ort sinkt er langsam oder schnell.

Warp-Punkt
Warp-Punkte sind an bestimmten Orten zu finden und bringen Mario zu anderen festgelegten Orten.

1-Up-Pilz
Mario erhält einen Extraversuch. Manchmal erscheint er, wenn man an bestimmten Orten vorbeigeht.

AND MORE
• Anderes

BESONDERE SZENEN

Hier haben wir einige besondere Szenen ausgesucht. Bei diesem Spiel bieten sich Mario viel mehr Möglichkeiten und man kann ihn aus anderen Perspektiven sehen.

Spielt mit Marios Gesicht!

Auf dem Bildschirm könnt ihr an Marios Gesicht ziehen und damit spielen. Drückt ihr auf die Z-Taste, werden viele Gesichter im Hintergrund angezeigt. Letzteres ist jedoch nur bei der Rumble-Pak-Version der Fall.

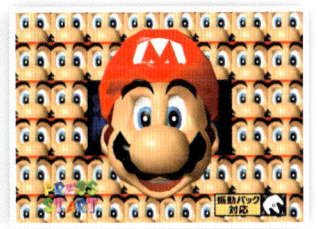

Mario schläft!

Lasst ihr Mario für ca. 30 Sekunden stehen, setzt er sich hin und schläft ein, es sei denn, ihr seid in einem Eislevel. Wartet ihr noch länger, legt er sich auf die Seite. Das macht er auch bei *Super Mario Sunshine* und *Super Mario Galaxy*.

Der böse große Pinguin!

Nachdem ihr das Pinguinbaby in »Bibberberg Bob« zu seiner Mutter gebracht habt, versucht mal das Baby wieder wegzutragen! Dann wird die Mutter böse und verfolgt euch.

Der Pinguin ist ein Nachmacher!

Führt ihr eine »Body Attack« neben dem Pinguinbaby aus, macht es euch nach.

Mario versinkt im Boden!

Normalerweise wird man verletzt, wenn man aus der Höhe runterspringt, aber nicht bei Schnee oder Sand. Fällt er mit »Body Attack«, bleibt sein Oberkörper im Boden stecken.

Schnappt Mips für einen Power-Stern!

Im Untergeschoss des Pilzschlosses findet ihr manchmal einen gelben Hasen, Mips. Er rennt schnell weg, wenn ihr in seiner Nähe seid. Lauft ihm hinterher und schnappt ihn euch. So werdet ihr mit einem Power-Stern belohnt. Nach 50 gesammelten Power-Sternen taucht er wieder auf.

Mario ohne Mütze!

Mario kann seine Mütze verlieren, wenn er zum Beispiel von Klepto in der »Wobiwaba Wüste« angegriffen, oder vom Schneemannberg in »Frostbeulen Frust« weggepustet wird. Ohne Mütze kann er leichter verletzt werden, aber er kann sie im gleichen Level wiederfinden und erneut aufsetzen.

Ukikii Ukikii! Hoo hoo! Sie gehört mir!

Auflistung aller 17 Spiele — 1996 — SUPER MARIO 64

Die Fresken der alten Kämpfe!

An den Säulen vor dem Rohr, das zu Bowser in »Bowsers Luftschloss« führt, findet man Fresken von den bisherigen Kämpfen von Mario und Bowser.

Yoshi auf dem Dach treffen!

Habt ihr 120 Power-Sterne gesammelt, taucht Yoshi auf dem Dach des Schlosses auf. Ihr erreicht ihn, indem ihr euch mit der Kanone aufs Dach katapultieren lasst. Sprecht ihr ihn an, teilt er euch eine Nachricht der Entwickler mit, dazu gibt es 100 Extraversuche.

Man erzählte mir, dass ich dich hier treffen könnte, aber ich hatte die Hoffnung schon fast aufgegeben.

Wissenswertes & Techniken

Hier zeigen wir euch nützliche und seltsame Techniken. Nach 120 gesammelten Power-Sternen gibt es verschiedene Änderungen.

Was passiert nach 120 Sternen?

Habt ihr alle Sterne gesammelt, könnt ihr Yoshi treffen. Außerdem wird der Pinguin in »Bibberberg Bob« dicker, und der letzte Bowser spricht einen anderen Text, wenn ihr ihn besiegt.

Es sind insgesamt 120 Sterne?! Es muss also noch Sterne in der Burg geben, die ich übersehen habe ...

Durchsichtiger Metall-Mario!

In »Wilde Wasserwerft« liegt der grüne Block nah am blauen Block. Daher könnt ihr die beiden Items hintereinander aufnehmen und Mario zum durchsichtigen Metall-Mario machen.

Glänzender Dreisprung!

Habt ihr nach dem Gespräch mit Yoshi 100 Extraversuche, verändert sich euer Dreisprung. Beim Sprung blinkt Mario und er bekommt keinen Schaden durch Sturz oder gegnerische Angriffe.

1-Up-Pilz aus einem Schmetterling!

An bestimmten Stellen tauchen drei Schmetterlinge auf. Verfolgt ihr einen davon, wird er mit Glück zu einem 1-Up-Pilz. Habt ihr Pech, verwandelt er sich in eine Bombe.

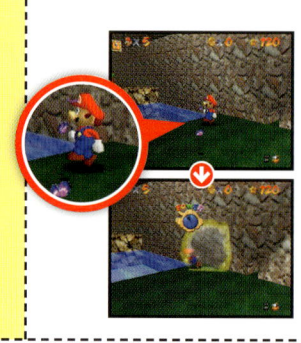

Der verbotene Minus-Trick!

Sammelt ihr im Kampf gegen Bowser bei »Bowsers Schattenwelt« mehr als 100 Münzen, wird neben Marios Anzahl der Leben ein »M«-Symbol angezeigt. In diesem Zustand wird die Anzahl der Leben durch 1-Up-Pilze verringert. Verliert ihr aber ein Leben, erhöht sich die Anzahl. Dieser Trick funktioniert nur bei der Erstauflage, nicht in der Rumble-Pak-Version.

Marios seltene Animation!

Nutzt ihr einen Warp-Punkt in »Frostbeulen Frust«, wenn Mario seine Mütze verloren hat, vermehrt sich seine Mütze. Berührt ihr danach die verlorene Mütze ganz vorsichtig, sieht man, wie Mario seine Mütze in der Hand hält. Das bekommt man sonst nicht zu sehen.

Kamerafahrten im Abspann!

Wenn ihr im Abspann den 3-D-Stick des zweiten Controllers bewegt, könnt ihr die Kamera steuern. Irgendwo im Bild versteckt sich Mario. Mit den Kamerafahrten könnt ihr versuchen, ihn zu finden.

COLUMN • Kolumne

Die Geschichte der Mario-Sportspiele

Mario ist ein Multitalent und hat schon verschiedene Sportarten gemeistert. Hier zeigen wir die wichtigsten Sportarten und die dazugehörigen Spiele.

Golf

Am häufigsten nahm Mario bisher an Golfturnieren teil. Sein erstes Mal war das Spiel *Golf JAPAN Course*, das im Jahr 1987 in Japan für das Disc System erschienen ist. Bei dieser Hardware konnte man die Ergebnisse mit dem Datentransfersystem »Disc Fax« versenden, das in den Games-Läden aufgestellt wurde. Somit war es möglich, sich mit anderen Spielern aus Japan zu messen. Bei *Mario Golf: World Tour* aus dem Jahr 2014 (Nintendo 3DS) konnte man übers Internet an Turnieren teilnehmen. Das 2-D-Spiel mit Vogelperspektive wurde später mit räumlichen 3-D-Grafiken umgesetzt. Außerdem könnt ihr Items einsetzen. Mit steigender Hardware-Leistung wurde auch das Spiel weiterentwickelt, das Spielprinzip aber bis heute beibehalten: Das Timing bestimmt die Stärke und Genauigkeit des Schlags.

Mario Open Golf
Family Computer (NES)
Japan: 20. September 1991
EU: 18. Juni 1992
©1991 Nintendo

Mario Golf: World Tour
Nintendo 3DS
Japan: 1. Mai 2014
EU: 2. Mai 2014
©2014 Nintendo / CAMELOT

Baseball

In seiner bisherigen Videospielgeschichte hat Mario nur zweimal Baseball gespielt. In beiden Spielen tauchen über 50 Charaktere auf. Neben Mario und Bowser sind Toadsworth, Blauer Palma, Monty Maulwurf und Knochentrocken zu finden und ihr könnt eure Mannschaft beliebig zusammenwürfeln. Jedoch können sich manche Charaktere nicht riechen, was sich negativ auf das Match auswirkt.

Mario Superstar Baseball
Nintendo GameCube
Japan: 21. Juli 2005
EU: 11. November 2005
©2005 Nintendo ©2005 NAMCO

Super Mario Stadium – Family Baseball
Wii
Japan: 19. Juni 2008
EU: nicht erschienen
©2008 Nintendo ©2008 NAMCO BANDAI Games Inc.

Tennis

Seinen ersten Auftritt auf dem Tennisplatz hatte er schon im Jahr 1984 mit dem Spiel *Tennis* für den Family Computer (NES). Damals war er nicht der Spieler, sondern der Schiedsrichter. In *Mario's Tennis* aus dem Jahr 1995 (Virtual Boy) wurde er zum ersten Mal ein richtiger Tennisspieler. Darin trat er nicht mehr im Overall, sondern im Tennis-Outfit auf.

Er spielte auch Tennis gegen andere Mario-Charaktere in der dreidimensionalen Welt. Im Jahr 2000 erschien *Mario Tennis 64* für den Nintendo 64. In diesem Spiel sind mit insgesamt 16 die meisten Mario-Charaktere auf einmal enthalten, darunter Figuren wie Daisy, Birdo und der neue Charakter Waluigi. Bei *Mario Tennis Open* aus dem Jahr 2012 für den Nintendo 3DS nimmt sogar Luma teil.

Mario Tennis 64
Nintendo 64
Japan: 21. Juli 2000
EU: 3. November 2000
©2000 Nintendo / CAMELOT

Mario Tennis Open
Nintendo 3DS
Japan: 24. Mai 2012
EU: 25. Mai 2012
©2012 Nintendo / CAMELOT

Fußball

Im Jahr 2006 spielte er zum ersten Mal Fußball in *Super Mario Strikers*. Das war ein etwas anderes Fußballspiel, denn bei diesem sogenannten »Fighting Soccer« war auch grobes Spiel erlaubt. In Fußballuniform absolvierte er brillante, aber auch extreme Fußballspiele mit Superschüssen. Bei *Mario & Sonic bei den Olympischen Spielen London 2012* spielte er in einer der Disziplinen aber auch ganz normal Fußball.

Super Mario Strikers
Nintendo GameCube
Japan: 19. Januar 2005
EU: 18. November 2005
©2005-2006 Nintendo

Mario Strikers Charged Football
Wii
Japan: 20. September 2007
EU: 25. Mai 2007
©2007 Nintendo

Basketball und andere Sportarten

In *Mario Slam Basketball* für den Nintendo DS aus dem Jahr 2006 spielte er Basketball. Aus 21 Charakteren, einschließlich Gastcharakteren aus der *Final Fantasy*-Serie werden drei Spieler ausgesucht, um drei gegen drei zu spielen. Im Spiel *NBA Street V3 Super Mario* aus dem Jahr 2005 für den GameCube war Mario als Gast dabei und forderte die NBA-Spieler im Streetball heraus. 2010 spielte er bei *Mario Sports Mix* erneut Basketball. Außerdem spielte Mario hier noch Volleyball, Hockey und Dodgeball.

Mario Slam Basketball
Nintendo DS
Japan: 27. Juli 2006
EU: 16. Februar 2007
©2006 Nintendo ©2006 SQUARE ENIX

Mario Sports Mix
Wii
Japan: 25. November 2010
EU: 28. Januar 2011
©2010 Nintendo ©2010 SQUARE ENIX / FINAL FANTASY characters
©SQUARE ENIX / DRAGON QUEST characters
©ARMOR PROJECT / BIRD STUDIO / SQUARE ENIX

2002

Super Mario Sunshine

Verpackung
Disc
Anleitung

- **Hardware**
  Nintendo GameCube
- **Erscheinungsdatum Japan/EU**
  19. Juli 2002
  4. Oktober 2002
- **Spieleranzahl**
  1

INTRODUCTION
● Einleitung

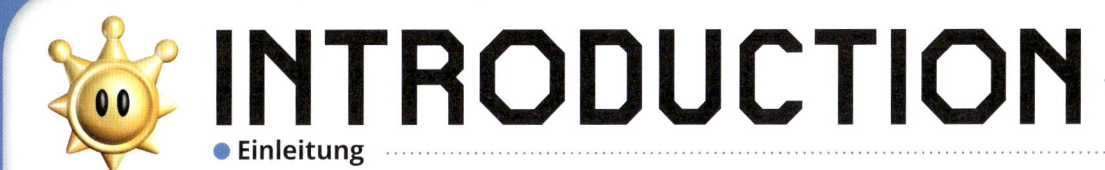

S T O R Y

Strahlender Sonnenschein und das angenehme Rauschen der Wellen ...
Am blauen Himmel gleiten die Möwen seelenruhig dahin. Wir befinden uns auf der Isla Delfino, das Urlaubsparadies in der südlichen See, weit entfernt vom Pilz-Königreich.

Mario, Prinzessin Peach und die Toads sind hergekommen, um ihren Urlaub zu genießen. Eigentlich wollten sie sich schön ruhig entspannen, doch irgendetwas scheint hier nicht zu stimmen ...

Was ist dieser farbähnliche Schleim?

Wa... Was ist passiert?!

Die bildhübsche Insel wurde überall mit Gekrakel und seltsamen Farben beschmiert!

Als sie die Bewohner befragen, erfahren sie, wie der Vandale aussieht. Er hat eine Knollennase, einen Schnauzer und eine Mütze ...
Moment mal! Klingt das nicht nach Mario?!

Einige Bewohner denken sogar, dass die »Insignien der Sonne«, die Kraftquellen der Isla Delfino, verschwunden sind, nur weil Mario die Insel verunstaltet hat. Der fälschlich beschuldigte Mario verspricht, die Insel zu säubern.

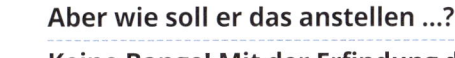

Dein schmieriges Gekleckse hat meinen Freund besudelt!

Vielen Dank, dass Sie sich für dieses Gerät der Firma I. Gidd GmbH entschieden haben.

Person als Mario identifiziert. Bewohner des Pilz-Königreichs. Registrierung abgeschlossen.

Aber wie soll er das anstellen ...?
Keine Bange! Mit der Erfindung des berühmten Professors, dem »Dreckweg 08/17« könnt ihr nicht nur diese seltsamen Farben entfernen, sondern auch verschiedene Vorfälle auf der Insel aufklären!

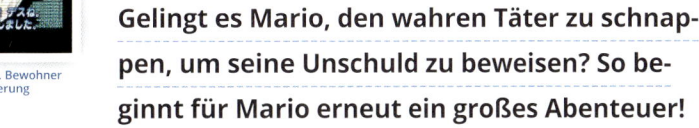

Gelingt es Mario, den wahren Täter zu schnappen, um seine Unschuld zu beweisen? So beginnt für Mario erneut ein großes Abenteuer!

I N F O S

Mario und seine Freunde werden in einen Vorfall auf den südlichen Inseln verwickelt

Ein 3-D-Action-Game auf der Urlaubsinsel Isla Delfino mit blauem Himmel und riesigem schönem Meer. Eigentlich wollte Mario nur seinen Urlaub genießen, doch per Zufall wird er in einen sonderbaren Vorfall hineingezogen. Er muss den Fall lösen und die Insignien der Sonne finden. Schlüsselfigur der Story ist der falsche Mario, der ihm sehr stark ähnelt. Die Grafik auf dem Nintendo GameCube war deutlich besser als die der Vorgänger. Begleitet von Movie-Sequenzen können die Spieler die dramatische Story genießen.

Sein neuer Partner: Die Wasserspritze am Rücken

Mario trägt nun eine Wasserspritze auf dem Rücken. Sie hilft Mario mit vielfältigen Spritzaktionen und so beseitigt er den Farbschleim, um den Fall zu Ende zu bringen. Außerdem taucht im Spiel übrigens Yoshi auf. Zum ersten Mal kann man in einer 3-D-Welt auf Yoshi reiten.

CHARACTERS
● Charaktere

SPIELBARE FIGUREN

Im Urlaub wurde Mario in einen Vorfall hineingezogen. Also rüstet er sich mit der Spritze aus und zieht in das Abenteuer.

Mario
Er zieht mit Pumpe in das große Abenteuer, um die gesamte Insel zu reinigen.

Wasserspritze
Die Multi-Wasserspritze wurde von der Firma I. Gidd GmbH entwickelt. Die Wasserspritze ermöglicht verschiedene Aktionen

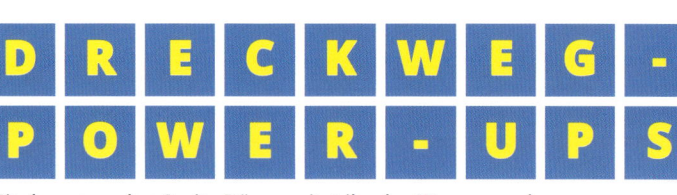

DRECKWEG-POWER-UPS

Mit der normalen Spritz-Düse spritzt ihr das Wasser nach vorne. Hinzu kommen drei weitere Varianten. Ihr könnt bis zu zwei gleichzeitig aktivieren und sie passend zur jeweiligen Situation einsetzen.

Spritz-Düse
Sie spritzt Wasser frontal, beseitigt Schmierereien und kann Gegner ausschalten. Sie gehört zum Basisequipment und kann nicht ausgetauscht werden.

Schwebe-Düse — Item
Sie spritzt Wasser nach unten, beseitigt Schmierereien am Boden und lässt Mario für eine Weile in der Luft schweben.

Raketen-Düse — Item
Sie lädt sich auf und schießt Wasser nach unten. Das ermöglicht einen hohen Sprung nach oben.

Turbo-Düse — Item
Sie stößt einen starken Wasserstrahl nach hinten aus. Das lässt Mario schnell rennen, auch über Wasser.

YOSHI

Er schlüpft aus einem Ei und trägt Mario auf dem Rücken. Mit seiner langen Zunge verspeist er Gegner. Er kann Säfte spucken und die Rolle der Wasserspritze übernehmen. Je nach Fruchtfarbe nimmt sein Körper eine von drei Farben an. Die Farbe entscheidet dabei über den Effekt seiner Säfte bei bestimmten Gegnern. Er verschwindet, wenn sein Magen-Meter nach einiger Zeit oder durch kompletten Saftverbrauch leer ist, oder auch, wenn er ins Wasser fällt.

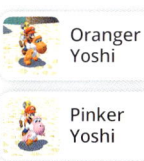

- Oranger Yoshi
- Pinker Yoshi
- Lila Yoshi 

GEGNER

Diese Gegner tauchen in den Levels auf. Die bereits bekannten Blooper und Buu Huus haben hier eine etwas andere Optik.

Blauer Kataquax
Er schleudert Mario hoch, verursacht aber keinen Schaden.

Roter Kataquax
Er schleudert Mario hoch und verursacht Schaden.

Igaiga
Er kullert den Hügel hinunter und hinterlässt Schleim. Übrigens auch dann, wenn man auf ihn springt.

Kasakasa
Er rennt an den Wänden und Gittern entlang. Ein Angriff von der anderen Seite macht ihn platt.

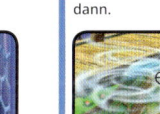

Wind-Geist
Er taucht am Himmel auf, dreht sich um Mario und attackiert dann.

Kyan Kyan
Kühlt man seinen glühenden Körper ab, kann man ihn am Schwanz festhalten und schleudern.

Kugelwilli
Er wird aus einer Kanone abgefeuert und fliegt zu Mario.

Kugelwilli (blau)
Besiegt Mario ihn, wird das Wasser wieder nachgefüllt und es erscheint ein 1-Up-Pilz.

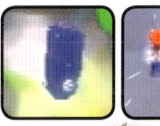

Kugelwilli (Gold)
Manchmal wird diese seltene Variante abgefeuert. Wird er besiegt, tauchen acht Münzen auf.

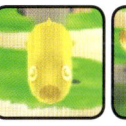

Kugelwilli (lila)
Er wird abgefeuert und verfolgt Mario.

Schleimhuhn
Es fliegt durch die Gegend und verteilt Schleim. Spritzt man es an, taucht eine Münze auf.

Bowser
Der letzte Boss des Spiels. Er speit Feuer aus seinem Bad.

Bowser Jr.
Die wahre Gestalt von Mario Morgana. Im Kampf sitzt er in einem Luftschiff und feuert Kugelwillis ab.

Quallen-Blooper
Springt aus dem Meer. Spritzt man ihn mit Wasser an, kann man ihn als Plattform benutzen.

Stu
Er rammt Mario. Es gibt eine Variante, bei der viele Stus übereinandergestapelt sind.

Blooper
Er bewegt sich an Land und spuckt Tinte, sobald Mario in der Nähe ist.

Kuller-Piranha
Rollt zu Mario und hinterlässt Schleim. Er ist der Kopf der Piranha-Pflanze.

Pokey
Er hüpft heraus, wenn Mario in der Nähe ist, und lässt seinen langen Körper auf Mario fallen.

Ein-Glied-Pokey
Er springt aus der Erde heraus, sobald Mario in der Nähe ist, und verfolgt ihn hüpfend.

Spark
Er bewegt sich am Seil entlang. Es gibt sie in mehreren Farben und eine Variante, die Mario verfolgt.

Bomben-Knospe
Sie bleibt an einer Stelle. Ist Mario in der Nähe, verkriecht sie sich und verteilt Samen.

Ei-Koopa
Er erwacht, wenn man ihn anspritzt, und springt Mario an.

Plungelo
Er bewegt sich auf dem Wackel Spiegel. Eine Stampfattacke auf der kippbaren Plattform erledigt ihn.

Monty Maulwurf
Er sitzt an der Kanone und feuert Kugelwillis oder Bob-ombs ab.

Schlafender Buu Huu
Er schläft und versperrt den Weg. Yoshi kann ihn einfach auffressen.

Buu Huu
Er schwebt in der Luft. Manche verwandeln sich in Münzen oder werden transparent.

Elektro-Koopa (blau)
Er wirft mit elektrisch aufgeladenen Panzern, wenn Mario in der Nähe ist.

Elektro-Koopa (rot)
Er bewegt sich am Gitter entlang. Greift man ihn von der anderen Seite aus an, ist er besiegt.

König Elektro-Koopa
Seinetwegen ist das Riesenrad außer Kontrolle geraten. Er schläft auf dem Gitter.

Schleim-Piranha-Pflanze
Lebt im Schleim. Spritzt man sie ab, sieht man ihre wahre Gestalt.

Mario Morgana
Gegner, der Mario ähnlich sieht. Er gibt auf, wenn man ihn eine Weile lang anspritzt.

Biene
Die Bienen sind nah am Nest. Fällt das Nest durch einen Wasserangriff runter, greifen sie an.

Piranha-Pflanze
Sie taucht aus dem Schleim auf und greift mit Samen an.

Slam-Stu
Er führt Sturzflugangriffe aus. Es gibt auch eine Variante, die zur Seite fliegt.

Räuber-Stu
Er kann fliegen. Ist Mario in der Nähe, kommt er angeflogen und klaut ihm die Mütze.

Lava-Bill
Der Flammenfisch springt aus der Lava heraus. Er ist mit Wasser zu bekämpfen.

Big Bill
Es gibt zwei Varianten. Die eine springt aus dem Wasser heraus, die andere bleibt im Wasser.

Schleimblase
Sie taucht aus dem Schleim auf und rammt Mario. Es gibt sie in mehreren Farben.

Rosa Buu Huu
Ein pinker Buu Huu, der durch Wasser für eine Weile zum Block wird.

Riesen-Blooper
Er schwingt seine Tentakel und greift an. Man attackiert ihn, indem man an seinem Mund zieht.

König Buu Huu
Er dreht an der Slotmaschine und lässt Gegner oder Früchte erscheinen. Er hasst Peperoni.

Mutant-Tyranha
Sie spuckt Schleim und erzeugt Tornados zum Angriff.

Riesen-Wiggler
Er rennt am Strand herum. Durch eine Dünenwurzel fällt er um.

Oink
Springt gern auf Marios Wasserspritze. Mit der Spritze wird er aufgeblasen und dann abgefeuert.

Bob-omb
Er rennt herum und explodiert nach einer Weile. Wasser zwingt ihn, stehen zu bleiben.

Magischer Manta
Er bewegt sich und hinterlässt Elektro-Schleim. Durch Wasserangriffe teilt er sich auf.

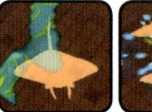

Karies-Aal
Er lebt am Meeresgrund und erzeugt Strudel. Er hat Karies.

Robo-Bowser
Ein riesiger Bowser-Roboter. Er speit Feuer und feuert Kugelwillis aus seiner Brust.

Wasserläufer
Er rennt auf der Wasseroberfläche und rammt Mario. Wasser zwingt ihn, stehen zu bleiben.

Feuer-Stu
Ein Stu mit Feuer auf dem Kopf. Das Feuer lässt sich mit Wasser löschen.

Ketten-Hund
Er rennt mit heißem Körper herum. Wird er abgekühlt, kann Mario ihn an der Kette mitnehmen.

ANDERE CHARAKTERE

Verschiedene Charaktere, die Mario auf der Insel kennenlernt.

DIE BEWOHNER DES PILZ-KÖNIGREICHS
Sie sind mit Mario auf die Insel gereist.

Toadsworth
Der Butler der Prinzessin. Der Vorfall verwirrt ihn.

Prinzessin Peach
Die Prinzessin des Pilz-Königreichs.

Toads
Das Gefolge der Prinzessin. Fünf verschiedenfarbige Toads halten sich auf der Isla Delfino auf.

Auflistung aller 17 Spiele • 2002 → SUPER MARIO SUNSHINE

PALMAS

Das Bergvolk, man sagt, sie seien aus dem Berg heraus geboren. Sie sind kräftig und neugierig, außerdem sehr gesellig und offen.

Meereshaus-Leiter
Das Ehepaar leitet die Meereshäuser. Haus Nr. 2 steht unter der Leitung des Mannes. Sie haben auch Kinder.

Hula-Hula-Schwester
Die Schwestern sorgen für Stimmung auf Festen und Events.

Sonnenbrille-Palma
Ihn gibt es in jedem Level. Gewöhnt sich Mario an die Insel, darf er sich eine Sonnenbrille leihen.

Polizei-Palma (Schnauzer)
Der Polizist der Insel und der Boss.

Ukulele-Palma
Er spielt fröhlich Ukulele. In Plaza della Palma findet man seinen Zwillingsbruder.

Pilzverkäufer-Palma
Er trägt Pilze auf dem Rücken und brennt oft.

Palma-Kapitän
Ein selbst ernannter Abenteurer. Sieht aus wie ein Seemann, doch es bleibt unklar, was er eigentlich ist.

Polizei-Palma (Brille)
Ein neuer Polizist der Insel. Er macht sich immer Sorgen.

Hotel-Manager
Der Direktor des Hotels Delfino. Er bittet Mario oft um Gefälligkeiten.

Palma-Bürgermeister
Der Bürgermeister von Plaza della Palma. Er macht sich Sorgen wegen der Probleme.

PARADISOS

Das Meeresvolk, gekleidet in schönen Muscheln. Schwach und ängstlich, aber dafür intelligent.

Knospen-Fan
Er liebt die Knospen der Bäume am »Playa del Sol« und beobachtet sie.

Ältester
Ein alter Mann aus »Baia Paradiso«, der gerne angelt.

Freizeitpark-Leiter
Er sieht Mario als jemanden an, der lediglich die Rolle eines Helden spielt.

Buckys
Eine neue Gruppe aus drei Leuten. Maimai ist der Anführer.

Flötenspieler
Er spielt Flöte, zum Beispiel in »Parco Fortuna«.

Ältesten-Schüler
Der Schüler des Ältesten und auch sein Enkelsohn. Er ist verheiratet und hat Kinder.

Freizeitpark-Mitarbeiter
Eine Aushilfe, die Uniform trägt.

Mutter-Paradiso
Die Mutter und ihr Baby. Man sagt, sie sei die Frau des Ältesten-Schülers.

Maimai · Milmil · Makimaki

ANDERE

Abgesehen von den beiden Völkern gibt es noch andere sonderbare Figuren auf der Insel.

Bootshaus-Chef
Er tauscht blaue Münzen gegen Insignien der Sonne um.

Sonnenblumen-Familie
Große Sonnenblumen aus »Parco Fortuna«. Sie haben Probleme mit fiesen Gegnern.

Sandvogel
Ein legendärer Vogel mit einem Körper aus Sand.

Palmathon
Ein mysteriöser Läufer, der das Kostüm eines Palmas trägt.

Schiffs-vermieter
Er leitet das Schiffshaus in »Playa del Sol«.

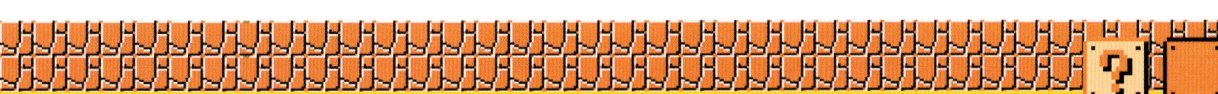

WORLDS
● Welten

LEVELS

In jedem Level befinden sich mehrere Insignien der Sonne (Missionen).

Isla Delfino

Das ist quasi der Dreh- und Angelpunkt der Insel. Löst ihr hier die seltsamen Vorfälle, öffnen sich die Tore, die nach Monte Bianco und zu den weiteren Levels führen.

Rutschen-Mini-Level
Achtet auf die Löcher und rutscht auf der langen Strecke herab.

Rutschen-Mini-Level
Mit Turbo-Sprints hüpft ihr über mehrere kleine Plattformen.

Grasland-Mini-Level
In diesen dichten Gräsern sucht ihr nach den roten Münzen. Dafür muss man auch Gegner besiegen.

Flipper-Mini-Level
In dem Flipper-Level werden rote Münzen gesammelt. Mit hohem Sprung erreicht ihr den Gipfel.

Wildwasserbahn-Mini-Level
Ihr gleitet auf einem Blatt-Boot und sammelt die roten Münzen über dem giftigen Fluss.

Pista Delfino
Der Ort des Anfangs. Beim nächsten Besuch beginnt die Rote-Münzen-Mission.

Monte Bianco

Eine Hügellandschaft voller Wasser und Natur. In der Mitte des Sees ist eine große Windmühle.

Kapitel 1 – Pfad zur großen Mühle
Besiegt die Schleim-Piranha-Pflanze und öffnet den Weg zur Mühle.

Kapitel 2 – Nieder mit Mutant-Tyranha
Geht über den schleimigen Weg und kämpft gegen Mutant-Tyranha an der Mühle.

Kapitel 3 – Das Geheimnis der Hügel-Höhle
In der Höhle wartet ein mysteriöses athletisches Level auf euch.

Kapitel 4 – Das Dorf der roten Münzen
Ihr sammelt die acht roten Münzen, die im Dorf unter anderem auf den Dächern versteckt sind.

Kapitel 5 – Mutant-Tyranha schlägt zurück
Der Boss kehrt zurück. Dieser fliegt durch das Dorf und spuckt Schleim.

Kapitel 6 – Das Mysterium des Schleimsees
Über den dreckigen See geht es in die Höhle. Nutzt die Rot-Blau-Plattformen.

Kapitel 7 – Mario Morgana ist los!
Mario Morgana rennt durch das Dorf weg. Verfolgt ihn und spritzt ihn an.

Kapitel 8 – Der See und seine roten Münzen
Sammelt die roten Münzen über dem See mit den Seilen.

Porto d'Oro

Eine Hafenstadt mit vielen Schiffen. Auf dem Eisengerüst über dem Meer fahren viele Kräne entlang.

Kapitel 1 – Riesenärger mit Riesen-Blooper
Das Meer ist dreckig. Ihr bekämpft den Riesen-Blooper, die Ursache der Schmiereien.

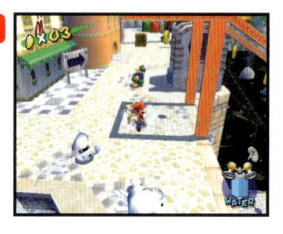

Kapitel 2 – Blooper-Surf-Safari
Im Gebäude geht es um einen Wettlauf gegen die Zeit. Bei guter Zeit bekommt ihr das Insigne der Sonne.

Auflistung aller 17 Spiele · 2002 · SUPER MARIO SUNSHINE

Kapitel 3
Das eingesperrte Insigne
Ihr lauft über die Kräne und schmalen Eisenplattformen und erreicht den großen Käfig.

Kapitel 4
Das Geheimnis von Torre d'Oro
Über die Plattformen geht es in den Turm. Dabei lauft ihr über drehende Balkenplattformen.

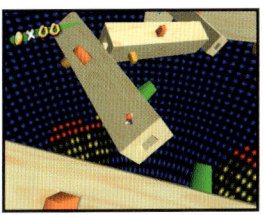

Kapitel 5
Riesen-Bloopers Rückkehr
Auf dem Heliport kämpft ihr erneut gegen den Riesen-Blooper. Diesmal mit mehr Angriffsvariationen.

Kapitel 6
Rote-Münzen-Wasserrallye
Ihr surft, um die roten Münzen auf der Wasseroberfläche zu sammeln.

Kapitel 7
Mario-Morgana-Landgang
Mario Morgana rennt über das Eisengerüst. Verfolgt und schnappt ihn.

Kapitel 8
Yoshis Obst-Obolus
Mit Säften macht ihr die Big Bills zu Plattformen und erreicht das Insigne der Sonne auf der Anhöhe.

Playa del Sol
Weißer Strand am bildhübschen Meer - Natur pur! Hier findet ihr auch die seltenen Dünenwurzeln.

Kapitel 1
Dünenwurzeln bauen Sandburgen
Die Sandburg erscheint durch die Dünenwurzeln. Geht hinein und springt über die Sandblöcke.

Kapitel 2
Spiegelspiele
Besiegt die Plungelos auf dem Wackelspiegel und richtet den Spiegel auf den Sonnenturm.

Kapitel 3
Wilder-Wiggler-Widerstand
Ihr tretet gegen den Riesen-Wiggler an. Besprizt die Dünenwurzeln mit Wasser, um den Riesen-Wiggler umzudrehen.

Kapitel 4
Die Geburt des Sandvogels
Fliegt auf dem riesigen Sandvogel und sammelt die roten Münzen.

Kapitel 5
Palmathons Sandsprint
Hier lauft ihr gegen Palmathon bis zum Hügel. Wer schneller ist, gewinnt.

Kapitel 6
Rote Münzen im Korallenriff
Ihr sammelt die Münzen im Korallenriff. Es gibt aber Münzen, die mit den Fischen schwimmen.

Kapitel 7
Mario Morgana! Ihm nach!
Ihr verfolgt Mario Morgana und spritzt ihn an. Er klettert hoch und rennt bis zu den Hügeln.

Kapitel 8
Das Wassermelonen-Festival
Das Wassermelonen-Festival beginnt. Bringt eine von ihnen sicher ins Restaurant und versucht zu gewinnen.

Parco Fortuna
Ein Freizeitpark auf der kleinen Insel. Hier gibt es Attraktionen wie die Achterbahn.

Kapitel 1
Der Auftritt von Robo-Bowser
Auf der Achterbahn kämpft ihr gegen den Riesen-Mecha und es wird klar, wer Mario Morgana ist.

Kapitel 2
Das Geheimnis der Strandkanone
Besiegt Monty Maulwurf, geht in die Kanone und dann über die verschwindenden und auftauchenden Plattformen.

Kapitel 3
Rote Dukaten im Piratenschiff
Sammelt die roten Münzen, die auf dem Piratenschiff und am Gitter platziert sind.

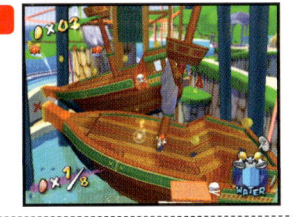

Kapitel 4
Der Untergang der Sonnenblumen
Besiegt die schlafenden Ei-Koopas, um die Sonnenblumen zu retten.

Kapitel 5
Das Riesentemporad
Klettert am Zaun bis ganz nach oben und erledigt den Verursacher, den König-Elektro-Koopa.

Kapitel 6
Das Yoshi-Karussell
Geht mit Yoshi zum Karussell und hüpft über die quadratischen Plattformen.

Kapitel 7
Mario Morgana im Park
Mario Morgana flieht durch den Park. Lauft hinterher und macht ihn nass.

Kapitel 8
Achterballonfahrt
Ihr fahrt mit der Achterbahn und müsst alle Luftblasen kaputt machen, bis die zwei Runden vorbei sind.

Lido Sirena
Am ruhigen Strand kann man die Abendsonne bewundern. Hier liegt außerdem das Hotel Delfino.

Kapitel 1
Magische Mantas
Hier gilt es, die sich vermehrenden Mantas zu erledigen.

Kapitel 2
Das Geheimnis der Hotellobby
Nutzt die Rosa Buu Huus als Plattformen und geht in die Statue hinein. Lauft danach über die Blöcke.

Kapitel 3
Hotel Delfinos Mysterium
Mit Yoshi geht ihr durch das Hotel und sucht nach dem Zimmer mit dem Insigne der Sonne.

Kapitel 4
Das Geheimnis von Casino Delfino
Mit dem Hauptgewinn geht es ins Rohr hinein. Dann nutzt ihr die Würfelplattform.

Kapitel 5
König-Buu-Huu-Keller
Im Untergeschoss des Kasinos kämpft ihr gegen König Buu Huu. Er ist anfällig gegen Schärfe.

Kapitel 6
Säubere Lido Sirena!
Säubert den Strand innerhalb einer bestimmten Zeit vom Elektro-Schleim.

Kapitel 7
Mario Morgana checkt ein
Im Hotel tobt Mario Morgana herum. Lauft hinterher. Es kann sein, dass einige Buu Huus ihn nachahmen.

Kapitel 8
Rote Münzen im Hotel
Innerhalb des Zeitlimits sammelt ihr die verteilten Münzen ein.

Baia Paradiso
Ein mystischer Ort mit hohen Felswänden und tiefem Meeresgrund. Die Heimat der Paradisos.

Kapitel 1
Entkorke den Wasserfall!
Klettert das Kliff hoch und besiegt Monty Maulwurf auf dem Korken.

Kapitel 2
Der Bezwinger der Labyrinthruine
Geht durch die schmalen Gänge der Ruine und tretet erneut gegen den Riesen-Blooper an.

Kapitel 3
Die Flasche der roten Münzen
Bewegt euch in der Wasserflasche und sammelt die roten Münzen.

Kapitel 4
Vom Klempner zum Zahnarzt
Hier kämpft ihr gegen den Karies-Aal. Säubert seine Zähne.

Kapitel 5
Palamathons Surf-Sprint
Ein Wettrennen gegen Palmathon. Rennt übers Meer und erreicht die Flagge auf der anderen Seite.

Kapitel 6
Das Geheimnis der Muschel
Mit dem Seil betretet ihr die Muschel. Steigt dann mit Wandsprüngen hoch und lauft über die sich drehenden Plattformen.

Kapitel 7
Schnapp dir Mario Morgana!
Klettert das Kliff hoch, während ihr dem fliehenden Mario Morgana hinterherrennt und ihn anspritzt.

Kapitel 8
Der Fisch und die roten Münzen
Tief im Meer sammelt ihr die roten Münzen ein. Hier seht ihr auch den Münz-Fisch.

Plaza della Palma
Die Heimat der Palmas, tief in den Bergen. Hier findet ihr große Palmen und Pilze.

Kapitel 1
Kettenhündchens Kettenreaktion
Beruhigt die tobenden Kettenhunde mit Wasser und bringt sie zum Brunnen.

Kapitel 2
Palmathons Klettertortour
Der dritte Wettlauf gegen Palmathon. Es geht darum, die riesige Palme zu erklimmen.

Kapitel 3
Rette den Bürgermeister!
Nehmt die hinteren Wege, um den Bürgermeister zu retten, der allein im flammenden Dorf ist.

Kapitel 4
Kettenhund-Katastrophe
Kühlt den schlecht gelaunten Kettenhund ab und bringt ihn ins Wasserbecken.

Kapitel 5
Das Geheimnis der anderen Seite
Mit Yoshi geht ihr ins hintere Loch. Lasst euch von den Palmas werfen.

Kapitel 6
Zehn Palmas brauchen dich!
Rettet die zehn Palmas innerhalb des Zeitlimits aus dem Lavaschleim.

Kapitel 7
Mario Morgana dreht durch
Verfolgt Mario Morgana, der beim Fliehen Lavaschleim hinterlässt.

Kapitel 8
Münzenjagd beim Pappus-Fest
Ihr sammelt die roten Münzen während des Pappus-Festes ein. Das Insigne der Sonne erscheint über den Wolken.

Collina Korona
Ein aktiver Vulkan voller Lava. Der Showdown findet auf dem Gipfel hinter den Wolkenplattformen statt.

ITEMS & GIMMICKS

Hier sind Items und Gimmicks abgebildet, die ihr sehen werdet. Viele Gimmicks reagieren auf Wasser.

Blaue Münze
Sie taucht auf, wenn man zum Beispiel etwas säubert. Tausche zehn davon gegen ein Insigne.

Rote Münze
Bei acht gesammelten Münzen taucht eine Insigne der Sonne auf. Sie erscheinen in bestimmten Levels.

Kraken-Surfen
Ein Kraken-Fahrzeug. Es gibt drei Farbvarianten mit unterschiedlichen Leistungen.

Beweglicher Zaun
Er fährt an der Schiene entlang, wenn man auf ihn schlägt, und fällt zeitnah herab.

Piratenschiff
Es wackelt sehr stark und manchmal dreht es sich komplett.

Dreh-Zaun
Mit einem Schlag landet man auf der anderen Seite.

Korb
Er wird mit einem Kugelwilli zerstört. Manchmal steckt darin ein Item.

Labyrinthruine
Spritzt man sie an, erscheint eine Ruine. Die Art der Ruine hängt vom Ort ab.

Schild
Auf dem Schild könnt ihr Informationen lesen.

Baum
Ihr könnt euch daran festhalten und klettern. Am stacheligen Baum kommt ihr nicht bis nach oben.

Dünenwurzel
Wässert man sie, passiert etwas in der Umgebung.

Würfelplattform
Eine würfelförmige Plattform. Manche drehen und bewegen sich, wenn man draufsteht.

Nagel
Wenn man ihn mit der Stampfattacke einschlägt, könnte ein Item erscheinen.

Bowser-Bad
Bowser badet in der Flüssigkeit. Schaden bei Kontakt.

Wolke
Die Wolken schweben in Collina Korona. Mit Wasser werden diese Plattformen größer.

Wackelspiegel
Laufen die Plungelos herum, wackelt er.

Münze
Sie bringt Kraftpunkte zurück. Bei 50 gibt es einen Extraversuch, bei 100 ein Insigne der Sonne.

Eisblock
Er wird durch Wasser immer kleiner. Manchmal steckt ein Item drin.

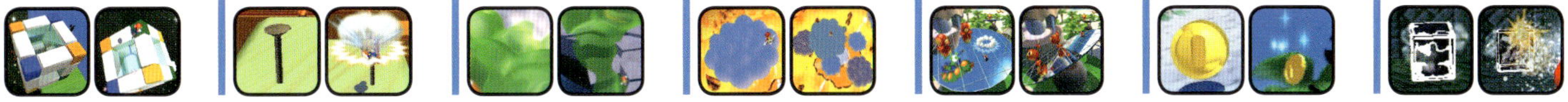

Wasserpunkt
Hier fließt Wasser und man kann Wasser auffüllen.

Achterbahn
Sie fährt auf Schienen. Sie startet, wenn man die Flaschenrakete aufsammelt.

Gel
Schaden bei Kontakt. Yoshis Saft beseitigt es.

Perlenmuschelkappe
Sie öffnet sich durch Wasser. Darin können Münzen oder blaue Münzen stecken.

Steckbrief
Steckbrief des Täters. Spritzt man ihn an, könnte eine Münze erscheinen.

Insigne der Sonne
Die Kraft der Insel. Sammelt man es auf, wird das Kapitel beendet.

Trampolin
Darauf kann man hochspringen. Durch Wasser wird es kleiner und kann transportiert werden.

Riesen-Puzzle
Die 16 Panels drehen sich, wenn man sie anspritzt. Ist es gelöst, taucht ein Rohr auf.

Wassermelone
Wird sie zerstört, taucht eine Münze auf. Es gibt unterschiedliche Größen.

Wassermelonenblock
Er lässt sich nicht mit Schlägen, sondern mit einer Stampfattacke zerstören.

Schalter (rot)
Wird er mit einer Stampfattacke betätigt, tauchen für eine Weile rote Münzen auf.

Schalter (gelb)
Wird er mit einer Stampfattacke betätigt, tauchen für eine Weile Münzen auf.

Super-Stampfattackenplattform
Zerstörbar durch eine Super-Stampfattacke.

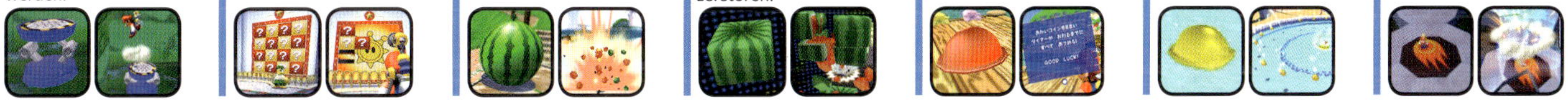

Sandblock
Er zerfällt langsam, wenn man sich draufstellt.

Slotmaschine
Spritzt man die Felder an, drehen sie sich. Je nach Symbolkombination tauchen Gegner oder Münzen auf.

Turbo-Tür
Die Tür lässt sich mit dem Turbo-Sprint öffnen.

Turbo-Düsen-Box
In der grauen Box ist die Turbo-Düse.

Fass
Es ist mit Wasser gefüllt. Kann zerstört und getragen werden.

Schmetterling
Es gibt drei Farben. Isst Yoshi einen, erscheint je nach Farbe ein unterschiedliches Item.

Elektro-Schleim
Elektrisch geladener Schleim. Bei Berührung wird man gelähmt und verletzt.

Röhre
Ein grünes Rohr führt in ein anderes Gebiet, ein oranges zu einem anderen Level.

Giftwasser
Es strömt im Wildwasserbahn-Mini-Level. Fallt ihr hinein, verliert ihr einen Versuch.

Stachel
Aus manchen Plattformen schießen Stacheln. Bei Berührung geht ein Versuch verloren.

Falle
Sie taucht an bestimmten Orten plötzlich auf und katapultiert Mario weit weg.

Trampolin
Man hüpft hoch. Es gibt verschiedene Designs, doch der Effekt ist immer gleich.

Vogel
Es gibt vier verschiedene Farben. Spritzt man ihn an, erscheint ein Item. Die Farbe bedingt das Item.

Schleim
Er ist rutschig und macht Mario dreckig. Wird mit Wasser beseitigt.

Ton-Schiff
Es wird mit der Kraft der Wasserspritze bewegt. Es sinkt bei Wandkontakt.

Brenner
Die Flamme kommt aus der Plattform. Wasser löscht ihn für eine Weile.

Kiste
Eine Stampfattacke macht sie kaputt. Manchmal steckt ein Item drin.

Blume
Wässert man sie, taucht eine Münze auf. Manchmal ist sie aber ein Pokey.

Luftballon
Sie tauchen im Kapitel 8 von »Parco Fortuna« auf. Zerstört sie mit der Achterbahn.

Zaun
Ihr könnt euch dran festhalten und weiterbewegen.

Haken
Er bewegt sich auf bestimmten Routen. Ihr könnt daran klettern.

Schaukel
Die Schaukel bewegt sich durch die Kraft der Wasserspritze. Holt ihr Schwung, springt ihr weit.

Früchte
Ihr findet sechs verschiedene Früchte in den Levels.

Früchtetank
Eine Stampfattacke gegen den Schalter holt Früchte heraus.

PET-Flasche
Eine kleine Flasche füllt das Wasser zu 50 % auf, eine große vollständig.

Glocke
Wird sie angespritzt oder berührt sie das Wasserrad, taucht ein Item wie ein 1-Up-Pilz oder eine Münze auf.

Flaschenrakete
Man findet sie in der Achterbahn. Sie wird an die Wasserspritze angeschlossen.

Lavaschleim
Heißer Schleim. Schaden bei Kontakt. Er wird mit Wasser beseitigt.

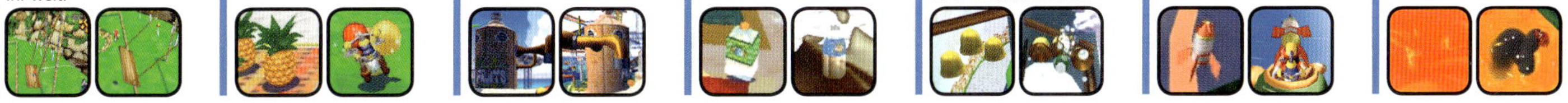

Schwebe-Düsen-Box Springt man drauf, erscheint aus der blauen Box die Schwebe-Düse.	**Fenster** Spritzt ihr ins offene Fenster, könnte eine Münze erscheinen.	**Marios Mütze** Die Mütze kann von Gegnern gestohlen werden. Wird der Gegner besiegt, fällt sie zu Boden.	**Kanaldeckel** Er ist mit einer Stampfattacke zu öffnen und man geht dann durch den Kanalschacht.	**Wasser-Dreh-Zaun** Durch Wasser dreht er sich um 90 Grad.	**Krug-Lift** Wird der Krug mit Wasser gefüllt, steigt der Lift auf.	**Lava** Die Lavafläche in Collina Korona. Bei Berührung geht ein Versuch verloren.
Dreckiger Teich/ Dreckiges Meer Schaden bei Kontakt. An vielen Orten zu sehen, wie etwa in »Baia Paradiso«.	**Yoshi-Karussell** Ein Karussell mit vielen Yoshi-Figuren.	**Yoshis Ei** Nehmt ihr es mit, schlüpft Yoshi.	**Schmiererei** Entfernt ihr sie, werdet ihr mit Münzen oder blauen Münzen belohnt.		**Schmierereien (Grafik)** Wird eine von zwei Schmierereien entfernt, erscheint bei der anderen eine blaue Münze.	**Blatt-Boot** Es schwebt übers Wasser, wird mit der Kraft der Wasserspritze bewegt und verschwindet nach einer Weile.
Rot-Blau-Block Die roten und blauen Blöcke drehen sich abwechselnd.	**Ziegelblock** Er wird mit einem Schlag von unten zerstört, nicht mit einer Stampfattacke.	**Seil** Man kann sich dranhängen und drauf bewegen. Stellt man sich drauf, springt man höher.	**Raketen-Düsen-Box** Springt man auf diese Box, erscheint aus der roten Box die Raketen-Düse.	**Pappus** Er schwebt in der Luft und man kann sich dran festhalten. Er wird vom Wind weggeweht.	**1-Up-Pilz** Mario erhält einen Extraversuch. Er taucht aus Blöcken oder Nägeln auf.	

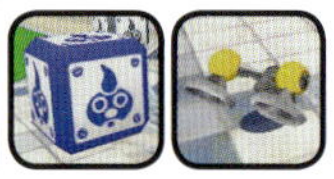

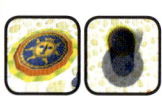

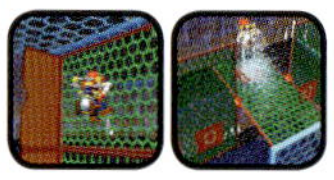

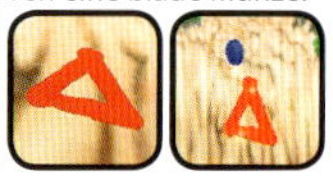

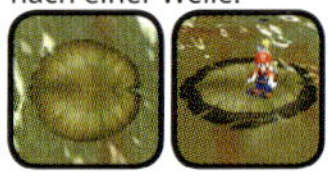

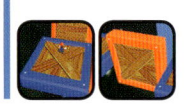

AND MORE
● Anderes

BESONDERE SZENEN

Hier haben wir beeindruckende Szenen herausgesucht. Die meisten stehen auf irgendeine Weise in Zusammenhang mit Mario Morgana. Wer mag das überhaupt sein …?

Die Isla Delfino hat die Form eines Delphins!

Die Isla Delfino, der Schauplatz des Abenteuers, hat die Form eines Delfins. In den Levels kannst du auch die Panoramen anderer Orte sehen. Von Monte Bianco aus seht ihr Porto d'Oro, von Parco Fortuna aus Lido Sirena.

Ein komischer Herr im weißen Outfit!

Marios Partner Dreckweg 08/17 wurde von der I. Gidd GmbH entwickelt. Entwickler Professor I. Gidd ist auch der Geisterexperte und Erfinder, der bei *Luigi's Mansion* für den Nintendo GameCube eine Rolle spielte. Bowser Jr. sagt übrigens, dass er den Zauberpinsel von einem komischen Herrn im weißen Outfit bekommen hat. Vermutlich wurde er von derselben Firma entwickelt.

Vielen Dank, dass Sie sich für dieses Gerät der Firma I. Gidd GmbH entschieden haben.

Wenn man damit etwas zeichnet, geht ein Wunsch in Erfüllung!

Marios Profildaten!

Wenn die Wasserpumpe registriert wird, werden Marios Daten auf dem Bildschirm angezeigt. Schaut man sich diese Daten genau an, erkennt man, dass er zum Beispiel Spaghetti mag, Giftpilze hasst und sein Körpergewicht und seine Körpergröße geheim bzw. unbekannt sind. Auch die Anzahl der X-Chromosomen sind wohl nicht bekannt. Unten links auf dem Bild werden seine Heldentaten aus den Vorgängern angezeigt.

Peachs Pferdeschwanz!

In diesem Spiel sind Mario und Prinzessin Peach entsprechend der Örtlichkeit angezogen. Peach trägt ein schulterfreies Kleid und einen Pony. Seit diesem Auftritt trägt Peach in den Sportspielen immer Pony, so zum Beispiel in den *Mario Kart*- oder *Mario Tennis*-Serien.

Kurznachrichten: …

Bowsers Gekrakel!

Die Gegner des Spiels sind aus dem Gekrakel von Bowser Jr. entstanden. Daher sind sie alle anfällig gegen Wasser und die bekannten Charaktere sehen anders aus. Aus demselben Grund verschwindet übrigens auch Yoshi, wenn er ins Wasser fällt.

Geheimes Szenario in den versteckten Levels!

Erreicht ihr bestimmte Stellen, beginnen die geheimen athletischen Levels. Dabei wird Marios Wasserspritze von Mario Morgana geklaut. Daher muss Mario allein mit Parkour-Techniken ohne Wasserspritze die Insignien der Sonne einsammeln. Besucht ihr solch ein Level erneut, wird das geheime Szenario aktiviert und ihr sammelt mithilfe der Wasserspritze die roten Münzen.

Erschöpft klingt Mario ganz anders!

Hat Mario nur noch wenig Energie, wirkt seine Körperhaltung angestrengt. Außerdem verändert sich seine Stimme.

Auflistung aller 17 Spiele ● 2002 → SUPER MARIO SUNSHINE

Die wahre Gestalt von Mario Morgana!

Die wahre Gestalt von demjenigen, der als Mario böse Taten begangen hat, ist Bowser Jr. Ihm wurde erzählt, dass Mario der Böse ist, der die Mama (Prinzessin Peach) entführt. In diesem Spiel taucht Bowser Jr. das erste Mal auf. Das Design seines Lätzchens hat sich mittlerweile verändert.

Mario!!
Lass meine Mutter in Frieden, du blöder Mann! 

Mario Morgana klaut die Items!

Mario Morgana kennt keine Grenzen. Es kommt vor, dass er eine Düse oder ein Yoshi-Ei klaut und wegrennt, aber ihr bekommt das Item zurück, wenn ihr ihn mit der Wasserspritze bestraft.

Schade! Dabei wollte ich doch gerade auf Yoshi reiten!

Endlich kann man auf Yoshi reiten!

In diesem 3-D-Action-Spiel könnt ihr zum ersten Mal auf Yoshi reiten. Seine Waffen sind seine lange Zunge und die Saftattacke. So bestreitet er gemeinsam mit Mario das Abenteuer.

Lido Sirena ist ein Controller!

Schau dir den Strand Lido Sirena an, mit dem Meer im Hintergrund. So könnt ihr erkennen, dass die Form der des Game-Cube-Controllers ähnelt. Außerdem sieht das Hotel Delfino wie die GameCube-Konsole aus.

Marios Mütze wird geklaut!

Am Paco Fortuna klaut Räuber-Stu Marios Mütze, indem er ihn tackelt. Ohne Mütze wird Mario in regelmäßigen Zeitabständen Energie abgezogen. Der Räuber-Stu sieht mit der Mütze übrigens aus wie Mario.

Piazza Delfino unter Wasser!

Habt ihr Mario Morgana in allen Levels gefangen, wird die gesamte Stadt überflutet. Dann verfolgt ihr Mario Morgana in die Collina Korona, wo der letzte Kampf des Spiels ausgetragen wird.

Wissenswertes & Techniken

Das sind Elemente, die ihr nur unter bestimmten Bedingungen sehen könnt. In diesem Game ergibt sich auch die bisher einzige Gelegenheit, Mario mit einer Sonnenbrille zu sehen.

Sonnenbrille und Aloha-Shirt!

Sprecht Sonnenbrille-Palma an, wenn ihr mehr als 30 Insignien der Sonne gesammelt habt. Dann leiht er euch eine Sonnenbrille. Setzt Mario sie auf, wird das Bild etwas dunkler. Habt ihr *Super Mario Sunshine* komplett durchgespielt, gibt es noch ein Aloha-Shirt dazu. Wenn man Marios ursprüngliches Outfit zurückhaben möchte, muss man einfach nur den Sonnenbrille-Palma ein weiteres Mal ansprechen.

Was passiert, wenn man alle Insignien der Sonne gesammelt hat?

Insgesamt findet ihr 120 Insignien der Sonne in diesem Spiel. Sind sie vollständig, erscheint ein Symbol beim Spielstand, und ihr seht eine besondere Szene nach dem Abspann.

Datei wählen.

COLUMN • Kolumne

Die Flyer der Super Mario-Games

Hier sind die Spiele-Flyer abgebildet, die in den japanischen Spielzeug- und Games-Läden verteilt wurden. Die interessantesten Punkte zu den Spielen wurden auf A4-Größe zusammengefasst.

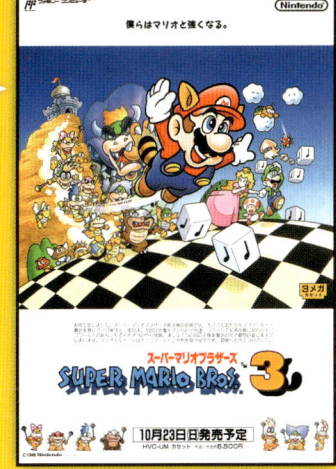

Super Mario Bros. 3

Super Mario Bros.

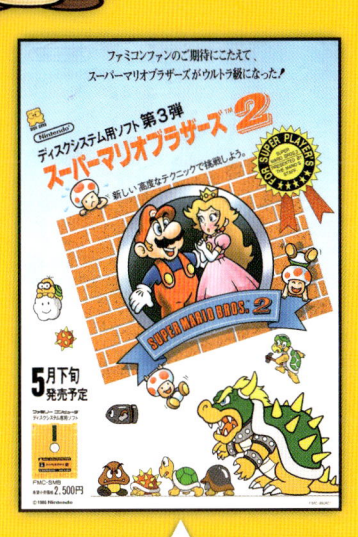

Super Mario Bros. 2

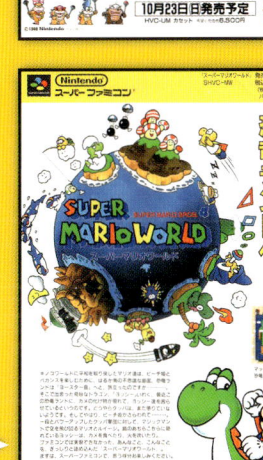

Super Mario World

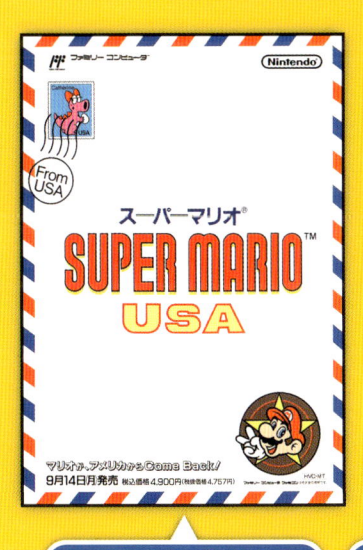

Super Mario USA

Super Mario Land 2: 6 Golden Coins

Super Mario Sunshine

Danach als Broschüre

Zu den Spielen danach wurden in Japan Werbebroschüren erstellt und in den Läden ausgelegt. Mal eine Broschüre nur für ein Spiel, mal ein Katalog zu mehreren Spielen. Das Format und Design dieser Give-aways wurde im Verlauf der Zeit mehrfach geändert. Manchmal waren Prominente auf der Titelseite, die auch in den TV-Spots mitspielten.

New Super Mario Bros.

New Super Mario Bros. U

Bildmaterial zur Verfügung gestellt von: Takenosuke

2006

New SUPER MARIO BROS.
ニュー・スーパーマリオブラザーズ

Verpackung

Spielmodul

Anleitung

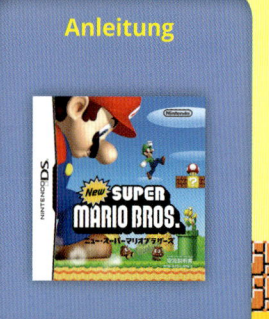

- **Hardware**
  Nintendo DS
- **Erscheinungsdatum Japan/EU**
  25. Mai 2006
  30. Juni 2006
- **Spieleranzahl**
  1–4
- **Anmerkung**
  Erhältlich als Virtual-Console-Spiel für Wii U.

INTRODUCTION
● Einleitung

S T O R Y

Oh nein!!

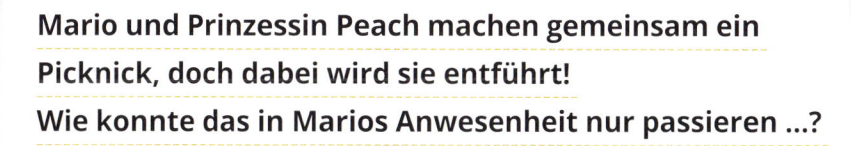

Mario und Prinzessin Peach machen gemeinsam ein Picknick, doch dabei wird sie entführt!
Wie konnte das in Marios Anwesenheit nur passieren …?

Mario sagt, Qualm aus dem Pilz-Schloss habe ihn abgelenkt und als er schnell zurücklief, um nachzusehen, sei Prinzessin Peach schon verschwunden gewesen.

Wer hat Prinzessin Peach entführt?
Und wer hat das Schloss überfallen? Stehen diese Vorfälle etwa miteinander in Verbindung? Bowser Jr. respektiert die Prinzessin zwar wie seine eigene Mutter, aber …

Mithilfe des Mega-Pilzes beginnt nun das neue Abenteuer von Mario.

I N F O S

Nach 14 Jahren ein neues Side-Scrolling-2-D-Actionspiel

Es war das erste neue Side-Scrolling-2-D-Actionspiel seit *Super Mario Land 2: 6 Golden Coins* für den Game Boy. Um die entführte Prinzessin Peach zu retten, kämpft sich Mario gegen Gumbas und Koopas durch acht Welten. Mit diesem Game kehren wir also quasi wieder zurück zum Ursprung der Videospielreihe. Ähnlich wie bei den frühen *Super Mario*-Spielen ist auch hier die Steuerung einfach gehalten: Es werden nur die Kreuztaste und die zwei Knöpfe benutzt. Mario kann selbstverständlich laufen und etwas aufsammeln. Außerdem kann er Aktionen von 3-D-Mario wie die Stampfattacke oder den Wandsprung ausführen.

Mini-Games für alle

Im Story-Modus rettet ihr Peach, dazu gibt es zwei Spielemodi, die man drahtlos zusammen spielen kann:

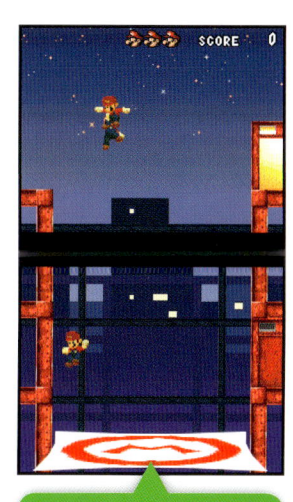

Mario vs. Luigi
Man spielt zu zweit. Ein Spieler übernimmt Mario, der andere Luigi. Sie spielen gegeneinander um den großen Stern.

Mini-Games
Insgesamt gibt es 27 Mini-Games aus verschiedensten Genres wie Puzzle oder Action. Man kann mit bis zu vier Spielern gleichzeitig spielen.

CHARACTERS
● Charaktere

SPIELBARE FIGUREN

Die bekannten Helden bestreiten das Abenteuer. Luigi wird nicht von einem zweiten Spieler gesteuert, sondern mit einer bestimmten Tastenkombination freigeschaltet.

Luigi
Bei der Spieldatenauswahl betätigt ihr L + R + A gleichzeitig. Er hat dieselben Fähigkeiten wie Mario.

Mario
Der Held, der sich ins Abenteuer stürzt, um Prinzessin Peach zu retten.

POWER-UPS

Der Held wird mit verschiedenen Items verstärkt. Nehmt ihr das gleiche Item noch einmal auf, wird das Item auf dem unteren Bildschirm gespeichert und kann jederzeit eingesetzt werden.

Klein-Mario
Mario im Anfangszustand. So kann er keine Blöcke zerstören und bei Berührung eines Gegners verliert er einen Versuch.

- Klein-Mario
- Klein-Luigi 

Super Mario — Item ⮕ Superpilz
Eine Stufe größer als Klein-Mario. Er kann nun Blöcke zerstören. Wird ihm Schaden zugefügt, wird er wieder klein.

- Super Mario
- Super Luigi 

Feuer-Mario — Item ⮕ Feuerblume
Er kann mit Feuerbällen attackieren. Besiegt er einen Gegner damit, erscheint eine Münze.

- Feuer-Mario
- Feuer-Luigi

Auflistung aller 17 Spiele — 2006 → NEW SUPER MARIO BROS.

Unverwundbarer Mario — Item → Stern

Der Körper blinkt für einen gewissen Zeitraum und die Gegner werden allein durch Berührung besiegt. Besiegt er mehrere in Folge, gibt es ab dem achten Gegner einen Extraversuch. In diesem Zustand ist Mario schneller und dreht sich im Sprung.

Unverwundbarer Luigi

Mega-Mario — Item → Mega-Pilz

Mario wird für eine Weile riesig und kann durch Tackling Gegner und Röhren zerstören. Je nach Zerstörungsgrad füllt sich die obere Leiste und man wird nach der Verwandlung mit 1-Up-Pilzen belohnt.

Mega-Mario
Mega-Luigi

Mini-Mario — Item → Mini-Pilz

Hier ist er kleiner als Klein-Mario. Er ist winzig und leicht, daher schwebt er nach einem Sprung durch die Luft und kann über Wasser laufen. Ein Sprung kann einen Gegner nicht besiegen. Bei Berührung eines Gegners verliert er einen Versuch.

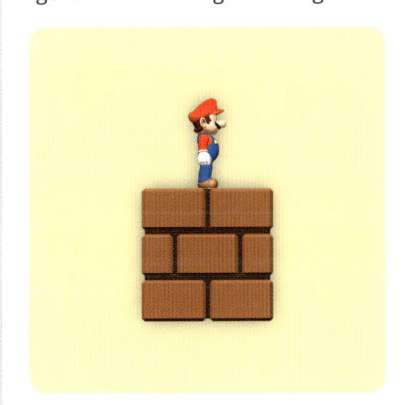

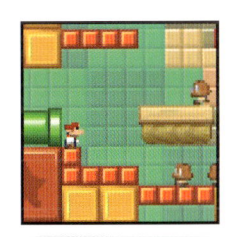

Mini-Mario
Mini-Luigi 

Panzer-Mario — Item → Blauer Panzer

Er trägt einen blauen Panzer. Beim Laufen zieht er sich in den Panzer zurück und besiegt dabei die Gegner. So schützt er sich vor bestimmten Attacken und im Wasser schwimmt er schneller.

Panzer-Luigi

ANDERE CHARAKTERE

Charaktere, die Mario bei seinem Abenteuer unterstützen.

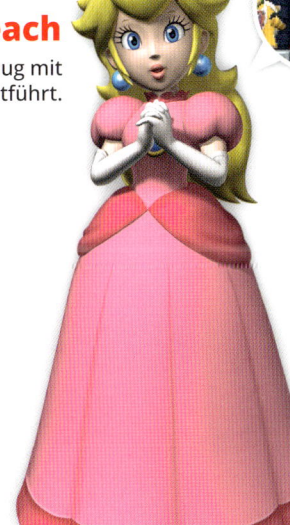

Nessi
Trägt Mario über den Giftsumpf. Wendet man die Stampfattacke an, senkt sie ihren Kopf und schwimmt schneller.

Mega-Wiggler
Er trägt Mario auf seinem großen Körper. Durch die wellenartige Bewegung seiner Körperglieder kann man sehr hoch springen.

Toad
Er war in Panik, als das Schloss angegriffen wurde.

Toadsworth
Er lebt im Toad-Haus und gibt Mario Items. Das Item hängt dabei von der Art des Toad-Hauses ab.

Prinzessin Peach
Wurde beim Ausflug mit Mario entführt.

GEGNER

Diese Gegner erscheinen in den Levels. Am Ende des Turmes wartet Bowser Jr. und am Ende jeder Welt ein anderer Boss.

Schnee-Spike
Er spuckt Eiskugeln und wirft damit. Die Kugel wird beim Rollen größer.

Stachel-Barsch
Er schwimmt an der Wasseroberfläche und hüpft gelegentlich.

Kano
Er kommt aus der Höhle und beißt zu. Es gibt eine Variante, die langsam schwimmt.

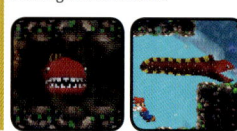

Trippeltrap
Sie baumelt an einem Faden. Es gibt eine Variante, die am Boden geht.

Kletter-Koopa (rot)
Er macht dieselben Bewegungen wie der grüne Kletter-Koopa, jedoch schneller.

Kletter-Koopa (grün)
Er hält sich am Gitter fest und bewegt sich vertikal oder horizontal.

Splunkin
Er bewegt sich am Boden. Wird er getreten, wird er wütend und läuft schneller.

Münztasche
Sie hüpft vor Mario davon. Wird sie besiegt, erscheint ein Item.

Knochentrocken
Springt man auf ihn drauf, zerfällt er und steht nach einer Weile wieder auf.

Riesen-Kano
Riesiger Aal. Kommt angeschwommen und zerstört dabei Gegenstände in der Umgebung.

Kugelwilli
Er fliegt geradeaus. Es gibt eine Variante, die aus der Willi-Kanone abgefeuert wird.

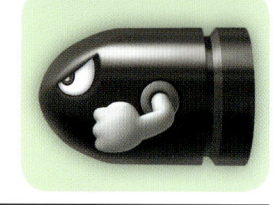

Bowser
Der Endgegner von W1 und W8. Er speit Feuer und springt gelegentlich hoch.

Bowser Jr.
Der Endgegner in den Türmen. Er schützt sich im Panzer oder wirft Koopa-Panzer.

Boxbold
Er zerstört Blöcke und stürmt auf Mario zu. Um ihn zu besiegen muss man dreimal draufspringen.

Gumba
Er geht langsam und hüpft zur Musik.

Krähe
Zieht Kreise am Himmel und fliegt auf Mario zu.

Blooper
Er schwimmt im Wasser auf und ab und nähert sich Mario.

Feuer-Chomp
Er fliegt in der Luft um Mario herum und greift mit Feuer an.

Blooper-Sitter & Baby Blooper
Ein Sitter mit vier Babys. Wenn der Sitter leuchtet, greifen sie an.

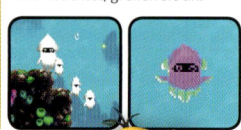

Cheep-Unter
Wenn er Mario findet, schwimmt er auf ihn zu.

Pokey
Er besteht aus mehreren Körperteilen. Greift man das Gesicht an, wird er sofort besiegt.

Mumien-Pokey
Der Endgegner von W2. Er taucht aus dem Sand auf und schießt auf Mario.

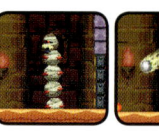

Lakitu
Er wirft mit Stachi-Eiern. Besiegt man ihn, kann man mit der Wolke fliegen.

Super-Knochentrocken
Ein großer Knochentrocken. Ein normaler Tritt lässt ihn nicht zerfallen.

Riesen-Cheep-Unter
Ein großer Cheep-Unter. Er kann Mario auch auf größere Distanz aufspüren.

Maxi-Steinblock
Ein riesengroßer Steinblock. Beim Sturz zerstört er auch Blöcke.

Super-Wummp
Er läuft zur Seite. Ist Mario in der Nähe, lässt er sich auf ihn fallen.

Super-Piranha-Pflanze
Sie wächst am Boden, schwingt ihren Kopf hin und her und beißt zu.

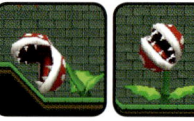

Riesen-Cheep-Cheep
Ein großer Cheep-Cheep, der sich genauso verhält wie ein normaler.

Monty-Panzer
Der Boss von W6. Er fährt mit dem Panzer und wirft mit Bob-ombs.

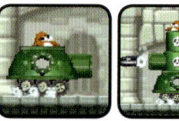

Buu Huu
Wendet man ihm den Rücken zu, wird man verfolgt. Manche verstecken sich in Blöcken.

Stachi
Wegen der Stacheln kann er nicht getreten werden, ist aber mit Feuerbällen besiegbar.

Hornschnecke
Stürmt auf Mario zu, wenn sie ihn sieht. Wird sie getreten, weicht sie zurück.

Pickelkäfer
Der Stachelpanzer macht ihn immun gegen Tritte. Er bewegt sich an den Wänden entlang.

Steinblock
Ist Mario in der Nähe, fällt er herunter und steigt langsam wieder auf.

Auflistung aller 17 Spiele (2006 ▸ NEW SUPER MARIO BROS.)

Koopa (rot)
Der Koopa wendet bei Unebenheiten. Er posiert zur Musik.

Koopa (grün)
Er geht auch bei Unebenheiten weiter. Wird er getreten, verkriecht er sich in seinen Panzer.

Stachi-Ei
Lakitus werfen damit. Ein Stachi kann wieder zum Ei werden, wenn er ins Wasser fällt.

Happ-Cheep
Findet er Mario, versucht er ihn mit dem großen Mund zu fressen.

Flappflapp
Wartet an der Decke. Ist Mario in der Nähe, fliegt er auf ihn zu.

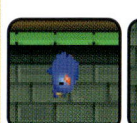

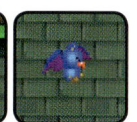

Para-Gumba
Ein Gumba mit Flügeln. Er hüpft nur hoch, fliegt aber nicht.

Parakoopa (rot)
Er fliegt in der Luft oder hüpft am Boden.

Parakoopa (grün)
Fliegt ebenfalls. Durch eine Sprungattacke verliert er seine Flügel und wird zu einem normalen Koopa.

Piranha-Pflanze
Manche kommen aus den Röhren, manche aus dem Boden.

Wummp
Ist Mario in der Nähe, lässt er sich auf diesen fallen. Liegt er am Boden, kann man ihn als Plattform nutzen.

Wiggler
Ein ruhiger Geselle, der wütend wird, wenn man einmal auf ihn draufspringt.

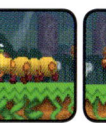

Kab-omb
Wird er von Vulkankugeln oder Feuerbällen getroffen, katapultiert er sich hoch und explodiert.

Hothead
Diese Feuerkugel hüpft aus der Lava heraus.

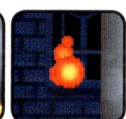

Hammer-Bruder
Er wirft mit Hämmern nach Mario und hüpft gelegentlich.

Sparky
Eine elektrisch geladene Kugel. Sie rührt sich nicht von der Stelle.

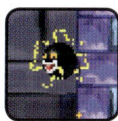

Loderschlange
Der Körper besteht aus Feuer. Sie nähert sich Mario hüpfend.

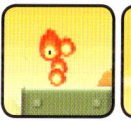

Feuer-Piranha-Pflanze
Diese Pflanze schießt mit Feuerkugeln auf Mario.

Feuer-Bruder
Er greift mit Feuerbällen an.

Ballon-Buu
Schaut man ihn an, bläst er sich auf. Wendet man ihm den Rücken zu, schrumpft er und greift an.

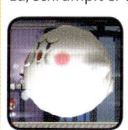

Bumerang-Bruder
Er greift mit Bumerangs an.

Cheep-Cheep
Er schwimmt langsam unter der Wasseroberfläche. Manche hüpfen aus dem Wasser heraus.

Blockhüpfer
Wirkt wie ein Block und zeigt sich erst, wenn Mario in der Nähe ist.

Hainz
Er schwimmt geradeaus und dreht sich passend zur Musik.

Mega-Gumba
Der Boss von W4. Er ist riesig, daher reicht ein Sprung auf ihn nicht aus.

Lakidonner
Der Boss von W7. Er wirft mit Lakitu-Eiern, erzeugt Donner und rammt Mario.

Mutant-Tyranha
Der Boss von W5. Sie fliegt herum und führt Sturzattacken aus.

Mega-Cheep-Cheep
Der Boss von W3. Er hüpft aus dem Wasser heraus und rammt Mario.

Knochen-Bowser
Der Boss von W8. Er ist immun gegen Feuerbälle und wirft mit Knochen.

Bob-omb
Springt man auf ihn drauf, explodiert er nach einer Weile. Die Explosion zerstört Blöcke.

Wasserläufer
Er schwimmt an der Wasseroberfläche und lässt manchmal Bomben fallen.

Riesen-Kugelwilli
Ein großer Kugelwilli, der mit einem Tritt besiegt wird.

Mikro-Gumba
Ein kleiner Gumba. Auch als Mini-Mario mit einem Tritt zu schlagen.

Sumo-Bruder
Er wirft mit Hämmern nach Mario. Springt er, erzeugt er bei der Landung Erdbeben.

Käfer
Hauptsächlich taucht er in der Unterwelt auf. Manche fallen von der Decke herab.

Wiggelito
Taucht aus den Röhren auf und läuft langsam die Plattformen entlang.

Kettenhund
Er beißt. Wird der Pfosten mit Stampfattacken in den Boden geschlagen, verschwindet er.

115

WORLDS
● Welten

LEVELS

Es gibt insgesamt acht Welten, von denen jede bis zu zehn Levels umfasst. Die Levels A, B usw. sind durch Sternenmünzen oder versteckte Ziele erreichbar.

Welt 1 — Grünes Land beim Pilz-Schloss.

W1-1 — Das erste Gras-Level. Ab der Mitte geht es mit dem Mega-Pilz dynamisch zu.

W1-2 — Eine Unterwelt mit vielen Blöcken. Lauft ihr an der Decke lang, findet ihr das andere Ziel.

W1-3 — Ein athletisches Level. Hier hüpft ihr von einem Wackelpilz zum nächsten.

W1-🏯 — Auf beweglichen Plattformen springt ihr nach oben. Passt auf, nicht zerquetscht zu werden.

W1-4 — Ein Grasland-Level mit vielen Abhängen. Der Mini-Pilz taucht hier zum ersten Mal auf.

W1-5 — Nutzt die Trampolin-Pilze und setzt gezielte Sprünge ein.

W1-👹 — Mit Seilen und sich bewegenden Wänden bewältigt ihr das Lava-Level.

W1-A — Ein Forced-Scroll-Level unter Wasser mit vielen Hainzen.

Welt 2 — Eine Welt bedeckt von Sand. In der großen Wüste findet ihr auch Oasen.

W2-1 — Große und kleine Pokeys versperren den Weg in der Wüste.

W2-2 — Lakitu greift mit Stachi-Eiern an. Schnappt ihr euch seine Wolke, findet ihr versteckte Münzen.

W2-3 — Die großen und kleinen Räume werden mit schmalen Wegen verbunden. Ein Level wie ein Labyrinth.

W2-4 — Hier findet ihr seltsame Böden, die durch ?-Schalter angehoben werden.

W2-🏯 — Hier gibt es viele bewegliche Plattformen wie Riesen-Drehplattformen oder Drehblöcke.

W2-5 — Vorsicht vor Blockhüpfern, die so aussehen wie Blöcke.

W2-6 — Mit der riesigen Plattform reist ihr durch den Himmel. Auch Piranha-Pflanzen fahren mit.

W2-👹 — Große und kleine Stachelkugeln kommen angerollt. Gegen Ende führt der Weg durch den Sand.

W2-A — Weicht den Attacken des Stachel-Barschs aus und lauft über Drehblöcke in der Luft.

Welt 3 — Eine Südsee-Welt im Meer. Hier gibt es viele Wasser-Levels.

W3-1 — Gegen Ende wird Mario von den Happ-Cheeps attackiert.

W3-2 — Ihr springt über verschiedenartige Pilze durch das Level.

W3-🏯 — Ihr klettert am Gitter hoch. Schlagt die störenden Kletter-Koopas weg!

W3-3 — Die Wasserstrom-Röhren behindern Mario, während die Blooper angreifen.

W3-🏚 — Man verläuft sich leicht in der unheimlichen Villa. Löst das Rätsel und findet das Ziel.

W3-👹 — Vorsicht vor Dornensäulen, Wummps und anderen Gefahren von oben.

W3-A — Wasserläufer schwimmen an der Oberfläche. Geht am besten über Fässer und Plattformen weiter.

W3-B — Die Röhren sind eure Podeste. Viele Piranha-Pflanzen nisten hier.

W3-C — Stachel-Barsche und Cheep-Cheeps hüpfen in dem seichten Wasser-Level herum.

Welt 4 — Ein unheimlicher Dschungel mit gefährlichen Giftsümpfen.

W4-1 — Unten Giftsumpf, oben Trippeltraps. Der Wald ist voller Gefahren.

W4-2 — Ihr lauft über die Pilze, die in eure Richtung kippen. Vorsicht: Nicht runterrutschen!

W4-3 — In diesem Wasser-Level schwimmt der Riesen-Kano gemütlich herum.

W4-🏯 — Von unten steigt Lava auf. Ihr müsst am Gitter schnell nach oben.

W4-4 — Ein Wald der Wigglers. Versucht sie nicht aufzuregen.

W4-🏚 — Ihr geht durch die abgetrennten Räume mit Wendeplattformen und Röhren.

W4-5 — Zerstört die Blöcke mit Bob-ombs, um euch in der Unterwelt euren Weg zu bahnen.

W4-6 — Reitet Nessi und überquert den Giftsumpf.

W4-👹 — Über mehrere Schaukelplattformen geht es weiter. In der Mitte warten unzählige Steinblöcke.

W4-A — Hüpft über Wasserrad-plattformen, sodass ihr nicht in den Giftsumpf fallt.

Auflistung aller 17 Spiele (2006 → NEW SUPER MARIO BROS.)

Welt 5
Eine von Schnee bedeckte Welt mit vielen rutschigen Stellen.

W5-1
Eine Schneelandschaft. Der Schnee und die Äste behindern Mario auf seinem Weg.

W5-2
In der Eis-Unterwelt laufen viele Pickelkäfer herum und von oben fliegen Flappflapps herab.

W5-🏯
Mit der Plattform geht es nach oben – auch Knochentrocken und Stachelkugeln fahren mit.

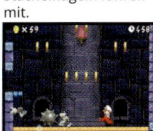

W5-3
Ihr rutscht auf den Eisplattformen dynamisch herunter.

W5-🏰
Lasst die tobenden Boxbolde die Blöcke zerstören, damit ihr weiterkommt.

W5-4
Auf den sich streckenden Pilzplattformen weicht ihr den Kugelwillis aus.

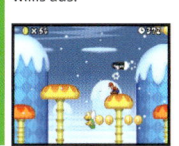

W5-👹
Die Fließbänder verlangsamen Mario in diesem Eis-Schloss.

W5-A
Ihr springt in diesem athletischen Level über Pilze, die sich ausdehnen.

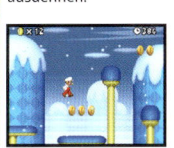

W5-B
Das Level ist zugefroren und die Koopas behindern euch.

W5-C
Die Boxbolde toben in der Unterwelt. Am Ende springt ihr über auftauchende Plattformen.

Welt 6
Die Welt der Felsengebirge. Hier und da gibt es Weggabelungen.

W6-1
Geht am Kliff entlang, während ihr den Kugelwillis ausweicht.

W6-2
Hier verändert sich der Wasserstand ständig. An der Wasseroberfläche schwimmen Stachi-Eier.

W6-🏯
Die Dornensäulen kommen von beiden Seiten. Findet die sicheren Stellen.

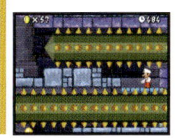

W6-3
Ein Wald mit vielen Piranha-Pflanzen.

W6-4
Ein Felsgebiet ohne Gegner mit unzähligen Feuerbarrieren.

W6-🏯 2
Ihr reist auf den Fließbändern nach oben. Von oben kommen Knochentrocken herunter.

W6-5
In dem Wasser-Level tauchen aus allen Richtungen Cheep-Unters auf.

W6-6
Mit Drehblöcken und Kanonenröhren erklimmt ihr den Berg.

W6-👹
Nutzt die beweglichen Wandplattformen und bewältigt das Lavameer.

W6-A
Ein Level mit großem Treibsandgebiet. Zwei Lakitus tauchen hier auf.

W6-B
Die Eisberge überwältigt ihr mit Hängeseilen und kippenden Pilzen.

Welt 7
Die Welt über den Wolken. Viele athletische Levels finden sich hier.

W7-1
Fahrt mit den Schienenplattformen, die sich auf verschiedenste Arten bewegen.

W7-🏰
Findet unter versteckten Türen und Blöcken das Ziel.

W7-2
Steuert die Kippplattformen und steigt auf.

W7-3
Auf dem Rücken des Mega-Wigglers erlebt ihr das Abenteuer gemeinsam.

W7-🏯
Die Stachelwände bewegen sich in alle Richtungen.

W7-4
Mit Drehblöcken klettert ihr an den Pilzplattformen hoch.

W7-5
Hier kommen viele Bob-ombs und Kugelwillis vor. Mit Bob-ombs öffnet ihr die versteckte Route.

W7-6
Ein athletisches Level, in dem Parakoopas auf den Pilzplattformen herumhüpfen.

W7-7
Ein Forced-Scroll-Level mit vielen Donutblöcken und beweglichen Plattformen.

W7-👹
Mit Schlangenblöcken fahrt ihr durch Stacheln und Kettenkugeln.

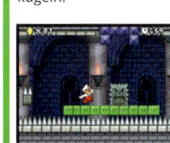

W7-A
Ein Labyrinth-Level mit komplex aufgestellten Röhren.

Welt 8
Eine düstere Welt mit Bowsers Schloss. Die Gimmicks werden komplizierter.

W8-1
Hier fliegen Kugelwillis herum und von oben attackieren Krähen.

W8-2
Ihr verändert den Wasserstand mit ?-Schaltern und geht voran.

W8-🏯
Die schmalen Wände bewegen sich zur Seite. Nutzt sie geschickt als Plattformen.

W8-3
Eine Unterwasserhöhle mit vielen Kanos. Am Ende werdet ihr von einem Riesen-Kano verfolgt.

W8-4
Ihr springt von einer Plattform zur anderen, während viele Trippeltraps angreifen.

W8-👹
Mit den Lift-Schaltern positioniert ihr die Plattformen um.

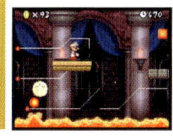

W8-5
Hier lauft ihr über die Wackelplattformen und Wackelfelsen über die Lava.

W8-6
Ihr müsst schnell nach oben, um nicht von der aufsteigenden Lava erwischt zu werden.

W8-7
Ein Berg-Level mit zahlreichen Gegnern wie Koopas und Sumo-Brüdern.

W8-8
Vulkankugeln fallen herab, die die Plattformen nach und nach zerstören.

W8-🏯 2
Weicht den Hindernissen mit Schlangenblöcken aus, die sich kompliziert bewegen.

W8-🏰
Löst das Rätsel der sich drehenden Räume und erreicht den Bowser-Raum.

ITEMS & GIMMICKS

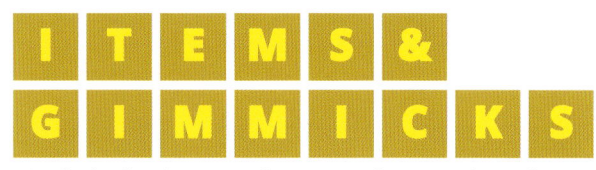

Hier findet ihr die Items, die Marios Abenteuer beeinflussen. Einige sind nützlich, andere ziehen Mario jedoch ein Leben ab.

Blaue Münze
Blaue Münzen tauchen durch P-Schalter auf. Sie verschwinden nach einer Weile.

Rote Münze
Acht rote Münzen tauchen auf, wenn man durch den roten Ring geht. Sammelt sie alle auf für ein Item.

Roter Ring
Geht man hindurch, tauchen acht rote Münzen auf.

Steinblock
Diese Blöcke lassen sich mit Vulkankugeln oder Bob-ombs zerstören.

Einbahn-Schranke
Diese Schranke lässt sich nur von einer Richtung aus passieren.

Beweg-Pilz
Der Pilz bewegt sich, wenn Mario sich draufstellt. Entweder vertikal oder horizontal.

Beweg-Pfosten
Er bewegt sich an der Schiene entlang. Man kann sich an ihn schwingen und den Schwung nutzen.

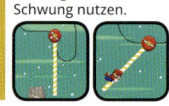

Beweg-Wand
Die Wände bewegen sich vertikal oder horizontal. Wird man zerquetscht, erleidet man Schaden.

Strudel
Man wird stark angezogen. Wird Mario komplett hineingezogen, verliert er einen Versuch.

Hangelseil
Hier könnt ihr euch festhalten und zur Seite bewegen.

Stör-Blase
Eine große Blase unter Wasser. Berührt man sie, wird man weggestoßen.

Fall-Stamm
Er wackelt, wenn man sich draufstellt, und fällt nach einer Weile herab.

Spukplattform
Wackelt oder fällt plötzlich – ihre Bewegung ist unberechenbar.

Spuk-Treppe
Scheinbar nur eine steile Wand, doch mit dem ?-Schalter wird sie zu einer Treppe.

Dreh-Gitter
Mit einem Schlag landet man auf der anderen Seite.

Willi-Drehkanone
Die Kanonenrohre drehen sich und feuern zur Seite Kugelwillis ab.

Dreh-Deckel
Der Deckel versperrt den Weg. Mit einer Stampfattacke kommt man durch.

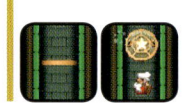

Drehblock
Er dreht sich in regelmäßigen Zeitabständen. Es gibt drei Arten: Rechteck, Quadrat und Dreieck.

Schlüssel
Er erscheint nach dem Sieg über den Schloss-Boss. Er öffnet den Weg zur nächsten Welt.

Versteckter Zielpfahl
Eine rote Zielflagge, die versteckt ist.

Unsichtbarer Block
Er taucht aus dem Nichts auf. In ihm steckt eine Münze oder ein Item.

Kliff
Hier könnt ihr nicht laufen. Nur Sprünge oder Festhalten ist möglich.

Vulkankugel
Große und kleine Felsen, die beim Vulkanausbruch erscheinen. Schaden bei Kontakt.

Kipp-Pilz
Er kippt in Richtung von Marios Gewicht. Am Rand fällt man runter.

Gitter
Man kann sich festhalten und bewegen. Mit einem Schlag besiegt Mario die Gegner auf der anderen Seite.

Wandsprungplattform
Ist innen hohl und wird mit Wandsprüngen bewegt.

Mega-Pilz
Er macht Mario für eine Weile zu Mega-Mario.

Riesen-Stachelkugel
Eine große stachlige Eisenkugel, die beim Rollen auch die Blöcke zerstört.

Willi-Kanone
Feuert Kugelwillis ab. Es gibt sie in verschiedenen Längen.

Wackel-Fels
Er kippt in Richtung von Marios Gewicht. Wird er zu steil, fällt man herab.

Wackelplattform
Sie hängt an einer Kette und kippt durch Marios Gewicht.

Kettenkugel
Eine Stachelkugel an der Kette, die sich ständig dreht.

Münze
Sie sind in den Levels zu finden und tauchen auch auf, wenn man Gegner mit Feuerbällen besiegt.

Blauer Panzer
Er macht Mario zu Panzer-Mario.

Zielpfahl
Erreicht man ihn, ist das Level geschafft. Je höher man anschlägt, desto höher die Punktzahl.

Breit-Pilz
Streckt sich in regelmäßigen Zeitabständen zur Seite.

Wippenplattform
Der Lift kippt durch Marios Gewicht.

Trampolin
Darauf kann man höher springen. Man kann es auch tragen.

Streck-Pilz
Der gelbe wird kürzer, der orange wird länger, wenn man sich draufstellt.

Wasserradplattform
Sie hat vier Plattformen und wird mit Marios Körpergewicht angetrieben.

Superpilz
Er macht Mario zu Super Mario.

Stern
Er macht Mario für eine Weile unverwundbar.

Sternenmünze
In jedem Level sind drei davon versteckt. Sie öffnen das Sternentor auf der Karte.

Schlangenblock
Stellt man sich drauf, fahren diese grünen Blöcke los und verformen sich dabei.

Drehblock
Springt man von diesem Block ab, wird ein hoher Sprung möglich. Danach fällt er langsam wieder herab.

Gelboden
Nach einer Stampfattacke gibt es eine Beule, die sich nach einer Weile wieder zurückbildet.

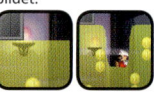

Schienenplattform
Dieser Lift fährt an der Schiene entlang. Fehlt die Schiene, fällt er runter.

Wendeplattform
Stellt man sich drauf, dreht sie sich um 180 Grad. So erreicht man die andere Seite.

Riesen-Drehgitter
Mit einem Schlag erreicht Mario die andere Seite.

Riesen-Drehplattform
Ein Lift mit vier Plattformen, der sich stets dreht.

Kanonenrohr
Geht man hinein, wird man senkrecht oder diagonal herausgeschossen.

Tornado
Man wird hineingerissen und im Anschluss hoch herausgeschleudert.

Fass
Es treibt an der Wasseroberfläche und versinkt, wenn man sich draufstellt.

Donutblock
Stellt sich Mario drauf, wird er rot und fällt nach einer Weile herab.

Auflistung aller 17 Spiele — 2006 → NEW SUPER MARIO BROS.

Rankenblock
Aus dem Block taucht eine Ranke auf. Mit einer Stampfattacke wächst die Ranke nach unten.

10er-Münz-Block
Innerhalb eines bestimmten Zeitraumes tauchen mehrere Münzen auf.

Strichlinienblock
An diesen gestrichelten Linien tauchen rote Blöcke auf, wenn man den !-Schalter betätigt.

Plattformwaage
Die eine Seite sinkt, die andere Seite hebt sich.

Unsichtbare Münze
Berührt man die gestrichelten Linien, tauchen gelbe Münzen auf.

Röhre
Aus einigen Röhren kommen Gegner heraus, in einige kann man hineingehen.

Röhren-Wasserstrom
Der Wasserstrom schiebt Mario weg.

Giftsumpf
Fällt man in den Sumpf, verliert man einen Versuch. Im Dschungel gibt es besonders viele dieser Sümpfe.

Totenkopf-Schalter
Springt man drauf, fällt die Brücke und der Boss wird besiegt.

Stachel
Schaden bei Berührung. Einige Stacheln sitzen auch an beweglichen Wänden.

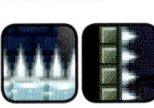

Stachel-?-Block
Man kann ihn nur an der stachelfreien Seite schlagen.

Stachelkugel
Eine stachelige Eisenkugel, die angerollt kommt.

Dornensäule
In regelmäßigen Zeitabständen springt sie mit heftiger Geschwindigkeit heraus.

Vorsprungboden
Betätigt ihr den ?-Schalter, steigt er hoch oder runter.

Trampolin-Pilz
Bei richtigem Timing ist ein hoher Sprung möglich.

Wellenboden
Aufgrund der wellenförmigen Bewegung bleibt man oft hängen.

Dehnblock
Je öfter man draufschlägt, desto länger wird er. Er zieht sich nach einer Weile wieder zusammen.

Dehnplattform
Stellt man sich drauf, wird die Plattform länger. Taucht im Mega-Gumba-Kampf auf.

Brenner
Er brennt in regelmäßigen Zeitabständen. Es gibt eine Variante, die durchgehend brennt.

Parablock
Ein ?-Block, der fliegt.

?-Schalter
Der Schalter aktiviert bestimmte Gimmicks für eine Weile.

?-Block
Ein Block mit dem ?-Symbol. In dem Block steckt eine Münze oder ein Item drin.

Kippplattform
Steigt langsam auf und kippt je nach Position von Mario nach links oder nach rechts.

Zugbrücke
Sie öffnet und schließt sich in regelmäßigen Zeitabständen.

P-Schalter
Macht für eine Weile Münzen zu Blöcken und Blöcke zu Münzen, zudem lässt er blaue Münzen erscheinen.

!-Schalter
Er lässt für eine Weile Strichlinienblöcke erscheinen.

Seil-?-Block
Er baumelt am Seil. Nach einem Schlag bleibt er stehen.

Feuerbarriere
Mehrere Feuerbälle bilden einen Stab und drehen sich. Es gibt verschiedene Längen.

Feuerblume
Sie macht Mario zu Feuer-Mario.

Deckel-Rohr
Röhren, die zugestopft sind. Man muss den Deckel mit der Pumpe entfernen.

Hängeranke
Hat dieselbe Funktion wie das Hängeseil. Sie tauchen oft im Dschungel auf.

Hängeseil
Man kann daran klettern und schaukeln. Mit einem großen Schwung wird ein weiter Sprung möglich.

Schaukelplattform
Diese Plattform schwingt langsam hin und her.

Fließband
Man wird entweder nach rechts oder nach links transportiert.

Pfosten
Man kann sich festhalten und hoch und runter bewegen.

Riesen-Kugelwilli-Kanone
Feuert Riesen-Kugelwillis in Marios Richtung ab.

Karten-Parablock
Der Block erscheint auf der Karte. Öffnet man das Level, bekommt man ein Item.

Mini-Pilz
Der kleine Pilz macht Mario zu Mini-Mario.

Mini-Röhre
Schmale Röhrenvariante. Mini-Mario kann in einige Röhren hineingehen.

Mario-Bros.-Plattform
Schlägt man von unten dagegen, wird der Gegner auf der Plattform attackiert.

Baumstamm
Er dreht sich, wenn man auf ihm steht. Bleibt man stehen, fällt man nach einer Weile runter.

Zeiger
Der Zeiger zeigt auf etwas, das man nicht sieht. Dort ist ein Block versteckt.

Schneeast
Von dem Ast fällt Schnee herab. Wird man getroffen, kann man sich für eine Weile nicht bewegen.

Schneeboden
Mario versinkt im Schnee und bewegt sich langsamer.

Wackelpilz
Er wackelt vertikal oder horizontal. Manche bewegen sich schneller.

Lava
Lavaflächen sind in den Schlössern oft zu sehen. Bei Kontakt verliert man einen Versuch.

Plattform
Bewegt sich vertikal oder horizontal. Einige fallen herab, wenn man draufspringt.

Plattform-Schalter
Bei Aktivierung ändert er manche Gimmicks, wie z. B. Plattformpositionen.

Treibsand
Mario versinkt langsam. Mit mehrfachen Sprüngen kann er entkommen.

Rouletteblock
Das Symbol wechselt. Ein Schlag stoppt das Wechseln und lässt das angezeigte Item erscheinen.

Block
Er kann zerschlagen werden. Manchmal taucht daraus ein Item auf.

Seil
Mario kann auf dem Seil gehen und mit ihm höher springen. Verweilt man zu lange, fällt man runter.

1-Up-Pilz
Mario erhält einen Extraversuch.

AND MORE
● Anderes

BESONDERE SZENEN

Als Mega-Mario ins Ziel rennen oder gegen Bowser antreten – das Spiel bietet viele berühmte Momente. Der Knochen-Bowser hingegen erscheint hier zum ersten Mal.

Die Rückkehr des Brückenkampfs!

Der Boss von W1 ist Bowser. Ein Showdown auf der Brücke über der Lava – genau wie bei *Super Mario Bros.*! Wird der Totenkopf-Schalter hinter ihm betätigt, passiert natürlich etwas ...

Als Mega-Mario ins Ziel!

Mega-Mario fegt sämtliche Gimmicks und Gegner weg. Er ist sogar in der Lage, den Zielpfahl umzuschmeißen. Das überrascht selbst Mario: Verwirrt nimmt er die fünf 1-Up-Pilze auf und geht dann ins Ziel.

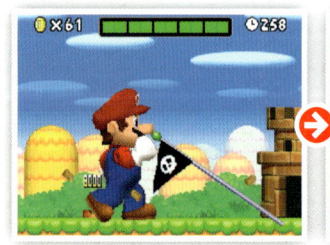

Mit Mini-Mario in die neue Welt!

Nach W2 kommt normalerweise W3. Aber besiegst du als Mini-Mario den W2-Boss, kommst du zu W4. Besiegst du als Mini-Mario den W5-Boss, landest du in W7.

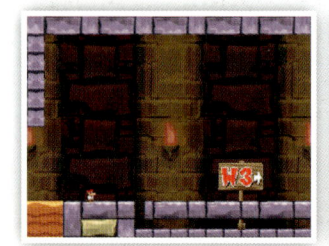

Das Debüt von Knochen-Bowser!

Bowser ist in die Lava gefallen und kehrt als Knochen-Bowser zurück. Nach diesem Spiel taucht der Knochen-Bowser immer wieder als starker Gegner auf. Bei *Mario Kart Wii* und *Mario Kart 8* ist er sogar ein spielbarer Charakter.

Sogar Bowser wird zertrampelt!

Im letzten Kampf taucht ein riesiger Bowser auf. Doch Mega-Mario kann selbst diesen Bowser locker zertreten. Als Mega-Mario können ihm auch Bowsers Flammen nicht anhaben.

Sounds im Abspann?!

Beim Abspann werden die Namen der Mitarbeiter auf dem unteren Bildschirm angezeigt. Berührt ihr dabei die Buchstaben, ertönen verschiedene Klänge. Auf dem oberen Bildschirm werden die durchgespielten Levels in Spielreihenfolge angezeigt. Je mehr Levels ihr gemeistert habt, desto mehr könnt ihr hier sehen.

Erlebt das Abenteuer mit Luigi!

Luigi tritt auch im Hauptspiel auf. Haltet bei der Spielstandauswahl die L- und R-Taste und drückt dann auf die A-Taste. So beginnt ihr das Abenteuer mit Luigi. Genau wie Mario gibt Luigi sein Bestes.

Seht Luigi in der Demo-Sequenz!

Lasst ihr das Startmenü stehen, wird nach einer Zeit automatisch der Vorspann abgespielt. Mit ein wenig Glück tritt Luigi auf.

Spielt die Hintergründe frei!

Meistert ihr W8, taucht in W1 das blaue Toad-Haus auf. Hier könnt ihr Hintergrundgrafiken gegen Sternmünzen tauschen. Damit verändert ihr das Aussehen des unteren Bildschirms. Insgesamt stehen fünf Hintergründe zur Verfügung.

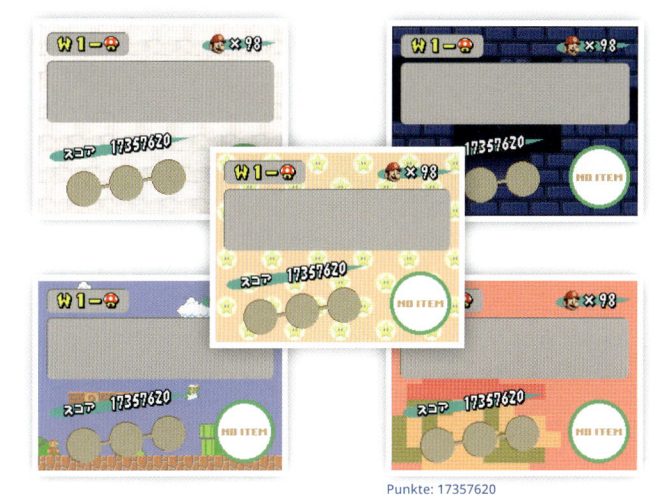

Punkte: 17357620

Hört Marios Stimme beim Zuklappen!

Schließt ihr den Nintendo DS während des Spiels, hört ihr Mario »Bye-bye!« sagen. Öffnet ihr ihn, sagt er: »It's me, Mario!«

Wissenswertes & Techniken

Unter bestimmten Voraussetzungen erlebt ihr etwas Besonderes. Achtet vor allem auf die Restzeit, bevor ihr ins Ziel lauft ...

Mit der Kanone in eine andere Welt!

Findet ihr die versteckten Ziele, kommt ihr auch zu den geheimen Routen, die zu den Warp-Kanonen führen. Mit diesen könnt ihr in andere Welten springen. Es gibt insgesamt fünf Warp-Kanonen: Ihr gelangt von W1 nach W5, von W2 nach W5, von W3 nach W6, von W4 nach W7 und von W5 nach W8.

Der Einbahnstraßenmodus!

Drückt auf dem Kartenbildschirm auf die Start-Taste, danach nacheinander die Tasten L, R, L, R, X, X, Y, Y. So wird der »Einbahnstraßenmodus« aktiviert. Dabei könnt ihr im Level nicht mehr zurücklaufen, wie bei Super Mario Bros. Auf diese Weise könnt ihr euch auch zwischen hinterem Bildschirmrand und Wand einklemmen und den Wandlauf durchführen. Bei einem Level, in dem ihr nach oben müsst, wird das Level deutlich schwieriger, weil ihr nicht mehr nach unten zurückkönnt.

Willkommen im geheimen Einbahnstraßenmodus. Ob du das Ziel erreichen kannst? Wenn du nicht mehr weiterkommst, wähle aus dem Pausenmenü »Zurück zur Karte«.

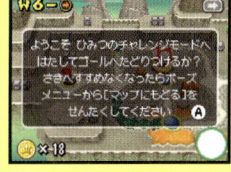

Das versteckte Toad-Haus!

Erreicht ihr das Ziel, wenn die Zehnerziffer und Einerziffer gleich sind, taucht ein ganz spezielles Toad-Haus auf der Karte auf. Bei 11, 22 oder 33 ein rotes, bei 44, 55 und 66 ein grünes und bei 77, 88 und 99 ein oranges Toad-Haus, nur bei 00 erscheint keins. Am Ziel ertönt die Ziel-Musik von *Super Mario Bros.*, dazu werden der Einerziffer entsprechend viele Feuerwerke abgefeuert.

Der Stern am Spielstand zeigt eure Leidenschaft!

Je nach erreichten Erfolgen bekommt euer Spielstand einen oder mehrere Sterne. Wird W8 bewältigt, taucht ein Stern auf. Werden alle Levels außer Warp-Kanonen und Toad-Häusern gemeistert, werden zwei Sterne angezeigt. Öffnet ihr alle Routen, beendet alle Levels und erhaltet alle Hintergrundbilder, werdet ihr sogar mit einem dritten Stern belohnt.

Wähle eine Datei!

2007

SUPER MARIO GALAXY
スーパーマリオギャラクシー

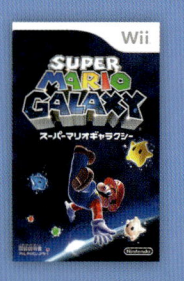

Verpackung | **Disc** | **Anleitung**

- **Hardware**
  Wii
- **Erscheinungsdatum Japan/EU**
  1. November 2007
  16. November 2007
- **Spieleranzahl**
  1–2
- **Anmerkung**
  Erhältlich als Downloadversion für Wii U.

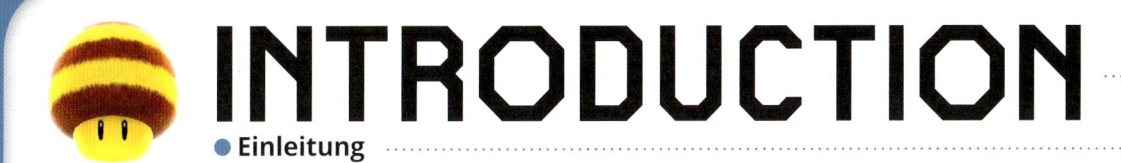

Auflistung aller 17 Spiele (2007 → SUPER MARIO GALAXY)

INTRODUCTION
● Einleitung

S T O R Y

Alle hundert Jahre erscheint ein Komet am Himmel über dem Pilz-Königreich und lässt es Sternschnuppen regnen. Es heißt, die Sternschnuppen werden nach der Landung auf der Erde von den Toads eingesammelt und ins Schloss gebracht. Sie bilden einen großen Power-Stern, der dem Pilz-Königreich Glück bringen soll.

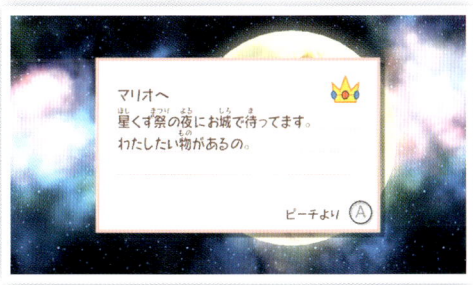

Es gab einmal einen Kometen, der war so groß, dass er den Himmel über dem Pilz-Königreich füllte.

Lieber Mario! Ich warte am Abend des Sternenstaubfestes am Schloss auf dich. Es gibt da etwas, das ich dir geben möchte. Von Peach

Am Abend des »Sternenstaubfestes«, das alle 100 Jahre zur Feier des Segens der Sterne veranstaltet wird ...

»Lieber Mario!
Ich warte am Abend des Sternenstaubfestes am Schloss auf dich. Es gibt da etwas, das ich dir geben möchte.
Von Peach«

Mit dieser Einladung in der Hand kommt Mario am Schloss an, mitten im prächtigen Sternenstaubfest. Die fröhlich tanzenden Toads empfangen ihn.

Es ist ein glücklicher Moment für Mario, doch dann ...

I N F O S

Marios Abenteuer im All

Es handelt sich um ein 3-D-Action-Spiel mit Mario im Weltall. In der Sternwarte des Kometen lernt er Rosalina und Luma kennen. Mit ihrer Hilfe reist er durch das Universum. Hier erlernt Mario eine neue Aktion: die Drehung durch Schütteln der Wii-Fernbedienung. Damit werden Gegner attackiert oder Gimmicks aktiviert. Und zum ersten Mal in einem 3-D-Action-Spiel mit Mario gibt es einen Koop-Modus. Der zweite Spieler hat beispielsweise die Aufgabe, Mario mit dem Zeiger des Controllers zu unterstützen.

Levels mit Gravitation

Im Weltall warten viele Planeten auf unseren Helden. Diese haben verschiedenste Eigenschaften, darunter sind runde Planeten, Planeten mit unterschiedlichen Anziehungskräften, Planeten aus Spielzeugen oder auch Meeresplaneten ... Mario fliegt von einem Planeten zum anderen. Das galaktische Abenteuer ist im Übrigen mit stimmungsvoller orchestraler Musik untermalt.

CHARACTERS
● Charaktere

SPIELBARE FIGUREN

Der Hauptcharakter ist Mario. Manchmal muss Mario Luigi aus der Patsche helfen, aber im Gegenzug hilft Luigi auch ihm bei der Suche nach den Power-Sternen. Sammelt ihr 120 Power-Sterne, könnt ihr mit Luigi spielen.

Mario
Mit seinen Sprüngen und Drehungen und dank der Kraft von Baby-Luma reist er durchs Universum.

Luigi
Er springt höher als Mario, rutscht jedoch leichter aus.

POWER-UPS

Mit bestimmten Items verwandeln sich die Charaktere. Manche Power-Ups sind nur für einen bestimmten Zeitraum aktiv.

Mario
Normaler Zustand. Er kann mit seinen Drehungen angreifen oder Gimmicks aktivieren. Er verliert einen Versuch, wenn seine Kraftpunkte auf 0 sinken.

- Mario
- Luigi

Bienen-Mario — Item ● Bienen-Pilz
Er kann für eine Weile fliegen. Außerdem kann er sich an den Honigwabenmauern festhalten oder auf Wolken und Blumen gehen.

- Bienen-Mario
- Bienen-Luigi

Auflistung aller 17 Spiele — 2007 — SUPER MARIO GALAXY

Feuer-Mario
Item → Feuerblume

Mit Feuerbällen werden Gegner attackiert oder Gimmicks aktiviert. Mario verwandelt sich automatisch zurück, nachdem ein Zeitlimit abgelaufen ist.

- Feuer-Mario
- Feuer-Luigi 

Eis-Mario
Item → Eisblume

Was er berührt, erstarrt zu Eis. So kann er über Wasser und Lava laufen. Auch Wandsprünge an Wasserfällen sind möglich. Auch diese Verwandlung ist zeitlich begrenzt.

- Eis-Mario
- Eis-Luigi 

Geist-Mario
Item → Geist-Pilz

Mit dem A-Knopf kann man schweben. Schüttelt man die Wii-Remote, wird er durchsichtig und kann durch Gitter gleiten. Licht und Wasser beenden seine Transparenz.

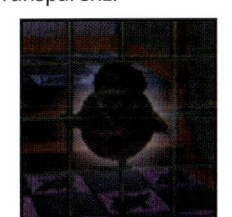

- Geist-Mario
- Geist-Luigi 

Feder-Mario
Item → Feder-Pilz

Er bewegt sich hüpfend und mit dem richtigen Timing springt er höher. Berührt er eine Wand, vollführt er automatisch einen Wandsprung.

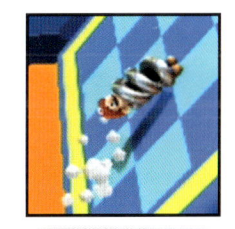

- Feder-Mario
- Feder-Luigi 

Regenbogen-Mario
Item → Regenbogenstern

Sein Körper leuchtet in Regenbogenfarben und er kann Gegner durch Berührung besiegen. Je länger er läuft, desto schneller wird er.

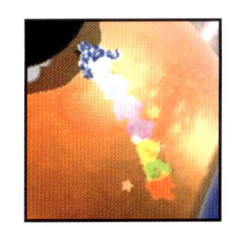

- Regenbogen-Mario
- Regenbogen-Luigi 

Fliegender Mario
Item → Roter Stern

Mit der Drehung in der Luft fliegt Mario. Dieser Zustand ist nur in der Sternwarte bzw. Sterntor-Galaxie möglich. Der Zustand wird nach einer Weile aufgelöst.

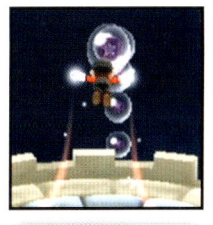

- Fliegender Mario
- Fliegender Luigi

ANDERE CHARAKTERE

Charaktere, denen Mario bei seinem Abenteuer begegnet.

Bienen
Die Bewohner des Bienenreichs.

Honigbienenkönigin
Die große Königin des Bienenreichs. Sie bittet Mario um Hilfe.

Baby-Luma
Rosalina gibt Mario diesen Luma. Er verleiht Mario die Kraft der Drehung.

Sternenhase
Diese Hasen sind auf vielen Planeten zu finden. Manchmal brauchen sie Marios Hilfe.

Polari
Der älteste Luma. Er zeigt Mario die Karte der Sternwarte.

Toad
Die Toads sind Bewohner des Pilz-Königreichs. Sie veranstalten das Sternenstaubfest.

Rosalina
Eine mysteriöse Frau und die Herrin der Sternwarte. Sie unterstützt Mario.

Prinzessin Peach
Die Prinzessin des Pilz-Königreichs. Bowser hat sie zusammen mit ihrem Schloss entführt.

Gourmet-Luma
Er verwandelt sich zum Beispiel in Planeten, wenn er genügend Sternenteile isst.

Lumalee
Er verwandelt sich in ein Item, wenn man ihm genug Sternenteile gibt.

Coach
Der Coach bringt Pinguinen das Schwimmen bei.

Pinguru
Ein alter Pinguin, der stottert.

Pinguin
Die Pinguine leben auf den Meeres-Planeten. Sie schwimmen im Meer.

Schatschi
Der Meeres-Gangster. Er fordert Mario heraus.

Hausmeister
Der Roboter bittet Mario, ihm beim Aufräumen zu helfen.

Buu Huu Wettläufer
Dieser Buu Huu fordert Mario zum Rennen heraus. Das schnellste Gespenst.

Lumas
Die Sternenkinder sind überall zu finden. Es gibt sie in verschiedenen Farben.

Schildhilf
Das Schild bringt Mario bei, wie man auf dem Sternenball geht.

Schildfried
Das Schild bringt Mario den Wandsprung bei.

Schildbürger
Das Schild bringt Mario bei, wie man die Blah-Blah-Blase steuert.

Schildbert
Das Schild bringt Mario bei, wie man mit dem Geist-Pilz umgeht.

Schabernack-Luma
Der lila Luma kann die Schabernack-Kometen steuern.

Schatten-Mario/-Luigi
Der Schatten fordert den Spieler heraus.

Muimui
Der Wurm lebt in apfelförmigen Planeten und taucht aus dem Baumstumpf auf.

Rochen
Er trägt Mario auf dem Rücken und lässt ihn auf dem Wasser gleiten.

Toad-Suchtrupp
Das Fünf-Mann-Team sucht nach Prinzessin Peach. Der rote Toad ist der Captain.

GEGNER

Die Gegner des Spiels. Beim Besiegen durch eine Drehung hinterlassen einige Gegner andere Items als durch einen normalen Sprung.

Eis-Flappflapp
Ein eisiger Flappflapp. Bei Berührung friert man ein.

Perlenmuschel
Sie klappt am Meeresboden auf und zu. Manchmal findet man ein Item darin.

Aal
Schwimmt entweder aus Höhlen heraus oder schwimmt herum.

Blasen-Kanone
Sie schießt mit Wasserkugeln. Berührt man die Kugel, kann man hinein.

Monty-Blasenkanone
Hier sitzt General Maulwurf im Cockpit und schießt mit Wasserbällen.

Igluck
Er hat einen stacheligen Körper. Findet er Mario, rollt er auf ihn zu.

Elektro-Bazooka
Hier sitzt General Maulwurf im Cockpit und schießt mit Elektrokugeln.

Otakönig
Er lebt in der Lava und schießt mit Kokosnüssen.

Auflistung aller 17 Spiele — 2007 → SUPER MARIO GALAXY

Otakönig (schwarz)
Eine stärkere Variante des Otakönigs. Er beschwört sogar Meteoriten.

Oktopus
Er schießt abwechselnd mit Kokosnüssen und Feuerkugeln.

Tox-Box
Der Steinwürfel rollt auf den Wegen. Wird man zerquetscht, verliert man einen Versuch.

Stinkkäfer-Familie
Zwei Stinkkäfer auf einmal. Wird der Kleine besiegt, wird der große wütend und schneller.

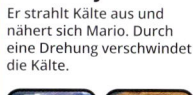

Eis-Flamy
Er strahlt Kälte aus und nähert sich Mario. Durch eine Drehung verschwindet die Kälte.

König Eis-Flamy
Er sendet Schockwellen aus. Durch eine Drehung in seiner Nähe wird er kleiner und verwundbar.

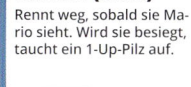

Kanina (blau)
Rennt weg, sobald sie Mario sieht. Wird sie besiegt, taucht ein 1-Up-Pilz auf.

Kanina (rot)
Sie bewegt sich im Zickzack. Der Körper ist hart, der Po ist weich.

Kürbis-Gumba
Ein Gumba mit einem Kürbis auf dem Kopf. Bleibt er stehen, speit er blaues Feuer.

Magikoopa
Teleportiert und beschwört Gegner und Feuerkugeln.

Knochentrocken
Er verfolgt Mario, sobald er ihn sieht. Wird er getreten, bricht er für eine Weile auseinander.

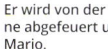

Kugelwilli
Er wird von der Willi-Kanone abgefeuert und verfolgt Mario.

Stachelmine
Bewegt sich unter Wasser auf und ab. Nach einer Explosion regeneriert sie sich.

Skeletthai
Ein Skelett-Haifisch. Panzer können ihn verwunden.

Bowser
Er hat Prinzessin Peach entführt. Mario tritt dreimal gegen ihn an. Er greift mit Feuer und Schockwellen an.

Bowser Jr.
Bowsers Kind. Er greift aus seinem Luftschiff an.

Königsspinne
Sie bewegt sich auf dem Netz und greift mit Gift an. Die runden Stellen sind ihre Schwachpunkte.

Gumba
Er verfolgt Mario, wenn er ihn sieht. Wird er getreten, taucht eine Münze auf.

Stinkkäfer
Er stürmt geradeaus auf Mario zu. Immun gegen Tritte.

Stinkkäferkönig
Der König der Stinkkäfer. Er fliegt und wirft Bomben herab.

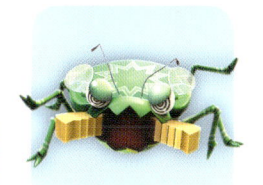

Blooper
Er schwimmt im Wasser auf und ab und nähert sich Mario.

Goldener Kettenhund
Ein goldener Kettenhund. Wird er besiegt, hinterlässt er einen Stern.

Kokos-Pokey
Ist Mario in der Nähe, lässt er sich auf ihn fallen. Angriff mit Kokosnüssen möglich.

Flippkäfer
Das Insekt flieht, wenn es Mario sieht. Es greift nur Bienen-Mario an.

Mini-Skeletthai
Er begleitet den Skeletthai. Er schwimmt auf Mario zu und explodiert.

Kuller-Fels
Er dreht sich um die eigene Achse. Eine Drehattacke gegen die rote Stelle besiegt ihn.

Ein-Glied-Pokey
Der Pokey-Kopf taucht auf, wenn Mario in der Nähe ist, und hüpft auf ihn zu.

Jump-Garage
Aus dem gelben Teil erscheint Mini-Begoman. Der Kopf ist eine Sprungfeder.

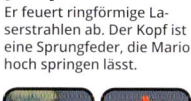

Jump-Beamer
Er feuert ringförmige Laserstrahlen ab. Der Kopf ist eine Sprungfeder, die Mario hoch springen lässt.

Tornadino
Kleiner Tornado, der Mario in der Luft gleiten lässt. Schaden bei Berührung der Felsen.

Space-Kiraira
Diese Minen schweben in der Luft. Explodieren bei Berührung.

Riesenaal
Ein riesiger Aal, der in den Höhlen nistet. Besiegbar mit Panzern.

Blasen-Poink
Klebt sich an Mario fest und fügt ihm Schaden zu. Eine Drehung besiegt ihn.

Oktopod
Er schießt auf Mario. Kommt Mario näher, flieht er.

Oktumba
Er bleibt an einer Stelle. Ist Mario in der Nähe, führt er Kopfnussattacken aus.

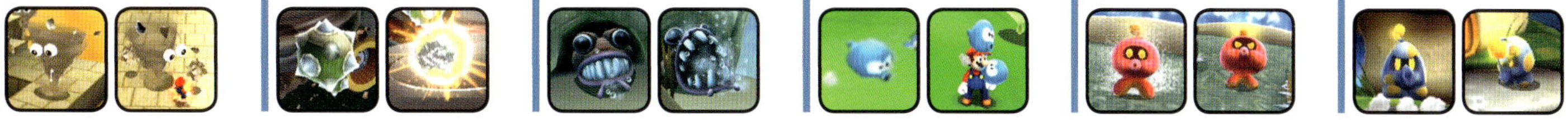

Roter Pokey
Durch Drehattacken fällt ein Körperteil nach dem anderen ab.

Schubswand
Diese Felswand springt plötzlich aus der Wand heraus. Auch als Plattform nutzbar.

Trippeltrap
Die Spinne hängt am Faden, wackelt mit dem Körper und attackiert Mario.

Dino-Piranha
Findet er Mario, greift er mit seinem großen Maul an. Sein Schwanz ist sein Schwachpunkt.

Dino-Piranha (schwarz)
Ein brennender Dino-Piranha. Schaden bei Kontakt.

Riesen-Gumba
Ein großer Gumba, der immun gegen Tritte ist. Durch die Drehung wird er ohnmächtig.

Riesen-Kuller-Fels
Großer Kuller-Fels. Auch hier ist die rote Stelle der Schwachpunkt.

Buu Huu
Er nähert sich Mario von hinten. Guckt Mario ihn an, bleibt er stehen, außer bei Geist-Mario.

Torpedo-Ted
Der Torpedo verfolgt Mario unter Wasser. Er explodiert, wenn er irgendwo gegenfliegt.

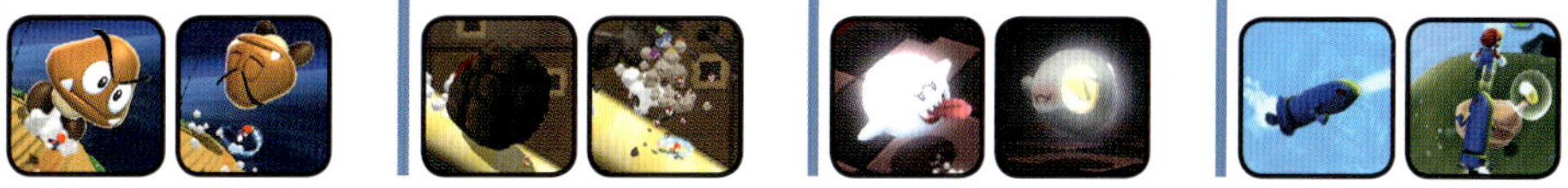

Lila Piranha-Pflanze
Eine große lila Piranha-Pflanze. Sie schlägt mit dem Kopf nach Mario.

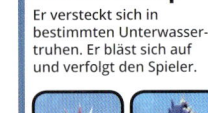

Stachel-Cheep
Er versteckt sich in bestimmten Unterwassertruhen. Er bläst sich auf und verfolgt den Spieler.

Dornenbegoman
Rammt Mario drehend. Auch der obere Stachel verursacht Schaden.

Steinblock
Er fällt herab und steigt an bestimmten Orten wieder auf. Wird man zerquetscht, verliert man einen Versuch.

Koopa (rot)
Er läuft an bestimmten Stellen hin und her. Springt man auf ihn drauf, wird er zu einem Panzer (rot).

Koopa (grün)
Er läuft an bestimmten Stellen hin und her. Springt man auf ihn drauf, wird er zu einem Panzer (grün).

Piranha-Pflanze
Sieht sie Mario, streckt sie sich und beißt zu.

Flappflapp
Findet er Mario, kreischt er und führt eine Sturzflugattacke aus.

Wiggler
Er läuft auf bestimmten Routen. Springt man auf ihn drauf, wird er wütend und verfolgt Mario.

Feder-Spinne
Sie hüpft auf einem Punkt. Sie greift nicht an.

Sprungfeder-Begoman
Ein Begoman mit Sprungfederkopf. Man kann auf dem Kopf hochhüpfen.

Hothead
Springt aus der Lava heraus und verfolgt den Spieler hüpfend. Er verschwindet nach einer Weile.

Sparky
Eine Kugel mit Gesicht. Sie ist elektrisch geladen und dreht sich um einen Punkt.

Riesen-Qualle
Eine elektrisch geladene große Qualle. Bei Berührung erleidet Mario Schaden durch Elektroschocks.

Schock-Ball
Eine elektrisch geladene Kugel. Schaden bei Kontakt.

Feuerkanone
Sie wirft in regelmäßigen Zeitabständen Flammen und ist unbesiegbar.

Cheep-Cheep
Schwimmt an der Wasseroberfläche hin und her. Ist kein Wasser vorhanden, hüpft er herum.

Begomankönig
Aus der schnellen Drehung greift er mit den Klingen an. Springt man drauf, zieht er die Klingen ein.

Sternentasche
Sie taucht auf und verschwindet. Besiegt man sie, hinterlässt sie zwanzig Sternenteile.

Mini-Begoman
Kleiner Begoman. Berührung verursacht keinen Schaden, doch man wird weggestoßen.

Kataquax
Er verfolgt Mario, wenn er ihn sieht. Bei Berührung schleudert er Mario hoch.

Schockwellen-Roboter
Erzeugt ringförmige Schockwellen. Wird an der Schraube gedreht, stoppt er.

Mega-Kamek
Er teleportiert sich und greift zum Beispiel mit Flammenkugeln an. Kontern mit Panzern möglich.

Bomben-Huhn
Es fliegt herum und wirft mit Bomben.

Bomben-Buu-Huu
Der dunkle Buu Huu explodiert bei Kontakt. Man kann sich seine Zunge schnappen und ihn wegschleudern.

Bob-omb
Ist Mario in der Nähe, verfolgt er ihn blinkend und explodiert nach einer Weile.

Polter
Er kontrolliert Felsen für Attacke und Abwehr. Nutzt Bomben-Buu-Huus zum Kontern.

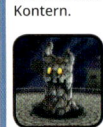

Riesen-Kugelwilli
Riesiger Kugelwilli. Er dreht sich und fliegt geradeaus.

Mini-Gumba
Kleiner Gumba, der mit einer Drehattacke besiegt wird.

Robo-Koopa
Er verfolgt Mario und speit Feuer. Die Drehattacke lässt ihn ohnmächtig werden.

Kleiner Kettenhund
Kleiner Kettenhund, der bestimmte Routen entlangrollt.

Megabein
Ein Roboter mit mächtigen Beinen. Klettert man auf seinen Kopf, greift er mit Kugelwillis an.

Astro-Gumba
Ein Gumba mit stabilem Helm. Er ist nicht mit einem Sprung auf den Kopf zu besiegen.

Feuer-Flamy
Er brennt und nähert sich Mario. Durch die Drehung verschwindet die Flamme.

Rocky Schraubschlüssel
Er schlüpft aus dem Boden und wirft mit Schraubenschlüsseln.

General Maulwurf
Er verfolgt Mario unterirdisch. Eine Stampfattacke lässt ihn herausspringen.

Monty Maulwurf
Er bewegt sich unter der Erde, die Stacheln bleiben aber an der Erdoberfläche.

Qualle
Sie schwimmt an festgelegten Stellen. Schaden bei Kontakt.

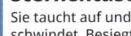

Lava-Igluck
Ein Igluck an Land. Er lässt sich mit Feuerbällen besiegen.

Stachel-Laser
Er erzeugt ringförmige Laserstrahlen in regelmäßigen Zeitabständen.

Laser-Roboter
Ist Mario in der Nähe, schießt er mit einem Laserstrahl.

Kettenhund
Er rollt an bestimmten Orten herum. Prallen zwei Kettenhunde aufeinander, gehen beide kaputt.

Auflistung aller 17 Spiele 2007 SUPER MARIO GALAXY

WORLDS
• Welten

LEVELS

Von der Sternwarte aus fliegt ihr in die Galaxien (Levels) und erfüllt Missionen, um die Power-Sterne zu erhalten.

Terrasse
Das ist der Raum in der Sternwarte, den ihr zuerst erreicht. Hier beginnt das Abenteuer.

Eierplanet-Galaxie
Mithilfe großer Sternenringe fliegt ihr zu den kleinen eierförmigen Planeten.

Dino-Piranha auf dem Eierstern
Ihr fliegt durch Sterne mit verschiedenen Eigenschaften und kämpft gegen den ersten Boss, den Dino-Piranha.

Erfülle den Wunsch des Vielfraßes
Sammelt die Sternenteile und füttert den Gourmet-Luma, um den neuen Stern zu erreichen.

Otakönigs Ufo-Armada
Die Ufo-Armada greift an. Besiegt die Gegner in dem Level und kämpft am Ende gegen den Otakönig.

Zeitangriff! Dino-Piranha
Ihr müsst »Dino-Piranha auf dem Eierstern« innerhalb von vier Minuten durchspielen.

Die lila Münzen im Eiersternhaufen
Mithilfe großer Sternenringe fliegt ihr umher und sammelt 100 lila Münzen.

Luigi im Eiersternhaufen
Mario bekommt einen Brief von Luigi und sucht nach ihm.

Honigbienenkönigreich
Das Königreich, das von der Honigbienenkönigin regiert wird.

Flieg! Bienen-Mario!
Findet den Bienen-Pilz und begebt euch zur Bienenkönigin.

Notfall am Wachturm
Besiegt die Stinkkäfer, die den Wachturm gekapert haben.

Gegenangriff der Stinkkäferfamilie
Der Stinkkäferkönig startet einen Gegenangriff. Kämpft auf dem kleinen Planeten.

Überhol den Schatten!
Lauft um die Wette gegen den Schatten, der Mario sehr ähnlich ist. Erreicht zuerst das Ziel.

Lila Münzen bei den Honigbienen
Sammelt die lila Münzen, die überall im Honigbienenkönigreich verteilt sind.

Luigi bei den Honigbienen
Luigi fürchtet sich vor Flippkäfern. Rettet ihn, so bekommt ihr einen Power-Stern.

Test-Surfen
Ein Surf-Stern, der fast ausschließlich aus Wasser besteht.

Lass uns surfen!
Auf dem Rochen surft ihr übers Wasser. Erreicht das Ziel, ohne vom Weg abzukommen.

Umdrehboden-Galaxie
Ein kleiner Planet mit vielen Umdrehböden. Der Hintergrund erweckt Nostalgie.

Färb die Umdrehböden gelb ein!
Weicht den Gimmicks aus und vereinheitlicht die Bodenfarben.

Bowser Jr.s Robofabrik
Ein kleiner Stern, auf dem das Megabein euch erwartet. Auch Kugelwillis greifen euch an.

Der dreibeinige Riese!
Der Kampf gegen das Megabein, den Bowser Jr. vorbereitet hat. Klettert an seinen Beinen hoch zum Kopf.

129

Badezimmer

Das Pilz-Schiff ist nun fertig. Von nun an werdet ihr den Toad-Suchtrupp öfter sehen.

Sternenstaub-Galaxie
Eine Galaxie voller kleiner Sterne. Auch der Toad-Suchtrupp gibt sein Bestes.

Der Sternregenpfad
Meistert die schmalen Routen mit den Greifsternen und rettet den Toad-Suchtrupp.

Kameks Flotte greift an!
Ihr rettet den Toad-Suchtrupp, der zur Flotte vorgedrungen ist, und kämpft gegen Mega-Kamek.

Klebe-Kokons und Königsspinne
Mit Klebe-Kokons katapultiert ihr euch voran und kämpft gegen die Königsspinne am Ende.

Zeitangriff! Der Sternregenpfad!
Es gilt, den »Sternregenpfad« binnen vier Minuten zu bewältigen.

Lila Münzen auf dem Sternregenpfad
Auf den labyrinthartig aufgestellten Myst-Blöcken sammelt ihr die lila Münzen innerhalb des Zeitlimits ein.

Was macht Yoshi denn hier?!?
Gelangt ihr mithilfe von Gourmet-Luma zur anderen Route, findet ihr einen Yoshi-Planeten.

Kampffelsen-Galaxie
Eine Festung voll fliegender Untertassen. Weicht den heftigen Attacken aus.

Riesenfestung aufgetaucht!
Auf der Scheibenplattform müsst ihr wütenden Angriffen ausweichen.

Schleich dich in die Riesenfestung!
Mit Bob-ombs zerstört ihr die Glaskörbe und löst die Rätsel.

Die Bedrohung
Besiegt die Dornenbegomans, um euch den Weg zu bahnen. Zum Schluss erwartet euch der Kampf gegen den Begomankönig.

Risikokomet! Die Bedrohung
Mit nur einem Kraftpunkt kämpft ihr gegen den Begomankönig. Es gibt keine Heilungsmöglichkeit.

Lila Komet! Die lila Münzen in der Riesenfestung
Auf der beweglichen Plattform sammelt ihr die roten Münzen.

Die Mülldeponie der Riesenfestung
Der Hausmeister bittet euch um Hilfe. Säubert das Gebiet und es wird honoriert.

Luigi unter der Diskusscheibe
Rettet Luigi, der im Glaskäfig unter der Diskusscheibe eingesperrt ist.

Test-Ball
Hier nutzt ihr den Sternenball. Der flache Planet ähnelt einem Golfplatz.

Wundersame Reise des Sternenballs
Erreicht das Ziel mit dem Sternenball, ohne die Strecke zu verlassen.

Bam-Bam-Bann-Galaxie
Ein kleiner Planet, bestehend aus Plattformen, von denen die meisten verschwinden.

Renn und musizier
Sammelt die Noten auf den verschwindenden Plattformen, ohne zweimal auf einem Panel zu gehen.

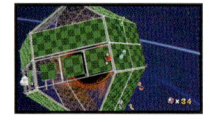

Bowsers Sternenfabrik
Bowsers Festung. An einigen Stellen spielt die Gravitation verrückt.

Kampf in Bowsers Festung
Weicht den Feuerbarrieren aus und stellt euch dem ersten Kampf gegen Bowser.

Küche

Der Raum gegenüber der Bibliothek. Hier warten Wasser und finstere Planeten auf euch.

Glasstrand-Galaxie
Ein Paradies aus Sand und Meer. Hier absolvieren die Pinguine ihr Schwimmtraining.

Was glitzert da am Meeresboden?
Sammelt die Sternenteile am Meeresboden ein und erreicht dann den Gipfel.

Abschlussprüfung – Schwimmklasse
Sucht den goldenen Panzer und bringt ihn zum Coach.

Auflistung aller 17 Spiele — 2007 — SUPER MARIO GALAXY

Das Rätsel der Strudelhöhle
In der Strudelhöhle ist ein großer Sternenring versteckt. Damit gelangt ihr zum Himmelkorridor.

Tempo-Modus! Himmelkorridor
Hier weicht ihr den sich schnell bewegenden Steinblöcken und Tox-Boxen aus und geht voran.

Die lila Münzen am Strand
Sammelt die lila Münzen ein, die am Strand verteilt sind. Ihr müsst auch den Feder-Pilz einsetzen.

Erschaffe und erklimme die Eiswand!
Als Eis-Mario friert ihr den Wasserfall ein und klettert mit Wandsprüngen nach oben.

Phantom-Galaxie
Das Spukhaus der Buu Huus. Luigi irrt hier herum.

Rette Luigi aus dem Spukhaus
Als Geist-Mario geht ihr durch die Wände und rettet Luigi.

Buu Huu Wettläufer
Tretet gegen Buu Huu Wettläufer an. Nutzt die Greifsterne und erreicht zuerst das Ziel.

Weltallschutt und der Geisterboss
Mit Klebe-Kokons klettert ihr die Wand hoch und besiegt dann Polter.

Risikokomet! Weltallschutt
Mit einem einzigen Kraftpunkt müsst ihr Polter besiegen. Weicht also allen Angriffen sorgfältig aus!

Die lila Münzen im Schweberaum
Fliegt mithilfe von Greifsternen herum und sammelt die lila Münzen innerhalb des Zeitlimits ein.

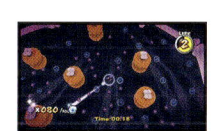

Schwebender Stern in Rabenschwarz
Das Myst-Licht zeigt euch den unsichtbaren Weg. Öffnet die Tür mit dem Schlüssel.

Schwimmland-Galaxie
Zerstört das Gewicht unter Wasser und setzt die versunkene Festung in Betrieb.

Die Marinefestung
Aktiviert die Festung und klettert nach oben, um die blauen Sternenteile zu sammeln.

Fundstück aus der Marinefestung
Findet das versteckte Rohr im Wasser. Die Kugelwillis beschützen den grünen Power-Stern.

Test-Blase
Ein Planet bedeckt mit Giftsümpfen. Große Blasen sind notwendig, um voranzukommen.

Von der großen Blase geschüttelt
Lasst euch von der Blase tragen. Nutzt den Luftstrom geschickt.

Bowser Jr.s Schiffsfabrik
Bowsers Flotte greift an. Bewältigt das Level, indem ihr über die Kanonen und Lifte lauft.

Verjage Bowsers Armada
Springt über feindliche Schiffe zu Bowser Jr.s Schiff. Besiegt ihn.

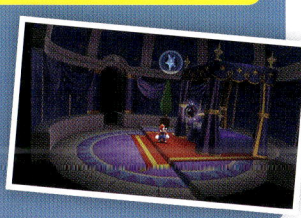

Schlafzimmer
Nun ist auch Luigi mit an Bord und sucht nach Power-Sternen.

Windgarten-Galaxie
Eine Galaxie mit herrlich blauem Himmel. Mit Gras-Gimmicks fliegt ihr von einem Planeten zum anderen.

Der Himmel, der Wind und der Hase
Hinter den Sternen findet ihr einen würfelförmigen Garten. Dort spielt ihr Fangen mit den Sternenhasen.

Begegnung mit General Maulwurf
General Maulwurf quält einen Sternenhasen. Besiegt den General und befreit den Hasen.

Wo die Schwerkraft hinfällt
Ein athletisches Level, in dem ihr die Schwerkraft verändern müsst.

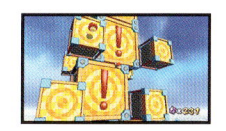

Risikokomet! General Maulwurf
Mit einem einzigen Kraftpunkt kämpft ihr gegen General Maulwurf. Vorsicht vor Sandstaub.

Lila Münzen im Würfelgarten
Im würfelförmigen Garten müsst ihr innerhalb des Zeitlimits 100 lila Münzen sammeln.

Der Schatz des goldenen Wauwaus
Als Regenbogen-Mario besiegt ihr den goldenen Kettenhund. In der Mitte erscheint ein Power-Stern.

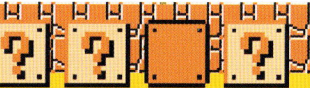

Eisvulkan-Galaxie
Ein kalter Planet mit Eisbergen und Vulkanen.

Schlüpfriger Eisberg
Die Welt ist fast komplett zugefroren. Am Berghang kämpft ihr gegen König Eis-Flamy.

Lavaweg im Land des Eises
Als Feuer-Mario löst ihr das Rätsel und lauft über den Flammenweg voller Lava.

Zwischen eiskalt und glutheiß
Ihr geht durch die Feuer- und Eis-Welt. Den Lavaweg bewältigt ihr als Eis-Mario.

Überhol den Schatten! Eiskalt ...
Ein Wettlauf gegen den Schatten. Mit Schlittschuhen lauft ihr übers Eis und geht zuerst ins Ziel.

Lila Münzen an der Eisbergsteilwand
Sammelt die lila Münzen auf dem Eisberg. Ihr werdet auch auf dem Gipfel fündig.

Hurra! Erobere den Eisberg!
Der Power-Stern befindet sich am Gipfel. Erreicht den Ort über die versteckte Route.

Sandinsel-Galaxie
Ein vom Sand bedeckter Planet. Die Treibsandplattformen halten Mario auf.

Der Luftstrom des Sandtornados
Mit den Tornados fliegt ihr zum Gipfel des Wüstenturms.

Jenseits des endlosen Treibsands
Ihr lauft über den Weg auf dem Treibsand. In der zweiten Hälfte verliert ihr einen Versuch, wenn ihr hineinfallt.

Die Riesenfalle in der Wüste
Auf vielen Planeten versinken Bauwerke. Achtet darauf, dass ihr nicht zerquetscht werdet.

Zeitangriff! Jenseits des Treibsands
»Jenseits des endlosen Treibsands« muss innerhalb von 4 Minuten und 30 Sekunden gemeistert werden.

Die lila Münzen im Land der Wüste
Die lila Münzen müssen gesammelt werden. Nutzt den Wüstenwind zu euren Gunsten.

Was im Sand funkelt
Findet den Baumstumpf zur anderen Route. Leitet den Kugelwilli und zerstört den Glaskäfig.

Die Sandkapsel und die Silbersterne
Im kapselförmigen Raum in der Pyramide werden Silbersterne gesammelt.

Honigkraxel-Galaxie
Eine große Wand mit Honigwaben. Klettert als Bienen-Mario hoch.

Kraxel zum Himmel, Bienen-Mario!
Hütet euch vor feindlichen Attacken und klettert nach ganz oben. Am Gipfel wartet der Power-Stern.

Dunkle-Materie-Fabrik
In der Burg verändert sich die Gravitation. Vorsicht vor schwarzen Löchern!

Die Pläne des Koopa-Königs
Mit den Plattformen überwindet ihr die Gravitationsverzerrungen und tretet zum zweiten Mal gegen Bowser an.

Maschinenraum
Der Raum im mittleren Turm. Darin befindet sich auch der Hausmeister.

Herbstwald-Galaxie
Wald mit bunten Blättern. Hier wachsen viele hohe Bäume.

Was die Mondhasen suchen
Findet die blauen Sternenteile, um den Hasen zu helfen.

Geworfen werden
Bringt die Kataquaxs in die richtige Position und lasst euch werfen, um weiterzukommen.

Herzklopf-Waldweg
Als Bienen-Mario kämpft ihr gegen die Monty-Blasenkanone, die den Wachturm gekapert hat.

Überhol den Schatten! Herbstwald
Nun lauft ihr gegen den Schatten, der noch schneller geworden ist, über die schmalen Plattformen.

Lila Münzen im farbenfrohen Wald
Innerhalb des Zeitlimits sammelt ihr die verteilten lila Münzen.

Läute die Glocke im Baumschatten
Ihr steigt hinter dem großen Baum in die große Blase hinein und sammelt die Noten, die aus der Glocke kommen.

Reifenozean-Galaxie

Ein Planet mit großem ringförmigem Meer. Hier spielen Pinguine.

Jag den Meeresganoven
Kampf gegen den Meeresganoven Schatschi. Schwimmt durch die acht Ringe.

Superschnell! PingPing-Rennen
Ihr nehmt am Pinguin-Rennen teil. Nutzt den Panzer und erreicht den ersten Platz.

Lasst uns die Silbersterne suchen
Sammelt Hinweise der Bewohner und findet die versteckten Silber-Sterne.

Überhol den Schatten!
Ein Wettrennen gegen den Schatten. Schwimmt im Meer und erreicht den Power-Stern hinter dem Turm.

Die lila Münzen im Reifenozean
Sammelt die lila Münzen über dem Meer ein. Manchmal müsst ihr auch als Dienen-Mario losziehen.

Bam-Bam-Bann von Gourmet-Luma
Gourmet-Luma bringt Mario zu einem anderen Planeten. Sammelt die Noten auf den verschwindenden Plattformen.

Spielzeugschachtel-Galaxie

Ein Planet wie ein Spielwaren- oder Süßigkeitenbasar voller spaßiger Gimmicks.

Stählerner Koloss, Robo-Bowser
Als Feder-Mario absolviert ihr das Level. Am Ende taucht der riesige Bowser-Roboter auf.

Mario trifft Mario
Sammelt die Silber-Sterne auf den Mario-förmigen Plattformen.

Boing-Boing in der Süßigkeitenstraße
Ihr hüpft als Feder-Mario über die Süßigkeiten. Auf dem Kuchen kommt es zum Kampf gegen die Elektro-Bazooka.

Tempo-Modus! Umdrehböden
Tox-Boxen und andere Gegner bewegen sich schneller in dieser Variante von »Umdrehböden des Kettenplaneten«.

Lila Münzen auf Luigi
Sammelt auf Plattformen, die wie Pixel-Luigi aussehen, die lila Münzen.

Umdrehböden des Kettenplaneten
Lauft über die schmalen Wege mit Tox-Boxen und tretet auf alle Umdrehböden.

Schädelhai-Galaxie

Ein unheimlicher Planet aus Wasser. Hier lebt der Skelettthai.

Der Stern und die Skelettthaie
Kämpft gegen die Skelettthaie. Attackiert mit dem Panzer.

Kreaturfabrik

Ein Planet aus Lava. Hier wartet der schwarze Otakönig auf Mario.

Otakönig auf dem Lavaplaneten
Auf instabilen Plattformen über der Lava kämpft ihr gegen den schwarzen Otakönig.

Loft

Die höchste Ebene der Sternwarte, ein mysteriöser Raum mit sich weit erstreckendem Grasland.

Höhlenverlies-Galaxie

Ein unheimlicher Planet mit unterirdischem See. In der Höhle liegt ein Geisterschiff.

Der Zauberer auf dem Geisterschiff
Begebt euch durch den See zum Geisterschiff. Dort tretet ihr gegen den Zauberer Mega-Kamek an.

Spaziergang am Himmel
Mit den Blasenkanonen springt ihr von einem Planeten zum anderen. Am Ende baut ihr euch eine Wassermelone an.

Schatschi und der unterirdische See
Die Herausforderung von Schatschi ist es, durch alle Ringe im See zu schwimmen.

Risikokomet! Besiege den Zauberer
Mit einem einzigen Kraftpunkt kämpft ihr gegen Mega-Kamek. Weicht den heftigen Magieattacken aus.

Lila Münzen auf dem Geisterschiff
Findet die lila Münzen auf dem Geisterschiff und in der Umgebung.

Buu Huus geheimes Zimmer
Beleuchtet den dunklen Geheimraum und besiegt den Buu Huu mit dem Power-Stern.

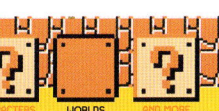

Kanonenflotte-Galaxie

In dem dunklen Geheimraum müssen Buu Huus mit Strahlern besiegt werden.

Strahl! Strahl! Strahl!
In der Festung mit sich verändernder Gravitation geht ihr über die Strahlenplattformen.

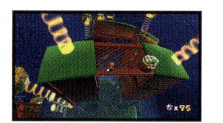

Überlebe das Sperrfeuer!
Auf der Plattform weicht ihr den Schüssen aus. An bestimmten Stellen verändert sich die Gravitation.

Die Rache des Begoman-Stammes
Weicht Schüssen und Stachel-Lasern aus und tretet erneut gegen den Begomankönig an.

Zeitangriff! Der Begoman-Stamm
Innerhalb von sechs Minuten beendet ihr »Die Rache des Begoman-Stammes«.

Die lila Münzen der Raumflotte
Auf den Plattformen sammelt ihr die lila Münzen ein. Ihr dürft nicht eine einzige verpassen.

Die Mülldeponie der Raumflotte
Der Hausmeister bittet euch wieder, den Müll zu entsorgen. Hier habt ihr mehr zu tun.

Feuereruptionen-Galaxie

Feuereruptionen und Lava versperren euch den Weg auf diesem Planeten.

Überwinde den Feuerkessel
Die Berge versinken langsam in der Lava. Klettert möglichst schnell hoch zum Power-Stern.

Durch den Meteoritenregen
Die Meteoriten fallen nach und nach auf den Planeten. Gegen Ende balanciert ihr auf dem Sternenball.

Der Dino-Piranha ...
Springt über rotierende Plattformen und kämpft gegen den Dino-Piranha.

Risikokomet! Der Feuerkessel
Mit einem einzigen Kraftpunkt müsst ihr durch den Feuerkessel laufen.

Die lila Münzen im Feuerkessel
Sammelt lila Münzen im Lavagebiet. Ihr müsst auch in den Vulkan hinein.

Lavagezeiten
Die Lava steigt und sinkt wieder auf diesem Stern. Sammelt hier die Silber-Sterne.

Mysteriöser-Kreis-Galaxie

Ein seltsamer Planet, auf dem die Plattformen nur an beleuchteten Stellen erscheinen.

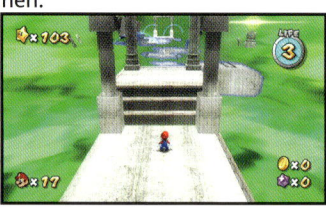

Der Weg durch den Superraum
Lauft über die auftauchenden Plattformen. Ihr fallt herab, sobald ihr den beleuchteten Bereich verlasst.

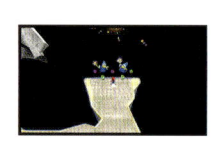

Sternwarte

Der Stützpunkt dieses Abenteuers. Mit Gourmet-Luma zieht ihr weiter zu anderen Planeten.

Sternentor-Galaxie

Der erste Planet, den Mario zu Beginn besucht hat. Erreichbar vom Kinderzimmer.

Hier bin ich! Springe mithilfe von A!

Der gefangene Große Stern
Lasst euch von den Lumas den Weg durch die Sterne zeigen und erhaltet den Großen Stern.

Die lila Münzen des Sternentors
Als fliegender Mario sammelt ihr die lila Münzen ein. Als Belohnung winkt ein roter Power-Stern.

Keksfabrik-Galaxie

Ein Planet bestehend aus Süßigkeiten wie Keksen und Schokolade.

Mampf den süßen Kuchen
Ein athletisches Level mit beweglichen Süßigkeitenplattformen. Der Kuchen ist das Ziel.

Kokon-Asteroiden-Galaxie

Weltall mit nur wenigen Plattformen. Nutzt die Gimmicks, um weiterzukommen.

Fliege mit Klebe-Kokons!
Mit Klebe-Kokons und Greifsternen weicht ihr den Hindernissen aus.

Auflistung aller 17 Spiele — 2007 — SUPER MARIO GALAXY

Tränen-Galaxie
Ein runder Wasserplanet. Hier leben Wesen wie die Iglucks oder die Stachel-Cheeps.

⭐ Ausbruch der Riesenaale
Besiegt die drei wütenden Riesenaale und der Power-Stern taucht am versunkenen Schiff auf.

Fischtunnel-Galaxie
Ein Planet wie ein Fisch mit geöffnetem Maul. Das Maul führt ins Wasser.

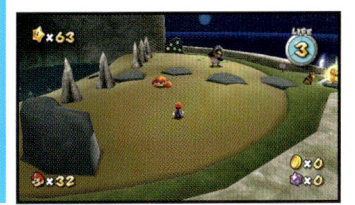

⭐ Goldener Köder des Urfisch-planeten
Sucht im Wasser nach dem goldenen Panzer und öffnet die Schatztruhe.

Sandstrom-Galaxie
Ein Planet mit einem großen Sandfluss. Dahinter wartet ein spiralförmiger Stern.

⭐ Iss deinen Lieblingspilz ♪
Mit Power-Ups überwindet ihr den Fluss. Am Ende rennt ihr als Regenbogen-Mario durch das Level.

Schattenpromenade-Galaxie
Nun geht ihr ins Innere eines Schädel-Planeten. Eine Side-Scroll-Höhle, die ihr als Geist-Mario meistert.

⭐ Raserkönig in der Geisterstraße
Verwandelt euch in Geist-Mario und duelliert euch gegen den Buu Huu Wettläufer.

Schneekapsel-Galaxie
Kapselförmige Planeten, auf denen Schnee liegt. Hier leben die Sternenhasen.

⭐ Herausforderung der Schneehasen
Findet die drei Schneehasen, die sich im Schnee verstecken.

Challenge-Surfen
Hier wird eure Surf-Leistung auf die Probe gestellt. Das Wasser fließt sehr komplex.

⭐ Wie man ein Surfer wird
Auf dem Rochen reitet ihr eine Runde innerhalb des Zeitlimits.

Challenge-Ball
Auf der langen Sternenball-Strecke wird eure Balance auf die Probe gestellt.

⭐ Purzel-Sternenball, wohin willst du?
Rollt mit dem Ball über schmale oder bewegliche Plattformen ins Ziel.

Challenge-Blase
Hier wird eure Kontrollfähigkeit der großen Blase auf die Probe gestellt. Die Strecke ist mit Bibber-Schienen umzäunt.

⭐ Blasenreise durch die Elektrowelt
Ihr steuert die große Blase, ohne die Hindernisse zu berühren.

Bowsers Galaxiefabrik
Ein Planet mit unterschiedlichen Eigenschaften wie Lava, Eis und Wüste.

⭐ Das Schicksal des Universums ...
Nach harten Gebieten kommt es zum finalen Kampf gegen Bowser um das Schicksal der Galaxien.

Große Finale-Galaxie
Der Veranstaltungsort vom Sternenstaubfest um das Schloss. Die Toads empfangen Mario.

⭐ Willkommen zum Sternenstaubfest!
Sammelt die lila Münzen, die im friedlichen Schlossgarten verteilt sind.

ITEMS & GIMMICKS

Hier findet ihr die Items und Gimmicks aus dem Spiel.
Bei einigen müsst ihr den Zeiger der Wii-Fernbedienung benutzen.

Eisblume
Die Blume macht Mario für eine Weile zu Eis-Mario.

Große Luftblase
Sie transportiert Mario. Mit dem Zeiger pustet ihr sie durch die Gegend.

Geist-Pilz
Der Pilz macht Mario zu Geist-Mario.

Noten
Sammelt ihr alle, taucht ein 1-Up-Pilz oder ein Power-Stern auf.

Schlüssel
Sammelt ihr ihn auf, öffnet und aktiviert ihr Gimmicks in der Nähe.

Schild
Hier stehen nützliche Tipps drauf.

Baumstumpf
Führt ihr eine Stampfattacke darauf aus, taucht ein Item oder etwas Ähnliches auf.

Kiste
Zerstörbar mit Dreh- oder Stampfattacke. Manchmal findet man darin ein Item.

Wolke
Bienen-Mario kann sie als Plattform nutzen. Manche Wolken lassen es regnen.

Glaskäfig
Zerstört ihn mit Torpedos oder Kugelwillis, um an den Inhalt zu kommen.

Großer Stern
Die Flamme der Sternwarte wird größer und ihr erreicht einen neuen Bereich.

Grüner Power-Stern
Man muss die grünen Sterne sammeln, um die Challenges freizuschalten.

Kristall
Er wird mit Drehattacken zerstört. Dann erscheint ein Item oder ein Power-Stern.

Münze
Sie füllt einen Kraftpunkt auf. Sie erscheint manchmal, wenn man einen Gegner mit der Stampfattacke besiegt.

Panzer (rot)
Wirft man ihn, fliegt er in Richtung eines Gegners.

Panzer (Gold)
Er wird genutzt, um bestimmte Voraussetzungen zu erfüllen.

Panzer (grün)
Er fliegt geradeaus. Hält man ihn in den Händen, kann Mario schneller schwimmen.

Eisplattform
Hier rutscht man aus. Durch Drehungen kann man auf der Plattform gleiten.

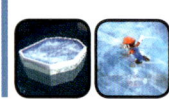

Kokosnuss/ Wassermelone
Mit einer Drehung werden sie weggeschlagen und dienen als Attacke.

Gravitations-Schalter
Das Umlegen des Zeigers verändert die Gravitationsrichtung.

Gravitations-Licht
An der beleuchteten Stelle wird die Schwerkraft aktiviert.

Scheinwerfer
In dem Licht verschwinden Buu Huus und Geist-Mario wird zu Mario.

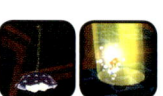

Silber-Stern
Sie erscheinen an bestimmten Orten. Sammelt man fünf davon, erscheint ein Power-Stern.

Schwungseil
Mit Bewegungen des Analog-Sticks kann man daran kreisförmig schwingen.

Großer Sternenring
Der große Sternenring bringt Mario zu anderen Sternen.

Greifstern
Wird er mit dem Zeiger ergriffen, wird Mario von dem Stern angezogen.

Sternenchip
Die Chips sind verteilt. Sammelt man fünf Chips, erscheint ein Großer Sternenring.

Sternenchip (blau)
Sammelt man fünf Chips, erscheint ein Greifstern.

Sternenteil
Die Kraft der Sterne, die die Galaxien erhalten. Pro 50 Teile erhaltet ihr einen Extraversuch.

Sternenring
Die Drehung in der Mitte lässt Mario eine kurze Strecke fliegen.

Sandfalle
Fällt man hinein, verliert man einen Versuch. Sie gibt es zum Beispiel in der Sandinsel-Galaxie.

Drehstein/ Drehmuschel
Dreht man sich im Kreise, verwandeln sich die Sterne bzw. Muscheln in Sternenteile.

Drehventil
Mit mehreren Drehungen wird das Ventil geöffnet. Das aktiviert ein Gimmick.

Drehblock
Daraus tauchen Sternenteile auf. Man kann ihn rollen und so den Hasen stoppen.

Schatztruhe
In der Truhe sind Items. Sie lässt sich zum Beispiel mit einem Panzer öffnen.

Dash-Ring
Schwimmt ihr unter Wasser durch diesen Ring, beschleunigt Mario.

Tornado
Eine Drehung im Tornado lässt Mario hochspringen. Er gleitet danach langsam durch die Luft.

Sternenball
Der Ball wird durch Neigung der Wii-Fernbedienung gerollt. Am Ziel erscheint ein Power-Stern.

Sternenball-Loch
Lässt den Sternenball springen. Es gibt auch eine Variante, die als Ziel genutzt wird.

Rankenblume
Schüttelt man die Wii-Fernbedienung, bewegt sich Mario bis zur Spitze und springt weit.

Eisengitter/ Dünne Wand
Nur Geist-Mario kann durch sie hindurchgleiten. Das gilt auch für die Kristallwand.

Reck
Man kann sich daran festhalten. Mit dem Schwung kann man leichter springen.

Röhre
Die Röhren führen zu versteckten Levels usw. Es gibt auch eine orange Variante.

Giftsumpf
Fallt ihr hinein, verliert ihr einen Versuch.

Stachelgras
Eine stachelige Pflanze. Schaden bei Kontakt.

Trampolin
Mit einer Stampfattacke kann Mario besonders hoch springen.

Schatzpunkt
Ein gelber Punkt am Boden. Wird er mit einem Sternenteil beschossen, erscheint eine Münze.

Schraubenmutter
Diese Plattform bewegt sich voran, wenn man drauf läuft und sie dreht.

Schraube (blau)
Wird die Schraube durch Stampfattacken festgezogen, werden bestimmte Gimmicks aktiviert.

Wachskraut
Man kann sich daran festhalten. Das Rütteln der Wii-Fernbedienung lässt Mario hochklettern und springen.

Lila Münze
Sie taucht in bestimmten Missionen auf. Bei 100 lila Münzen erscheint ein Power-Stern.

Bienen-Pilz
Er macht Mario zu Bienen-Mario.

Bienenblume
Bienen-Mario kann auf der Blume stehen. Sonst verschwindet sie bei Berührung.

Honigwabenmauer
Bienen-Mario kann an der Wand kleben. Manchmal füllt sie die Flugleiste auf.

?-Münze
Hebt ihr sie auf, erscheinen Sternenteile, Münzen oder Noten.

Auflistung aller 17 Spiele (2007 → SUPER MARIO GALAXY)

?-Block
Der Block enthält ein Item oder eine Münze. Bei einer Münze verschwindet der Block nicht.

Federer
Er bewegt sich hin und her. Bei Berührung wird man weggestoßen.

Feder-Pilz
Er macht Mario zu Feder-Mario.

Stern
Sammelt ihr ihn auf, ist die Mission abgeschlossen. Je nach Anzahl werden neue Orte freigespielt.

Streckpflanze
Durch Drehungen kann man mit ihr Gegner angreifen oder auch eine Truhe öffnen.

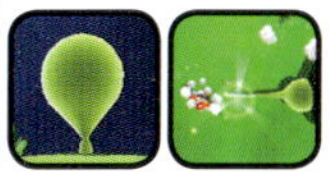

Strahlplattform
Die Plattform wird von unten bestrahlt. Schaden bei Kontakt mit dem Strahl.

Klebe-Kokon
Zieht man den Zeiger dran, fliegt Mario mit Schwung in die entsprechende Richtung.

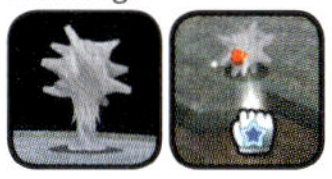

Stampfattacke-Schalter
Die Stampfattacke aktiviert bestimmte Gimmicks.

Ritzstein
Wird er mit der Stampfattacke zerstört, tauchen Sternenteile, Wachskraut oder andere Items auf.

Bibber-Schiene
Eine elektrische Falle. Schaden bei Kontakt.

Feuerbarriere
Der Stab dreht sich um einen braunen Block. Es gibt ihn in verschiedenen Längen.

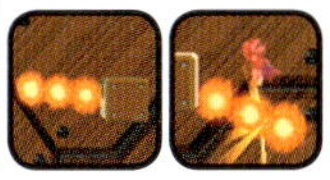

Feuerblume
Macht Mario für eine Weile zu Feuer-Mario.

Myst-Block
Er taucht auf, wenn Mario in der Nähe ist, und verschwindet, sobald er weitergeht.

Myst-Licht
Das mysteriöse Licht beleuchtet unsichtbare Plattformen und macht sie begehbar.

Schwarzes Loch
Es befindet sich außerhalb des Levels. Werdet ihr hineingesogen, verliert ihr einen Versuch.

Schaukel
Man kann sich daran festhalten, Schwung holen und weit springen.

Umdrehboden
Bei jeder Berührung verändert sich die Farbe. Sind alle Bodenplatten gelb, passiert etwas.

Flaumkraut
Man hält sich daran fest und fliegt durch die Luft. Eine Drehung lässt Mario aufsteigen.

Springbrunnen
In regelmäßigen Zeitabständen spritzt Wasser heraus, das Mario in die Höhe schleudert.

Mariokanone
Klettert Mario hinein, könnt ihr mit dem Zeiger zielen und Mario herausschießen.

Fall-Panel
Stellt man sich drauf, wird das Panel immer kleiner und verschwindet am Ende.

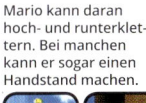

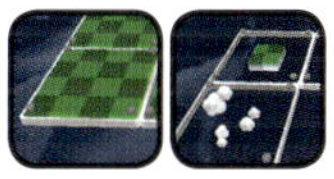

Pfahl
Mario kann daran hoch- und runterklettern. Bei manchen kann er sogar einen Handstand machen.

Magma
Kommt aus der Lava. Schaden bei Kontakt.

Meteoriten
Diese Steine fallen vom Himmel. An einigen Stellen werden die Plattformen zerstört.

Lavadampf
Heißer Dampf, der aus Löchern entweicht. Bei Kontakt erleidet Mario Schaden und wird hochgeschleudert.

Life-Up-Pilz
Er erhöht die maximalen Kraftpunkte um drei Punkte auf sechs. Die Punkte werden vollständig aufgefüllt.

Plattform
Plattformen transportieren Mario. Es gibt verschiedene Formen.

Treibsand
Geht man hinein, wird Mario in eine Richtung transportiert. Gegen den Strom läuft Mario langsamer.

Regenbogen-Stern
Er macht Mario für eine Weile zu Regenbogen-Mario.

Roter Stern
Er macht Mario für eine Weile zum fliegenden Mario.

Roter Power-Stern
Er ist nur am Sterntor erhältlich.

Hebelschalter
Wird der Schalter mit der Drehattacke betätigt, werden bestimmte Gimmicks aktiviert.

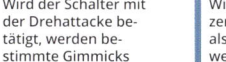

Block
Wird mit einem Schlag zerstört und kann auch als Plattform genutzt werden.

1-Up-Pilz
Mario erhält einen Extraversuch. Man findet ihn zum Beispiel in einer Kiste.

AND MORE
● Anderes

BESONDERE SZENEN

Hier zeigen wir euch beeindruckende Szenen und folgen Marios Weg, bis alle 242 Power-Sterne gesammelt sind. Es sind viele Momente dabei, die mit Rosalina zusammenhängen.

Mysteriöse Rosalina!

Mario wird ins All geschossen und begegnet Rosalina, der Herrin der Sternwarte. Zusammen mit Rosalina versucht er Bowser mit der Kraft der Sterne zu erreichen. Es ist Rosalinas erster Auftritt. Von da an ist sie auch in anderen Spielen wie *Mario Kart Wii* oder *Super Mario 3D World* als spielbarer Charakter aufgetreten.

Mein Name ist Rosalina ... und ich betrachte die Sterne ...

... können wir auch die Verfolgung der Feinde aufnehmen, die die Power-Sterne gestohlen haben.

Rosalina liest vor!

In der Bibliothek versammeln sich die Lumas um Rosalina, die auf einem Stuhl sitzt. Sie liest aus einem Bilderbuch vor. Es ist die Geschichte eines Mädchens und der Lumas. Diese wird im Verlauf des Spiels weitererzählt.

Diese Geschichte ist schon so lange her, dass man sich kaum an sie erinnert. Auf einem kleinen Stern entdeckte ein Mädchen ein rostiges Sternenschiff. In ihm lebte ein kleines Sternenkind.

Rosalinas Barriere!

Versucht ihr auf Rosalina draufzuspringen, schützt sie sich mit einer Barriere. Sie lässt sich aber von Sternenteilen treffen.

Rettet Luigi!

Mario findet Luigi, der dem Toad-Suchtrupp abhandengekommen war. Rettet ihr ihn, kommt er zur Garage der Sternwarte und hilft euch bei der Suche nach den Power-Sternen.

Iek! Hilfe!!

Endlich bist du hier, Bruder! Ich habe ein großes Problem, seitdem ich die Toads verloren habe!

Versteckte Mini-Lokomotive?!

In der versteckten Aushöhlung der »Spielzeugschachtel-Galaxie« findet ihr eine kleine Spielzeuglokomotive. Ihr könnt sie jedoch nur sehen, wenn ihr diese Stelle nicht als Feder-Mario erreicht.

Schabernack-Kometen!

Wenn ihr 13 Power-Sterne habt, taucht der erste Schabernack-Komet auf. Diese Kometen verändern die Missionsregeln. Beim Risikokometen müsst ihr eine Mission mit einem einzigen Kraftpunkt beenden, beim roten Kometen müsst ihr eine Mission innerhalb einer bestimmten Zeit beenden. Es gibt fünf verschiedene Arten.

Im Anflug auf den Schabernack-Kometen!

Luigis Hilferuf!

Luigi hilft Mario bei der Power-Stern-Suche, doch er gerät oft in Gefahr. So bekommt Mario immer wieder einen Brief mit der Bitte um Hilfe und muss Luigi am abgebildeten Ort retten. Luigi ist aber so tapfer, dass er einen Power-Stern findet.

Ich habe einen Power-Stern entdeckt, aber ich kann nicht mehr zurück ... Ich bin an dem Ort auf diesem Foto, bitte hilf mir!

Sind die riesigen Insekten schon weg? Dann lass uns schnell mit dem Power-Stern zurück!

Stellt euch der Herausforderung!

Wenn ihr in bestimmten Missionen drei grüne Sterne gesammelt hat, öffnet sich in der Sternwarte der Weg zu den Herausforderungen. Dort werden eure Fähigkeiten beim Rochenreiten, bei der Steuerung der großen Blase und beim Rollen des Sternenballs auf die Probe gestellt.

Das Tor zur Prüfung wurde wiederhergestellt.

Willst du reisen? Reiseziel: Challenge-Ball / Abbrechen / Reisen!

Der wahre Abspann?!

Habt ihr 120 Power-Sterne gesammelt, erwartet euch nach dem Abspann eine besondere Szene.

Noch ein Luigi!

Nachdem ihr 120 Sterne erhalten habt, beginnt das neue Abenteuer mit Luigi. Er lässt sich etwas anders steuern als Mario und ihr sammelt erneut 120 Sterne. Während der Story trefft ihr auch auf einen anderen Luigi. Diesen bezeichnet der wahre Luigi als »das andere Ich«, und so erleben Luigi und Luigi ein gemeinsames Abenteuer.

Du hast mich schon wieder gerettet! Auf mich ist eben Verlass!

Hach … Ich bin so geschafft! Übernimm du bitte die Suche nach den restlichen Power-Sternen.

Perfektes Durchspielen bis zum großen Finale!

Sammelt ihr mit Luigi ebenfalls 120 Sterne, taucht die »Große Finale-Galaxie« auf. Das ist die letzte Mission, in der ihr die lila Münzen während des Sternenstaubfestes sammelt. Beendet ihr sie mit Mario und Luigi, erreicht ihr 242 Sterne und habt das Spiel gemeistert.

Große Finale-Galaxie: Willkommen zum Sternenstaubfest!

Der Suchtrupp wird zur Leibgarde!

Laut Captain Toad in der »Großen Finale-Galaxie« wurde der Toad-Suchtrupp aufgrund seiner Leistung zur Leibgarde befördert!

Unsere Arbeit wurde anerkannt. Wir werden vom Suchtrupp zur Leibgarde befördert!

Glückwunschbrief von Toad!

Am Ende der »Großen Finale-Galaxie« bekommt ihr einen Glückwunschbrief von einem Toad. Den könnt ihr euch an der Wii-Pinnwand anschauen. Dort ist ein Foto als Andenken aufgehängt. Mario und Luigi bekommen übrigens jeweils ein unterschiedliches Foto.

Mario! Ein Glückwunschbrief ist für dich angekommen!

Wissenswertes & Techniken

Hier verraten wir euch eine Technik, die im Rennen gegen den Schatten nützlich ist.

Der Raketenstart!

Beim Countdown vor dem Rennen kippt ihr den Stick nach vorne und geht mit der Z-Taste in die geduckte Stellung. Kommt das »Start«-Signal, drückt ihr auf die A-Taste und legt einen Raketenstart hin.

2009

New SUPER MARIO BROS. Wii
ニュー・スーパーマリオブラザーズ・Wii

| Verpackung | Disc | Anleitung | Schnellanleitung |

- **Hardware**
  Wii
- **Erscheinungsdatum Japan/EU**
  3. Dezember 2009
  20. November 2009
- **Spieleranzahl**
  1–4
- **Anmerkung**
  Erhältlich als Downloadversion für Wii U.

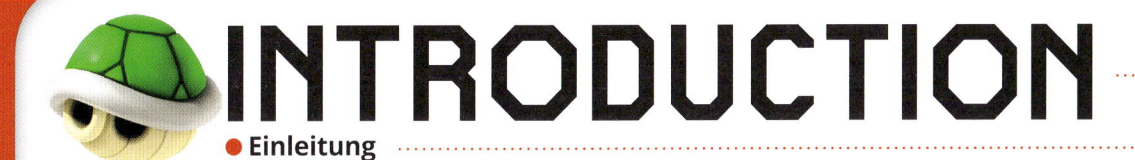

Auflistung aller 17 Spiele 2009 → NEW SUPER MARIO BROS. Wii

INTRODUCTION
● Einleitung

S T O R Y

Heute ist Prinzessin Peachs Geburtstag.
Das Schloss ist voller Geschenke.

Mario, Luigi und Toad sind gekommen, um Peach zu gratulieren. Auf einmal wird eine unglaublich große Geburtstagstorte geliefert.
Von wem könnte dieses Geschenk sein?

Plötzlich steigen Bowser Jr. und Bowsers Schergen aus der Torte. Vor lauter Schreck kommt es zu einem großen Tohuwabohu.

Prinzessin Peach wird entführt und die Bowser-Truppe entkommt in einem Luftschiff.

Heute ist Prinzessin Peachs Geburtstag ...!

Die Toads im Schloss geraten in Panik!
Mario, Luigi, gelber Toad, blauer Toad und Yoshi nehmen die Verfolgung des großen Luftschiffes auf, um Prinzessin Peach zu retten.

So beginnt ein Abenteuer zu viert ...

I N F O S

Mario auf der Wii
mit bis zu vier Spielern

Es handelt sich um ein Side-Scrolling-2-D-Action-Game für die Wii mit einer roten Verpackung als markantes Merkmal. Zum ersten Mal kann man in einem 2-D-*Mario*-Game mit mehreren Spielern gleichzeitig spielen. Mario, Luigi, der blaue und der gelbe Toad sind dabei, ihr könnt also mit vier Spielern losziehen und zum Beispiel in einer Luftblase schwierige Stellen überbrücken oder mit Sync-Stampfattacke die Feinde im Nu erledigen. Ihr vereint eure Kräfte, um Prinzessin Peach zurückzuholen.

Der etwas andere Mehrspielermodus

Neben dem Hauptspiel bietet das Spiel noch einen weiteren Multiplayer-Modus. Hier könnt ihr euch auf eine andere Art amüsieren, wie mit einem Party-Game.

Münzenjagd
Es gewinnt derjenige, der im Level die meisten Münzen sammelt. Neben den normalen Levels könnt ihr auch ein nur in diesem Modus verfügbares Level spielen.

Freier Modus
Hier könnt ihr die Levels anwählen, die ihr im Story-Modus freigespielt habt. Nach dem Durchspielen werden Statistiken zum Beispiel zu den Punkten oder der Anzahl besiegter Gegner angezeigt.

CHARACTERS
• Charaktere

SPIELBARE FIGUREN

Mario und Luigi werden in diesem Abenteuer von zwei Toads begleitet.

Luigi
Er taucht im Mehrspielermodus und als Super-Assistent auf.

Blauer Toad
Er taucht im Mehrspielermodus auf und hat dieselben Fähigkeiten wie die anderen.

Mario
Der Held des Einzelspieler-Modus.

Gelber Toad
Auch dieser Toad ist im Mehrspielermodus verfügbar.

POWER-UPS

Mit den Items werden die Charaktere stärker. Bekommt ihr Items in den Toad-Häusern, könnt ihr sie auch auf der Weltkarte benutzen.

Klein-Mario
Mario im Anfangszustand. Er kann keine Blöcke zerstören und bei Gegnerkontakt verliert er einen Versuch.

- Klein-Luigi
- gelber Klein-Toad
- blauer Klein-Toad

Super Mario — Item ➔ Superpilz
Der Körper wird größer und er kann Blöcke zerstören. Wird ihm Schaden zugefügt, wird er zu Klein-Mario.

- Super Mario
- Super Luigi
- gelber Super Toad
- blauer Super Toad

Feuer-Mario   Item ● Feuerblume

Er wirft Feuerbälle auf Gegner. Beim Drehsprung wirft er Feuerbälle in beide Richtungen. Einige Gegner sind dagegen immun. Bei Bob-ombs wird die Lunte angezündet.

- Feuer-Mario
- Feuer-Luigi 
- gelber Feuer-Toad 
- blauer Feuer-Toad 

Unverwundbarer Mario   Item ● Stern

Sein Körper blinkt für eine Weile und er besiegt Gegner allein durch Rammen. In diesem Zustand läuft er auch schneller.

- Unverwundbarer Mario
- Unverwundbarer Luigi 
- Unverwundbarer gelber Toad 
- Unverwundbarer blauer Toad 

Mini-Mario   Item ● Mini-Pilz

Der Körper wird klein und leicht, sodass er nach dem Springen schwebt. Mit dem Drehsprung kann er nun eine beachtliche Strecke überwinden. Außerdem kann er auf der Wasseroberfläche laufen.

- Mini-Mario
- Mini-Luigi 
- gelber Mini-Toad 
- blauer Mini-Toad 

Eis-Mario   Item ● Eisblume

Mit Eisbällen friert er die Gegner ein. Diese können dann als Plattformen genutzt oder zum Angriff geworfen werden. Flammengegner werden mit Eisbällen besiegt.

- Eis-Mario
- Eis-Luigi 
- gelber Eis-Toad 
- blauer Eis-Toad 

Propeller-Mario   Item ● Propeller-Pilz

Schüttelt man die Wii-Fernbedienung, führt er einen Propellersprung aus und fliegt sehr hoch. Danach fällt er langsam herunter. Der Sturzflug während des Propellersprungs führt zur Drehattacke, die dieselbe Wirkung hat wie die Stampfattacke.

- Propeller-Mario
- Propeller-Luigi 
- gelber Propeller-Toad 
- blauer Propeller-Toad 

Pinguin-Mario   Item ● Pinguin-Anzug

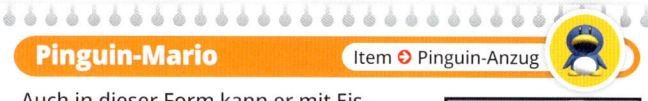

Auch in dieser Form kann er mit Eisbällen angreifen. Als Pinguin-Mario rutscht er nicht mehr auf dem Eis. Duckt er sich beim Laufen, schlittert er auf dem Bauch, besiegt so Gegner und zerstört Blöcke durch Rammen. Außerdem kann er im Wasser schneller schwimmen.

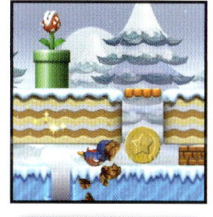

- Pinguin-Mario
- Pinguin-Luigi 
- gelber Pinguin-Toad 
- blauer Pinguin-Toad

YOSHI

Er taucht nur in bestimmten Levels auf. Er streckt seine Zunge raus und frisst Früchte oder Gegner. Außerdem kann er die Feuerbälle der Feuer-Piranha-Pflanze oder die Hämmer der Hammer-Brüder aufnehmen und zurückschleudern. Haltet ihr die Sprungtaste beim Springen gedrückt, kann er mit dem Flatterflug etwas länger in der Luft bleiben.

- Grüner Yoshi
- Gelber Yoshi
- Blauer Yoshi
- Pinker Yoshi

ANDERE CHARAKTERE

Charaktere, die Mario bei seinem Abenteuer unterstützen.

Toads
Sie leben in den Toad-Häusern und geben den Spielern nützliche Items. Manchmal werden sie in den Levels gefangen.

Rochen
Sie schweben langsam in der Luft und transportieren Mario.

Prinzessin Peach
Sie wurde während ihrer Geburtstagsfeier von Bowsers Schergen entführt.

GEGNER

Gegner, die in den Levels erscheinen. Auch die Koopalinge sind wieder am Start und warten auf euch in den Festungen oder Schlössern.

Eis-Bruder
Er wirft mit Eisbällen, die leicht bogenförmig fliegen.

Perlenmuschel
Öffnet sich in regelmäßigen Zeitabständen. Manchmal findet man darin ein Item.

Stachel-Gumba
Versteckt sich im Igluck. Trifft diesen ein Feuerball, hüpft der Gumba heraus.

Iggy
Der Boss von W5 wird von einem Riesen-Kettenhund gezogen und nutzt Zauberattacken.

Häcki
Mit langen stacheligen Beinen bewegt er sich zur Seite. Das Gesicht ist sein Schwachpunkt.

Wendy
Der Boss von W4. Sie wirft Ringe, die überall abprallen.

Teich-Piranha
Schwimmt an der Wasseroberfläche und pustet eine Stachelkugel hoch.

Igluck
Ein Stachelgegner, der unter Wasser schwimmt.

Kletter-Koopa (grün)
Dieser Koopa klettert am Gitter auf beiden Seiten hin und her.

Karl Krabbe
Wirft mit Felsen. Vor dem Wurf hüpft er kurz zurück.

Spike
Er spuckt eine Eisenkugel aus und wirft damit.

Kamek
Der Boss der Festung von W8. Er teleportiert sich hin und her und macht Plattformen zu Gegnern.

Knochentrocken
Meistens ist er in Festungen oder Schlössern zu finden. Springt man auf ihn drauf, zerfällt er für eine Weile.

Kugelwilli
Er wird mit der Willi-Kanone abgefeuert oder kommt von woandersher angeflogen.

Wuschi
Versprüht Nebel und verschlechtert die Sicht.

König Kugelwilli
Der unbesiegbare Kugelwilli. Größer als der Riesen-Kugelwilli.

Bowser
Der Boss von W8. Er greift mit Feuer an. Wird er besiegt, wächst er.

Auflistung aller 17 Spiele · 2009 · NEW SUPER MARIO BROS. Wii

Bowser Jr.
Der Boss des Luftschiffs. Mit seinem Helikopter versucht er Mario unentwegt zu attackieren.

Boxbold
Er fliegt mit dem Koopa-Jr.-Kopter und setzt Feuer und Gimmicks ein.

Gumba
Er geht geradeaus und hüpft ein bisschen zur Musik.

Krähe
Fliegt in der Luft hin und her und führt im Anschluss einen Sturzflugangriff aus.

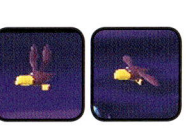

Blooper
Er schwimmt auf und ab und nähert sich Mario.

Flammenhund
Er schwebt in der Luft, nähert sich Mario und greift mit der Flamme an.

Blooper-Sitter & Baby-Blooper
Ein Blooper mit Babys. Die Babys folgen dem großen.

Großer Gumba
Ein etwas größerer Gumba. Springt man auf ihn drauf, teilt er sich in zwei Gumbas auf.

Verfolgungs-Willi
Dieser Willi blinkt rot und fliegt auf Mario zu.

Cheep-Unter
Ist Mario in der Nähe, schwimmt Cheep-Unter zu ihm. Es gibt auch eine etwas größere Variante.

Pokey
Ein Wesen mit mehrteiligem Körper. Passend zur Musik könnte er zur Mandarine werden.

Lakitu
Er wirft mit Lakitu-Eiern. Es gibt eine Variante, die mit Münzen wirft.

Gratterich
Die Mäuse bilden eine Reihe. Springt man auf sie drauf, drehen sie sich um.

Anglerfisch
Er beleuchtet die dunklen Stellen unter Wasser und schwimmt geradeaus.

Monty Maulwurf
Er springt aus der Felswand heraus und rennt auf Mario zu.

Fuzzy
Er läuft auf einer Schiene. Meistens tauchen mehrere auf einmal auf.

Riesen-Igluck
Ein großer Igluck. Manchmal schwimmt er an der Wasseroberfläche.

Riesen-Knochentrocken
Immun gegen Tritte. Er kann mit einer Stampfattacke zerstört werden.

Riesen-Gumba
Springt man auf ihn drauf, wird er zu zwei großen und durch eine Stampfattacke zu vier normalen Gumbas.

Riesen-Fuzzy
Ein großer Fuzzy, der sich genauso verhält wie der normale.

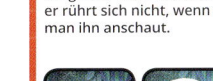

Riesen-Buu-Huu
Ein großer Buu Huu. Auch er rührt sich nicht, wenn man ihn anschaut.

Maxi-Steinblock
Er bewegt sich wie ein normaler Steinblock, kann jedoch Granit-Blöcke unter ihm zerstören.

Riesen-Piranha-Pflanze
Eine große Variante. Sie kommt aber nicht aus den Röhren.

Riesen-Wiggler
Er wird nicht wütend und kann als Hüpfplattform genutzt werden.

Riesen-Feuer-Piranha-Pflanze
Eine große Feuer-Piranha-Pflanze. Auch die Feuerkugeln sind riesig.

Riesen-Cheep-Cheep
Ein großer Cheep-Cheep, der sich genauso verhält wie der normale.

Riesen-Kettenhund
Iggys großer Kettenhund. Unbesiegbar.

Pirsch-Piranha
Bewegt sich zur Seite, stoppt manchmal und streckt den Hals.

Buu Huu
Er verfolgt Mario, wenn der ihm den Rücken zuwendet. Manche verfolgen ihn in Ringformation.

Stachi
Er trägt einen Stachelpanzer. Es gibt eine Variante, die von der Decke fällt.

Stachel-Cheep
Entdeckt er Mario, verfolgt er ihn hartnäckig.

Pickelkäfer
Der Käfer mit einem Stachel geht die Wände entlang.

Steinblock
Ist man in der Nähe, fällt er nach unten, dann geht er langsam in die Ursprungsposition zurück.

Irr-Cheep
Schwimmt weg, wenn Mario in der Nähe ist. Ein oranger Cheep-Cheep.

Koopa (rot)
Am Ende einer Plattform wendet er. Wird er getreten, verkriecht er sich in seinen Panzer.

Koopa (grün)
Ein Koopa in grün. Passend zur Musik bleibt er kurz stehen und posiert.

Stachi-Ei
Lakitus Wurfgeschoss. Bei Bodenkontakt wird es zu einem Stachi.

Big Bill
Er versucht Mario mit seinem großen Maul zu verschlucken.

Flappflapp
Wartet an der Decke und fliegt auf Mario zu, wenn der in der Nähe ist. Im Dunkeln leuchten seine Augen.

Para-Gumba
Ein Gumba mit Flügeln. Er hüpft am Boden. Wird er getreten, wird er zu einem normalen Gumba.

Parakoopa (rot)
Er kann fliegen. Springt man drauf, verliert er die Flügel und wird zu einem normalen roten Koopa.

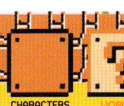

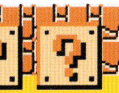

145

Parakoopa (grün)
Es gibt zwei Varianten. Die eine fliegt, die andere hüpft am Boden.

Para-Käfer
Er kann fliegen. Wenn man auf seinem Rücken steht, steigt er auf.

Piranha-Pflanze
Eine Variante kommt aus den Röhren, die andere wächst aus dem Boden.

Wiggler
Er hat einen langen Körper und läuft am Boden. Springt man auf ihn drauf, wird er wütend und schneller.

Hothead
Springt aus der Lava heraus und kann dann mit Eisbällen besiegt werden.

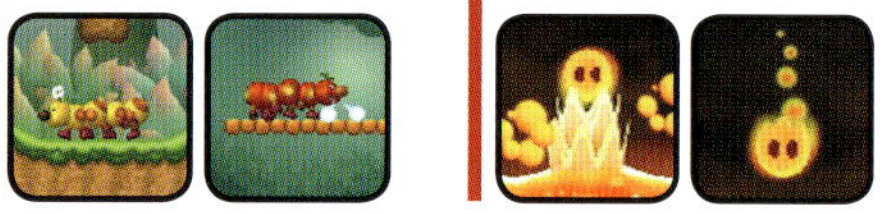

Para-Bomb
Springt mit einem Fallschirm ab. Bei der Landung wird er zu einem normalen Bob-omb.

Hammer-Bruder
Er wirft mit Hämmern. Manchmal tauchen zwei auf einmal auf.

Sparky
Er ist elektrisch geladen und rührt sich nicht von der Stelle. Schaden bei Kontakt.

Loderschlange
Bewegt sich hüpfend. Der Körper besteht aus Feuer und beleuchtet dunkle Höhlen.

Feuer-Piranha-Pflanze
Sie spucken Feuerkugeln zum Angriff aus. Einige feuern ohne Pause.

Hammer-Bruder
Er wirft mit Feuerkugeln. Die Kugeln sind klein und prallen am Boden ab.

Skelettfisch
Findet er Mario, werden seine Augen rot und er stürmt auf Mario zu.

Rocky Schraubschlüssel
Er greift aus dem Luftschiff heraus mit Schraubenschlüsseln an.

Bumerang-Bruder
Er greift mit Bumerangs an.

Cheep-Cheep
Er schwimmt langsam durch das Wasser. Es gibt eine Variante, die auf der Wasseroberfläche hüpft.

Stachelfisch
Er schwimmt an der Wasseroberfläche und führt manchmal Sprungattacken aus.

Mampfer
Er ist gefroren. Taut er auf, bewegt er sich wieder. Der Mampfer ist unbesiegbar.

Pincool
Ein Pinguin, der auf dem Eis rutscht. Springt man auf ihn drauf, wird er langsamer.

Bob-omb
Er geht am Boden entlang. Springt man drauf, bleibt er stehen und explodiert nach einer Weile.

Killer-Willi
Ein großer Kugelwilli. Er bewegt sich genauso wie ein normaler Kugelwilli.

Riesen-Verfolgungs-Willi
Er kommt auf Marios Höhe und fliegt auf ihn zu.

Mini-Gumba
Ein kleiner Gumba. Haftet er an Mario, wird Mario langsamer. Beseitigung durch Drehung.

Robo-Koopa
Er läuft auf Mario zu. Springt man drauf, bleibt er für eine Weile stehen und kann getragen werden.

Riesen-Para-Käfer
Ein großer Para-Käfer. Stellt man sich drauf, sinkt er langsam nach unten.

Sumo-Bruder
Er wirft mit Hämmern. Sein Sprung verursacht ein Erdbeben.

Käfer
Meistens ist er in der Unterwelt zu finden. Springt man drauf, wird er zum Panzer, den man benutzen kann.

Morton
Der Boss von W6. Durch Sturzflüge lässt er die Ebenen neben sich hochschnellen.

Qualle
Sie beleuchtet unter Wasser dunkle Stellen. Die beleuchtete Stelle verändert sich je nach Bewegung.

Larry
Der Boss von W1. Er springt hoch und nutzt Zauberattacken.

Ludwig
Der Boss von W7. Er kämpft auf schmalen Plattformen und wendet seinen Zauber in alle Richtungen an.

Lemmy
Der Boss von W3. Er steht nicht nur auf einem Hüpfball, sondern wirft auch mit Hüpfbällen.

Roy
Der Boss von W2. Er bewegt sich durch Röhren. Landet er auf dem Boden, erzeugt er ein Erdbeben.

Stein-Spike
Er greift an, indem er Stachelfelsen nach unten wirft.

Kettenhund
Er ist an einer Kette befestigt und beißt den Spieler. Eine Stampfattacke gegen den Pfahl lässt ihn fliehen.

WORLDS
• Welten

LEVELS

Das Spiel bietet neun unterschiedliche Welten. In einigen Levels verändern sich die Levelinhalte durch Gimmicks auf der Weltkarte.

Welt 1 — Ein ruhiges Grasland.

W1-1 Das erste Level. Runde Drehplattformen sind überall zu finden.

W1-2 Ein unterirdisches Level mit sich bewegenden Plattformen. Gegen Ende rennt ihr unverwundbar hindurch!

W1-3 Hier taucht Yoshi auf. Die Hammer-Brüder versperren den Weg.

W1-🏰 Auf schwingenden Plattformen kämpft ihr euch nach oben durch.

W1-4 In der Wasserwelt schwimmen verschiedenartige Cheep-Cheeps herum.

W1-5 Ein athletisches Level, in dem ihr auf sich drehende Pilzwürfel springt.

W1-6 Auf Drehplattformen gehen Koopas und Parakoopas umher.

W1-🏯 Zahnräder über der Lava. In der Mitte versammeln sich viele Steinblöcke.

Welt 2 — Eine Wüste mit vielen Treibsand- und Sand-Geysiren.

W2-1 Ihr nutzt die Sand-Geysire als Plattformen.

W2-2 Ein langes Wüstenlevel. Im Untergrund findet ihr viele Münzen.

W2-3 Eine dunkle Höhle. Mithilfe der Beleuchtungen schreitet ihr langsam voran.

W2-🏰 Ihr klettert am Gitter nach oben. Dabei wird Mario mit Zaubern angegriffen.

W2-4 Ein Ort mit Sandstürmen. Geht vorsichtig voran, um nicht weggeweht zu werden.

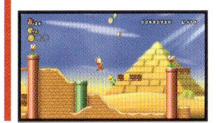

W2-5 Oben Lakitu, unten Treibsand. Störende Pokeys werden mit Yoshi beseitigt.

W2-6 Nutzt den Pilzwürfel, der auf der Schiene fährt.

W2-🏯 Es gibt mehrere Routen und ihr müsst die richtige wählen, sonst läuft das Level endlos.

Welt 3 — Eine Schneewelt mit rutschigen Böden.

W3-1 Ein vom Eis bedecktes Level. Als Pinguin-Mario könnt ihr rasch vorankommen.

W3-2 Eine Schneefläche mit vielen Willi-Kanonen. Auch Eisbrüder tauchen auf.

W3-3 In der Eishöhle fallen viele große und kleine Eiszapfen herab.

W3-👻 In der unheimlichen Villa, nähern sich Mario Buu Huus.

W3-🏰 Mit Dreh- und aufsteigenden Plattformen kommt ihr nach oben.

W3-4 Hier findet ihr viele Eisplattformen. Der ?-Schalter führt zum richtigen Ziel.

W3-5 In dem athletischen Level müsst ihr mit den Pilzwürfeln nach oben fahren.

W3-🏯 Auf dem Eis-Schlangenblock weicht ihr den großen Eiszapfen aus.

Welt 4 — Eine Welt mit südländischen Flair und blauem Meer.

W4-1 In dem seichten Level schwimmen Cheep-Cheeps und Stachel-Cheeps.

W4-2 In diesem Felsgebiet hüpfen die Cheep-Cheeps herum. Lauft über die Donutblöcke.

W4-3 Dieses Level überbrückt ihr mit den Plattformen. An der Wasseroberfläche warten Iglucks auf euch.

W4-🏰 Auf den Fließbändern fallen viele Steinblöcke herab.

W4-4 Eine Wasserwelt, in der Bloopers aus den Röhren kommen.

W4-👻 In diesem Geisterhaus laufen Gratterichs herum. Hier findet ihr auch viele bewegliche Plattformen.

W4-5
Am Wasser taucht Yoshi auf und die Lakitus werfen mit Stachi-Eiern.

W4-🏰
Von den Seiten stechen die Dornensäulen zu. Ihr müsst euch über Gitter und Plattformen vorwärtsbewegen.

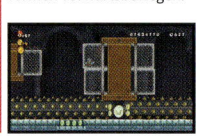

W4-🚢
Ein riesiges Flugschiff mit vielen Brennern.

Welt 5
Eine Dschungelwelt voller Bäume.

W5-1
Ein Dschungel-Level am Wasser mit vielen Stängel- und Teich-Piranhas.

W5-2
Eine Höhle aus Giftsumpf. Hier kommt ihr mithilfe der Riesen-Wiggler weiter.

W5-3
Auf kleinen Plattformen über dem Giftsumpf laufen die Häckis herum.

W5-🏠
Passt auf die beweglichen stacheligen Wände auf und klettert hoch.

W5-4
Eine Tour mit Zähl-Flößen durch einen Giftsumpf. Besiegt die Gegner, die nach und nach erscheinen.

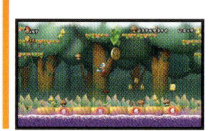

W5-5
Ihr springt über viele Rochen, während die Kugelwillis versuchen, euch zu behindern.

W5-👻
Dunkle schmale Wege mit vielen Türen. Nutzt die geringe Beleuchtung, um das Ziel zu finden.

W5-🏰
Klettert auf den rotierenden Gittern über die Lava zum Ziel.

Welt 6
Eine Welt aus felsigen Bergen. Euer Ziel ist das Schloss auf dem Gipfel.

W6-1
Ein Felsgebiet mit vielen Kugelwillis. Von oben zielen Stein-Spikes auf Mario.

W6-2
Ein unterirdisches Level mit beweglichen Plattformen. Umkehr-Stachis und Flappflapps warten an der Decke.

W6-3
Mario geht durch enge Gänge in den Röhren. Hier erscheinen viele Piranha-Pflanzen.

W6-4
Ein athletisches Berglevel. Aus den Wänden springen Monty Maulwürfe heraus.

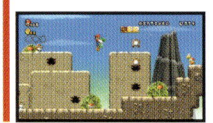

W6-🏰
Eine riesige Dornensäule geht durch die Mitte. Weicht ihr aus und klettert hoch.

W6-5
Hier verändert sich der Wasserstand. Auf der Oberfläche schwimmen Stachelfische.

W6-6
Am finsteren unterirdischen See kommt ihr mithilfe des Lichts am Floß voran.

W6-🏯
Die Schaukel-Plattformen schwingen über der Lava, und darauf kullern Stachelkugeln.

W6-🚢
Ein Forced-Scroll-Luftgaleeren-Level. Springt über die Spulen.

Welt 7
Eine Welt über den Wolken. Viele Levels haben nur schmale Plattformen.

W7-1
Ein athletisches Level mit bunten schwankenden Plattformen.

W7-2
Ihr schwimmt durch in der Luft schwebendes Wasser.

W7-3
Ein athletisches Level mit Pilzplattformen. Auf den Schienen patrouillieren Fuzzys.

W7-🏠
Nutzt die Remote-Hoch-Plattformen und weicht den Attacken aus.

W7-👻
In diesem Spukhaus geht es hoch und runter. Hier erwarten euch wenig Rätsel, dafür viele Gegner.

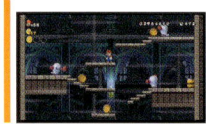

W7-4
Ihr geht über bunte Röhren. Hier kommt auch die Remote-Schalter-Plattform vor.

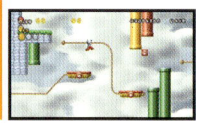

W7-5
Zahlreiche Nebelwolken versperren die Sicht.

W7-6
Unzählige Para-Käfer und Riesen-Para-Käfer fliegen durch die Luft.

W7-🏰
Ein Schloss mit vielen athletischen Elementen. Von oben und unten greifen die Dornensäulen an.

Welt 8
Die letzte Welt ist eine Lava-Welt.

W8-1
Von hinten kommt Nebel, von oben Vulkangestein. Keine Zeit stehen zu bleiben.

W8-2
Nach und nach tauchen Drehplattformen auf, auf denen Stachelkugeln rollen.

W8-3
Springt auf den wackeligen Plattformen über die Lavawellen.

W8-🏰
Ihr weicht den Feuerbarrieren aus und fahrt mit den beweglichen Plattformen nach oben.

W8-4
Eine dunkle Unterwasserhöhle. Nutzt die Lichter der Gegner als Hilfe.

W8-5
Mit Remote-Transportern fahrt ihr übers Lavameer. So meistert ihr dieses Forced-Scroll-Level.

W8-6
Ihr geht immer weiter nach oben und entkommt so der aufsteigenden Lava.

W8-7
Mit der Knochenbahn fahrt ihr durchs Level. Weicht den Feuersäulen aus.

W8-🚢
Ein Luftgaleeren-Level, in dem ihr an Schrauben dreht und euch so den Weg bahnt.

W8-🏯
Das Bowser-Schloss. Ihr nutzt die Knochen-Plattformen auf der Lava, um weiterzukommen.

Auflistung aller 17 Spiele · 2009 · NEW SUPER MARIO BROS. Wii

Welt 9
Eine besondere Welt, die nach dem Durchspielen von W8 freigespielt wird.

W9-1
Ihr springt über bunte, sich drehende Plattformen.

W9-2
Ein athletisches Level über dem Wasser. Fallt ihr runter, werdet ihr vom Stachelfisch gefressen.

W9-3
Verfolgungs-Willis und Riesen-Verfolgungs-Willis tauchen nach und nach auf.

W9-4
Ein Forced-Scroll-Level mit vielen Bob-ombs.

W9-5
Auf Eisplattformen gelangt ihr immer weiter nach oben. In der zweiten Hälfte tauchen viele Fuzzys auf.

W9-6
Nutzt die auf- und abtauchenden schmalen Plattformen über der Lava.

W9-7
In dem Level voller Eis-Blöcke greifen Feuer-Piranha-Pflanzen an.

W9-8
Ihr hüpft auf den Springwolken weiter. Am Ende haben mehrere König Willis dynamische Auftritte.

ITEMS & GIMMICKS

Hier findet ihr Items und Gimmicks aus dem Spiel. Bei einigen müsst ihr die Wii-Fernbedienung kippen.

Eisblume
Sie macht Mario zu Eis-Mario.

Blaue Münze
Sie taucht durch den P-Schalter auf. Hat dieselbe Wirkung wie die normalen Münzen.

Rote Münze
Sammelt ihr acht davon innerhalb einer bestimmten Zeit, so erscheint ein Item.

Roter Ring
Geht ihr hindurch, tauchen rote Münzen auf.

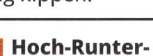

Hoch-Runter-Decke
Die Decke fährt regelmäßig hoch und runter.

Granit-Block
Diese grauen Blöcke sind mit Bob-ombs zerstörbar.

Hangelseil
Ihr könnt euch daran festhalten und zur Seite bewegen.

Großer Eiszapfen
Fällt herab, wenn Mario in der Nähe ist. Danach wird er zur Plattform.

Riesen-Stachelkugel
Riesige Stachelkugel, die normale Stachelkugeln wegfegen können.

Riesen-Dornensäule
Große Variante der Dornensäule. Schon eine einzige füllt das halbe Bild aus.

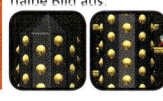

Große Kanone
Sie feuert eine große Kugel zur Seite.

Super-Assistent
Taucht nach acht Fehlversuchen in einem Level auf. Luigi führt vor, wie man das Level meistert.

Spukständer
Greift an, wenn Mario in der Nähe ist. In Spukhäusern zu finden.

Spukblock
Wirkt auf den ersten Blick wie ein ?-Block, greift aber an, wenn Mario in der Nähe ist.

Drehplattform
Die runde Plattform dreht sich ständig. Es gibt auch eine Spulenvariante.

Willi-Drehkanone
Aus mehreren Mündungen feuert er Kugelwillis ab.

Dreh-Brenner
Er brennt ständig und verändert die Flammenrichtung.

Dreh-Gitter
Es dreht sich und bringt Mario auf die andere Seite.

Dreh-Kanone
Sie besteht aus vier Kanonen. Feuert im Drehen Kugeln ab.

Zähl-Floß
Darauf ist ein Zähler zu sehen. Bei mehr als fünf Charakteren bleibt das Floß stehen.

Schlüssel
Er taucht nach dem Bosskampf auf. Sammelt man ihn ein, ist das Level beendet.

Versteckter Zielpfahl
Ein Zielpfahl für das versteckte Ziel mit roter Flagge.

Unsichtbarer Block
Er taucht aus dem Nichts auf. Hier findet man eine Münze oder ein Item.

Kliff
Mario geht langsam an der Wand entlang. Er kann sich auch daran entlanghangeln.

Vulkangestein
Es gibt zwei Größen. Trifft es einen Block, wird der Block zerstört.

Gitter
Daran könnt ihr klettern. Manche bewegen sich vertikal oder horizontal hin und her.

Mauerstein
An dieser Felswand könnt ihr in alle Richtungen klettern.

Fischwurstplattform
Man findet ihn am Kliff. Stellt man sich darauf, fällt er nach einer Weile herunter.

Pilzwürfel
Drehende Plattformen mit Pilzmuster. Manche fahren auf Schienen.

Pilzplattform
Der Hut der Pilze, der regelmäßig breiter und wieder schmaler wird.

Kiste
Sie lässt sich mit Stampfattacken zerstören. Dabei könnte ein Item erscheinen.

Riesen-Panzer
Ein Landschaftselement, das wie ein Koopa-Panzer aussieht. Man kann hineingehen.

Riesen-!-Schalter
Das Trick-Gimmick, um den Riesen-Bowser zu besiegen.

Willi-Kanone
Eine Kanone, die Kugelwillis abfeuern. Manche können herausfahren.

Nebel
Er schränkt die Sicht ein oder versteckt die Münzen. Mit Drehungen lässt er sich vertreiben.

Luftwasser
Wasserkugel, die in der Luft schwebt. Man kann darin schwimmen.

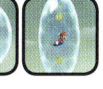

Frucht Yoshi kann sie essen. Nach der fünften legt er ein Item-Ei.	**Bowsers Feuer** Mehrere Feuerbälle fliegen nacheinander zur Seite.	**Wolkenblock** Schlägt man drauf, taucht ein Lakitu auf, der mit Stachi-Eiern wirft.	**Wackel-Fels** Er kippt, wenn man darauf steht. Nach einer Weile fällt er runter.	**Wackelplattform** Eine Plattform, die an einer Kette hängt. Stellt man sich drauf, kippt sie zur Seite.	**Kettenkugel** Diese Stachelkugel bewegt sich um den Punkt, an dem sie angekettet ist.	**Dreh-Gitter** Ein rundes Gitter, das sich dreht.
Münze Bei 100 gesammelten Münzen gibt es einen Extraversuch. Aus POW-Blöcken fallen die Münzen herab.		**Eismauer** Eine Mauer aus Eis. Sind Bob-ombs eingefroren, explodieren sie bei Erschütterung.	**Eisboden** Rutschiger Boden. Gefrorene Blöcke mit Items oder Münzen können mit Feuerbällen aufgetaut werden.	**Eis-Schlangenblock** Eine Kette aus Eisblöcken schlängelt sich durch das Level.	**Eisblock** Kann getragen und geworfen werden. Nach dem Wurf rutschen sie über den Boden und beseitigen Feinde.	**Eisplattform** Schwebt über Wasser oder rutscht über den Eisboden.
Zielpfahl Markiert das Ende des Levels. Erreicht man den höchsten Punkt, erhält man einen Extraversuch.	**Sprungblock** Darauf hüpft Mario. Mit dem richtigen Timing kann er besonders hoch springen.	**Trampolin** Es kann getragen werden. Mario kann mithilfe des Trampolins sehr hoch springen.	**Wasserradplattform** Dreht sich, wenn man von der einen zur anderen Plattform hüpft.	**Remote-Schalter-Plattform** Aktiviert man den Schalter, kann man die Plattform mit der Wii-Remote steuern.	**Superpilz** Er macht Mario zu Super Mario.	
Stern Er macht Mario für eine Weile unverwundbar.		**Sternenmünze** In jedem Level gibt es drei davon. Sie werden benötigt, um W9 freizuschalten.		**Sandsturm** Kommt regelmäßig und weht Mario weg. Er bringt manchmal auch Münzen mit.	**Sand-Geysir** Eine Sandsäule, die aus dem Boden hervorbricht. Gerät man hinein, wird man hochgeschleudert.	**Schienenblock** Ein Block oder ein ?-Block, der auf einer Schiene fährt.
Schienenplattform Ein Lift, der auf einer Schiene fährt, wenn man sich draufstellt.	**Riesen-Drehgitter** Nach einer großen Drehung erreicht man die andere Seite des Gitters.	**Fass** Es kann getragen werden. Werft ihr es, rollt es am Boden entlang.	**Fassplattform** Schwimmt auf dem Wasser. Bleibt man darauf stehen, sinkt sie langsam.	**Donutblock** Bleibt man drauf stehen, fällt er herunter. Nach einer Weile taucht er wieder auf.	**Rücksetzpunkt** Hat man ihn erreicht, kann man nach einem Fehlversuch von diesem Punkt aus wieder starten.	**Eiszapfen** Ist man in der Nähe, fällt er von der Decke herab. Nach einer Weile taucht er wieder auf.
Ranke Sie wächst aus einem Block. Man kann sie mit einer Stampfattacke wieder runterschicken.	**Eisenklotz** Er fällt nach und nach aufs Fließband. Es gibt verschiedene Formen.	**10er-Münzblock** Aus ihm kann man mehrere Münzen herausschlagen.	**Strichlinienblock** Durch Drücken des !-Schalters wird er zu einem echten Block.	**Plattformwaage** Stellt man sich auf eine Seite, geht diese runter, dafür geht die andere hoch.	**Stromfluss** Lähmung und Schaden bei Kontakt.	**Unsichtbare Münze** Die Strichlinien-Münze wird zur echten Münze, wenn man drüberläuft.
Röhre Aus den Röhren tauchen Gegner auf und man kann sich damit fortbewegen.	**Röhren-Drehkanone** Eine große Drehkanone mit Röhren. Sie feuert große Kugeln ab.	**Röhren-Wasserstrom** Der Wasserstrom schiebt Mario weg.	**Röhrenkanone** Schlüpft man hinein, wird man wie eine Kanonenkugel herausgeschossen.	**Giftnebel** Er kommt von hinten. Berührt man ihn, verliert man einen Versuch.	**Giftsumpf** Ein lila Teich, den man etwa im Dschungel findet. Fällt man hinein, verliert man einen Versuch.	
Stachel Schaden bei Kontakt. Die Stacheln sind auch an Wänden und Decken platziert.	**Stachelkugel** Eine stachelige Eisenkugel. Spike wirft manchmal damit.	**Dornensäule** Sie kommt in regelmäßigen Zeitabständen herausgeschossen.	**Schraubenmutter** Hüpft man drauf, dreht sie sich. Bleibt man darauf stehen, fällt man runter.	**Lavawellen** Die Lava fließt wellenförmig. Berührt man sie, verliert man einen Versuch.	**Strickleiter** Klettert man hoch, erreicht man die obere Plattform. Schützt vor dem Sandsturm.	**Falsche Tür** Buu Huus nehmen die Form einer Tür an. Versucht man diese zu öffnen, erscheint eine Münze.
Schraube Wenn man sie dreht, wird ein Gimmick aktiviert.	**Schrauben-Pilzplattform** Durch Drehung geht die eine Seite hoch und die andere runter.	**Schraubenplattform** Wird die Schraube gedreht, fährt die Plattform auf der Schiene nach vorne.	**Dehnblock** Wird in regelmäßigen Zeitabständen abwechselnd breiter und schmaler.	**Brenner** Er brennt in regelmäßigen Zeitabständen.	**POW-Block** Mit starken Schocks werden die Gegner besiegt und die Münzen aus der Luft geholt.	

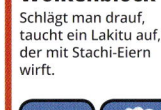

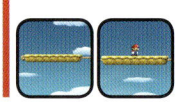

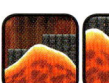

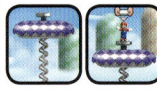

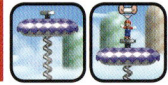

Auflistung aller 17 Spiele · 2009 · NEW SUPER MARIO BROS. Wii

Hüpfball
Ein hüpfender Ball. Berührt man ihn, wird man weggestoßen.

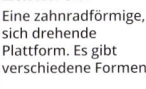

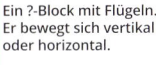

Zahnrad
Eine zahnradförmige, sich drehende Plattform. Es gibt verschiedene Formen.

Fliegender ?-Block
Ein ?-Block mit Flügeln. Er bewegt sich vertikal oder horizontal.

?-Schalter
Er aktiviert Gimmicks für eine Weile.

?-Block
In ihm steckt ein Item und manchmal ein Toad.

Blume
Durch die Drehung taucht daraus eine Münze auf. Je nach Level gibt es verschiedene Arten.

P-Schalter
Er macht Münzen zu Blöcken oder lässt blaue Münzen erscheinen.

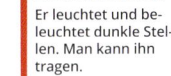

Leuchtblock
Er leuchtet und beleuchtet dunkle Stellen. Man kann ihn tragen.

Leucht-plattform
Leuchtet, wenn man auf den ?-Schalter drückt. Bewegt sich auf bestimmten Routen.

!-Schalter
Er zerstört eine Brücke. Der Schalter auf der Weltkarte von W3 lässt Blöcke erscheinen.

Feuersäule
Sie schießt aus der Lava heraus. Schaden bei Kontakt.

Feuerbarriere
Sich drehende Feuerkugeln. Manchmal geht die Barriere nicht nur in eine Richtung, sondern in zwei.

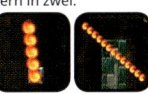

Feuerblume
Sie macht Mario zu Feuer-Mario.

Schweb-Block
Ein ?-Block, der auf dem Wasser schwimmt. Steigt der Wasserstand, steigt er mit.

Hängekette
Man kann sich dranhängen. Dieselben Eigenschaften wie die Hängeranke.

Hängeranke
Man kann sich dranhängen, schaukeln und zu einer anderen Ranke springen.

Baumel-Hammer
Eine Plattform, die zur Seite schaukelt.

Schaukelplatt-form
Schaukelt langsam zur Seite. Es gibt sie in verschiedenen Längen.

Propeller-Pilz
Er macht Mario zu Propeller-Mario.

Propeller-Block
Hält man ihn fest, kann man durch Schütteln der Wii-Remote fliegen.

Schwungplatt-form
Die Plattform kippt langsam zur Seite.

Fließband
Stellt man sich drauf, wird man weitergetragen. Entweder nach rechts oder nach links.

Pinguin-Anzug
Er macht Mario zu Pinguin-Mario.

Kanone
Sie feuert Bob-ombs oder Kanonenkugeln ab. Einige können die Richtung verändern.

Pfahl
Man kann daran hoch- und runterklettern.

Knochenbahn
Sie fährt mit hoher Geschwindigkeit auf einer Schiene.

Knochen-plattform
Bleibt man darauf stehen, fällt sie runter. Es gibt verschiedene Breiten.

Springwolke
Stellt man sich drauf, hüpft man. Mit dem richtigen Timing kann man hoch springen.

Riesen-Kugel-willi-Kanone
Die Kanone feuert Riesen-Kugelwillis ab.

Zauber
Er fliegt zu Mario. Je nach Level hat er eine andere Farbe.

Mini-Pilz
Er macht Mario zu Mini-Mario.

Mini-Röhre
Kleine Röhre. In diese Röhrchen kann nur Mini-Mario hineinschlüpfen.

Baumstamm
Bleibt man lange stehen, dreht er sich und man fällt runter.

Unsichtbare Wand
Sie ist von außen nicht zu sehen, aber man kann hindurchgehen.

Palme
Mario kann auf die Blätter steigen. Man findet sie in der Wüste oder am Meer.

Pfeilplattform
Stellt man sich darauf, fährt sie in die Pfeilrichtung los. Steigt man runter, fährt sie zurück.

Wackelpilz
Eine Pilzplattform, die zur Seite kippt. Es gibt auch eine schnellere Variante.

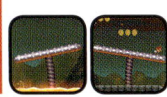

Lava
Rote Flüssigkeit, die man zum Beispiel im Schloss sieht. Fällt man hinein, verliert man einen Versuch.

Yoshi-Ei
Daraus schlüpft Yoshi. Aus Eiern, die Yoshi legt, tauchen Items auf.

Lichtfloß
Das Floß mit dem Licht wird mit der Wii-Fernbedienung gesteuert.

Plattform
Bewegt sich zur Seite oder steigt auf und ab.

Remote-Kopter
Man kann damit fliegen. Durch Schütteln der Wii-Fernbedienung führt er eine Drehattacke aus.

Remote-Gitter
Während man sich festhält, muss man die Wii-Fernbedienung kippen.

Remote-Plattform
Durch Neigung der Wii-Fernbedienung verändert sich auch ihre Neigung.

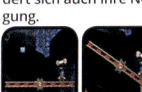

Remote-Hochplattform
Stellt man sich drauf, steigt sie auf. Sie wird mit der Wii-Remote kontrolliert.

Remote-Transporter
Bewegt sich entsprechend der Neigung der Wii-Fernbedienung.

Treibsand
Gerät Mario hinein, sinkt er ein. Mit Sprüngen kommt er wieder heraus.

Roulette-Block
Schlägt man drauf, taucht das angezeigte Item auf.

Block
Darin könnte ein Item stecken. Verschwindet, wenn man draufschlägt.

1-Up-Pilz
Mario erhält einen Extraversuch. Meistens ist er gut versteckt.

AND MORE
● Anderes

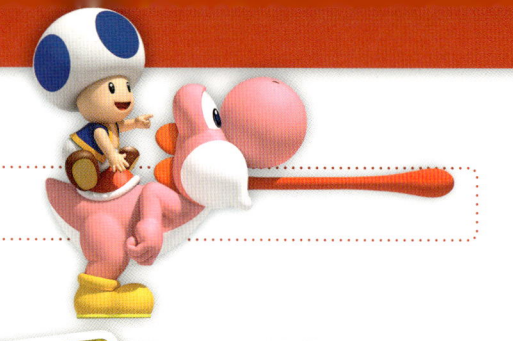

BESONDERE SZENEN

Hier zeigen wir euch besondere Momente. Auf der Weltkarte gibt es neben den Levels auch andere Gimmicks.

Rettet Toads für Belohnungen!

Spielt ihr allein, werdet ihr hin und wieder einen gefangenen Toad in den Levels finden. Rettet ihn aus dem ?-Block und tragt ihn sicher ins Ziel. Bei einem kleinen Toad bekommt ihr einen, bei Super Toad drei Extraversuche.

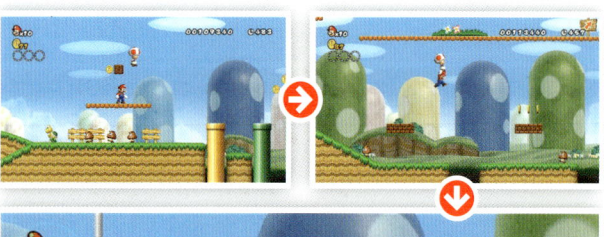

Luigi, der Superassistent!

Nach acht Fehlversuchen in einem Level taucht der Super-Assistent auf. Schlagt ihr auf diesen Block, erscheint Luigi und zeigt euch, wie man das Level schafft. Unterbrecht ihr den Assistenten-Modus, könnt ihr an der entsprechenden Stelle mit Luigi weiterspielen.

Oben: Möchtest du den Assistenten-Modus nutzen? Luigi wird dir zeigen, wie man ihn spielt. / Abbrechen / Okay!
Unten: Assistenten-Modus

Die Toad-Häuser helfen euch!

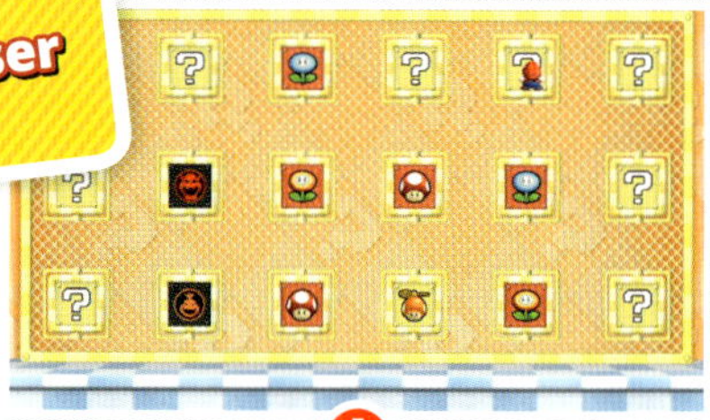

Auf der Weltkarte seht ihr einige pilzförmige Häuser. Dort bekommt ihr Unterstützung. Es gibt drei verschiedene Arten: rot, grün oder mit Stern. Bei Rot und Grün spielt ihr ein Mini-Game und werdet danach belohnt. Beim Stern bekommt ihr einen Stern.

Der Kampf auf der Weltkarte!

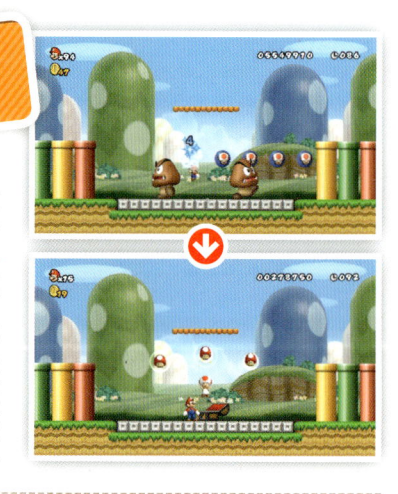

An einigen Stellen der Weltkarte laufen Gegner herum. Berührt ihr das Gegnersymbol, beginnt ein Kampf. Sammelt ihr alle Toad-Symbole, habt ihr gewonnen. Rettet den Toad, der in der Schatztruhe steckt, und ihr werdet mit drei Superpilzen belohnt.

Geht in Peachs Schloss in W1!

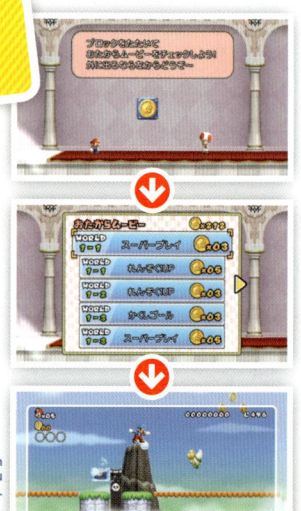

Hier könnt ihr mit euren Sternenmünzen Bonusfilme kaufen. Schaut ihr sie euch an, erfahrt ihr, wie man Superspiele freispielt oder unbegrenzte Extraversuche erhält. Insgesamt gibt es 65 Filme.

Oben: Springe gegen den Block, um Bonusfilme zu sehen. Der Ausgang ist links.
Mitte: Bonusfilme / Superspiel / Unbegrenzte 1-Ups / Unbegrenzte 1-Ups / Verstecktes Ziel / Superspiel

Kamek verwandelt sich in Prinzessin Peach!

Wird Bowser besiegt, habt ihr Prinzessin Peach gerettet ... oder etwa doch nicht?! Die Prinzessin im Käfig ist in Wirklichkeit Kamek. Kameks Zauber lässt Bowser wachsen und dann beginnt der letzte Showdown.

Münzschlacht im Abspann!

Beim Abspann tanzen die Spieler, doch sie können auch frei gesteuert werden. Schlagt ihr auf die Buchstabenblöcke, tauchen manchmal Münzen auf und die Anzahl der gesammelten Münzen wird als Highscore gespeichert.

Mit Sternenmünzen in die Spezial-Welt!

Habt ihr Bowser besiegt und Prinzessin Peach gerettet, öffnet sich das Tor zur besonderen Welt W9. In W9 gibt es insgesamt acht Levels. Um diese Levels freizuspielen, müsst ihr alle Sternenmünzen in W1 bis W8 finden. Habt ihr die Sternenmünzen einer Welt vollständig eingesammelt, wird das dazugehörige Level in W9 geöffnet.

Mario zieht die Mütze aus!

Bei 99 Versuchen zieht Mario die Mütze aus, bei 98 zieht er sie wieder an. Das gilt übrigens nur für Mario: Luigi hingegen setzt seine Mütze nicht ab.

Wissenswertes & Techniken

Wir zeigen euch einige nützliche Techniken für das Abenteuer. Hat euer Spielstand fünf ★-Symbole, habt ihr das Spiel vollständig gemeistert.

Abkürzungen durch versteckte Ziele!

In bestimmten Levels findet ihr eine rote Zielflagge. Dies ist ein verstecktes Ziel! Erreicht ihr es, wird eine andere Route geöffnet. Meistens ist es eine Abkürzung zum Schloss, doch manchmal findet ihr auch eine Kanone. Diese Kanone bringt euch in eine andere Welt. Von W1 und W2 kommt ihr zu W5, von W3 und W4 zu W6 und von W5 und W6 zu W8.

Die ★-Symbole messen eure Erfolge!

Je nach Erfolgsgrad schmücken ein oder mehrere ★-Symbole euren Spielstand. Bewältigt ihr Bowsers Schloss von W8, bekommt ihr ★. Habt ihr ohne Assistent alle Levels von W1 bis W8 geschafft, dann erhaltet ihr ★★. Sammelt ihr alle Sternenmünzen in W1 bis W8, sind es ★★★. Werden alle Sternenmünzen in W9 gesammelt, dann gibt es ★★★★. Setzt ihr danach alle Warp-Kanonen ein, sind es ★★★★★. Spielt ihr alle Levels durch, ohne den Super-Assistenten erscheinen zu lassen, leuchten alle ★-Symbole.

Wähle eine Datei! / Freies Spiel / Münzjagd

Feuerwerk im Mehrspielermodus!

Spielt ihr das Hauptspiel mit zwei oder mehr Spielern, werdet ihr am Ziel mit Feuerwerk belohnt, wenn ihr ein Level mit einer bestimmten Restzeit beendet. Genauer gesagt, müssen die beiden letzten Ziffern gleich sein. Danach erscheint ein Toad-Haus am Startpunkt. Bei den Endziffern 11 und 22 erscheint ein grünes, bei 33, 44, 55, 66, 77 und 88 ein rotes und bei 99 ein Sternen-Haus.

2010

SUPER MARIO GALAXY 2
スーパーマリオギャラクシー2

Verpackung	Disc	Anleitung	Schnellanleitung	DVD für Anfänger

- **Hardware**
  Wii
- **Erscheinungsjahr Japan/EU**
  27. Mai 2010
  11. Juni 2010
- **Spieleranzahl**
  1–2
- **Anmerkung**
  Download-Version erhältlich für Wii U.

INTRODUCTION
● Einleitung

S T O R Y

»Dies ist eine weitere Geschichte, die mit Sternenstaub beginnt ...«

Erneut ist die Zeit gekommen, in der wie alle hundert Jahre hell glitzernder Sternenstaub auf die Erde des Pilz-Königreichs fällt.

Lieber Mario!
Wie wäre es mit einem Stück Kuchen, während wir den Sternenhimmel beobachten?
Ich warte im Schloss auf dich.
Deine Peach

Bei der Einladung tanzt Marios Herz vor Freude und er rennt durch das Grasland des Sternenfalls. Da sieht er ein mysteriöses Licht im Gebüsch.

Er blickt vorsichtig hinein ... und findet ein kleines Sternenkind, das sich verlaufen hat.

Mario ist ihm sympathisch. Mit dem Sternenkind, das Baby-Luma heißt, erreicht Mario das Schloss.

Was ihn dort wohl erwartet ...?

Lieber Mario! Wie wäre es mit einem Stück Kuchen, während wir den Sternenhimmel beobachten? Ich warte im Schloss auf dich! Deine Peach

Verwende den blauen Stern zum Aufsammeln!

I N F O S

Mario und Yoshis Abenteuer in einer anderen Galaxie

Dies ist die Fortsetzung von *Super Mario Galaxy*, eine weitere Sternenstaub-Geschichte. Die bewährte Steuerung wurde zum großen Teil beibehalten. Es kommen Yoshi und weitere Power-Ups hinzu und so beginnt das Abenteuer um die Power-Sterne in einer anderen Galaxie. Diesmal gibt es ein Weltkarten-System und Mario fliegt mit dem »Raumschiff Mario«, das genauso aussieht wie sein Kopf. Mal muss er einen Highscore erspielen, mal mit dem Tuku-Gleiter fliegen. Ebenso gibt es noch mehr unterschiedliche Planeten mit vielfältigen Elementen.

Zweispieler-Modus als unterstützendes Spiel

Habt ihr noch eine Wii-Fernbedienung, kann der zweite Spieler mit dem orangen Luma spielen. Der orange Assistent-Luma kann Mario unterstützen, indem er Gegner besiegt und Items aus großer Entfernung heranholt.

Erklärungs-DVD für Anfänger

Als Beilage wird die DVD *Super Mario Galaxy 2 für Anfänger* mitgeliefert. Hier werden anhand von Videos die grundlegenden Spielelemente sowie die verschiedenen Aktionen erklärt. Außerdem enthält die DVD eine Reihe von Bonusfilmen mit hilfreichen Tipps und Tricks.

Super Mario Galaxy 2 für Anfänger / Los geht's! Die Grundlagen / Auf Entdeckungsreise! Das Spielgeschehen / Bonusfilme-Sammlung.

CHARACTERS
• Charaktere

SPIELBARE FIGUREN

Während des Abenteuers kommt Luigi hinzu und ihr wählt einen dieser beiden Charaktere aus. Spielt ihr zu zweit (unterstützendes Spiel), steuert ein Spieler den orangen Assistent-Luma.

Luigi
Er taucht während der Story auf. Er springt höher als Mario, dafür rutscht er jedoch mehr.

Mario
Mit Baby-Lumas Kraft reist er durchs All.

Oranger Assistent-Luma
Erscheint beim unterstützenden Spiel. Er hilft Mario, indem er Items aufnimmt oder Gegner besiegt.

POWER-UPS

Mit bestimmten Items kann Mario andere Gestalten mit besonderen Fähigkeiten annehmen. Er verwandelt sich nach einer gewissen Zeitspanne oder wenn er Schaden nimmt zurück.

Mario
Er kann mit Drehungen Gegner angreifen oder Gimmicks aktivieren. Wird seine Energie durch Schaden auf null gesetzt, verliert er einen Versuch.

Luigi

Wolken-Mario — Item ➔ Wolken-Blume
Mario kann Wolkenplattformen erzeugen. Bis zu drei Plattformen sind gleichzeitig nutzbar. Er kann außerdem weiter springen.

Wolken-Mario
Wolken-Luigi

Fels-Mario — Item ➔ Fels-Pilz
Als Fels rollt er und zerstört Gegner oder Gimmicks, die gegen Drehungen immun sind. Er bleibt nach einer gewissen Zeit oder wenn er gegen eine Wand rollt liegen.

Fels-Mario
Fels-Luigi

Feuer-Mario — Item ➔ Feuerblume
Er verwandelt sich nur vorübergehend in Feuer-Mario. In der Zeit kann er mit Feuerbällen Gegner oder Gimmicks angreifen.

Feuer-Mario
Feuer-Luigi

Auflistung aller 17 Spiele › 2010 › SUPER MARIO GALAXY 2

Bienen-Mario
Item → Bienen-Pilz

Er kann für einen kurzen Moment hochfliegen und sich in der Luft bewegen. Außerdem kann er an der Honig-Wand entlangklettern.

- Bienen-Mario
- Bienen-Luigi

Geist-Mario
Item → Geist-Pilz

Mit jedem Tastendruck schwebt er höher. Schüttelt man die Wii-Fernbedienung, wird er durchsichtig und kann durch Gitter und Gegner fliegen.

- Geist-Mario
- Geist-Luigi

Feder-Mario
Item → Feder-Pilz

Er bewegt sich hüpfend und mit dem richtigen Timing springt er sehr viel höher.

- Feder-Mario
- Feder-Luigi

Regenbogen-Mario
Item → Regenbogenstern

Sein Körper leuchtet in Regenbogenfarben und er kann Gegner allein durch Berührung besiegen. Je länger er läuft, desto schneller wird er.

- Regenbogen-Mario
- Regenbogen-Luigi

Wirbelbohrer
Power-Up durch Gimmick
Item → Wirbelbohrer

Er bohrt sich in den Boden hinein und bewegt sich dabei geradeaus. Er prallt ab, wenn er etwas Hartes berührt.

- Mario
- Luigi

YOSHI

Er schlüpft aus dem Ei. Yoshi ist Marios Freund und trägt ihn während des Abenteuers auf dem Rücken. Er hat andere Fähigkeiten als Mario, so frisst er die Gegner mit seiner langen Zunge auf und verlängert seine Flugdauer mit dem Flatterflug.

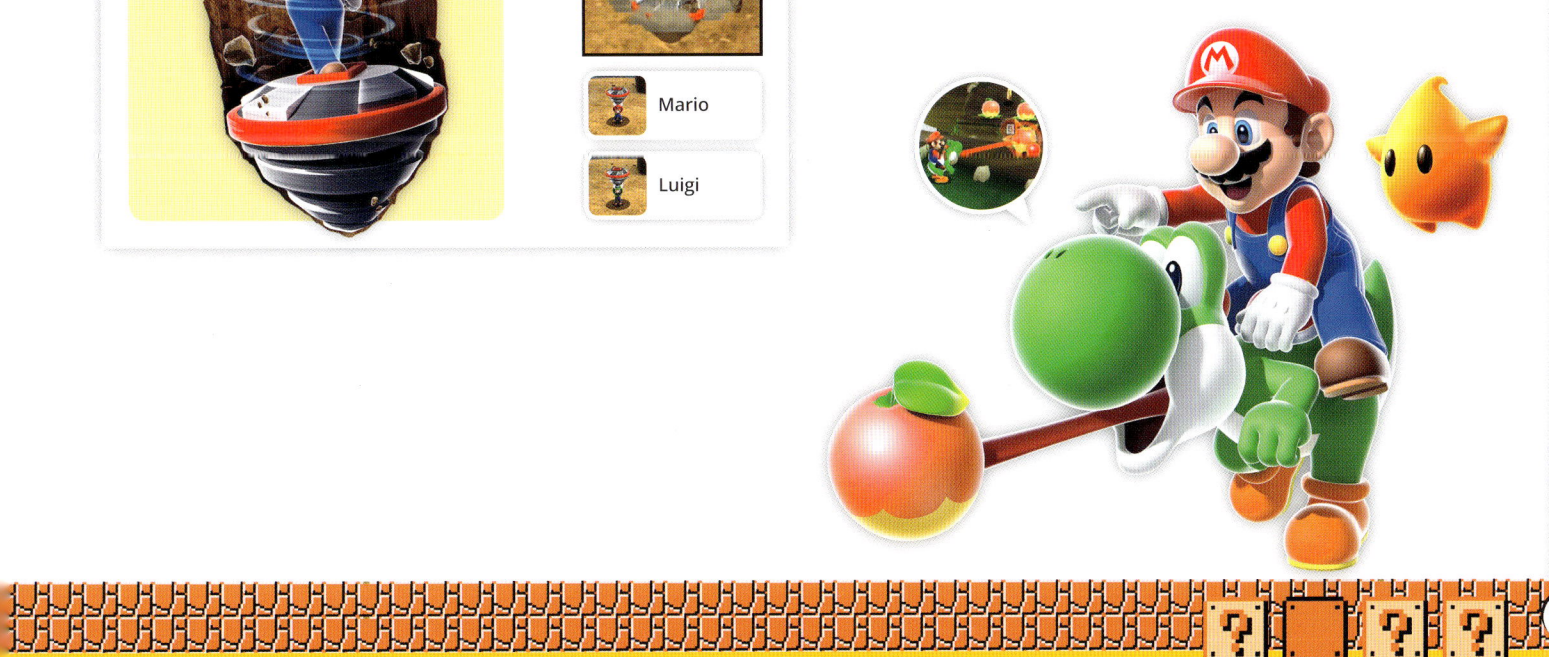

YOSHIS POWER-UPS

Bestimmte Früchte verleihen Yoshi für eine gewisse Zeit besondere Fähigkeiten.

Turbo-Yoshi
Item → Turbo-Pfeffer

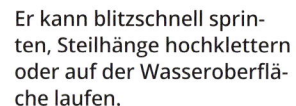

Er kann blitzschnell sprinten, Steilhänge hochklettern oder auf der Wasseroberfläche laufen.

Blasebalg-Yoshi
Item → Blasebalgbeere

Er bläst sich auf und schwebt für eine gewisse Zeit. Hält er die Luft an, stoppt er.

Glüh-Yoshi
Item → Birnbeere

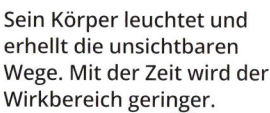

Sein Körper leuchtet und erhellt die unsichtbaren Wege. Mit der Zeit wird der Wirkbereich geringer.

ANDERE CHARAKTERE

Weitere Charaktere, denen Mario in dem Abenteuer begegnet.

Gourmet-Luma
Isst er genug Sternenteile und Münzen, verwandelt er sich zum Beispiel in einen Planeten.

Bob-omb Buddy
Der freundliche Bob-omb aus der »Rückblende-Galaxie«.

Coach
Der Coach der Pinguine. Er bringt anderen das Schwimmen bei.

Hausmeister
Der Roboter bittet Mario immer wieder um etwas.

Pinguru
Ein älterer Pinguin. Er mag Orte mit gutem Ausblick.

Goldener Hausmeister
Ein goldener Hausmeister, der Gumbas liebt.

Tuku-Gleiter
Ein schüchterner Vogel, der nicht gut fliegen kann. Mario kann mit ihm gleiten.

Giga Luma
Großer Luma aus der »Gigagumba-Galaxie«.

Silberner Hausmeister
Ein silberner Hausmeister, der Dornenbegomans liebt.

Pinguin
Er bringt Mario Schwimm- und Unterwassertechniken bei.

Geist-Luigi
Er taucht auf, wenn man ein Level mit Luigi durchspielt. Er zeigt, wie man ein Level gut spielt.

Palmas
Die Bewohner der »Glitzerstrand-Galaxie«. Sie werfen Mario hoch.

Lumalee
Wird er mit Sternenteilen gefüttert, verwandelt er sich in ein Item oder einen Würfel.

Tuku-Tukan
Der Vogel bringt Mario bei, wie man mit dem Tuku-Gleiter fliegt. Es gibt auch einen Tuku-Tukan mit schwarzem Kopf.

Borkus
Bewohner der Wälder, die die »Wuchtwipfel-Galaxie« als ihr Heiligtum ansehen. Es gibt verschiedene Kopfformen.

Wanderaffe
Er bereitet Mini-Spiele vor und fordert Mario heraus.

Baby-Luma
Ein Luma, der sich verlaufen hat. Mit der Kraft der Sterne verleiht er Mario besondere Fähigkeiten.

Toads
Die Bewohner des Pilz-Königreichs, die im Peach-Schloss dienen.

Sternenhase
Ein freundlicher Hase, der Mario Techniken wie den Drehsprung beibringt.

Lubba
Die Anführerin der Lumas, die mit dem Raumschiff Mario reist. Sie leiht Mario das Sternenschiff.

Kosmo-Assistent
Nach mehreren Fehlversuchen in bestimmten Levels bringt sie Mario ins Ziel.

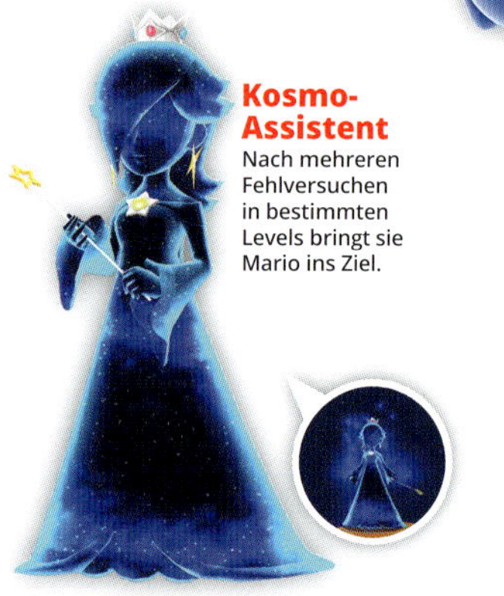

Toad-Suchtrupp
Ein Fünf-Mann-Team, geleitet von Captain Toad, das nach Prinzessin Peach sucht. Im Sternenschiff sind sie zuständig für Briefe und Aufbewahrung.

Lumas
Sternenkinder, die überall im Universum zu finden sind. Es gibt verschiedene Farbvarianten.

Honigbienen
Die Bewohner vom Honigbienen-Dorf. Die Bienen bringen Mario bei, wie er als Honig-Mario fliegt.

Honigbienen-königin
Die Königin der Honigbienen. Ihr Merkmal ist der große Körper.

Rosalina
Die Herrin der Sternwarte. Sie erscheint, wenn man bestimmte Voraussetzungen erfüllt.

Prinzessin Peach
Die Prinzessin vom Pilz-Königreich. Sie wird von Bowser entführt.

Auflistung aller 17 Spiele (2010 → SUPER MARIO GALAXY 2)

GEGNER

Die Gegner aus dem Spiel. Bereits aus anderen *Mario*-Spielen bekannte Gegner können anders heißen oder sich anders verhalten.

Perlenmuschelkappe
Sie schließt und öffnet sich am Meeresboden. Wird man gefangen, wird man verletzt.

Aal
Er ist im Wasser, kommt aus den Höhlen raus und schlüpft wieder rein.

Dornen-Piranha
Er knallt mit dem Kopf gegen den Boden. Wegen der Stachel kann Mario nicht drauftreten.

Glutsauger
Er guckt aus der Lava hervor und reißt sein Maul auf. Danach taucht er wieder ab.

Glutsauger-Bruder
Es kommt aus der Lava und bewegt sich. Er ist kleiner als der Glutsauger.

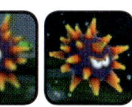

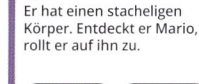

Blasen-Kanone
Feuert regelmäßig Wasserkugeln ab. Man kann in die Kugel schlüpfen und sich transportieren lassen.

Igluck
Er hat einen stacheligen Körper. Entdeckt er Mario, rollt er auf ihn zu.

Elektro-Kanone
Feuert regelmäßig zielsuchende Elektrokugeln ab.

Otakönig
Er spuckt aus der Lava mit Kokosnüssen und Feuerkugeln.

Prinz Pikantus
Fährt mit einem Fahrzeug und spuckt Kokosnüsse und Feuerkugeln.

Oktopus
Er feuert abwechselnd mit Feuerkugeln und Kokosnüssen.

Tox-Box
Dieser Würfel rollt enge Routen entlang. Auf der offenen Würfelseite ist man geschützt.

Stinkkäfer-Familie
Sie stapeln sich auf und rammen das Ziel. Eine Stampfattacke auf den Rücken besiegt sie.

Eis-Flamy
Er strahlt Kälte aus. Findet er Mario, kommt er näher.

Ham-Ham-Skelett
Es frisst Erde, wenn er sich bewegt. Die Spuren bleiben für eine Weile.

Kanina (blau)
Sie rennt weg, sobald sie Mario sieht. Wird sie besiegt, erscheint ein 1-Up-Pilz.

Kanina (rot)
Sie nähert sich Mario im Zickzack. Eine Drehattacke von hinten streckt sie nieder.

Kollerkarambolus
Er greift mit dem riesigen Maul an. Die roten Stellen am Körper sind die Schwachpunkte.

Feuer-Kollerkarambolus
Sein Körper besteht aus Flammen und er lässt Feuerkugeln fallen.

Kürbis-Gumba
Beim Gehen hinterlässt er blaue Flammen. Durch eine Drehattacke wird er zu einem normalen Gumba.

Magikoopa
Teleportiert und beschwört Gegner und Feuerkugeln, um anzugreifen.

Knochentrocken
Greift man ihn an, zerfällt er auf der Stelle und bleibt eine Weile so.

Atom-Buu
Ein riesiger Buu Huu, der mit vier Buu Huus Mario verfolgt.

Kugelwilli
Er wird aus der Kanone abgefeuert und explodiert nach einer Weile. Eine Variante verfolgt Mario.

Stachelmine
Diese Minen schweben in der Luft. Explodieren bei Berührung. Manche sind unter Wasser.

König Lakitu
Er sitzt auf einer großen Wolke und greift mit Lakitu-Eiern und Blitzen an.

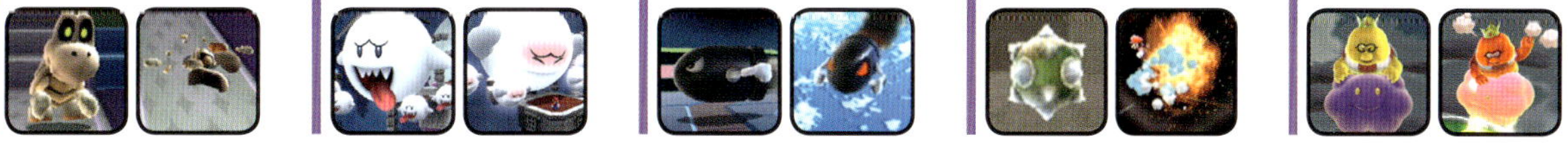

Bowser
Der große Stern lässt ihn wachsen. Er greift mit Schlägen und Flammen an.

Bowser Jr.
Bowsers Sohn. Er hilft seinem Vater und hat es ebenfalls auf Mario abgesehen.

Gumba
Er rennt auf Mario zu, sobald er ihn entdeckt. Je nachdem, wie er besiegt wird, taucht ein anderes Item auf.

Drehblock
Dreht sich in regelmäßigen Zeitabständen am Boden. Die Drehung schleudert Mario weg.

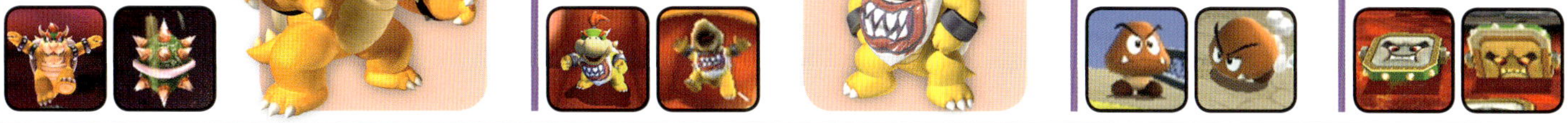

Stinkkäfer
Er wartet im Gang und stürmt auf Mario zu, sobald er ihn sieht.

Stinkkäferkönig
Ein großer Stinkkäfer, der herumfliegt und Bomben abwirft.

Blooper
Er schwimmt im Wasser. Er spuckt Tinte, wenn er berührt oder besiegt wird.

Goldener Bui
Er taucht in bestimmten Mini-Games auf. Bei einem Sieg erhält man 50 Punkte.

Goldener Kettenhund
Wird er zu einem bestimmten Loch gebracht, taucht ein Power-Stern auf.

Flippkäfer
In der Regel rennt er vor Mario weg. Nur Bienen-Mario greift er an.

Walzenwummp
Die Säule rollt am Steilhang runter. Wird man überrollt, verliert man einen Versuch.

Felsbrocken
Er rollt an festgelegten Stellen herum. Er wird durch eine Drehattacke gegen die rote Stelle besiegt.

Rollodillo
Es rollt schnell auf Mario zu. Das Gesäß ist seine Schwäche.

Rollender Kettenhund
Silberner Kettenhund, der Mario rollend verfolgt.

Sandolm
Er lebt im Treibsand und wirft mit Sandkugeln. Das geöffnete Maul ist sein Schwachpunkt.

Ein-Glied-Pokey
Ist Mario in der Nähe, schlüpft er aus der Erde heraus und kommt hüpfend auf ihn zu.

Jump-Beamer
Er schießt ringförmige Strahlen ab. Der Kopf kann als Trampolin genutzt werden.

Lakitu
Er schwebt in der Luft und wirft mit Stachi-Eiern. Wird die Wolke angegriffen, fällt der Lakitu runter.

Sorbetti
Der Schneemann rollt und verfolgt Mario. Die Nase ist seine Schwachstelle.

Blasen-Poink
Er haftet an Mario und fügt ihm in regelmäßigen Zeitabständen Schaden zu.

Oktumbala
Er spuckt zwei Kugeln gleichzeitig. Sein Körper ist gelber als der des Oktumba.

Oktopod
Er hält Abstand zum Spieler und spuckt in regelmäßigen Zeitabständen Kugeln.

Oktumba
Aus der Nähe spuckt er eine Kugel nach der anderen. Seine Geschosse haben eine geringe Reichweite.

Mini-Kettenhund
Der kleine Kettenhund dreht sich auf der Stelle. Er wird mit einer Streckpflanze besiegt.

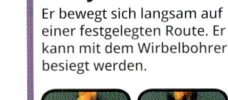

Fuzzy
Er bewegt sich langsam auf einer festgelegten Route. Er kann mit dem Wirbelbohrer besiegt werden.

Schubswand
Diese Felswand guckt aus der Wand heraus. Steht man davor, wird man weggeschoben.

Trippeltrap
Diese Spinne hängt am Spinnenfaden. Sie wird durch die Drehattacke ohnmächtig.

Dino-Piranha
Verfolgt Mario, sobald sie ihn sieht. Der Schwanz ist der Schwachpunkt.

Feuer-Dino-Piranha
Ein Dino-Piranha mit Feuerkörper. Spuckt Feuerkugeln.

Dino-Piranha Jr.
Verfolgt Mario. Das Hinterteil mit der Schale ist die Schwachstelle.

Riesenaal
Ein großer Aal. Wird er mit einem Panzer besiegt, taucht ein 1-Up-Pilz auf.

Riesen-Gumba
Ein großer Gumba. Man muss ihn erst mit der Drehattacke ohnmächtig machen. Nur dann ist er besiegbar.

Maxi-Steinblock
Ein großer Steinblock. Wegen seiner Breite ist es schwierig, unter ihm hindurchzukommen.

Riesen-Koopa
Normale Attacken zeigen keine Wirkung. Er kann mit dem Wirbelbohrer besiegt werden.

Riesen-Para-Gumba
Er fliegt durch die Luft und verliert durch eine Drehattacke sein Bewusstsein.

Riesen-Piranha-Pflanze
Kommt aus der Erde. Davor sieht man nur Sandstaub am Boden.

Maxi-Wiggler
Ein großer Wiggler. Man kann nicht auf ihm reiten, aber man kann ihn besiegen.

Buu Huu
Er kommt von hinten. Durch die Drehung wird er für einen Moment durchsichtig und danach dreht er sich selbst.

Oktobuu
Geist des Oktopus, der auf bestimmten Routen patrouilliert. Durch eine Drehattacke wird er kurz durchsichtig.

Stachi
Er ist immun gegen Marios Angriffe, doch eine Drehattacke hält ihn auf.

Lila Piranha-Pflanze
Große Piranha-Pflanze, die sich auf Mario wirft, wenn er in der Nähe ist.

Stachel-Cheep
Er bläst sich auf und verfolgt den Spieler. Er verschwindet nach einer Weile.

Dornenbegoman
Dreht sich auf und stürmt auf den Spieler zu. Wird man getroffen, wird man weggestoßen.

Togepon
Diese Stachelkugel taucht in bestimmten Mini-Games auf. Berührt man sie, wird man weggestoßen.

Steinblock
Er fällt und steigt wieder auf. Wird man zerquetscht, verliert man einen Versuch.

Stachelkrebs
Er geht langsam am Meeresgrund entlang. Man kann ihn nicht besiegen.

Blunkel
Nimmt einen Silberstern oder eine Münze und rennt weg.

Anemono
Wächst unter Wasser. Ist Mario in der Nähe, streckt er sich und versucht ihn zu rammen.

Koopa
Er geht an bestimmten Stellen spazieren. Nach einem Angriff bleibt sein Panzer zurück.

Stachi-Ei
Lakitus werfen damit. Yoshi kann es essen und im Anschluss damit angreifen.

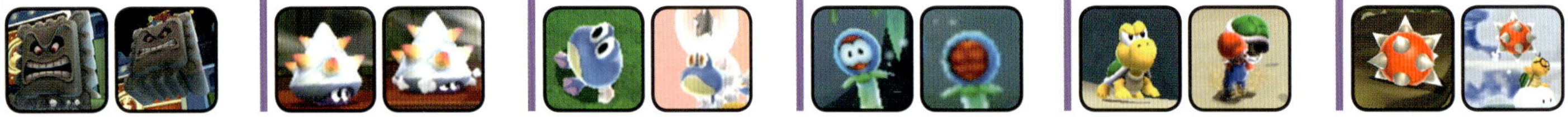

Heli-Monty
Er fliegt auf bestimmten Routen. Er kann nicht getreten werden.

Para-Gumba
Er fliegt in der Luft. Eine Drehattacke lässt ihn zu Boden fallen und zu einem normalen Gumba werden.

Mini-Wummp
König Wummp erschafft die kleine Variante. Er verfolgt Mario und zerbricht, wenn er umfällt.

Piranha-Pflanze
Findet sie Mario, streckt sie sich und versucht, Mario zu beißen.

Wummp
Er bleibt vor Mario stehen und lässt sich auf ihn drauf fallen. Der Rücken ist seine Schwachstelle.

König Wummp
Ein großer Wummp. Ist man am Boden, wenn er fällt, kann man sich wegen des Bebens nicht rühren.

Flappflapp
Findet er Mario, fliegt er kreischend auf ihn zu.

Megamurksmaschine
Bowser Jr. fährt dieses mobile Schloss mit vielfältigen Angriffsmethoden.

Wiggler
Er läuft bestimmte Routen ab. Wird er wütend, wird er schneller.

Auflistung aller 17 Spiele — 2010 — SUPER MARIO GALAXY 2

Feder-Spinne
Sie hüpft auf der Stelle. Sie greift nicht an.

Sprungfeder-Begoman
Springt man auf den Kopf dieses Begomans wird man hochgeschleudert.

Hothead
Die Feuerkugel hüpft in regelmäßigen Zeitabständen aus der Lava heraus.

Hothead (blau)
Er springt aus der Lava und verfolgt Mario hüpfend. Nach einer Weile verschwindet er wieder.

Streckpflanze
Ein Gras mit stacheliger Spitze. Ist man in der Nähe, attackiert sie mit den Stacheln.

Gravistachler
Er befindet sich an Stellen mit Gravitationswechsel. Sein Schwachpunkt ist sein ungepanzerter Bauch.

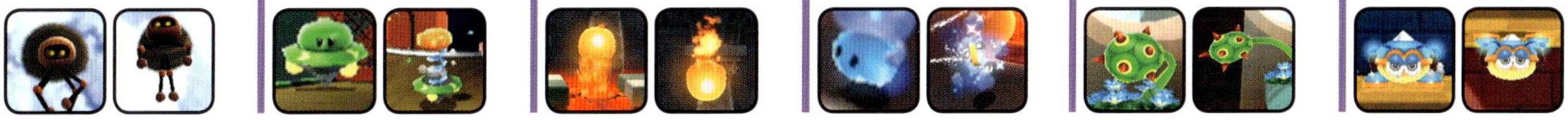

Hammer-Bruder
Er wirft mit Hämmern, wenn Mario sich nähert. Er bewegt sich mit großen Sprüngen.

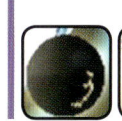

Überraschungsblume
Bleibt man drauf stehen, wird man verschluckt und verletzt.

Stampfhuhn
Findet es Mario, fliegt es über seinem Kopf, dreht sich um und greift mit dem Stachel an.

Sparky
Die Kugel verteilt Stromschläge und bewegt sich an bestimmten Orten.

Riesen-Qualle
Eine große Qualle, die im Wasser Strom freisetzt.

Schock-Ball
Er bewegt sich auf bestimmten Routen. Schaden bei Kontakt.

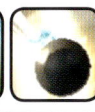

Spukkegel
Dieser Gegner ist wie ein Bowlingkegel. Felsen-Mario fegt ihn weg.

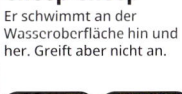

Feuer-Kanone
Sie feuert in regelmäßigen Zeitabständen Feuerkugeln ab.

Bumerang-Bruder
Er bewegt sich und führt mit Sprüngen und wirft zwei Bumerangs auf einmal.

Cheep-Cheep
Er schwimmt an der Wasseroberfläche hin und her. Greift aber nicht an.

Knutsch-Poink
Er klebt an Yoshis Gesicht und verhindert seine Zungenaktion.

Schlummerlinchen
Ein Dino, der bestimmte Routen abläuft. Sein Rücken ist mit Stacheln geschützt. Sein Bauch ist seine Schwachstelle.

Frl. Schlummerli
Sie spuckt Feuerkugeln und verfolgt Mario. Manchmal geht sie zur anderen Seite der Plattform.

Wirbelknospe
Sie öffnet sich und führt eine Wirbelattacke aus. In dem Moment kann man die Mitte attackieren.

Sternentasche
Sie ist unsichtbar und man sieht nur ihre Fußstapfen. Mit einer nahen Drehattacke lockt man sie raus.

Elektroschmelzer
Er bewegt sich hüpfend. Bei jeder Landung breitet er sich zum Elektroangriff aus.

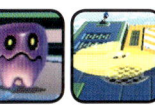

Mini-Begoman
Ein kleiner Begoman. Eine Drehattacke reicht, um ihn zu besiegen.

Bomben-Huhn
Es fliegt durch die Luft und lässt Bomben fallen.

Bomben-Buu-Huu
Bei Berührung explodiert er. Man kann seine Zunge nehmen und ihn daran herumschleudern.

Bob-omb
Ist man in der Nähe, wird man verfolgt, bis er explodiert. Nach einer Drehattacke kann man ihn tragen.

Bohrpedo
Er bohrt sich in die Erde und bewegt sich immer auf derselben Route.

Stelzbuddler
Eine riesige Maschine, die sich mit den beiden Beinen auf der runden Plattform zur Seite bewegt.

Polter
Er nutzt Felsen zur Attacke und Abwehr. Manchmal schlägt er zu.

Riesen-Kugelwilli
Ein großer Kugelwilli. Er wird mit einer Streckpflanze besiegt.

Schatten-Mario
Ein Schattengegner, der Marios Bewegungen nachahmt und ihn verfolgt.

Runder Gumba
Er ist langsamer als ein Gumba. Man besiegt ihn mit einer Drehattacke.

Robo-Koopa
Findet er Mario, bleibt er stehen und speit Feuer.

Pressluftpolterer
Ein Riesen-Roboter von Bowser Jr. Er greift mit Hämmern und Kugelwillis an.

Astro-Gumba
Ein Gumba mit hartem Helm. Ein Sprung auf den Kopf kratzt ihn nicht.

Feuer-Flamy
Er hüllt sich in Feuer. Löscht ihn mit einer Drehattacke, bevor ihr ihn angreift.

Wasserläufer
Er gleitet auf der Wasseroberfläche und rammt Mario aus der Nähe.

General Maulwurf
Er verfolgt einen unterirdisch. Nach einer Stampfattacke zeigt er sich.

Monty Maulwurf
Er bewegt sich unterirdisch. Eine Stampfattacke aus der Nähe lässt ihn rauskommen.

Monty Maulwurf (im Kopter)
Er feuert Kanonenkugeln oder Kugelwillis.

Bui
Er taucht bei bestimmten Mini-Games auf. Für einen besiegten Bui gibt es 10 Punkte.

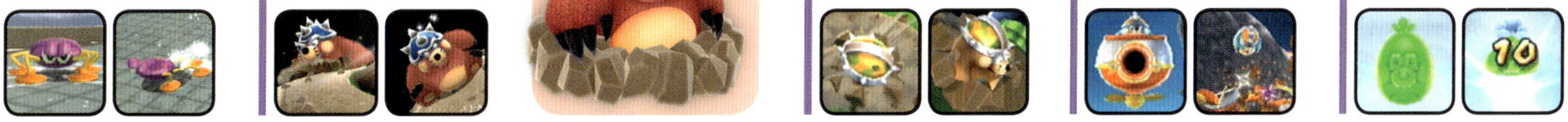

Qualle
Sie schwimmt an bestimmten Orten. Sie greift nicht an.

Land-Igluck
Ein Igluck am Land. Er wird mit einem Feuerball besiegt.

Stachel-Laser
Er schießt in regelmäßigen Zeitabständen ringförmige Strahlen. Man kann ihn nicht besiegen.

Laser-Roboter
Er schießt Laserstrahlen auf Mario, wenn der in der Nähe ist.

Kettenhund
Er rollt bestimmte Routen entlang und ist immun gegen normale Attacken.

WORLDS
• Welten

LEVELS
Ihr bewegt euch auf der Weltkarte, wählt eine Galaxie, die einem Level entspricht, aus und sammelt dort die Power-Sterne.

Welt 1
Die erste Welt, die ihr mit dem Raumschiff Mario erreicht.

Hochgarten-Galaxie
Ihr reist über runde, zylinder- und andersförmige Planeten.

Dino-Piranha Jr.s Schleudertrauma
Geleitet von den Lumas lauft ihr weiter und besiegt Dino-Piranha Jr.!

Der dornige Schlüsselhüter
Ihr nutzt die Streckpflanzen, um die Gegner zu besiegen und den Power-Stern zu finden.

Dino-Piranha Jr. im Schnelldurchlauf
Ihr kämpft erneut gegen Dino-Piranha Jr., diesmal mit Zeitlimit. Nutzt die Uhren, um jeweils zehn Sekunden zu gewinnen.

Sternen-Yoshi-Galaxie
Ein grüner Hügel mit vielen Yoshi-Früchten. Hier trefft ihr euren zuverlässigen Freund Yoshi.

Endlich! Yoshi! Befreit!
Rettet Yoshi, den Kamek gefangen hält. Gemeinsam absolviert ihr das Level.

So viele Stachis!
Rettet mit Yoshi den Luma und besiegt König Lakitu.

Das Stachi-Problem ist wieder da!
Nutzt den Regenbogenstern und besiegt alle 30 Stachis innerhalb des Zeitlimits.

Wirbelbohrer-Galaxie
Hier gibt es viele Sandplaneten. Nutzt den Wirbelbohrer, um weiterzukommen.

Stelzbuddlers Steinplanet
Ihr bohrt mit dem Wirbelbohrer und kämpft gegen den Stelzbuddler.

Tiefenbohrung nach Silbersternen
Nutzt den Wirbelbohrer und findet die fünf unterirdischen Silbersterne.

Risikokomet! Diese bösen Bohrpedos!
Mit einem einzigen Kraftpunkt kämpft ihr wieder gegen den Stelzbuddler. Bei einem Treffer verliert ihr einen Versuch.

Wattewolken-Galaxie
Eine Schlucht zwischen hohen Bergen und Wolken. Die Wolken-Blume taucht hier das erste Mal auf.

Wo steckt der Kapitän des Suchtrupps?
Als Wolken-Mario springt ihr über Wolken, um den Berg hochzuklettern. Nah am Gipfel steckt der Kapitän.

Hüpf-Highscore mit dem Wanderaffen
Ihr spielt ein Mini-Game, das der Wanderaffe gerne spielt, und erreicht die höchste Punktzahl.

Dreieckiger Turm in luftiger Höhe
Mit Gourmet-Luma fliegt ihr zum Turm. Erklimmt den Turm mit den Wolken-Mario-Fähigkeiten.

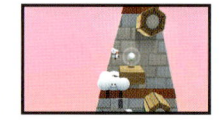

Schüttelklapp-Galaxie
Planeten mit vielen Springklapp-Scharnieren, Bibber-Schienen und Kettenhunden.

Gut geschüttelt klappt das Scharnier!
Ihr müsst eure Drehungen gut timen und geschickt über die Scharniere springen.

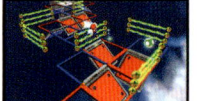

Die Lila-Münzen-Schüttelpanik
Sammelt alle lila Münzen, die auf den Springklapp-Scharnieren platziert sind.

Schwerkraftchaos-Galaxie

Viele Side-Scrolling-Levels, bei denen ihr die Schwerkraft manipulieren müsst.

Die Schwerkraft fordert ihren Tribut
Ihr nutzt die umschaltbare Schwerkraft. Gegen Ende wartet die Steinblock-Zone auf euch.

Der große Kistenbrand
Der Hausmeister möchte, dass ihr als Feuer-Mario aufräumt.

Bowser Jr.s Flammenflotte

In der Festung wartet Bowser Jr. Es gibt auch einen runden Stern mit vielen Feuerbarrieren.

Kollerkarambolus' Bauchringkur
Ihr tretet in der Festung gegen den Kollerkarambolus an.

Beeilung! Der Drache schiebt Wache ...
Hier heißt es, den Kollerkarambolus innerhalb von zwei Minuten zu besiegen. Es gibt keine Uhren.

Welt 2

Die Kraft des großen Sterns bringt euch in weitere Galaxien. Hier ist die Route zweigeteilt.

Puzzleplanken-Galaxie

Ein Planet mit Holzplattformen. Die Kreissägen sägen diese in kleinere Teile.

Das Geheimnis des Bilderrätsels
Ihr lauft über Holzplattformen und löst das Puzzle, um gegen die Stinkkäfer-Familie zu kämpfen.

Das Schattenverlies der lila Münzen
Sammelt alle lila Münzen, während ihr vor den Schatten-Marios weglauft.

Uns stinkt der Stinkkäferkönig!
Auf einem Stern mit einem riesigen Baum kämpft ihr gegen den Stinkkäferkönig.

Riesenwasserfall-Galaxie

Ein Planet mit vielen Steilhängen. Ihr reitet auf Yoshi und nutzt den Turbo-Pfeffer.

Raketenraser dank Turbo-Pfeffer
Mit Turbo-Yoshi lauft ihr die Steilhänge hoch. Passt auf, dass ihr nicht gegen die Hindernisse rennt.

Beeilung! Hoch mit dir, Turbo-Yoshi!
Ihr lauft mit Turbo-Yoshi innerhalb der vorgegebenen Zeit ins Ziel. Die Plattformen sind hier kleiner.

Silbersterne am Riesenwasserfall
Fangt die Blunkel, die mit den Silbersternen weglaufen.

Bröselblock-Galaxie

Ein Planet mit vielen Felsen. Nutzt den Fels-Pilz, um voranzukommen.

Rollodillo auf Kollisionskurs!
Als Fels-Mario zerstört ihr die Hindernisse. Am Ende wartet der Kampf gegen Rollodillo auf euch.

Die Stamina der Kanina
Als Fels-Mario besiegt ihr alle Kaninas auf einem kleinen Planeten.

Hierher, du süßer Gumba!
Im Auftrag des goldenen Hausmeisters bringt ihr einen Gumba zu ihm.

Kosmobucht-Galaxie

Eine ruhige Bucht. Hier lernen die Pinguine, wie man schwimmt.

Geheimnisvoller Zwillingswasserfall
Bei dem Zwillingswasserfall gibt es ein Geheimnis. Vereist ihn und klettert hoch.

Tief durchatmen und rein ins Verlies!
Ihr müsst durch die Unterwasserhöhle, um den gefangenen Luma zu retten.

Fang den Sternenhasen!
Auf dem runden Planeten spielt ihr Fangen mit dem Hasen. Friert den Planeten ein und lauft auf dem Eis.

Sinkflug-Galaxie
Ein Spazierflug durch den Dschungel mit dem Tuku-Gleiter.

Tuku-Gleiter im Urwaldparadies
Haltet euch am Tuku-Gleiter fest und weicht den Hindernissen aus.

Wettflug! Wettflug! Alle um die Wette!
Ein Wettflug gegen die Tuku-Tukans. Erreicht als Erster das Ziel.

Honigblüten-Galaxie
Ein Side-Scroll-Blumenparadies. Als Bienen-Mario fliegt ihr überall herum.

Summ summ summ, Jungbiene Mario ...
Ihr fliegt um einen Berg zum Gipfel. An einigen Stellen kommt man nur als Bienen-Mario weiter.

Ein erinnerungswürdiger Wandsprung
An versteckten Wänden klettert ihr mit Wandsprüngen hoch.

Bowsers Lavaimperium
Auf dem Planeten, umgeben von Lava, warten viele seltsame Fallen.

Heiß! Bowsers neuestes Spielzeug ...
Lauft über die Plattformen auf der Lava zum ersten Kampf gegen Bowser.

Beeilung! Der vergessene Lava-Stern
Innerhalb einer bestimmten Zeit nehmt ihr die Uhren auf und lauft durch das Lavaschloss.

Welt 3
Die Verwandlungen von Mario und Yoshi sind der Schlüssel. Außerdem taucht Luigi auf.

Wuchtwipfel-Galaxie
Ein Riesenbaum-Planet. Ihr klettert den Baum hoch oder geht in den Baum hinein.

Die luftig-lockere Blasebalgbeere
Mit dem Blasebalg-Yoshi macht ihr einen Spazierflug um den Baum und geht auch hinein.

Die große Baumrutsche
Ihr rutscht durch das Heiligtum der Borkus und erhaltet das Zeichen des Helden, den Power-Stern.

Die Lila-Münzen-Rutschpartie
Sammelt die lila Münzen, die der Hausmeister hier verloren hat.

Flaumwandler-Galaxie
Der Himmelsgarten. Viele große Instrumente schmücken diesen Planeten.

Wie eine Wolke im Wind ...
Ihr fliegt auf den Wolken durch den Himmelsgarten. Dabei nutzt ihr auch den Wind der Windmühlen.

Silbersterne im Purpursumpf
Schatten-Marios verfolgen euch. Nutzt die Myst-Blöcke, um vor ihnen zu fliehen.

Düsterschatten der Schwebegärten
Sammelt die Silbersterne über dem gefährlichen Sumpf. Auch hier verfolgen euch Schatten-Marios.

Gruseläther-Galaxie
Ein düsterer, unheimlicher Planet. Plötzlich auftauchende Gimmicks behindern Mario.

Birnbeerenpanik im Buu-Huu-Haus
Verwandelt Yoshi in Glüh-Yoshi und beleuchtet die unsichtbaren Wege, um in die Villa zu gelangen.

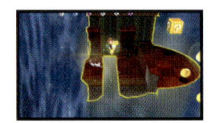

Bezwinger des Spukkorridors
Große und kleine Buu Huus kommen auf euch zu. Passt auf, dass ihr nicht runterfallt, und geht weiter.

Ein Gruselkorridor voller Schatten
Auf kleinen Plattformen werdet ihr von Schatten-Marios verfolgt. Rennt schnell durch.

Frostflocken-Galaxie
Ein schneebedeckter Planet. Mit Power-Ups löst ihr die Rätsel.

Ein Schneebowser im Lavasee
Durch den Schnee gelangt ihr zum Lavateich. Mit Schneebällen baut ihr Plattformen auf.

Die rote Nase des blauen Sorbetti
Im Schneesturm ist eure Sicht eingeschränkt. Am Ende tretet ihr gegen den Sorbetti an.

Schlingersause mit dem Wanderaffen
Eine Herausforderung des Wanderaffen. Besiegt die Buis und knackt den Highscore.

Kullerkunst-Galaxie

Ein Planet mit vielen Schreibwerkzeugen wie Stiften, Linealen und Malpaletten.

Ramm den silbernen Kettenhund!
Auf dem Sternenball löst ihr die Rätsel. Dabei kämpft ihr auch gegen den silbernen Kettenhund.

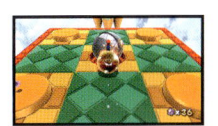

Beeilung! Rauf auf die Karachokugel!
In kürzester Zeit müsst ihr ins Ziel rollen. Vorsicht vor den Bob-ombs auf dem Grasland.

Ticktakt-Galaxie

Die Ticktack-Blöcke verändern ihre Positionen passend zum Rhythmus.

Tickticktick! Silbersterne!
Ihr springt über Ticktack-Blöcke. Es kann sein, dass Gegner zusammen mit den Plattformen erscheinen.

Schneller! Tickticktick! Silbersterne!
Die Plattformen wechseln mit doppelter Geschwindigkeit. Dabei sammelt ihr die Silbersterne.

Bowser Jr.s Angstarmada

Ein Kugelwilli nach dem anderen greift an. Weicht ihnen auf den Plattformen aus.

Bowser Jr.s Pressluftpolterer
Zusammen mit Yoshi rennt ihr durch die Kugelwillis und tretet gegen den Pressluftpolterer an.

Risikokomet! Pressluftpolterer-Panik
Mit nur einem Kraftpunkt kämpft ihr gegen den Pressluftpolterer. Analysiert sein Verhalten.

Welt 4

Eine seltsame Welt mit Planeten mit riesigen Gegnern oder Gravitationsveränderungen.

Gigagumba-Galaxie

Hier ist alles riesig, sowohl die Gegner als auch die Blöcke.

Riesenärger mit den Maxi-Wigglern
Ihr weicht den Riesen-Gumbas und Maxi-Wigglern aus und rennt über riesige Plattformen.

Beeilung! Maxi-Wiggler sind zurück!
Das letzte Level noch einmal, nur mit einem Zeitlimit. Es gibt einige Abkürzungen.

In voller Blütenpracht
Auf Marios Fußspuren blühen die Blumen. Was passiert wohl, wenn alle Blumen blühen ...?

Klappstadt-Galaxie

Mit Gimmicks und Items lauft ihr auf den Vorder- und Rückseiten der Plattformen.

Zwischen Klippstadt und Klappstadt
Benutzt die Klappgitter und geht weiter. Am Ende kämpft ihr gegen Frl. Schlummerli.

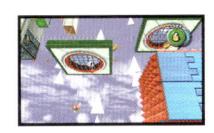

Probebohrungen in Klappstadt
Mit dem Wirbelbohrer gelangt ihr auf die andere Seite. In Räumen mit Gravitationswandel sammelt ihr die Silbersterne.

Der lila Schmuck von Frl. Schlummerli
Nutzt den Wirbelbohrer in den Räumen, in denen sich die Schwerkraft ändert, und findet die lila Münzen.

Glitzerstrand-Galaxie

Ein Strand in der Luft. Hier leben die Palmas.

Sonne, Sand und Silbersterne
Im Himmel und über dem Wasser sind die Silbersterne verteilt. Sammelt sie mithilfe von Yoshi.

Rauf auf den Wolkenturm!
Sucht nach der Wolken-Blume und lauft als Wolken-Mario zum Gipfel des Turmes.

Die Lila-Münzen-Strandraserei
Die vielen lila Münzen auf der Wasseroberfläche sammelt ihr zusammen mit Turbo-Yoshi ein.

Kettenhundfabrik

Eine komische Fabrik, in der unzählige Kettenhunde diverser Art hergestellt werden.

Die Heimat der goldenen Kettenhunde
Der Kopf des Kettenhundes muss ins Loch. Am Ende wartet der goldene Kettenhund auf euch.

Federleicht durch die Kettenhundfabrik
Mit Feder-Mario weicht ihr den Kettenhunden aus. Das Ziel liegt auf der Spitze des Turmes.

Schattenmarios in der Goldhundschmiede
Weicht den Attacken der Schatten-Marios aus und bringt den goldenen Kettenhund zum Loch.

Biskuitboden-Galaxie

Ein Planet mit Süßigkeitenplattformen. Manche von ihnen sind unsichtbar.

Die gelbe Frucht leuchtet den Weg

Glüh-Yoshi beleuchtet die unsichtbaren Süßigkeitenplattformen.

Erleuchte den Weg zu den lila Münzen!

Auf unsichtbaren Plattformen sind lila Münzen platziert. Beleuchtet sie und sammelt sie ein.

Honighüpfer-Galaxie

Ein Bienenplanet am Kliff. Als Bienen-Mario sucht ihr den Ort ab.

Silbersterne im Honigbienendorf

Sammelt die Silbersterne, die im Honigbienendorf der Honigbienen-Königin verteilt sind.

Highscore-Jagd auf Bienenterrain

Fordert den Wanderaffen heraus. Besiegt alle Gegner und knackt den Highscore.

Bowsers Schwerkraftparcours

Ein Lavaschloss mit Gravitationswechsel.

Bowsers Schwerkraftschlamassel

Ihr dringt durch viele Gravitationsveränderungen in die Tiefe vor und besiegt Bowser.

Beeilung! Die Schwerkraft dreht durch!

Innerhalb einer begrenzten Zeit erreicht ihr den tiefsten Punkt. Das Sammeln der Uhren ist unabdingbar.

Welt 5

Eine Welt voller Prüfungen. Hinter dem Rohr stehen fünf Galaxien zur Auswahl.

Raumwirbel-Galaxie

Eine Festung mit Elektrofallen. Mit Greifsternen weicht ihr ihnen aus.

Der hoch spannende Hindernisparcours

Mit Sprüngen und Greifsternen fliegt ihr durch die Elektrofallen.

Eile mit Weile: Zum Dach der Festung

Nutzt die Lahm-Schalter, um die Gimmicks zu verlangsamen. Erreicht so das Ziel der Festung.

Dornenbegoman im Verfolgungswahn

Der silberne Hausmeister bittet euch, den Dornenbegoman zu holen, den er liebt.

Schlingersand-Galaxie

Ein Planet voller Treibsand. An manchen Stellen müsst ihr den Strom nutzen.

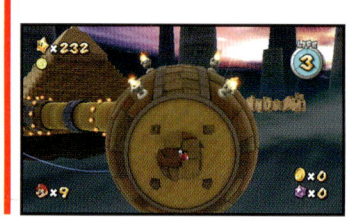

Die Rieselfalle des Sandolms

Überwindet den Treibsand und kämpft gegen den Sandolm.

Die spektakuläre Schlingersandsafari

Auf den vogelförmigen Sandblöcken geht es weiter. Manchmal werden Plattformen zerstört.

Der Sandolm lässt nicht locker!

Mit einem einzigen Kraftpunkt müsst ihr den Sandolm besiegen. Ihr dürft euch nicht erwischen lassen.

Heißkalt-Galaxie

Eine seltsame Galaxie, in der heiße Lava und kaltes Eis koexistieren.

Launischer Prinz Pikantus

Ihr verwandelt die Lava in Eisplattformen. Am Ende besiegt ihr Prinz Pikantus.

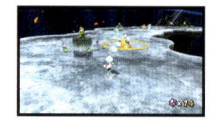

Allein gegen die frostige Okto-Armee

Ihr müsst alle Oktumbas und Oktopods auf dem Eis innerhalb des Zeitlimits schlagen.

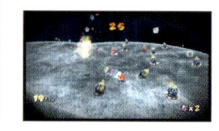

Die brisante Bui-Battaille

Ein weiteres Mini-Game, versteckt in »Launischer Prinz Pikantus«. Besiegt die Buis und knackt den Highscore.

Buu-Huu-Mond-Galaxie

Finstere Labyrinthe und Geistersümpfe warte auf euch.

Die Silbersterne der Pappaufsteller

Hinter dem Sumpf wartet ein Pop-up-Bilderbuch. Sammelt die Silbersterne im Buch.

Lass dich treiben, Geist-Mario!

Als Geist-Mario fliegt ihr durch das Gitter. Schwebt an den Gegnern vorbei und gelangt zur höchsten Etage.

Der Stern des sinkenden Sumpfs

In »Die Silbersterne der Pappaufsteller« erreicht ihr über Schlangenblöcke den versteckten Power-Stern.

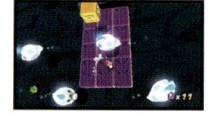

Schwindelschwank-Galaxie

Ihr lauft je nach Gravitation an der Decke oder an den Wänden entlang.

Der wirre Weltraum-Spaziergang
Nutzt die Gravitation und geht nach oben. In der zweiten Hälfte verändert sich die Gravitation regelmäßig.

Der Schrott, den keiner mehr haben will
Wieder säubert ihr die Holzkisten mit Feuerbällen. Hier gibt es deutlich mehr Kisten.

Sturzflug-Galaxie

Ihr fliegt mit dem Tuku-Gleiter durch die Lavafestung-Galaxie.

Tuku-Karambolage-Gleiter
Hängt euch an den Tuku-Gleiter und gleitet zwischen riesigen Gegnern und Gimmicks hindurch.

Galaktischer Geschwindigkeitsrekord
Nun geht es um den Titel des Schnellsten gegen den Boss der Tuku-Tukans. Beschleunigt euch beim Gleiten.

Bowser Jr.s Böllerbunker

Ihr fliegt von einer Kanone zur nächsten. Hier gibt es viele bewegliche Gimmicks.

Diese Maschine ist ein Megamurks!
Mit den Kanonen fliegt ihr in den Kampf gegen Bowser Jr. in der Megamurksmaschine.

Risikokomet! Megamurks für Profis
Mit einem einzigen Kraftpunkt müsst ihr die Megamurksmaschine ausschalten. Seid achtsam!

Welt 6

Die letzte Welt, in der Bowser wartet. Es gibt hier zwei mögliche Routen.

Schmelztiegel-Galaxie

Auf dem glühenden Planet erscheinen viele Glutsauger und Glutsauger-Brüder.

Das mirakulöse Magma-Meer
Nutzt die Greifsterne und Tornados, um das Lavagebiet hinter euch zu lassen.

Der Rollfelsen des Asteroidengürtels
Als unaufhaltbarer Fels-Mario rollt ihr durch die schmalen Gänge.

Bröselkegelei um den Highscore
Ein Bowling-Minispiel gegen den Wanderaffen. Nehmt die Herausforderung als Fels-Mario an.

Uhrwerkruinen-Galaxie

Hier gibt es viele Ruinen-Gimmicks mit unsicheren Bewegungen.

Rauer Ruinenritt
Ihr lauft auf den sich drehenden Gimmicks in die Tiefe und weicht störenden Hindernissen aus.

Lila Münzen im antiken Bauwerk
Hier müsst ihr lila Münzen auf den rotierenden Gimmicks sammeln.

Die riesige Hammerfalle
Die riesigen Hämmer schlagen schnell. Nutzt die Lahm-Schalter und geht unter ihnen durch.

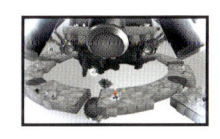

Rückblende-Galaxie

Diesen nostalgischen Planeten kennt man aus *Super Mario 64*.

König Wummp kehrt zurück
Klettert zum Gipfel hoch und duelliert euch mit Wummp. Nach einem Sieg erscheint König Wummp.

Silbersterne im Wummp-Kastell
Überall auf der Festung sind Silbersterne verteilt. Sammelt sie als Wolken-Mario auf.

Beeilung! Die Silbersterne der Wummps
Innerhalb des Zeitlimits sammelt ihr die Silbersterne ein. Nutzt Abkürzungen als Wolken-Mario.

Monsterarena-Galaxie

Lava, Eis, Wasser! Bereist die Planeten und überwältigt die jeweiligen Gegner.

Wer will noch mal? Wer hat noch nicht?
Besiegt alle Gegner auf einem Stern, um weiterzukommen. Auf jedem Stern tauchen neue Gegner auf.

Habt ihr immer noch nicht genug?
Mit einem einzigen Kraftpunkt besiegt ihr alle Feinde.

Der rot glühende Wutdrache
Der gelbe Luma bringt euch zu einer anderen Route. Nun tretet ihr gegen den Feuer-Kollerkarambolus an.

Funzelblitz-Galaxie

Die finsteren Planeten sind immer nur für einen kurzen Augenblick zu sehen.

Irrgarten im Funzellicht
Auf Yoshi reitet ihr durch das finstere Labyrinth, um die Silbersterne einzusammeln.

Die Okto-Armee der finsteren Seite
Besiegt alle Oktumbas in den finsteren Gängen innerhalb des Zeitlimits.

Wasserverlies-Galaxie

Langer, tiefer unterirdischer See. Im Wasser erweist sich der Panzer als praktisch.

Mit Koopa-Antrieb durch die Tiefen
Mit einem Panzer meistert ihr die Wasserwege. Auch zum Öffnen der Wege braucht ihr Panzer.

Highscore-Jagd in der Unterwasserhöhle
Ein Highscore-Duell gegen den Wanderaffen im unterirdischen See. Sammelt Punkte mit Gegnern und Münzen.

Bowsers Galaxiengenerator

Das große Reich, in dem Bowser wartet. Hier beginnt der Showdown um das Schicksal des Universums.

Bowsers uneinnehmbare Festung
Nutzt Marios und Yoshis Verwandlungen und bahnt euch den Weg durch das Reich zum finalen Kampf.

Beeilung! Bowsers geheimer Stern
Ihr versucht den tiefsten Punkt innerhalb der vorgegebenen Zeit zu erreichen. Sammelt unbedingt die Zehn-Sekunden-Uhren auf.

Welt S

Diese Galaxien werden nach dem Durchspielen aller anderen Levels freigeschaltet. Einige davon kommen euch vermutlich bekannt vor.

Pixel-Mario-Galaxie

Die Plattformen bilden Mario in Pixelgrafik ab. Die Rückseite zeigt Luigi.

Klitzekleines Klempnerproblem
Weicht den Gegnerattacken aus und tretet auf alle Umdrehböden.

Das Lila-Münzen-Luigi-Mosaik
Sammelt die lila Münzen, die in Luigi-Form aufgestellt sind, während ihr vor Schatten-Mario flieht.

Achterbahn-Galaxie

Für die Regenbogenpiste nehmt ihr den Sternenball. Es gibt mehrere Wege.

Über den Regenbogen ...
Rollt auf dem Regenbogen zum Ziel. Achtet dabei auf Attacken der Bob-ombs.

Lila Münzen auf der Regenbogenpiste
Innerhalb des Zeitlimits sammelt ihr rollend die lila Münzen ein.

Rollbalken-Galaxie

Ein Planet basierend auf den geheimen Levels von *Super Mario Sunshine*.

Jeder hat mal einen Drehwurm!
Ihr springt über drehende Holzsäulen. Mithilfe der Wolken-Blume wird es einfacher.

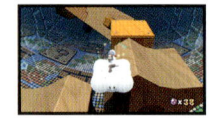

Drehen und Wenden ohne Unterlass
Die Säulen drehen sich nun schneller und ihr rennt mit Yoshi darüber.

Trümmertornado-Galaxie

Eine gefährliche Galaxie, in der viele Tox-Boxen in schmalen Gängen hin und her kullern.

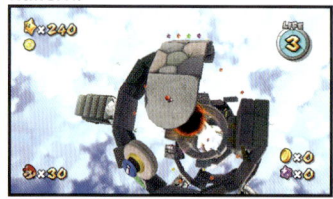

Langsam, Tox-Box! Sachte, Wummp!
Mit Lahm-Schaltern werden die Tox-Boxen verlangsamt. Dabei sammelt ihr die Silbersterne ein.

Beeilung! Mit der Tox-Box um die Wette!
Hier gibt es keinen Lahm-Schalter, dafür aber Uhren. Sammelt sie und erreicht das Ziel.

Die intergalaktische Bossparade

Besiegt die Bosse aus *Super Mario Galaxy*!

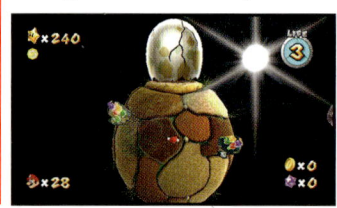

Hol dir den Titel! Galaxien-Meister!
Insgesamt tretet ihr gegen fünf Bosse an, z. B. den Dino-Piranha oder den Polter.

Schnelldurchlauf: Galaxien-Champion
Ihr habt fünf Minuten Zeit. Die Bosse müssen effektiv besiegt werden.

Schüttelschieber-Galaxie

Ein Planet voller Rot-Blau-Blöcke. Auch die Stachelböden behindern euch.

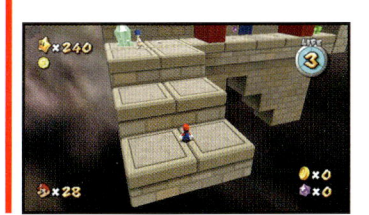

Wo ist der Boden? Schüttelpanik!
Hüpft von einem Rot-Blau-Block zum anderen. Wichtig ist das Timing eurer Drehungen.

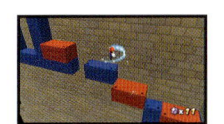

Beeil dich! Schatten-Schüttelpanik!!!
Ihr eilt zum Gipfel, während ihr vor den Schatten-Marios flieht. Ihr könnt keine Sekunde stehen bleiben.

Hüpfheld-Galaxie

Die letzte Galaxie erscheint, wenn ihr alle Power-Sterne gesammelt habt.

Das ultimative Hüpf-Examen
Mit Yoshi oder der Wolken-Blume müsst ihr die schwierigsten Gimmicks meistern.

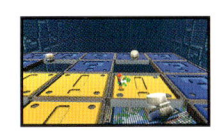

Großmeister der Galaxien
Hier bewältigt ihr das Level mit einem einzigen Kraftpunkt. Am Ende wartet Rosalina auf euch.

ITEMS & GIMMICKS

Hier findet ihr die Items und Gimmicks der Levels. Wegen des neuen Systems tauchen auch einige neue Items auf.

Bilderrätsel – Die Platten werden mit Stampfattacken bewegt. Ist das Bild vollständig, taucht die Stinkkäfer-Familie auf.

Geist-Pilz – Er macht Mario zu Geist-Mario.

Klapp-Gitter – Mit einer Stampfattacke erreicht man die andere Seite des Gitters.

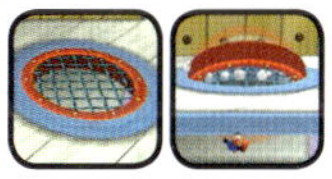

Noten – Sammelt man alle Noten innerhalb der vorgegebenen Zeit, erscheint ein 1-Up-Pilz.

Schlüssel – Er öffnet zum Beispiel ein Gimmick in der Nähe.

Windrad – Es erzeugt Wind und bewegt die Plattform, die Wolken-Mario erschaffen hat.

Kreissäge – Sie bewegt sich, wenn der Spieler in der Nähe ist, und zerkleinert die Holzplattform.

Schild – Hier sind Infos und Tipps zum Spiel zu finden.

Baum – Man kann daran hochklettern. Auch ein Handstand ist möglich.

Kiste – Mit Attacken wie der Stampfattacke zerstörbar. Manchmal liegt ein Item drin.

Kiste (Stahlrahmen) – Diese Kiste lässt sich nur mit Feuerbällen zerstören.

Riesen-Ruinenrad – Das Rad rollt den Steilhang hinunter. Wird man zerquetscht, verliert man einen Versuch.

Riesen-Hammer – Der Hammer schlägt abwechselnd gegen Wand und Boden.

Baumstumpf – Wird er mit einer Stampfattacke versenkt, erscheinen Items wie Münzen oder Sternenteile.

Schneebowser – Er versperrt den Weg. Manchmal versteckt sich ein Item darin.

Wolke – Als Wolken-Mario oder Bienen-Mario lässt sie sich als Plattform nutzen.

Wolken-Blume – Sie macht Mario zu Wolken-Mario.

Glaskäfig – Er wird mit einem Kugelwilli zerstört, oder auch, wenn Yoshi ein Stachi-Ei dagegenspuckt.

Großer Stern – Man findet ihn in der letzten Galaxie der jeweiligen Welt.

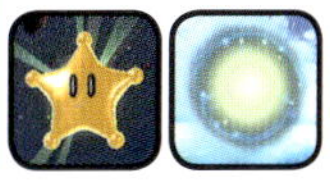

Grünstern – Diese besonderen Sterne kann man suchen, wenn man 120 Power-Sterne gesammelt hat.

Kristall – Mit Drehungen lässt er sich zerstören und man erhält ein Item oder einen Power-Stern.

Stein – Bei Berührung wird er weggekickt und es taucht eine Münze auf.

Münze – Eine Münze bringt einen Kraftpunkt zurück. Für 100 Münzen gibt es einen Extraversuch.

Münzpunkt – Hier ist eine Münze in der Erde versteckt. Trifft ein Sternenteil diesen Punkt, taucht sie auf.

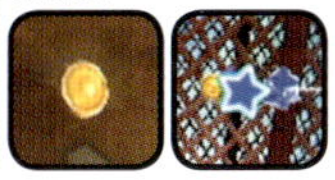

Panzer – Ihr könnt damit werfen oder unter Wasser schneller schwimmen.

Eisblock – Der Block lässt sich nur mit Feuerbällen zerstören.

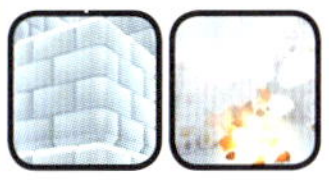

Eiskristall – Er wird zu einer Plattform, sobald er in die Lava fällt. Die Plattform schmilzt nach einer Weile.

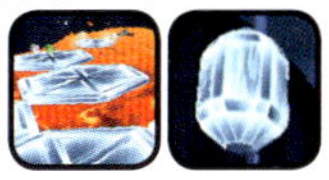

Eisplattform – Das Bremsen fällt schwerer. Nach einer Drehung bewegt sich Mario wie beim Schlittschuhlaufen.

Kokosnuss/ Wassermelone
Mit einer Drehattacke kann man sie wegschleudern.

Fels-Pilz
Er macht Mario zu Fels-Mario.

Sink-Sumpf
Fällt man hinein, verliert man einen Versuch.

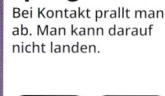

Sprungbrett
Darauf kann man höher springen, um große Höhenunterschiede zu überwältigen.

Springfrucht
Bei Kontakt prallt man ab. Man kann darauf nicht landen.

Gravitations-Schalter
Eine Drehattacke auf dem Zeiger verändert die Gravitationsrichtung.

Silberstern
Der Stern erscheint an bestimmten Stellen. Werden fünf gesammelt, taucht ein Power-Stern auf.

Becken
Mit einer Stampfattacke wird es geschlossen und es tauchen Sternenteile auf.

Kometenmünze
Eine versteckte Münze. Pro Galaxie kann man eine von ihnen finden.

Kometenmünzen-Tor
Gleitet ihr mit dem Tuku-Gleiter durch alle Tore, erscheint eine Kometenmünze.

Großer Sternenring
Er wird mit einer Drehung aktiviert und bringt euch zu anderen Sternen.

Greifstern
Klickt ihr ihn mit dem Zeiger an, werdet ihr angezogen.

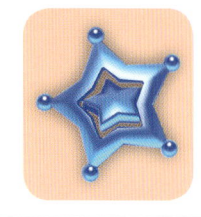

Sternenchip
Sammelt ihr fünf Chips, taucht der große Sternenring auf.

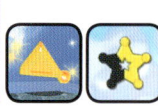

Sternenteile
Sie können aufgesammelt werden, um Gegner zu besiegen oder neue Levels zu erreichen.

Sternenring
Er wird mit einer Drehung aktiviert und bringt Mario an andere Orte.

Schlangenblock
Stellt man sich drauf, bewegt er sich entlang einer bestimmten Route.

Drehstein/ Drehmuschel
Kreisförmig aufgestellte Steine/Muscheln. Vollführt in deren Mitte eine Drehung.

Würfel
Es wird mit einer Drehung gewürfelt. Danach erscheint entweder ein Item oder ein Gegner.

Zielscheibe
Springt ihr mit der Kanone in die Mitte, werdet ihr mit einem Extraversuch belohnt.

Schatztruhe
In ihr befindet sich ein Item. Sie wird zum Beispiel mit einem Panzer geöffnet.

Turbo-Pfeffer
Isst Yoshi ihn, wird er zu Turbo-Yoshi.

Dash-Ring
Er befindet sich unter Wasser und beschleunigt den Spieler.

Tornado
Bei Berührung wird man mitgerissen. Mit einer Drehung springt ihr heraus und gleitet im Anschluss.

Sternenball
Er wird durch Neigung der Wii-Fernbedienung gesteuert. Am Ziel erhaltet ihr einen Power-Stern.

Sternenball-Loch
Mit einem Sternenball kann man darin hüpfen. Die blaue Variante ist das Ziel.

Ticktack-Block
Passend zur Musik taucht er auf und verschwindet wieder.

Rücksetzpunkt
Wird er berührt, kann man bei einem Fehlversuch von hier aus starten.

Mond-Wippe
Eine mondförmige Plattform. Sie kippt durch Gewicht.

Riesen-Yoshi-Frucht
Wird sie herausgezogen, erscheint ein großer Sternenring.

Eisengitter
Als durchsichtiger Geist-Mario könnt ihr hindurchfliegen.

Reck
Man hängt sich dran und springt mit Schwung zum nächsten Reck.

Teleporter
Eine Drehung auf dem Teleporter bringt Mario zum Bonus-Level.

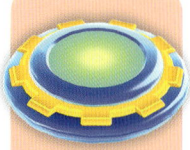

Blinkplattform
Kommt und geht in regelmäßigen Zeitabständen. Sie wird blau, kurz bevor sie verschwindet.

Röhre
Die Röhren führen zu anderen Orten, z. B. zu versteckten Levels. Es gibt auch eine orange Variante.

Dornenkraut
Es befindet sich am Boden oder in der Luft. Schaden bei Kontakt.

Stachelboden
Aus dem Boden springen in regelmäßigen Zeitabständen Stacheln heraus.

Griff
Mit Yoshis Zunge könnt ihr daran ziehen und eine temporäre Plattform erzeugen.

Trommeltrampolin
Ein Trampolin in Form einer kleinen Trommel.

Trampolin
Springt man mit einer Stampfattacke drauf, kann man deutlich höher springen.

Wirbelbohrer
Erst hochheben, dann die Wii-Fernbedienung schütteln. So könnt ihr ein Loch bohren, um weiterzukommen.

Sumpf
Im Sumpf werdet ihr langsamer, könnt nicht laufen und nur kurz springen.

Wachskraut
Man kann sich daran festhalten und durch Schütteln der Wii-Remote nach oben gelangen.

Lila Münze
Sie erscheint in bestimmten Levels. Bei 100 lila Münzen taucht ein Power-Stern auf.

Fliegender ?-Block
Ein ?-Block mit Flügeln. Er fliegt durch die Luft.

Auflistung aller 17 Spiele 2010 SUPER MARIO GALAXY 2

Bienen-Pilz Er macht Mario zu Bienen-Mario.	**Honigwabenmauer** Bienen-Mario kann sich daran festhalten und darauf bewegen.	**?-Münze** Sammelt man sie auf, tauchen Sternenteile, Münzen oder Noten auf.
?-Block Schlägt man drauf, erscheinen Münzen oder Sternenteile.	**Feder-Pilz** Er macht Mario zu Feder-Mario.	**Blattboot** Mit der Plattform kann man über Wasser fahren, wenn man sich darauf bewegt.

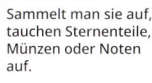

Blasebalgbeere — Frisst Yoshi sie, wird er zu Blasebalg-Yoshi.

Power-Stern — Wird er aufgenommen, gilt das Level als abgeschlossen. Man muss sie sammeln, um weiterzukommen.

Streckpflanze — Mit der Drehattacke wird sie weggestoßen. So kann man Gegner angreifen oder Truhen öffnen.

Stampfattacken-Meteorit — Er schwebt in der Luft und wird mit einer Stampfattacke weggeschleudert.

Stampfattacken-Schalter — Eine Stampfattacke aktiviert ein Gimmick.

Lahm-Schalter — Der Schalter verlangsamt die Gegner und Gimmicks für eine Weile.

Stampfattackenboden — Durch eine Stampfattacke senkt sich der Boden.

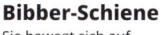

Bibber-Schiene — Sie bewegt sich auf einer festen Route hin und her. Schaden bei Kontakt.

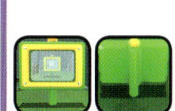

Tipp-TV — Spricht man ihn an, bekommt man Tipps zum Weiterspielen.

Feuerbarriere — Dreht sich um einen Block. Schaden bei Kontakt.

Feuerblume — Sie macht Mario für eine Weile zu Feuer-Mario.

Ballon — Er platzt bei Berührung und es tauchen Sternenteile auf.

Myst-Block — Er taucht auf, wenn Mario sich nähert, und verschwindet, wenn er sich entfernt.

Zeit+-10-Uhr — Sie taucht in Levels mit Zeitlimit auf und schenkt euch zehn Sekunden.

Schwarzes Loch — Es wird außerhalb der Strecke platziert. Wird man hineingesogen, verliert man ein Leben.

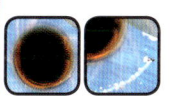

Schaukel — Man kann mit dem Stick Schwung holen und weit springen.

Umdrehboden — Bei jeder Berührung verändert sich die Farbe. Bei einheitlicher Farbe passiert etwas.

Bronzestern — Man bekommt ihn, wenn man mithilfe des Kosmo-Assistenten das Spiel durchspielt.

Flaumkraut — Hält man sich daran fest, wird man hochgetragen und gleitet langsam wieder herunter.

Kanone — Zielt mit der Wii-Fernbedienung und ihr erreicht einen entfernten Stern.

Pfahl — Man kann hoch- und runterklettern. Manchmal kann man auf der Spitze einen Handstandsprung machen.

Magma — Feuersäulen oder Feuerkugeln, die aus der Lava herausspringen. Schaden bei Kontakt.

Wasserball — Springt man hinein, wird man automatisch transportiert. Herausspringen kann man mit einer Drehung.

Meteorit — Eine Feuerkugel vom Himmel. Schaden bei Kontakt.

Schneeball — Er wird durch das Rollen größer. Landet er auf der Lava, wird er zu einer temporären Plattform.

Lava — Schaden bei Kontakt. Der Po brennt und der Spieler hüpft hoch.

Yoshi-Ei — Wird es mit einer Drehattacke geöffnet, taucht Yoshi auf.

Yoshi-Blume — Yoshis Zunge kann sie greifen. Damit kann man zu entfernten Orten springen.

Yoshi-Frucht — Frisst Yoshi diese Frucht, tauchen Sternenteile auf. Bei zehn Früchten gibt es einen Extraversuch.

Birnbeere — Frisst Yoshi diese Beere, wird er zu Glüh-Yoshi.

Life-Up-Pilz — Dadurch wird die maximale Kraftpunktzahl auf sechs erhöht, bis man wieder bei drei Kraftpunkten landet.

Glückswürfel — Nach dem Würfeln tauchen die Items des angezeigten Symboles auf. Darunter auch 1-Up-Pilze.

Plattform — Bewegt sich in vier Richtungen. Mario lässt sich damit transportieren.

Treibsand — Man wird in die Stromrichtung getrieben. An einigen Stellen kommt man nicht mehr zurück.

Regenbogenstern — Er macht Mario für eine Weile zu Regenbogen-Mario.

Bahn — Eine besondere Plattform, die für das Fels-Mario-Minispiel genutzt wird. Ohne Drehung wird sie rot.

Schüttelklapp-Scharnier — Mit einer Drehung wechseln sich die rote und die blaue Seite der Platte ab.

Rot-Blau-Block — Mit einer Drehung wechseln sich der rote und der blaue Block ab.

Hebelschalter — Wird der Schalter mit einer Drehattacke angegriffen, wird ein Gimmick aktiviert. Nicht zurücksetzbar.

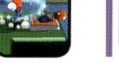

Block — Mit einem Schlag wird er zerstört. Manchmal versteckt sich eine Münze darin.

1-Up-Pilz — Mario erhält einen Extraversuch.

171

AND MORE
● Anderes

BESONDERE SZENEN

Die besten Szenen aus *Super Mario Galaxy 2* setzen sich von seinem Vorgänger ab. Bei diesem Game hat Luigi sehr bedeutsame Auftritte.

Raumschiff Mario startet!

Im All landet Mario auf einem kleinen veralteten Planeten-Raumschiff. Mit Lubbas Hilfe und der Kraft der Power-Sterne wird das Schiff als »Raumschiff Mario« neu geboren. Mario übernimmt das Steuerrad und reist in die Galaxie. Im Verlauf des Abenteuers bekommt das Schiff mehr Personal und zusätzliche Elemente.

Oben: Ob du es glaubst oder nicht, du stehst gerade auf einem Raumschiff.

Unten: Lubbas Crew hat das Raumschiff repariert! Es sieht nun wie Mario aus!

Rettet Yoshi!

Am Startpunkt der ersten »Hochgarten-Galaxie« findet ihr ein Gebäude, das offenbar Yoshis Haus ist. Auf dem Schild steht, dass er unterwegs ist, um Freunden zu helfen. Dies ist eine Hommage an *Super Mario World*. Yoshi wird in der benachbarten »Sternen-Yoshi-Galaxie« gefangen gehalten.

Willkommen. Ich bin auf einer Reise, um meine Freunde zu befreien.

Ich wollte meinen Freunden helfen, aber Kamek hat mich eingesperrt!

Lasst euch von Luigi ablösen!

In W3 werdet ihr Luigi wiedersehen. Sprecht ihr ihn an, wenn er im Level auftaucht, könnt ihr anstatt mit Mario mit Luigi spielen. Auch danach taucht Luigi in bestimmten Levels auf.

Also sprich mich einfach an, wenn du mich in einer Galaxie dort draußen treffen solltest!

Hallo Bruderherz! Wieder auf der Suche nach Power-Sternen? Ich kann dich ablösen!

Auftritt von Geist-Luigi!

In Levels, die mit Luigi durchgespielt wurden, taucht beim nächsten Mal Geist-Luigi auf. Er bewegt sich bei Berührung und zeigt euch tolle Techniken oder versteckte Items. Sammelt ihr 9.999 Münzen, erscheinen alle Geist-Luigis, auch wenn man kein einziges Level mit Luigi durchgespielt hat.

Neue Aufgaben mit Schabernack-Kometen!

Während des Abenteuers in W3 kommt ein Schabernack-Komet angeflogen. Dadurch erscheinen neue Missionen in den bisher durchgespielten Galaxien. Die Schabernack-Kometen tauchen auf, wenn man eine bestimmte Anzahl an Kometenmünzen gesammelt hat.

Die Verwandlungen des Lager-Toads!

Der grüne Lager-Toad im Sternenschiff verändert sein Aussehen je nach Anzahl der abgegebenen Sternenteile.

Lubbas Spruch verändert sich!

Den Satz, den Lubba auf dem Raumschiff Mario äußert, wenn man ihn anspricht, verändert sich mit der Spielzeit und der Anzahl von Sternenteilen im Inventar.

Du hast 7777 Sternenteile! Das ist ein gutes Zeichen.

Unheimliche Schatten am Tal!

Schaut euch im ersten Gebiet der »Heißkalt-Galaxie« den felsigen Berg im Hintergrund genau an. Dort entdeckt ihr einige Personen, die zu euch rüberschauen.

Anfeuern mit Sounds!

Spielt ihr zu zweit und drückt auf die Tasten der Wii-Fernbedienung des Assistent-Lumas, könnt ihr verschiedene Sounds erzeugen.

Im Abspann weiterspielen!

Im Abspann könnt ihr Mario beliebig steuern. Dabei trägt Mario keine Mütze. Habt ihr davor 120 Power-Sterne gesammelt, findet ihr einen Bienen-Pilz während des Abspanns.

Effect Design Lead: Kazumi Yamaguchi
Effect Design: Yoko Fukuda, Yumiko Matsumiya
UI Design: Yasuhiko Matsuzaki

Ein weiteres Abenteuer mit Luigi!

Besiegt ihr Bowser in W6, wird der Herausforderungsraum im Raumschiff Mario geöffnet. Dort könnt ihr jederzeit von Mario zu Luigi wechseln und Luigi mischt sich nicht mehr im Spiel ein. Unterbrecht ihr das Spiel während des Luigi-Modus, erscheint Luigi auch auf dem Startbildschirm.

Die altbekannten Planeten?

Die »Rückblende-Galaxie« aus W6 basiert auf »Wummps Wuchtwall«, ein Level aus Super Mario 64. König Wummp ist auch hier der Endgegner. Die »Rollbalken-Galaxie« basiert auf dem geheimen Level in »Porto d'Oro« aus Super Mario Sunshine, »Pixel-Mario-Galaxie« und »Trümertornado-Galaxie« basieren auf Levels aus Super Mario Galaxy.

Rückblende-Galaxie / König Wummp kehrt zurück

Rollbalken-Galaxie / Jeder hat mal einen Drehwurm!

Herausforderung der Grünsterne!

Habt ihr 120 Power-Sterne gesammelt und schaut euch den Abspann an, erscheinen überall grüne Schabernack-Kometen. Nun müsst ihr die geschickt versteckten grünen Power-Sterne finden. Während dieser Mission wird übrigens auch der Bildschirmrand grün eingefärbt.

Hochgarten-Galaxie / Grünstern 1

Findest du den Power-Stern, findest du auch das Monster!

Welt S, die letzte Galaxie!

Habt ihr inklusive der 120 Grünsterne insgesamt 240 Power-Sterne gesammelt, taucht in der Welt S die allerletzte Galaxie dieses Mario-Spiels auf: die »Hüpfheld-Galaxie«.

Weltenkarte / Großmeister der Galaxien

Die letzte Herausforderung!

Nachdem ihr das erste Level in der »Hüpfheld-Galaxie«, also »Das ultimative Hüpf-Examen«, durchgespielt habt, müsst ihr alle Kometenmünzen sammeln und einmal beim Lager-Toad 9.999 Sternenteile abgegeben haben. Dann taucht das zweite Level »Großmeister der Galaxien« auf. Das ist das schwierigste Level, das ihr mit nur einem Kraftpunkt meistern müsst. Die Hintergrundmusik stammt übrigens aus *Super Mario Galaxy*.

Hüpfheld-Galaxie / Großmeister der Galaxien / B: Zurück / Spielzeit

Rosalinas Besuch auf Raumschiff Mario!

Am letzten Planeten von »Großmeister der Galaxien« wartet Rosalina auf euch. Sie bedankt sich bei Mario. Wenn ihr alle 242 Power-Sterne gesammelt habt, kommt sie sogar zu Besuch auf Raumschiff Mario.

Eine Nachricht für die Wii-Pinnwand!

Besiegt ihr Bowser in W6, wird nach dem Abspann eine Nachricht an die Wii-Pinnwand gesendet. Eine weitere Message kommt an, wenn ihr alle Power-Sterne gesammelt habt. Bei jeder Nachricht findet ihr auch ein Foto und ihr seht außerdem, wie lange ihr zum Durchspielen gebraucht habt.

Lobschreiben / Lieber Spieler, du hast alle Sterne dieses Spieles gesammelt!

Wissenswertes & Techniken

Unter bestimmten Bedingungen kommt es zu Überraschungen ... Wenn ihr das Spiel komplett meistern wollt, solltet ihr das wissen.

Sammelt ihr 9.999 Sternenteile ...

... dann verwandeln sich die Kokosnüsse in Wassermelonen, so wie auch schon beim Vorgänger. Ihre Funktion bleibt gleich, sie sehen nur anders aus. Und habt ihr zu dem Zeitpunkt in W6 Bowser noch nicht besiegt, mischt sich Luigi auf jeden Fall ein.

Die Krone beim Spielstand verändert sich.

Je nach Erfolgsgrad taucht ein Kronensymbol beim Spielstand auf. Bei 120 Power-Sternen ist es eine Silberkrone, bei 240 eine Goldkrone und bei 242 eine Platinkrone.

Luigi / Großmeister der Galaxien

COLUMN • Kolumne

Die Remake-Geschichte der Super Mario-Games

Hier listen wir die Remakes der *Super Mario*-Serie auf. Die »Famicom Mini«-Serie, Virtual-Console-Games auf dem 3DS oder der Wii U und die Download-Titel werden nicht aufgeführt.

Super Mario All-Stars

Super Nintendo / J: 14. Juli / EU: 16. Dezember 1993

Die NES-Meisterwerke *Super Mario Bros.*, *Super Mario Bros. 2*, *Super Mario Bros. 3* und *Super Mario USA* sind im Bundle als SNES-Remake erschienen. Die Grafik wurde verbessert, die Musik aufgehübscht und man kann Spielstände in jedem Game abspeichern. Es gibt auch kleine Änderungen bei den Spielen. Zum Beispiel wird man zu Super Mario statt zu Klein-Mario, wenn man als Feuer-Mario oder Waschbär-Mario Schaden nimmt.

©1993 Nintendo

Super Mario Bros. Deluxe

Game Boy Color / J: 1. März 2000 / EU: 1. Juli 1999

Es handelt sich um ein Remake von *Super Mario Bros.*, das als Spiel für »Nintendo Power« erschien, ein Japan-exklusives Peripheriegerät. In Supermärkten wurden offizielle Kopien des Games auf wiederverwendbare Flash-Speicher-Steckmodule geladen. Als Game-Boy-Color-Spiel konnte man die bunte *Super Mario Bros.*-Welt auf einer Handheld-Konsole genießen. Neben dem originalgetreuen Modus gibt es noch den »Challenge Modus«, bei dem versteckte Items gefunden werden müssen, und das »VS Game«. Hier müssen zwei Spieler in speziellen Levels schnellstmöglich ins Ziel rennen. Unter bestimmten Voraussetzungen kann man einige Levels von *Super Mario Bros. 2* spielen.

©1985, 2000 Nintendo

Super Mario Advance

Game Boy Advance / J: 21. März 2001 / EU: 22. Juni 2001

Das Remake zu *Super Mario USA*, das zeitgleich mit dem Game Boy Advance auf den Markt kam. Die Grafik ähnelt sehr der von *Super Mario All-Stars*, aber hier gibt es viele Neuerungen. Mario und seine Freunde sprechen, die Punktzahl wird angegeben und es tauchen neue Gegner auf. Außerdem bekommt man maximal fünf Kraftpunkte, so wurde das Spiel zugänglicher. Als Zusatzelement kann man die versteckten »A-Münzen« in den Levels finden.

©1983–2001 Nintendo

Super Mario Advance 2

Game Boy Advance / J: 14. Dezember 2001 / EU: 12. April 2002

Es handelt sich hier um das Remake von *Super Mario World*. Spielt ihr mit Luigi, könnt ihr das Abenteuer auf eine andere Art genießen, denn er hat besondere Eigenschaften: Er springt höher, seine Feuerbälle hüpfen höher, mit dem Cape steigt er höher auf als Mario und schlägt er auf den 10er-Münzblock, springen alle Münzen auf einmal heraus. Die legendären bunten Yoshis tauchen häufiger auf. Außerdem schlucken die Yoshis die Gegner nicht hinunter, wenn Luigi auf ihnen reitet.

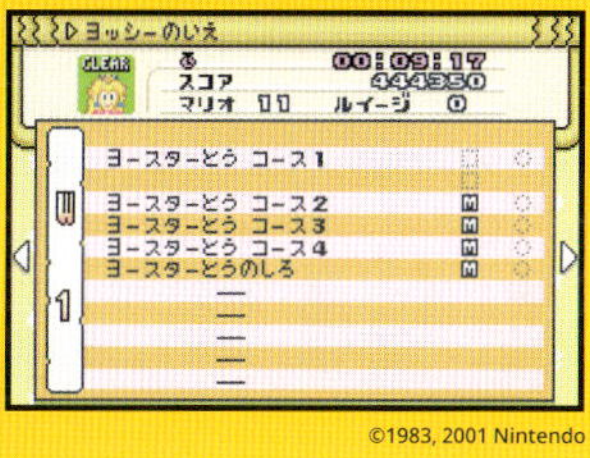

©1983, 2001 Nintendo

Super Mario Advance 4

Game Boy Advance / J: 11. Juli 2003 / EU: 17. Oktober 2003

Es handelt sich hier um das Remake von *Super Mario Bros. 3*. Im Prinzip basiert es auf der *Super Mario All-Stars*-Variante, jedoch wurden die Levels und Effekte den anderen Bildverhältnissen angepasst. Die Welt wurde mithilfe der separat erhältlichen »e+Cards« erweitert. Mit den Zusatzkarten konnte man Gemüse erscheinen lassen, als Cape-Mario fliegen oder Gegner verstärken. Es ist sogar möglich, damit neue Levels freizuschalten. In jederm e+Card-Pack waren zwei Karten enthalten. Es gab insgesamt 100 verschiedene Karten, die außerhalb Japans allerdings nur in den USA erhältlich waren.

©1983, 2001 Nintendo

Super Mario 64 DS

Nintendo DS / J: 2. Dezember 2004 / EU: 11. März 2005

Es handelt sich hierbei um ein Remake von *Super Mario 64*, das als Launch-Titel für den Nintendo DS erschienen ist. Neben Mario sind nun auch Yoshi, Luigi und Wario spielbar. Alle Charaktere haben unterschiedliche Power-Ups und Aktionen. Damit ausgerüstet versucht ihr, Prinzessin Peach zurückzuholen. Es gibt auch neue Levels und Szenarien, sodass ihr insgesamt 150 Power-Sterne sammeln könnt. Das Spiel bietet einen »VS-Modus«, bei dem man zu viert um Power-Sterne kämpft, dazu einige Touch-Minispiele, die mit dem Stylus gespielt werden.

©2004 Nintendo

175

2011

SUPER MARIO 3D LAND
スーパーマリオ 3Dランド

| Download-Karte | Verpackung | Spielmodul | Schnellstart-Anleitung |

- **Hardware**
  Nintendo 3DS
- **Erscheinungsdatum Japan/EU**
  3. November 2011
  18. November 2011
- **Spieleranzahl**
  1
- **Anmerkung**
  Als Download-Version für Nintendo 3DS erhältlich.

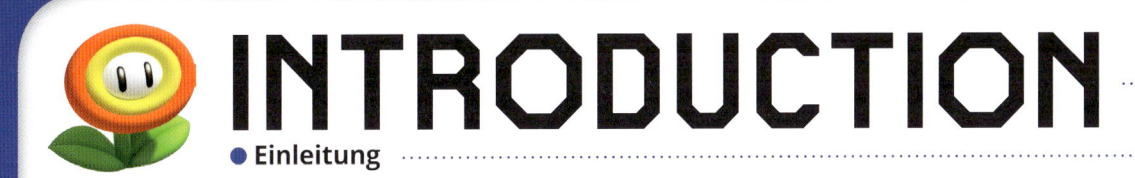

Auflistung aller 17 Spiele (2011 → SUPER MARIO 3D LAND)

INTRODUCTION
• Einleitung

S T O R Y

Im Pilz-Königreich gibt es einen mysteriösen Baum. Er hat einen schweifförmigen Ast, daher wird er von vielen als der »Schweif-Baum« geliebt.

Eines Abends zieht ein großer Sturm im Pilz-Königreich auf. Prinzessin Peach macht sich Sorgen um den Schweif-Baum und schaut nach ihm, doch auch am nächsten Morgen ist sie noch nicht zurück.

Mario und die Toads rennen zum Schweif-Baum und finden den traurigen, kahlen Baum sowie einen mysteriösen Briefumschlag. Darin liegt ein Foto, auf dem man sieht, wie Bowser Prinzessin Peach gefangen nimmt!

Die Toads geraten in Panik. Schon wieder begeht Bowser solch eine Untat! Mario läuft los, um Prinzessin Peach zu befreien.

I N F O S

3-D-Mario-Spiel im neuen System

Es ist das erste 3-D-Action-Spiel der Serie, das für den Nintendo 3DS erschienen ist. Verglichen mit den bisherigen 3-D-Action-Spielen gibt es zahlreiche Neuerun-gen. Dennoch sind viele klassische 2-D-Spielelemente erhalten geblieben, beispielsweise kämpft ihr euch durch die Levels bis ihr am Ende den Zielpfahl erreicht. So finden auch Spieler, die nicht so gut mit den typischen 3-D-Action-Spielen zurechtkommen, Spaß daran. Das für den 3DS entwickelte dreidimensionale Spielerlebnis wurde berücksichtigt, so könnt ihr trotz der kleinen Bildschirme ein dynamisches, räumlich wirkendes Abenteuer genießen.

Ein Schweif-Charakter nach dem anderen

In diesem Spiel tauchen besonders viele Schweif-Charaktere auf. Bei den Power-Ups kehrt auch Tanuki-Mario wieder zurück. Er schwingt seinen Schweif und kann nach einem Sprung langsam nach unten gleiten. Außerdem treten auch Gegner mit Schweif auf: Tanuki-Gumba, Tanuki-Buu, Tanuki-Bowser und andere bekannte Widersacher wedeln nun mit ihren flauschigen Schwänzen und führen neue Attacken aus. Sogar im Logo des Spiels seht ihr einen für japanische Marderhunde typischen Schweif.

Vereinfachtes Spiel dank StreetPass

Mit dieser Funktion des Nintendo-3DS könnt ihr Unterstützung erhalten, indem ihr mit anderen Spielern, die das gleiche Spiel haben, Daten austauscht. So bekommt ihr zum Beispiel Sternenmünzen oder Power-Ups geschenkt und unter bestimmten Bedingungen könnt ihr auch die Durchspielzeiten austauschen.

CHARACTERS
• Charaktere

SPIELBARE FIGUREN

Der Hauptcharakter ist Mario. Unter bestimmten Voraussetzungen kommt Luigi dazu.

Mario
Der Hauptcharakter, der das Abenteuer wagt, Prinzessin Peach zu retten.

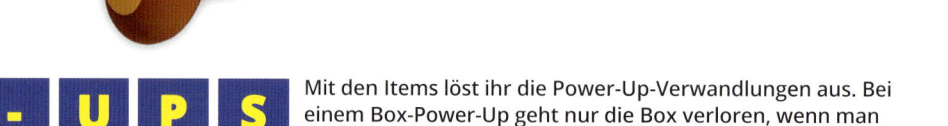

Luigi
Nach S1-Burg wird er freigeschaltet. Er kann höher springen als Mario, rutscht aber schneller aus

POWER-UPS

Mit den Items löst ihr die Power-Up-Verwandlungen aus. Bei einem Box-Power-Up geht nur die Box verloren, wenn man einen Gegner berührt, und es kommt nicht zum Power-Down.

Klein-Mario
Zustand nach dem Power-Down. Bei Gegnerkontakt verliert er einen Versuch. Sein Merkmal ist die fehlende Mütze.

- Klein-Mario
- Klein-Luigi

Super Mario — Item ➡ Superpilz
Marios Gestalt zu Beginn des Spiels. Im Gegensatz zu Klein-Mario kann er Blöcke zerschlagen.

- Super Mario
- Super Luigi

Feuer-Mario — Item ➡ Feuerblume
Man kann mit Feuerbällen werfen und damit angreifen. Manche Gimmicks können mit Feuerbällen aktiviert oder zerstört werden.

- Feuer-Mario
- Feuer-Luigi

Tanuki-Mario — Item ➡ Superblatt
Schwingt Mario seinen Schweif, attackiert er Gegner oder aktiviert Gimmicks. Während Mario zum Marderhund wird, verwandelt sich Luigi in einen Fuchs.

- Tanuki-Mario
- Kitsune-Luigi

Auflistung aller 17 Spiele | 2011 → SUPER MARIO 3D LAND

Bumerang-Mario
Item → Bumerangblume

Er wirft einen Bumerang zur Seite. Damit werden Gegner angegriffen oder Items gefangen.

- Bumerang-Mario
- Bumerang-Luigi

Statuen-Mario
Item → Statuenblatt

Tanuki-Mario mit einem Halstuch. Die Stampfattacke macht ihn zu einer Statue, die Gegner und Gimmicks zerstört.

- Statuen-Mario
- Statuen-Luigi

Unverwundbarer Mario
Item → Stern

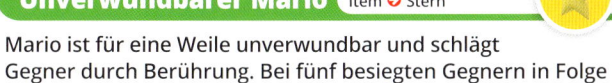

Mario ist für eine Weile unverwundbar und schlägt Gegner durch Berührung. Bei fünf besiegten Gegnern in Folge erhält er einen Extraversuch.

- Unverwundbarer Luigi

Weißer Tanuki-Mario
Item → Unbesiegbarkeitsblatt

Unverwundbarer Tanuki-Mario. Das Item erhält man nach mehreren Fehlversuchen aus dem Rettungsblock.

- Weißer Tanuki-Mario
- Weißer Kitsune-Luigi

Propeller-Box
Power-Up durch Gimmick
Item →

Hält man die Sprungtaste gedrückt, fliegt man hoch.

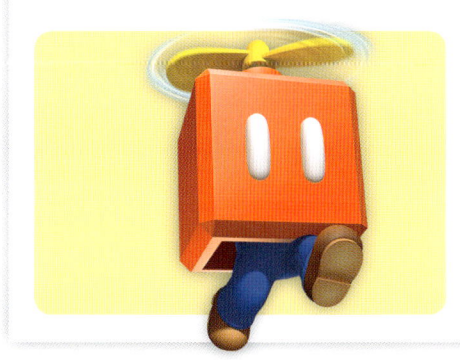

- Mario
- Luigi

?-Box
Power-Up durch Gimmick
Item →

Man kann sich mit der aufgesetzten Box bewegen. Dabei tauchen Münzen auf.

- Mario
- Luigi

ANDERE CHARAKTERE

Andere unterstützende Charaktere dieses Abenteuers.

Tanuki-Toad
Toads im Tanuki-Outfit. Sie sind in den Spezialwelten zu finden.

Prinzessin Peach
Die Prinzessin des Pilz-Königreichs, die von Bowser entführt wurde.

Toads
Toads sind in den Levels oder in den Toad-Häusern zu finden und versorgen Mario mit Items.

GEGNER

Dies sind die Gegner des Spiels. Einige haben einen Schweif und führen damit neue Attacken aus.

Tinten-Piranha-Pflanze
Diese Pflanze spuckt Tinte und verschmutzt den Bildschirm. Pustet ins Mikrofon, um sie zu beseitigen.

Glutsauger
Steigt aus der Lava und bewegt sich geradeaus.

Kubokubo
Er bewegt sich auf einer bestimmten Route. Werden alle Blöcke geschlagen, ist er besiegt.

Krötsus
Bei jedem Angriff hinterlässt er Münzen. Meistens ist er gut versteckt.

Kamek
Teleportiert sich hin und her und greift Mario mit Magie an.

Kreissäge
Sie wird aktiv, wenn Mario in der Nähe ist, und schneidet die Holzplattformen ab.

Knochentrocken
Er verfolgt Mario, wenn er ihn sieht. Wird er getreten, zerfällt er für eine Weile.

Kugelwilli
Er kommt in gerader Linie angeflogen. Eine Schweifattacke verändert seine Flugbahn.

Bowser
Er speit Feuer und erzeugt Schockwellen durch Sprünge.

Gumba
Er rennt auf Mario zu, wenn er ihn findet. Tritt man auf ihn drauf, wird er besiegt.

Blooper
Er schwimmt auf Mario zu, und manchmal steigt er wirbelnd auf.

Morty Maulwurf
Er geht immer hin und her. Wird er angegriffen, schrumpft sein Körper und er wird schneller.

Pokey
Der Kopf sitzt auf mehreren Körperteilen. Ein Angriff auf den Kopf besiegt ihn.

Tanuki-Kugelwilli
Er wird aus einer Kanone abgefeuert und fliegt geradeaus. Im Flug führt er Schweifattacken aus.

Tanuki-Bowser
Er speit Feuer und führt Drehattacken aus. Wird er besiegt, wird seine wahre Gestalt enthüllt.

Tanuki-Gumba
Er springt mit halbkreisförmiger Flugbahn und führt bei der Landung eine Schweifattacke aus.

Tanuki-Buu-Huu
Schaut man ihn an, bleibt er stehen und führt eine Schweifattacke aus.

Tanuki-Steinblock
Er bewegt sich springend fort. Springt man auf seinen Schwanz, hüpft er hoch.

Tanuki-Bob-omb
Diese Bombe schwingt ihren Schwanz. Einige Zeit nach der Landung explodiert sie.

Sandsauger
Er nähert sich Mario im Sand und springt mit weit aufgerissenem Maul auf Mario zu.

Gumba-Turm
Ein Turm aus mehreren aufgestapelten Gumbas. Man muss sie alle einzeln besiegen.

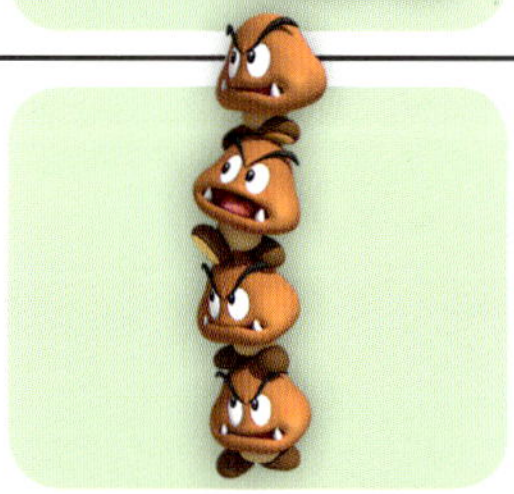

Mini-Schatten-Mario
Er macht Marios Bewegungen nach und verfolgt ihn.

Monty Maulwurf
Er springt aus der Erde heraus und rennt herum.

Fuzzy
Er bewegt sich entlang der Schiene. Meistens tauchen mehrere in einer Gruppe auf.

Stachelrekrut
Er stürmt auf Mario zu, hüpft hoch und führt einen Kopfstoß aus.

Riesen-Tanuki-Gumba
Ein großer Tanuki-Gumba. Verhält sich wie ein normaler Tanuki-Gumba.

Atom-Buu
Ein großer Buu Huu. Verhält sich wie ein normaler Buu Huu.

Riesen-Schatten-Mario
Auf seiner Verfolgungsjagd nach Mario zerstört er Blöcke und Säulen.

Buu Huu
Wendet man ihm den Rücken zu, kommt er näher. Greift man ihn an, verschwindet er kurzzeitig.

Spukmatz
Er bewegt sich an bestimmten Stellen und bleibt nicht stehen, auch wenn man ihn anschaut.

Pünktchen
Mehrere Pünktchen bilden eine Reihe und gehen am Boden. Es gibt mehrere Farben.

Auflistung aller 17 Spiele › 2011 › SUPER MARIO 3D LAND

Stachi
Er verfolgt Mario, wenn er ihn erblickt. Wegen der Stacheln ist er immun gegen Tritte.

Dornenaal
Er taucht im Wasser auf, schaut aus Höhlen heraus und versteckt sich wieder.

Steinblock
Ist Mario in der Nähe, fällt er herab. Man kann auf ihm stehen.

Kawummps
Er bewegt sich hin und her und nähert sich Mario. Springt Mario, hüpft er auch hoch.

Tarnblock
Er tarnt sich als Block und springt heraus, wenn Mario in der Nähe ist.

Koopa
Er geht an bestimmten Stellen hin und her. Wird er getreten, verkriecht er sich in seinen Panzer.

Para-Gumba
Er fliegt an bestimmten Stellen herum. Wird er attackiert, ist er sofort besiegt.

Parapünktchen
Es fliegt bestimmte Routen ab. Meistens bilden mehrere von ihnen eine Schlange oder einen Kreis.

Piranha-Pflanze
Sie streckt sich und versucht, Mario zu beißen.

Summser
Er fliegt durch die Luft und verfolgt Mario hartnäckig.

Hothead
Er springt in regelmäßigen Zeitabständen aus der Lava heraus.

Hammer-Bruder
Er springt und wirft mit Hämmern nach Mario.

Feuer-Piranha-Pflanze
Sie spuckt Feuerkugeln auf Mario.

Rocky Schraubschlüssel
Er guckt aus dem Loch heraus und wirft mit Schraubenschlüsseln oder Bob-ombs.

Bumerang-Bruder
Er springt und greift mit Bumerangs an.

Cheep-Cheep
Sie schwimmt bestimmte Routen ab. Es gibt eine Variante, die aus dem Wasser springt.

Stachelfisch
Er schwimmt an bestimmten Stellen herum. Es gibt eine Variante, die aus dem Wasser springt.

Bumm Bumm
Er schwingt die Fäuste und nähert sich Mario. Nach einer Weile wird ihm schwindelig.

Pom Pom
Er springt und wirft mit Bumerangs nach Mario.

Stachelstelzer
Er bewegt sich seitwärts und zeigt dabei abwechselnd seine beiden Seiten.

Knochen-Bowser
Der Boss der Spezialwelten. Er speit blaue Flammen.

Bob-omb
Ist Mario in der Nähe, entzündet er sich und verfolgt Mario. Nach einer Weile explodiert er.

Riesen-Kugelwilli
Die große Kugel kommt angeflogen. Sie wird ebenfalls mit einem Tritt besiegt.

Loderdrache
Er geht an bestimmten Stellen hin und her. Entdeckt er Mario, spuckt er Feuerkugeln.

Kettenhund
Er ist angekettet und versucht, Mario zu beißen. Eine Stampfattacke auf dem Pfahl besiegt ihn.

WORLDS
● Welten

LEVELS

Hat man die Welten 1 bis 8 durchgespielt, werden die Spezialwelten freigeschaltet. Auch hier gibt es acht Welten.

Welt 1
Die Anfangswelt. Das neue Abenteuer von Tanuki-Mario beginnt.

W1-1
Ein Grasland, von dem aus man das Schloss sehen kann. Ihr lauft als Tanuki-Mario weiter.

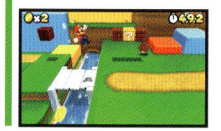

W1-2
Eine Unterwelt mit vielen Pendelkugeln. Die Tinten-Piranha-Pflanzen schränken die Sicht ein.

W1-3
Das Ziel ist auf der untersten Ebene. Nehmt die Plattformen und Wippenkarren nach unten.

W1-4
Auf der Wippenkarre stellt ihr die Schalter um und fahrt durch das Level.

W1-🏰
In der Festung wartet Tanuki-Bowser auf euch. Springt auf die Plattformen über der Lava.

Welt 2
Viele Levels mit zahlreichen Gimmicks. In der Luftgaleere wartet Bumm Bumm auf euch.

W2-1
Ein Grasland mit weißem Schloss. Das Ziel ist auf dem Schloss.

W2-2
Über schmale Klappbretter überquert ihr den giftigen Sumpf.

W2-3
Mithilfe der Propeller-Box durchquert ihr das Level, das aus Pixel-Charakteren besteht.

W2-4
Ein athletisches Level mit Springklapp-Scharnieren. Die Stachelgimmicks behindern Mario.

W2-✈
In der Luftgaleere kommt es zu heftigen Attacken der Kugelwillis und der Brenner. Am Ende kämpft ihr gegen einen Bumm Bumm.

Welt 3
Eine vielfältige Welt mit Wüsten-, Wasser- und Schnee-Levels.

W3-1
Hier klettert ihr eine Ruine hoch, mitten in der Wüste.

W3-2
Das erste Wasser-Level des Spiels. Schwimmt durch schmale Wege mit vielen Cheep-Cheeps.

W3-3
Ein athletisches Level mit aneinandergereihten Donutblöcken.

W3-4
Geht vorsichtig über die Seile. Von unten attackieren Fuzzys und von der Seite die Pendelkugeln.

W3-5
Ein athletisches Level mit Süßigkeitenplattformen aus Keksen oder Schokolade.

W3-✋
Aus der Tiefe ragen Dornensäulen heraus. Findet sichere Stellen und dringt weiter vor.

Welt 4
Eine Welt mit großen, komplex strukturierten Levels.

W4-1
Ein Level in den Bäumen. In der zweiten Hälfte klettert ihr auf einen riesigen Baum.

W4-2
Eine lange vertikale Höhle. Nutzt die !-Boxen und Trampoline und steigt höher.

W4-3
Ein athletisches Level mit bunten rotierenden Plattformen.

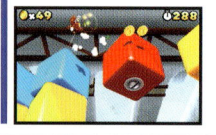

W4-4
Ein finsteres Spukhaus. Plötzlich erscheinende Böden bringen Mario weiter.

W4-5
Lauft über die Wege aus Klappbrettern. Beachtet dabei die Reihenfolge.

W4-✋
Hier lauft ihr über die Springklapp-Scharniere. Die Gegner zwingen euch zu unnötigen Sprüngen.

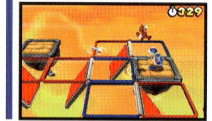

Welt 5
Die Bumerangblume taucht hier das erste Mal auf und erweitert eure Angriffsmöglichkeiten.

W5-1
Ein Sand-Level. Gegen Mitte des Levels müsst ihr der aufsteigenden Plattform Gegnern ausweichen.

W5-2
Die Kamera ist oben fixiert. Werden die Rätsel gelöst, ertönt ein Jingle eines anderen Spiels.

W5-3
In diesem athletischen Level nutzt ihr mehrere Plattformen und dringt so weiter vor.

W5-4
Ein Höhlen-Labyrinth. Vorsicht vor Morty Maulwürfen, wenn ihr durch die schmalen Gänge geht!

W5-5
Mit der Propeller-Box springt ihr von einer kleinen Plattform zur anderen. Gegen Ende gleitet ihr eine ganze Weile.

W5-🏰
In der Festung hüpft ihr über die auf- und abtauchenden Plattformen über die Lava. Erneut erwartet euch Tanuki-Bowser.

Auflistung aller 17 Spiele 2011 → SUPER MARIO 3D LAND

Welt 6
Hier geht es nicht nur um die Action, sondern auch ums Rätsellösen.

W6-1 Ihr rennt über die Brücken, auf denen viele Cheep-Cheeps und Stachelfische angreifen.

W6-2 Nun geht es in die Pyramide. Nutzt die Gimmicks und schreitet durch die kleinen Räume voran.

W6-3 Ein Spukhaus, aufgeteilt in drei Räume. Löst die Rätsel und erreicht das Ziel.

W6-4 Im richtigen Tempo hüpft ihr über die Rhythmusböden, die auftauchen und wieder verschwinden.

W6-5 Ein athletisches Schneeberg-Level, in dem ihr die beweglichen Trampoline einsetzt.

W6-✋ Bewältigt die Luftgaleere mit zahlreichen Dornensäulen.

Welt 7
Das Ende naht. Hier erscheinen neue Gimmicks.

W7-1 Ein tiefes Wasser-Level. Die schmalen Wege werden von großen Gegnern blockiert.

W7-2 Ein Gebäude, in dem viele Stachel-Walzen eingesetzt werden. Springt darüber.

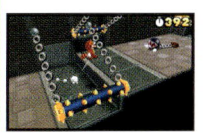

W7-3 An Seilen klettert ihr den großen Baum hoch. Die Fuzzys versperren euch den Weg.

W7-4 Ein Level wie ein Uhrturm. Lauft über rotierende Zahnräder und Plattformen.

W7-5 Die Holzplattformen werden nach und nach von den Kreissägen abgeschnitten.

W7-✋ Eine Luftgaleere mit sich drehenden Plattformen. Die Kameks behindern euch mit Zaubern.

Welt 8
Bowsers Schloss ist bald erreicht. Dies ist die Welt mit den meisten Levels.

W8-1 Eine Festung, in der viele große und kleine Stachelkugeln auftauchen.

W8-2 Klettert am Pfahl hoch, der sich entlang der Schiene bewegt, um voranzukommen.

W8-3 Ein athletisches Level mit verschiedenförmigen, beweglichen Plattformen.

W8-4 Weicht den Buu Huus und den Spukmatzen aus und nutzt die beweglichen Plattformen.

W8-5 Während ihr über die Springklapp-Scharniere durchs Level lauft, werdet ihr von Rocky Schraubschlüssel und Riesen-Kugel-...

W8-🐢1 Ihr kommt nun ins Schloss von Bowser. Auf den kleinen Plattformen über der Lava erwarten euch verschiedene Feinde.

W8-6 Dreht die beweglichen Plattformen über dem Lavameer.

W8-🐢2 Mit den Plattformen weicht ihr den Gimmicks aus – und reist zum Hauptquartier von Bowser.

Spezial 1
Die erste Spezialwelt. Das Statuenblatt hat Premiere.

S1-1 Lauft durch, indem ihr einen Stern nach dem anderen aufsammelt.

S1-2 Flieht vor den Mini-Schatten-Marios in der Unterwelt.

S1-3 Ihr bewältigt Plattformen, die zusammen Gegnergrafiken bilden. Diese Gegner tauchen auch auf.

S1-4 Ein Kampf gegen die Bumerang-Brüder. Gegen Ende nutzt ihr die Seile.

S1-✋ Tretet gegen Knochen-Bowser an, um den gefangenen Luigi zu befreien.

Spezial 2
Mit Luigi geht das Abenteuer durch die zweite Spezialwelt weiter.

S2-1 Mit den Plattformen gelangt ihr seitwärts durch das athletische Level. Die Wolken verdecken einige der Plattformen.

S2-2 Hier drängt die Zeit. Nehmt die Uhren auf und schwimmt durch das Wasser-Level.

S2-3 Auf der Wippenkarre über der Lava werdet ihr von Fuzzys behindert.

S2-4 Mit der Propeller-Box erklimmt ihr den Schneeberg. Nutzt auch die kleinen Plattformen.

S2-5 Bewältigt das Level mit den Wegen aus komplex aufgestellten Klappbrettern.

S2-✋ In dieser Luftgaleere gibt es viele Stachelböden und Riesen-Kugelwillis. Es gibt kaum sichere Stellen.

Spezial 3
Hier findet ihr viele hektische Levels mit schnellen Gimmicks.

S3-1 Schwingende Plattformen und Donutblöcke sind in diesem athletischen Level zu sehen.

S3-2 Nun müsst ihr bunte Drehplattformen überwinden. Es gibt auch lange Plattformen.

S3-3 Ein Level mit wenig Zeit. Klettert die Seile hoch und nehmt die Zehn-Sekunden-Uhren auf.

S3-4 Lasst euch nicht von den vielen schnellen Stachelwalzen erwischen.

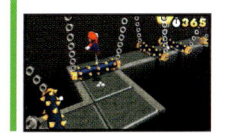

S3-5
Rhythmusböden mit schnellem Tempo sind hier platziert. Bewältigt sie mit dem richtigen Timing.

S3-🏰
Forced-Scroll-Luftgaleere mit höherer Geschwindigkeit.

Spezial 4
Irgendwie vertraute Levels kommen jetzt als schwierigere Variante daher.

S4-1
Ihr findet euch auf einer großen Plattform wieder. Diese wird jedoch immer kleiner.

S4-2
Ihr geht durch das Spukhaus, während ihr vor den Mini-Schatten-Marios flieht.

S4-3
Auf den Brücken fliegen Kugelwillis und Riesen-Kugelwillis umher.

S4-4
Wegen der geringen Zeit besiegt ihr Gumbas, um etwas Zeit zu gewinnen.

S4-5
Ihr springt über Fallböden weiter. Außerdem tummeln sich hier viele Buu Huus, ihr könnt also nicht stehen bleiben.

S4-🏰
Enge Räume mit vielen Gegnern. Ihr kämpft nacheinander gegen Bumm Bumm und Pom Pom.

Spezial 5
Viele athletische Levels, in denen das Timing extrem wichtig ist.

S5-1
Überquert die Springklapp-Scharniere, auf denen Riesen-Stachelkugeln rollen.

S5-2
Lauft vor den Mini-Schatten-Marios weg und bewältigt das Stachelwalzengebiet.

S5-3
Mit den Wippenkarren bewegt ihr euch durch das Tal. Ihr müsst die Gimmicks geschickt einsetzen.

S5-4
Ein athletisches Level mit Keksplattformen. Gegen Ende geht es vertikal weiter.

S5-5
Unter vielen Warp-Boxen müsst ihr die finden, die euch weiterbringen.

S5-🏰
Besiegt die Gegner, um Zeit zu gewinnen. Am Ende wartet Knochen-Bowser auf euch.

Spezial 6
Das Ende der Spezialwelten rückt näher. Auch Giftpilze tauchen hier auf.

S6-1
Eine ruhige Wüste bei Nacht. Mit der Propeller-Box erklimmt ihr den Turm.

S6-2
Ein athletisches Level mit Donutblöcken. Besiegt die Gumbas und lauft durch!

S6-3
Eine Unterwelt mit Giftsumpf. Nutzt die Klappbretter, die komplexe Wege aufbauen.

S6-4
Lauft vor dem Mini-Schatten-Mario weg und hüpft über die Drehplattformen, ohne zu stoppen.

S6-5
Bewegliche Plattformen führen durch das Spukhaus. Der dichte Nebel schränkt die Sicht ein.

S6-🏰
Auf Springklapp-Scharnieren lauft ihr durch die Luftgaleere. In der Mitte ist ein Raum mit einem Bumm Bumm.

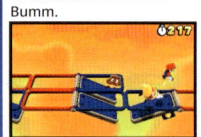

Spezial 7
Viele Levels mit Einschränkungen, wie die Verfolgung durch Schatten-Marios.

S7-1
Ein athletisches Seil-Level mit Zeitlimit. Besiegt die Bumerang-Brüder und gewinnt etwas Zeit.

S7-2
Lauft über die Rhythmusböden, während ihr vor Mini-Schatten-Mario davonlauft.

S7-3
Ein Uhrturm-Level mit schnelleren Zahnrädern und Plattformen.

S7-4
Flieht vor dem Riesen-Schatten-Mario und springt auf die Springklapp-Scharniere.

S7-5
Ein Luftgaleeren-Level mit Plattformen, die schnell rotieren.

S7-🏰
Rennt vor dem Riesen-Schatten-Mario weg, nehmt die Uhren auf und geht weiter.

Spezial 8
Das letzte Level. Unter bestimmten Bedingungen wird das Kronen-Level freigespielt.

S8-1
Eine Unterwelt mit vielen Stacheln. Lauft vor dem Mini-Schatten-Mario davon und sammelt die Uhren ein.

S8-2
Nutzt die Plattformen, die sich vertikal und horizontal noch schneller drehen als zuvor.

S8-3
Auf der Flucht vor dem Riesen-Schatten-Mario sammelt ihr in dieser Festung möglichst viele Uhren ein.

S8-4
Sammelt auch hier die Uhren ein und überquert das Lavameer mit den beweglichen Plattformen.

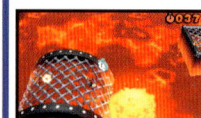

S8-5
Eine Luftgaleere mit Drehplattformen. Der Riesen-Schatten-Mario verfolgt euch.

S8-🏰
Der letzte Kampf gegen Knochen-Bowser. Auf dem Weg dahin versucht ihr, Zeit zu gewinnen.

S8-👑
Das schwierigste und letzte Level erscheint nur unter bestimmten Voraussetzungen ...

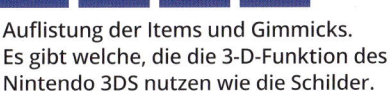

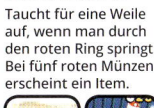

Auflistung aller 17 Spiele — 2011 → SUPER MARIO 3D LAND

ITEMS & GIMMICKS

Auflistung der Items und Gimmicks. Es gibt welche, die die 3-D-Funktion des Nintendo 3DS nutzen wie die Schilder.

Rote Münze
Taucht für eine Weile auf, wenn man durch den roten Ring springt. Bei fünf roten Münzen erscheint ein Item.

Roter Ring
Läuft ihr durch, erscheinen in der Nähe fünf rote Münzen.

Rettungsblock (Blatt/Flügel)
Er erscheint nach fünf bzw. zehn Fehlversuchen in einem Level.

Noten
Sie tauchen durch P-Schalter auf. Sammelt man alle innerhalb des Zeitlimits, erscheint ein Item.

Notenblock
Springt man drauf, hüpft man hoch. Mit dem richtigen Timing springt man besonders hoch.

Baum
Man kann rauf- und runterklettern und von der Spitze aus springen.

Holzkiste
Ein Angriff zerstört sie. Manchmal findet man ein Item darin.

Goldener Stein
Geht erst nach zehn Tritten kaputt. Danach tauchen fünf Münzen auf.

Pfahl
Wird mit der Stampfattacke versenkt. Manchmal erscheint dann ein Item.

Pflanze
Gräser und Blumen in den Levels. Greift man sie an, erhält man manchmal eine Münze.

Bowser-Schalter
Er taucht im Kampf gegen Bowser auf. Wird er betätigt, wird die Brücke zerstört und Bowser fällt in die Lava.

Gumba-Schild
Wenn das Schild zerstört wird, taucht eine Münze auf.

Stein
Ein Tritt und er geht kaputt. Fällt er in ein Rohr, erscheint ein 1-Up-Pilz.

Münze
Die Münzen tauchen aus den Blöcken oder Gegnern auf. Bei 100 erhält man einen Extraversuch.

Münz-Ring
Ein gelber Ring. Geht man hindurch, wird man mit fünf Münzen belohnt.

Zielpfahl
Springt man dagegen, ist das Level beendet. Erreicht man die Spitze, färbt sich die Flagge golden.

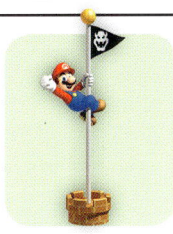

Vogel
Man findet ihn in den Levels. Er fliegt weg, wenn Mario in der Nähe ist.

Kaktus
Man findet die Kakteen in den Levels. Greift man sie an, kann man Münzen erhalten.

Wippenkarre
Sie hat eine Vorwärts- und eine Rückwärts-Platte. Bei Berührung der Platte fährt sie los.

Statuenblatt
Macht Mario zum besonderen Tanuki-Mario, der sich in Statuen-Mario verwandeln kann.

Schweif-Schalter
Mit jeder Schweifattacke steigt die Plattform höher.

Super-Notenblock
Springt man drauf, gelangt man in den Bonus-Bereich über die Wolken.

Superpilz
Er macht Mario zu Super Mario.

Superblatt
Macht Mario zu Tanuki-Mario.

Stern
Er macht Mario für eine Weile unverwundbar.

Sternenmedaille
In jedem Level sind drei davon versteckt. Sie sind nötig, um bestimmte Levels zu erreichen.

Kanone
Springt man hinein, kann man sich zum Ziel schießen lassen.

Fackel
Mario zündet sie mit Feuerbällen an. Dadurch wird ein Gimmick aktiviert.

Donutblock
Stellt man sich drauf, fällt er nach einer Weile runter.

Rücksetzpunkt
Berührt man ihn, kann man nach Fehlversuchen von diesem Punkt aus starten.

Riesen-Zielpfahl
Ein Zielpfahl mit großer Fahne. Wird sie berührt, gilt die Welt als geschafft.

Riesen-Stachelkugel
Eine große Stachelkugel. Sie fegt die normalen Stachelkugeln weg.

Gegner-Box
Daraus springt in regelmäßigen Zeitabständen ein Gegner heraus, maximal drei Gegner gleichzeitig.

10er-Münzblock
Aus dem Block kommen für einen bestimmten Zeitraum Münzen heraus.

Unsichtbarer Block
Er ist unsichtbar und taucht auf, wenn man an bestimmten Stellen hochspringt.

Röhre
Ein Rohr bringt Mario zu einem anderen Gebiet oder zu einem seltsamen kleinen Raum.

Rohr-Schild
Ein Schild mit der Grafik eines Rohrs. Wird es zerstört, taucht manchmal ein echtes Rohr auf.

Giftpilz
Er taucht aus einem Block auf und bewegt sich in Marios Richtung. Schaden bei Kontakt.

Giftsumpf
Ein lila Teich. Fällt man hinein, verliert man einen Versuch.

Dornensäule
Sie springt in regelmäßigen Zeitabständen heraus. Ihre Stacheln verursachen Schaden, wenn man sie berührt.

Stachelpflanze
Schaden bei Kontakt. Mit Feuerbällen wird sie verbrannt.

Stachelkugel
Eine Kugel mit Stacheln. Sie rollt und zerstört Holzkisten und Gegner auf ihrem Weg.

Stachelkugel-Kanone
Sie zielt auf Mario und feuert mit Stachelkugeln.

Stachelbarriere
Eine Stachelversion der Feuerbarriere. Sie dreht sich um einen Block in der Mitte.

Stachelblock
Ein stacheliger Block. Schaden bei Kontakt.

Stachelboden
Man kann auf diesen Böden nur dann laufen, wenn die Stacheln eingezogen sind.

Stachelwalze
Eine lange Stachelbarriere. Manche rollen durchgehend, manche bewegen sich durch Wippen hin und her.

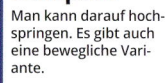

Trampolin
Man kann darauf hochspringen. Es gibt auch eine bewegliche Variante.

Mutterplattform
Diese Plattform bewegt sich, wenn Mario in die angezeigte Symbolrichtung läuft.

Brenner
Er brennt in regelmäßigen Zeitabständen. Die Mündung kann mit Statuen-Mario zerstört werden.

Parakoopa-Flügel
Er erscheint aus dem Rettungsblock. Wird er genutzt, landet man nah am Zielpfahl.

Fliegender ?-Block
Ein ?-Block mit Flügeln. Wird er geschlagen, bleibt er auf der Stelle stehen.

Fliegender ?-Roulette-Block
Er taucht nach einigen Fehlversuchen in bestimmten Levels auf.

Klappbrett
Quadratische Plattformen tauchen nach und nach auf bestimmten Routen auf.

Klappbrett-Schalter
Bei Betätigung des Schalters tauchen Klappbretter auf.

?-Block
Diese Blöcke sind in den Levels zu finden. Sie beinhalten Münzen oder Items.

?-Box
Setzt ihr sie auf, tauchen in regelmäßigen Zeitabständen Münzen auf.

P-Schalter
Der Schalter lässt Münzen oder Noten erscheinen bzw. aktiviert Gimmicks.

!-Block
Bei jedem Schlag taucht eine !-Box auf.

!-Box
Diese Boxen erscheinen durch Schlagen des !-Blocks. Sie verschwinden nach einer gewissen Zeit.

Augen-Schalter
Diesen Schalter findet man in Geheimräumen. Stellt man sich drauf, verändert sich die Perspektive.

Feuerbarriere
Die Stäbe drehen sich um den Block in der Mitte.

Feuerblume
Sie macht Mario zu Feuer-Mario.

Bumerangblume
Sie macht Mario zu Bumerang-Mario.

Uhr
Die Uhr erhöht die Restzeit. Bei einer blauen gibt es zehn, bei einer grünen 100 Sekunden.

Pendel-Stachelkugel
Eine Stachelkugel, die hin und her pendelt. Unbesiegbarer Mario kann sie zerstören.

Pendel-Stachelwalze
Diese Stachelwalze pendelt hin und her.

Propeller-Box
Man kann sie aufsetzen. Wird die Sprungtaste gehalten, fliegt Mario hoch.

Teleskop
Damit kann man weiter ins Level hineinsehen. Zoomt ihr auf einen Toad, könntet ihr ein Item bekommen.

Pfosten
Man kann daran hoch- und runterklettern. Es gibt eine Variante, die auf einer Schiene fährt.

Rätselbox
Diese Box bringt Mario in einen besonderen kleinen Raum.

Grüner Panzer
Mit einem Tritt kullert er schnell durch das Level.

Beweg-Block
Bei jedem Schlag bewegt sich dieser Block in die Pfeilrichtung. Entweder vertikal oder horizontal.

Unbesiegbarkeitsblatt
Es macht Mario zum weißen Tanuki-Mario.

Lava
Aus ihr springen Hotheads und Lavasäulen heraus. Fällt man hinein, verliert man einen Versuch.

Lavasäule
In regelmäßigen Zeitabständen spritzt sie aus der Lava hoch. Schaden bei Kontakt.

Fallboden
Stellt man sich drauf, bekommt er Risse und bricht zusammen. Nach einer Weile baut er sich wieder auf.

Rhythmusboden
Passend zur Musik taucht er abwechselnd auf und verschwindet wieder.

Plattform
Bewegt sich auf bestimmten Routen. Manche bewegen sich erst, wenn man sich draufstellt.

Roulette-Block
Das Symbol wechselt. Schlägt man drauf, erscheint das angezeigte Item.

Springklapp-Scharnier
Mit einem Sprung wechseln sich zwei Plattformen ab.

Block
Er kann mit Attacken zerstört werden (außer von Klein-Mario). Manchmal versteckt sich ein Item darin.

Seil
Man kann darauf gehen. Auf dem Seil springt man höher.

Langer ?-Block
Hier verstecken sich drei Münzen oder Items drin.

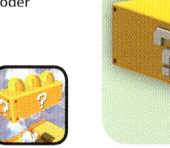

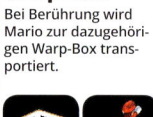

Warp-Box
Bei Berührung wird Mario zur dazugehörigen Warp-Box transportiert.

Welt-Warp-Rohr
Diese Röhren sind versteckt und bringen Mario in andere Welten.

Pappus
Bei Berührung oder durch Pusten ins Mikrofon fliegen sie weg.

1-Up-Pilz
Nimmt man ihn auf, erhält man einen Extraversuch. Meistens findet man ihn an versteckten Stellen.

1-Up-Schild
Ein Schild in 1-Up-Pilz-Form. Zerstört man es, erscheint manchmal tatsächlich ein 1-Up-Pilz.

AND MORE
● Anderes

BESONDERE SZENEN

Hier zeigen wir euch beeindruckende Momente des Spiels. Es gibt auch viele versteckte Szenen, die nur unter bestimmten Bedingungen gezeigt werden.

3-D-Darstellung im Titelbild!

Lasst ihr das Startbild einfach laufen, könnt ihr in einem besonderen Raum mit seltsam aufgestellten Blöcken spielen. Aber wie sieht es dort aus, wenn ihr die 3-D-Ansicht benutzt ...?

Peachs Fotos während des Abenteuers!

Nach jeder Welt bekommt ihr ein Foto ausgehändigt, das die jeweilige Lage von Peach zeigt. Das macht Mario mal froh und mal traurig. Die Bilder könnt ihr euch im Toad-Haus von W3 anschauen.

Schüttel das Gerät und die Fotos bewegen sich!

Schüttelt ihr den Nintendo 3DS, bewegen sich die Bilder im Fotoalbum. Schüttelt ihr beispielsweise das Foto von W3, könnten Gumbas oder Luigi erscheinen.

Die Räume kommen einem irgendwie bekannt vor?!

Durch bestimmte Röhren kommt ihr in die Münz-Räume. Diese Räume sind fast genauso aufgebaut wie die Bonus-Räume von *Super Mario Bros.*

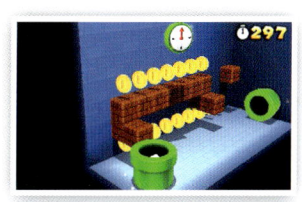

Ufo im Visier?!

Schaut durch das Fernrohr in W1-3 in den Himmel. Für einen kurzen Augenblick taucht ein Ufo auf.

Weiße Person im Hintergrund?!

Wartet ihr am Ziel von W4-4 für eine Weile, seht ihr, wie ein weißer menschenförmiger Schatten im dunklen Hintergrund auftaucht.

Besondere Darstellung am Ziel!

Berührt ihr den Zielpfahl, wenn die Einerziffer Eins, Drei oder Sechs ist, könnt ihr eine außergewöhnliche Inszenierung erleben.

Tanuki-Mario lässt sich steuern!

Im Abspann fliegt Tanuki-Mario durch die Gegend. Ihr könnt ihn mit dem Schiebepad und den Tasten steuern. Übrigens ist der Abspann bei Luigi etwas anders als bei Mario.

Marios Veränderung im Startbild!

Spielt ihr W8-👻2 durch, verändert sich das Verhalten von Mario im Startbild. Er führt nun Expertentechniken vor.

Entdecke die extra-schwierige Spezialwelt!

Besiegt ihr Bowser in W8, kommt der Abspann. Danach taucht ein Rohr in W1 auf. Geht ihr hinein, landet ihr in einer Spezialwelt mit 48 weiteren, schwierigeren Levels.

Herausforderung! Time-Attack!

Werden die Spezialwelten freigespielt, wird bei den geschafften Levels die Spielzeit angezeigt und auch die Zeiten anderer Spieler. So könnt ihr um den Titel des schnellsten Spielers wetteifern.

Befreit den gefangenen Luigi!

Im Schloss von S1 wird Luigi gefangen gehalten. Besiegt ihr den Knochen-Bowser, könnt ihr ihn retten. Danach steht er euch als Spielfigur zur Verfügung.

Eventsequenzen mit Luigi!

Wenn ihr mit den Warp-Röhren die Welten überspringt und Luigi rettet, kehrt ihr wieder in die nicht gespielten Welten zurück. Spielt ihr sie dann mit Luigi durch, könnt ihr die Eventsequenzen zwischen den Welten mit Luigi sehen. Mit derselben Methode könnt ihr auch Luigi zum weißen Kitsune-Luigi machen.

Der wahre Abspann nach dem Showdown!

Besiegt ihr den Knochen-Bowser am Ende der Spezialwelten, müsst ihr erneut gegen Bowser aus W8 antreten. Bowser ist dieses Mal jedoch stärker und greift zum Beispiel schneller an. Wird er besiegt, kommt der wahre Abspann.

Das schwierigste Kronen-Level!

Erreicht ihr auf dem Spielstandbildschirm ★★★★★, erscheint in S8 ein Kronen-Level. Das ist das schwierigste Level von allen. Taucht dieses Level auf, verändert sich auch die Musik von S8.

Mützenvariation bei drei Kronen!

Erreicht ihr die höchste Anzahl an Extraversuchen, also 1110, erhaltet ihr drei Kronen und Super Mario setzt seine Mütze ab. Dafür trägt nun Klein-Mario die Mütze. Außerdem ertönt ein besonderer Jingle.

Wissenswertes & Techniken

Hier findet ihr nützliche Infos zum Abenteuer. Auch in der 3-D-Action-Serie wurde das ★-Symbol im Spielstandmenü eingeführt.

★★★★★ sind das Zeichen des Meisters!

Je nach Fortschritt erscheinen ein oder mehrere ★ bei der Spielstandauswahl. ★ beim Beenden von W8-♛2, ★★ beim Durchspielen von allen Levels in W1 bis W8 und ★★★ nach dem wahren Abspann. ★★★★ werden eingeblendet, wenn ihr nach dem wahren Abspann in allen Levels, inklusive der Levels in den Spezialwelten, alle Sternenmünzen gesammelt habt. Habt ihr danach alle Levels perfekt durchgespielt, also sowohl mit Mario als auch mit Luigi die Spitze der Zielpfähle berührt, erreicht ihr ★★★★★.

Wähle eine Datei!

Springt fünfmal auf einen unbesiegbaren Gegner für 1-Up!

Extraversuche durch das Besiegen von mehreren Gegnern in Folge zu erhalten, ist ein *Super Mario*-Klassiker. In diesem Spiel bekommt ihr sie auch dann, wenn ihr fünfmal hintereinander auf unbesiegbare Gegner springt.

Die Warp-Röhren sind noch da!

Die bekannten Warp-Röhren sind auch in diesem Spiel vorhanden. Geht ihr nah am Ziel von W1-2 bzw. W4-2 über das Dach, findet ihr jeweils ein Rohr, das euch zur nächsten Welt bringt. W1-2 und W4-2 sind dieselben Warp-Levels wie bei *Super Mario Bros.*

COLUMN • Kolumne

Ein Vergleich mit bisherigen Jubiläums-Events

Im Jahr 2015 feierte *Super Mario Bros.* das 30. Jubiläum. Wie liefen die japanischen Jubiläums-Events zum 20. (2005) bzw. 25. (2010) Jubiläum ab?

Wie war das 25. Jubiläum?

Zum 25. Jubiläum wurde nicht nur *Super Mario Bros.*, sondern alle elf Spiele bis *Super Mario Galaxy 2* gefeiert. Dazu kamen viele Produkte in der »25 Jahre Super Mario Jubiläumsedition« auf den Markt, und zwar in Rot – Marios Signalfarbe. Es erschienen zwei rote Konsolen, ein Nintendo DSi LL und eine Wii. Auf der Wii war ein exklusives Jubiläumsspiel vorinstalliert. Als Spiel erschien *Super Mario All-Stars* in der 25-Jahre-Jubiläumsedition für die Wii, dazu ein Booklet zur Mario-Geschichte sowie die Musik-CD *Super Mario History* mit Musik von allen elf Titeln. Es gab außerdem noch viele Projekte auf der offiziellen Nintendo-Homepage. Für die DSiWare »Ugoku Memocho«* gab es einen »Mario Ugomemo Wettbewerb«. Zudem wurden noch spezielle Videos wie wie zum Beispiel ein Mario-Zeichenlernlied oder Videos mit Supertechniken veröffentlicht.

Wie war das 20. Jubiläum?

Der Leitspruch lautete »Happy! Mario 20th«. Am 13. September, zum Geburtstag von *Super Mario Bros.* kam der »Game Boy Micro« auf den Markt, die kleinere und leichtere Variante des Game Boy Advance. Eine der Farbvarianten war die »Famicom-Version«. Auf dem Gerät war das Jubiläumslogo aufgedruckt. Außerdem erschien das Spiel *Famicom Mini: Super Mario Bros.*, die Neuauflage von *Super Mario Bros.* für den Game Boy Advance, welches im Februar 2004 erschienen war. Es bekam eine neue Verpackung geziert vom Jubiläumslogo und den Charakteren. Außerdem kamen *Dr. Mario & Puzzle League* und *Mario Power Tennis* heraus. Bei der Erstauflage war auch hier das Jubiläumslogo auf den Verpackungen aufgedruckt.

Jubiläums-Logo *Mario Tennis Advance* und *Dr. Mario & Panel de Pon*

↑ Game Boy Micro, Famicom-Version

Club Nintendo Event Goodies

↑ *Super Mario Collection* Special Pack

↑ Nintendo DSi LL – Jubiläumsmodell

↑ Wii – Jubiläumsmodell

↑ *Super Mario All-Stars* Jubiläumsedition

Und das 30. Jubiläum?

Zum 30. Jubiläum wurde die Image-Farbe Gelb gewählt. Diesmal ging es um 17 Spiele. Wegen der Relevanz des Spiels *Super Mario Maker* (Seite 6 ff.) wurden die Spiele *Super Mario Bros.*, *Super Mario Bros. 3*, *Super Mario World* und *New Super Mario Bros. U* sehr stark in den Mittelpunkt gestellt. Auch ein amiibo erschien zum 30. Jubiläum und es gab das Bundle *Super Mario Maker*-Wii-U-Premium-Pack zu kaufen. Auf der offiziellen Nintendo-Homepage wurden die bisherigen Spiele mit Videos vorgestellt und es gab ein Projekt namens »Let's Play Super Mario!«, bei dem Fans aus aller Welt ihre Videos einsenden konnten, um gemeinsam das Jubiläum zu feiern. Abseits der Homepage fand in Japan am 13. September 2015 ein 30-Jahre-Super-Mario-Fest statt, und am 20. und 21. September ein 30-Jahre-Super-Mario-Jubiläumskonzert, das erste Musik-Event mit Melodien aus *Super Mario*. Es war auch das 400. Jubiläumsjahr des Malerstils »Rimpa«, daher wurde auch ein »Mario-&-Luigi-Zu-Wandschirm« basierend auf dem bekannten Werk *Fujin-Raijin-Zu* vom japanischen Künstler Tawaraya Sotatsu erstellt. Er wurde ab dem 23. Oktober im Museum Eki Kyoto öffentlich gezeigt. Auch das Buch, das ihr gerade in den Händen haltet, wurde zur Feier des 30. Jubiläums von *Super Mario Bros.* kreiert.

↑ »Mario-&-Luigi-Zu«-Wandschirm

↑ 30-Jahre-Super-Mario-Jubiläumskonzert

↑ 30-Jahre-Super-Mario-Fest

*in Europa bekannt als »Flipnote Studio«, Zeichenanwendung zur Erstellung einer Animation

2012

New SUPER MARIO BROS. 2

ニュー・スーパーマリオブラザーズ・2

| Download-Karte | Verpackung | Spielmodul | Schnellstart-anleitung |

- **Hardware**
  Nintendo 3DS
- **Erscheinungsdatum Japan/EU**
  28. Juli 2012
  17. August 2012
- **Spieleranzahl**
  1–2
- **Anmerkung**
  Als Download-Version für Nintendo 3DS erhältlich.

INTRODUCTION
● Einleitung

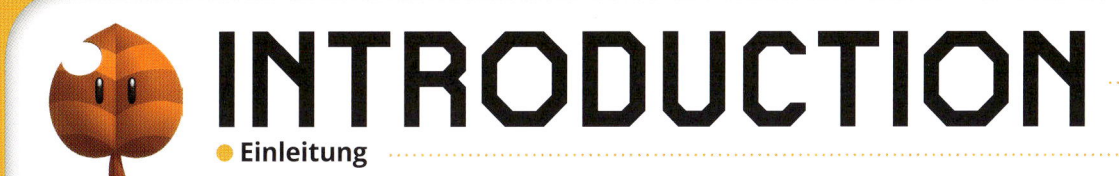

S T O R Y

Mario und Luigi besuchen Peachs Schloss. In ausgelassener Stimmung sprechen sie mit Prinzessin Peach über ihre Abenteuer.

Dann verabschieden sich Mario und Luigi von ihr und sammeln in ihrer Tanuki-Form begeistert Münzen am Himmel.

Gerade wollen sie landen, um eine Pause zu machen. Doch in diesem Moment fällt ein dunkler Schatten auf sie.

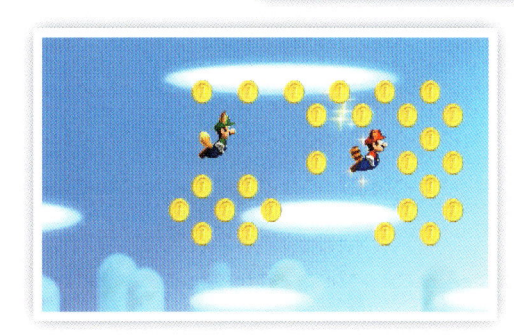

Mit einem großen Knall springen Bowsers Schergen aus einer Maschine.

Von dem Ereignis überrascht, müssen Mario und Luigi zusehen, wie Prinzessin Peach schon wieder entführt wird!

Sie folgen der Prinzessin, die um Hilfe ruft – und so beginnt das neue Abenteuer von Mario und Luigi!

I N F O S

Das Ziel:
Prinzessin Peach retten und 1 Million Münzen sammeln

Die Fortsetzung von *New Super Mario Bros.* kam für den Nintendo 3DS heraus. Ziel ist es, Peach zu retten und ganz viele Münzen zu sammeln. Im Spiel erscheinen viele Dinge, die euch dabei helfen: der »Goldblock«, der viele Münzen herausströmen lässt, wenn man ihn aufsetzt, oder »Gold-Mario«, der mit Gold-Feuerbällen wirft und damit Gegner und Blöcke in Münzen verwandelt. Lauft ihr durch den »Goldring«, werden auch die Gegner golden und helfen euch bei der Münzjagd. Holt euch mit allen Mitteln Münzen und versucht eine Million Münzen zu sammeln!

Die Münzjagd voll und ganz genießen im »Münzrausch-Modus«

Neben dem Hauptspiel steht der Herausforderungsmodus »Münzrausch« zur Verfügung. Hier müsst ihr in drei zufällig ausgewählten Levels nacheinander so viele Münzen wie möglich einsammeln. Dabei wurden einige Spielelemente verändert. Beispielsweise tauchen anstelle von 1-Up-Pilzen Goldpilze auf, die euch jeweils 50 Münzen einbringen, oder ihr habt weniger Zeit als sonst. Daher müsst ihr mit einer anderen Taktik spielen als im Hauptspiel. Tauscht ihr eure Rekorde via »StreetPass« aus, könnt ihr die Rekorde anderer brechen.

Wähle ein Level-Paket / Enthält Level aus Welt 5, Welt 6 und einer geheimen Welt. / Sternpaket

CHARACTERS
• Charaktere

SPIELBARE FIGUREN

In der Regel wird mit Mario gespielt, doch unter bestimmten Voraussetzungen wird auch Luigi freigespielt.

Mario
Er startet das neue Abenteuer, um Prinzessin Peach zu retten und Münzen zu sammeln.

Luigi
Im Zwei-Spieler-Modus zieht er zusammen mit Mario los. Auch im Ein-Spieler-Modus kann er freigespielt werden.

POWER-UPS

Insgesamt gibt es neun Power-Ups plus eins durch ein Gimmick. Die Items können im unteren Bildschirm aufbewahrt werden. Sie können mitten im Spiel durch Antippen aktiviert werden.

Klein-Mario
Der Anfangszustand. Er kann keine Blöcke zerstören und verliert einen Versuch bei Gegnerkontakt.

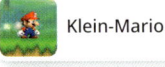

- Klein-Mario
- Klein-Luigi

Super Mario — Item ➜ Superpilz
Mit dem Superpilz wird Mario größer. Er kann nun Blöcke zerstören. Erleidet er Schaden, wird er zu Klein-Mario.

- Super Mario
- Super Luigi

Feuer-Mario — Item ➜ Feuerblume
Er greift mit Feuerbällen an. Einige Gegner sind dagegen immun. Zum Aktivieren eines !-Rohrs wird ebenfalls ein Feuerball benötigt.

- Feuer-Mario
- Feuer-Luigi

Waschbär-Mario — Item ➜ Superblatt
Es erscheint eine Power-Leiste. Wird die Leiste durch Laufen gefüllt, könnt ihr für eine Weile fliegen. Ihr könnt auch den Schweif zum Angriff schwingen oder mit dem Schwung langsamer landen.

- Waschbär-Mario
- Fuchs-Luigi

Auflistung aller 17 Spiele 2012 NEW SUPER MARIO BROS. 2

Gold-Mario
Item ➜ Goldblume

Er wirft mit Gold-Feuerbällen und macht Blöcke zu Münzen. Werden Gegner damit besiegt, tauchen viele Münzen auf. Ist das Level beendet, geht die Wirkung verloren und er wird zu Feuer-Mario.

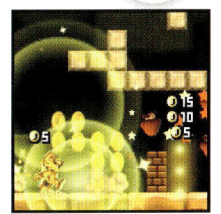

- Gold-Mario
- Silber-Luigi

Mega-Mario
Item ➜ Maxi-Pilz

Mario ist für eine Weile größer. So räumt er Gegner und Blöcke aus dem Weg. Eine Stampfattacke besiegt alle Gegner im Bild. Dieses Item kann nicht aufbewahrt werden und taucht nur in bestimmten Levels auf.

- Mega-Mario
- Mega-Luigi

Mini-Mario
Item ➜ Mini-Pilz

Er ist kleiner als Klein-Mario. Dank des geringen Gewichtes bleibt er länger in der Luft und kann auf der Wasseroberfläche laufen. Allerdings kann er Gegner nur mit der Stampfattacke angreifen und verliert bei Schaden einen Versuch.

- Mini-Mario
- Mini-Luigi

Unbesiegbarer Mario
Item ➜ Stern

Der Körper blinkt für eine Weile und er besiegt die Gegner durch Berührung. Werden acht oder mehr Gegner in Folge besiegt, gibt es 1-Ups.

- Unbesiegbarer Mario
- Unbesiegbarer Luigi

Weißer Waschbär-Mario
Item ➜ Unbesiegbarkeitsblatt

Das Unbesiegbarkeitsblatt erhält man von dem Rettungsblock, der nach fünf Fehlversuchen in einem Level erscheint. Fliegt wie Waschbär-Mario, aber mit kürzerem Anlauf, ist unbesiegbar und läuft auf der Wasseroberfläche. Nach dem Level wird er zu Waschbär-Mario.

- Weißer Waschbär-Mario
- Weißer Fuchs-Luigi

Goldblock
Power-Up durch Gimmick
Item ➜ Goldblock

Mario setzt den Goldblock auf und behält den ursprünglichen Power-Up-Zustand bei. Bewegt er sich, erscheinen Münzen. Das Gimmick verschwindet nach Erhalt von 100 Münzen oder wenn ihr einen Gegner berührt.

- Mario
- Luigi

ANDERE CHARAKTERE

Marios Freunde, die im Spiel auftreten.

Toads
Die Toads geben Mario in den »Toad-Häusern« Power-Up-Items oder schenken ihm Extraversuche.

Prinzessin Peach
Sie wird von den Koopalingen entführt.

GEGNER

Hier finden sich die Gegner aus den Levels. Gegner mit der Bezeichnung »Gold« wurden durch den Goldring verwandelt.

Iggy
Der Boss von W2. Er wird von einem Riesen-Kettenhund gezogen.

Wendy
Der Boss von W3. Sie füllt den Raum mit Wasser, damit sie nicht getreten werden kann.

Igluck
Er schwebt im Wasser hoch und runter. Es gibt eine Variante, die angerollt kommt.

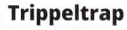

Trippeltrap
Er taucht über euch auf und bewegt sich an einem Faden auf und ab.

Krötsus
Er erscheint, wenn man durch einen roten Ring geht und hüpft weg, während er rote Münzen spuckt.

Kreissäge
Sie dreht sich und fährt an der Schiene entlang. Es gibt auch eine große Variante.

Knochentrocken
Tritt man drauf, zerfällt er und baut sich nach einer Weile wieder auf.

Kugelwilli
Er wird zum Beispiel aus der Willi-Kanone abgefeuert und fliegt geradeaus.

Bowser
Der Boss von W6. Er greift mit Flammen und Hämmern an.

Koopalinge
Sie fliegen mit dem Koopa-Kopter und versteinern Mario mit Blitzangriffen.

Gumba
Er bewegt sich sehr langsam. Im Spukhaus ist er blau.

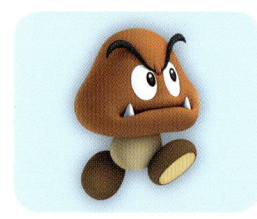

Krähe
Zieht Kreise und stürmt dann auf Mario zu.

Blooper
Er springt aus dem Rohr und schwimmt im Zickzack auf Mario zu.

Flammenhund
Er nähert sich Mario in der Luft und spuckt Feuerkugeln. Am Ende explodiert er.

Gold-Kugelwilli
Auf seiner Flugbahn tauchen Münzen auf.

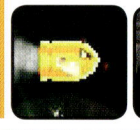

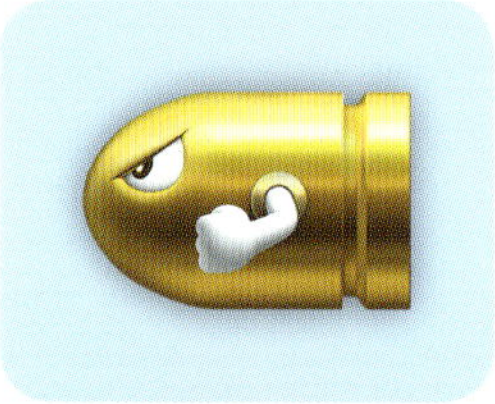

Gold-Gumba
Goldener Gumba. Wird er besiegt, bekommt man Münzen.

Gold-Lakitu
Er wirft mit Münzen. Springt man auf die Wolke, hinterlässt sie Münzen, wenn sie sich bewegt.

Gold-Gumba-Turm
Werden diese Gumbas nacheinander besiegt, wird man mit vielen Münzen belohnt.

Gold-Atom-Buu
Er hat dieselben Eigenschaften wie Gold-Buu-Huu. Er ist nur größer.

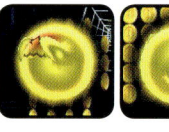

Gold-Buu-Huu
Entfernt sich schwebend von Mario und hinterlässt Münzen.

Auflistung aller 17 Spiele (2012) NEW SUPER MARIO BROS. 2

Gold-Koopa
Wird der Panzer getreten, hinterlässt er Münzen.

Gold-Para-Gumba
Durch einen Tritt verliert er seine Flügel und wird zum Gold-Gumba.

Gold-Parakoopa
Durch einen Tritt verliert er seine Flügel und wird zum Gold-Koopa.

Gold-Piranha-Pflanze
Wird die Röhrenvariante besiegt, quellen Münzen aus dem Rohr heraus.

Gold-Feuer-Piranha-Pflanze
Wie im normalen Zustand spuckt sie Feuerkugeln.

Gold-Cheep-Cheep
Er hüpft aus dem Wasser heraus und hinterlässt auf seinem Weg Münzen.

Gold-Hammer-Bruder
Er wirft Münzen anstelle von Hämmern oder Bumerangs.

Gold-Riesen-Kugelwilli
Auf seiner Flugbahn tauchen mehr Münzen auf als beim Kugelwilli.

Blooper-Sitter
Er schwimmt mit kleinen Baby-Bloopern herum.

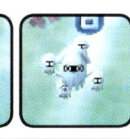

Cheep-Unter
Er schwimmt zu Mario, wenn Mario in der Nähe ist.

Pokey
Er hat mehrere Körperglieder. Wird der Körper angegriffen, wird er immer kürzer.

Lakitu
Er wirft von oben mit Stachi-Eiern. Manchmal fliegt er tiefer.

Turm-Gumba
Aufgestapelte Gumbas. Die Anzahl ist je nach Ort anders.

Mini-Igluck
Kleiner Igluck. Er bewegt sich genauso wie ein Igluck.

Fuzzy
Er bewegt sich entlang einer Schiene. Am Ende der Schiene springt er.

Riesen-Knochentrocken
Ein großer Knochentrocken. Er zerfällt nur durch eine Stampfattacke.

Riesen-Cheep-Unter
Ein großer Cheep-Unter, er verhält sich genauso wie ein Cheep-Unter.

Riesen-Fuzzy
Ein großer Fuzzy, er verhält sich genauso wie ein Fuzzy.

Atom-Buu
Ein großer Buu Huu. Er verhält sich genauso wie ein Buu Huu.

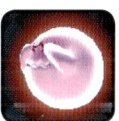

Maxi-Steinblock
Ein großer Steinblock. Er zerstört Blöcke unter sich.

Riesen-Piranha-Pflanze
Eine große Piranha-Pflanze am Boden. Sie schwingt ihren Kopf und beißt Mario.

Riesen-Wummp
Ein großer Wummp, er verhält sich genauso wie ein Wummp.

Riesen-Feuer-Piranha-Pflanze
Spuckt Feuerkugeln, die nur normal groß sind.

Riesen-Cheep-Cheep
Ein großer Cheep-Cheep. Manchmal in Begleitung einiger Cheep-Cheeps.

Riesen-Knochen-Piranha
Sie schwingt ihren Kopf und beißt Mario.

Riesen-Kettenhund
Iggys großer Kettenhund. Er bewegt sich in alle vier Richtungen.

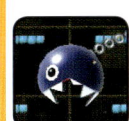

Buu Huu
Schaut man ihn an, bleibt er stehen. Wendet man ihm den Rücken zu, kommt er näher.

Tyranno-Buu
Er ist riesig und verfolgt Mario.

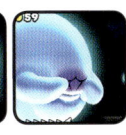

Spukmatz
Er bewegt sich in einer Gruppe auf bestimmten Routen. Ein Blick hält ihn nicht auf.

Stachi
Wegen der Stacheln kann er nicht getreten werden. Ein Stachi-Ei wird bei Bodenkontakt oft zum Stachi.

Stachel-Cheep
Er ist schneller als ein Cheep-Cheep und verfolgt Mario hartnäckig.

Pickelkäfer
Er hat einen Stachel auf dem Rücken. Er bewegt sich entlang der Plattformen.

Steinblock
Er fällt nach unten, wenn Mario in der Nähe ist. Danach kehrt er zurück zur Ursprungsposition.

Koopa (rot)
Er bewegt sich auf Unebenheiten. Ansonsten ist sein Verhalten identisch zum grünen Koopa.

Kletter-Koopa
Er bewegt sich am Gitter entlang. Ein Schlag von der anderen Gitterseite besiegt ihn.

Koopa (grün)
Er geht geradeaus am Boden. Wird er getreten, wird er zum Panzer und kann getragen werden.

Stachi-Ei
Lakitu wirft damit. Bei Bodenkontakt wird es zum Stachi.

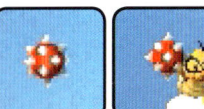

Happ-Cheep
Er verfolgt Mario und versucht ihn mit seinem großen Mund zu fressen.

Flappflapp
Wartet an der Decke und gleitet herunter, wenn Mario in der Nähe ist.

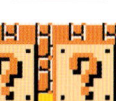

Para-Gumba
Er ist klein und hüpft auf Mario zu. Wird er getreten, wird er zu einem normalen Gumba.

Parakoopa (rot)
Er kann fliegen. Wird er getreten, verliert er seine Flügel und wird zum roten Koopa.

Parakoopa (grün)
Er fliegt oder hüpft am Boden, um sich fortzubewegen.

Piranha-Pflanze
In regelmäßigen Zeitabständen schaut sie aus dem Rohr hervor. Manche befinden sich am Boden.

Wummp
Er lässt sich auf Mario fallen, wenn der in der Nähe ist. Manche bewegen sich zur Seite.

Wiggler
Er läuft normalerweise langsam. Wird er getreten, wird er aber wütend und schneller.

Hothead
Eine Feuerkugel, die in regelmäßigen Zeitabständen senkrecht aus der Lava springt.

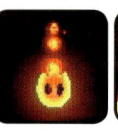

Para-Bomb
Sie gleitet langsam herab. Wird sie angegriffen oder landet sie am Boden, wird sie zum Bob-omb.

Hammer-Bruder
Er trägt einen grünen Panzer und wirft mit Hämmern.

Sparky
Eine elektrisch geladene Kugel. Es gibt eine Variante, die sich entlang einer Schiene bewegt.

Loderschlange
Sie hat einen Körper aus Feuer und nähert sich Mario hüpfend.

Feuer-Piranha-Pflanze
Sie kommt aus dem Rohr und spuckt Feuerkugeln in Marios Richtung.

Feuer-Bruder
Er trägt einen roten Panzer und wirft mit Feuerbällen.

Skelettfisch
Er schwimmt zum Beispiel unter Wasser in den Schlössern. Entdeckt er Mario, stürmt er auf ihn zu.

Reznor
Sie sind die Bosse der Türme. Sie sitzen auf den langen ?-Blöcken und drehen sich im Kreis.

Bumerang-Bruder
Er trägt einen blauen Panzer und wirft mit Bumerangs.

Cheep-Cheep
Er schwimmt im Wasser. Manchmal bilden mehrere Cheep-Cheeps eine Kreisformation.

Stachelfisch
Er schwimmt an der Wasseroberfläche und springt manchmal hoch. Er schwimmt auch im Giftsumpf.

Knochen-Bowser
Der Boss von W ★. Er wirft nicht mit Hämmern, sondern mit Knochen.

Knochen-Gumba
Man findet ihn in Türmen und Schlössern. Trotz seines Schädels kann man ihn wie Gumba besiegen.

Knochen-Piranha
Bewegt sich genauso wie eine Piranha-Pflanze, ist jedoch immun gegen Feuerbälle.

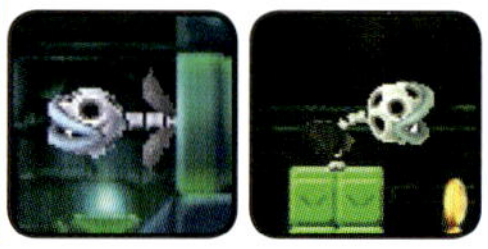

Bob-omb
Wird er angegriffen, blinkt er und bleibt stehen. Nach einer Weile explodiert er.

Riesen-Kugelwilli
Er ist groß, fliegt jedoch langsam und kann mit einem Tritt besiegt werden.

Mini-Gumba
Kein Schaden bei Kontakt. Haftet er an Marios Körper, kann dieser sich nur noch langsam bewegen.

Sumo-Bruder
Er wirft mit Hämmern. Manchmal springt er hoch und erzeugt ein Erdbeben.

Käfer
In der Unterwelt tauchen viele Käfer auf. Wird er getreten, verkriecht er sich in seinen Panzer.

Morton
Der Boss von W4. Mit Zauber erstellt er Stachelkugeln und stoppt Mario mit Erdbeben.

Larry
Der Boss von W🍄. Seine Zauber prallen an Wänden und Böden ab.

Ludwig
Der Boss von W5. Er hält sich an der Kette fest und greift von oben mit Zaubern an.

Lemmy
Der Boss von W☃. Er zaubert Sprungbälle herbei.

Roy
Der Boss von W1. Er greift mit Tackling an. Knallt er gegen die Wand, wird ihm schwindelig.

Kettenhund
Er beißt zu und rennt weg, wenn der Pfahl mit einer Stampfattacke in den Boden versenkt wird.

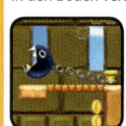

WORLDS
• Welten

LEVELS

Insgesamt gibt es 85 Levels. Um W🍄 und W🌼 zu erreichen, müsst ihr die versteckten Kanonen-Levels durchspielen.

Welt 1 — Das Abenteuer beginnt in einer ruhigen Grasland-Welt.

W1-1 Ein Grasland-Level mit vielen Notenblöcken. Auch Goldblöcke sind oft zu sehen.

W1-2 In einem kleinen Bereich, umzingelt von Blöcken, befinden sich viele Koopas.

W1-3 Ein Wald mit vielen großen Bäumen. Auf den Bäumen findet ihr versteckte Items.

W1-🏯 Mit Schlangenblöcken gelangt ihr Schritt für Schritt nach oben.

W1-4 Ein athletisches Level mit Pilzplattformen. Der Goldring taucht hier zum ersten Mal auf.

W1-5 Ein Wasser-Level, in dem Münzen und Cheep-Cheeps Kreise bilden.

W1-A Komplex strukturierte Röhren bilden ein Labyrinth.

W1-🏰 Nutzt die Seile, damit ihr nicht in die Lava fallt.

W1-👤 Weicht den Parakoopas aus, lauft und springt!

Welt 2 — Eine sandige Wüsten-Welt.

W2-1 Wüste mit beweglichen Blöcken. Im Untergrund versteckt sich eine Goldblume.

W2-2 Die Plattformen sind wie Totempfähle aufgestellt. Dort warten die Bumerang-Brüder auf euch.

W2-3 Ein athletisches Unterwelt-Level. Auf den Plattformen sind mehrere Pokeys zu finden.

W2-🏯 Nutzt die Plattformen, die in vier Richtungen fahren, und geht weiter nach oben.

W2-👻 In dem Spukhaus rückt ihr vor, während ihr vor dem Tyranno-Buu flieht.

W2-4 Ein Pyramiden-Level. Ihr rennt auf den stufenförmigen Plattformen nach oben.

W2-5 Das Nest der Kettenhunde. Lasst euch nicht beißen!

W2-🏰 Auf der Schalterplattform bewegt ihr euch über der Lava voran. Die Gegner greifen nacheinander von oben an.

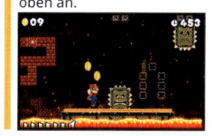

W2-A In dem athletischen Level springt ihr von einer Schienenplattform zur nächsten.

W2-B Ein Vulkangebiet, in dem viele Para-Bombs landen. Nutzt sie, um viele Münzen zu erhalten.

Welt 3 — Die erste Hälfte der Welt ist ein Meer, die zweite Hälfte besteht aus Wald.

W3-1 An der seichten Stelle hüpfen die Cheep-Cheeps herum. Nutzt die Fässer als Podeste.

W3-2 Im Wasser werdet ihr von Iglucks und Schlangenblöcken aufgehalten.

W3-3 Ein Wald mit giftigem Sumpf. An den Spinnennetzen klettert ihr weiter.

W3-🏯 Ein Forced-Scroll-Level unter Wasser. Ihr schwimmt hoch, während ihr den Gimmicks zur Seite ausweicht.

W3-4 Ihr springt über die Kisten, die auf dem Giftsumpf schwimmen. Gegen Ende ändert sich der Wasserstand.

W3-👻 Ihr fahrt mit den Spukplattformen, die sich unberechenbar bewegen.

W3-5 Im Wasser geht es diagonal weiter. Von vorn kommen riesige Felsen angerollt.

W3-🏰 In engsten Gängen fahren Kettensägen wild umher. Weicht ihnen aus und geht weiter.

W3-A Egal ob zur Seite oder nach oben, lasst euch von den Strömungen treiben.

W3-B Hier wird eine von zwei Routen gewählt. Dieses Level wurde speziell für Mini-Mario entwickelt.

W3-👤 Trippeltrapse und Wiggler erwarten euch. Die Frage lautet: oben oder unten?

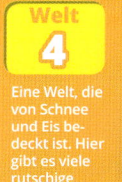

Welt 4 — Eine Welt, die von Schnee und Eis bedeckt ist. Hier gibt es viele rutschige Böden.

W4-1 An den Schneebergen rollen Eiskugeln herab. Gegen Ende rutscht ihr hinunter.

W4-👻 In diesem Spukhaus werdet ihr von Buu-Huu-Wänden behindert.

W4-2
Eine Schneelandschaft mit vielen Koopas und Piranha-Pflanzen.

W4-🏰
Fahrt mit der aufsteigenden Eisplattform nach oben. Hier warten viele Knochengegner auf euch.

W4-3
Lauter zugefrorene Steilhänge. Hier gibt es viele Piranha-Pflanzen.

W4-4
Nutzt in diesem athletischen Level die wackeligen Pilze und die Plattformwaagen.

W4-5
Big Bill wird euch in diesem Wasser-Level hartnäckig verfolgen.

W4-🏰
In der Burg bewegen sich Schlangenblöcke mit Stachelkugeln.

W4-A
Ihr hüpft mit den Trampolin-Pilzen voran. Auch die Gumbas springen.

W4-B
Eine Eishöhle. In den kleinen Gängen werdet ihr von Sparkys aufgehalten.

W4-C
In der Höhle fahren große und kleine Fuzzys die Schienen entlang.

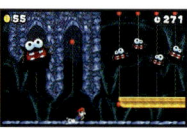

Welt 5
Eine Welt über den Wolken. Hier gibt es nur wenige Plattformen.

W5-1
Über die Seile hüpft ihr im Himmel weiter und macht auch einen Seiltanz.

W5-2
Die vielen Piranha-Pflanzen und Lakitus werden mit dem Goldring zu Bonus-Elementen.

W5-3
Aus vielen Kanonenröhren wählt ihr eure Route zum Ziel aus.

W5-🏰
Von unten steigt die Lava hoch. Klettert schnell am Gitter entlang, um ihr zu entkommen.

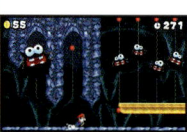

W5-4
Ein athletisches Level mit länger und kürzer werdenden Pilzplattformen.

W5-5
Eure Plattformen sind die Schlangenblöcke. Die Kugelwillis greifen aus allen Richtungen an.

W5-6
An diesem felsigen Ort mit unzähligen Piranha-Pflanzen steigt ihr hinunter.

W5-🏰
Unten Lava, oben Knochen-Piranhas. Ihr bewältigt die Lage mit dem Beweg-Gitter.

W5-🏰
Springt über die Blöcke, die wie Pendel schwingen.

W5-A
Ihr fahrt mit dem goldenen Schiff. Mit dem Goldring erhaltet ihr unzählige Münzen.

Welt 6
Die letzte Welt hat große Lavaflächen.

W6-1
Die Vulkankugeln zerstören den Boden nach und nach.

W6-🏰
Ihr wechselt zwischen zwei ähnlichen Räumen und sucht nach dem Ziel.

W6-2
Mit der Knochenplattform fahrt ihr übers Lavameer.

W6-3
Ein Unterwelt-Level mit vielen Pilzplattformen. Die Feuer-Brüder erwarten euch.

W6-🏰
Steuert die Schalterbrenner und steigt auf.

W6-4
Ein unheimliches Tal mit vielen Gespenstern. Nutzt die Spukplattformen.

W6-5
Bowsers Flamme kommt nach und nach angeflogen. Dabei steht ihr auf instabilen Wippenplattformen.

W6-🏰
Der letzte Kampf gegen Bowser. Auch die Koopalinge leisten letzten Widerstand.

W6-A
Die Lava steigt langsam, dabei rennt ihr auf den Felsplattformen hoch.

W6-B
Auf den Fahrstuhlplattformen weicht ihr den Kugelwilli-Attacken aus.

Welt 🍄
Eine seltsame Welt, die ihr nach der Kanonenwelt von W1 erreicht.

W🍄-1
Auf bunten Plattformen hüpfen Koopas und Parakoopas herum.

W🍄-2
Ein Unterwasser-Level. Zwischen beweglichen Felsen kommen Iglucks angeschwommen.

W🍄-🏰
Hier findet ihr viele ?-Schalter und Türen. Betätigt die richtigen Schalter und löst das Rätsel.

W🍄-3
In der Unterwelt ruhen zahlreiche Münzen. Mit der richtigen Strategie sammelt ihr viele davon ein.

W🍄-🏰
Von hinten kommt die Riesen-Eisenkugel angerollt. Lauft über die Steinblöcke davon.

W🍄-A
In der Eishöhle mit vielen rollenden Stachelkugeln steigt ihr weiter nach oben.

W🍄-B
Ein Forced-Scroll-Level. Aktiviert eine Ranke nach der anderen und klettert nach oben.

W🍄-🏰
Weicht den Krähen aus, die von vorn auf euch zustürmen, und sprintet zum Ziel!

Welt 🌼
Ihr erreicht diese Welt, wenn das Kanonen-Level von W3 oder W🍄 bewältigt wird.

W🌼-1
Im Sonnenuntergang fahren die Schlangenblöcke zwischen den Röhren hin und her.

W🌼-🏰
Ein Spukhaus voller Spinnennetze. Die Unterwelt ist zudem überflutet.

W🌼-2
Der Stachelfisch zielt aus dem Giftsumpf heraus auf Mario.

Auflistung aller 17 Spiele (2012 ▸ NEW SUPER MARIO BROS. 2)

W🌼-3
Nach einem langen Steilhang bergab lasst ihr euch mit der Kanone wieder hochschießen. Hier gibt es viele Höhenunterschiede.

W🌼-🏰
Mit den Fließbändern werden Knochen-Gumbas und Bob-ombs transportiert.

W🌼-A
Durch die Eishöhle kommt ihr über die rutschigen Eisplattformen weiter.

W🌼-B
Ein athletisches Level mit Trampolin-Pilzen und Lakitus.

W🌼-💣
Nutzt die Para-Bombs als Plattformen, weicht den Sparkys aus und rennt ins Ziel.

Welt ⭐
Die Welt wird mit 90 Sternenmünzen nach den anderen Welten freigespielt.

W⭐-1
Eine Nachtwelt mit sehr vielen Blöcken.

W⭐-2
Die Schienenplattformen bewegen sich in diesem athletischen Level in »W«-Form.

W⭐-3
Wummps stellen sich nacheinander auf die kleinen Plattformen über dem Wasser.

W⭐-4
Der Wasserstand steigt stetig in diesem diagonalen Forced-Scroll-Level.

W⭐-5
Ein athletisches Level mit vielen Plattformwaagen. Die Gegner springen darauf und bringen sie in Bewegung.

W⭐-6
Skelettfische bewachen das burgartige Wasser-Level.

W⭐-7
Am Felsgebiet über dem Lavateich versammeln sich Feuergegner und Gimmicks.

W⭐-🏰
Die kniffligste Burg, hier stößt man auf Knochen-Bowser. Auch die Koopalinge kehren zurück.

ITEMS & GIMMICKS

Hier finden sich Items und Gimmicks. Es gibt nützliche Gimmicks, um zahlreiche Münzen zu bekommen.

Blaue Münze
Erscheint durch den P-Schalter. Sie hat dieselbe Wirkung wie eine normale Münze.

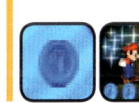

Rote Münze
Es gibt welche, die mit einem Fallschirm herabfallen.

Roter POW-Block
Mit einem Schlag wird die Umgebung erschüttert.

Roter Ring
Geht man hindurch, erscheinen acht rote Münzen.

Rettungsblock
Er erscheint nach fünf Fehlversuchen in einem Level. Darin steckt das Unbesiegbarkeitsblatt.

Steinblock
Ein Schlag zerstört ihn nicht. Er lässt sich nur mit Mega-Mario oder Bob-ombs zerstören.

Einbahn-Schranke
Man kann nur in die angezeigten Richtung durchgehen.

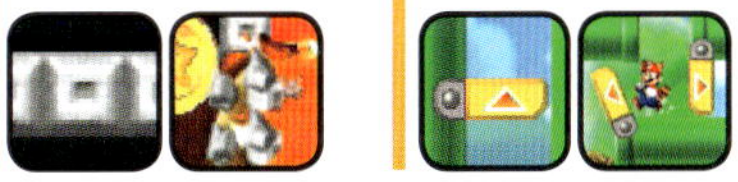

Beweg-Gitter
Es bewegt sich entlang der Schiene, sobald man dranspringt. Durch einen Schlag bewegt es sich auf oder ab.

Strudel
Man wird nach unten gezogen. Wird man komplett hineingesogen, führt das zum Fehlversuch.

Hangelseil
Man hält sich fest und bewegt sich zur Seite. Lässt man los, fällt man runter.

Fahrstuhlplattform
Mit jedem Sprung ändert sich die Fahrtrichtung.

Großer Fels
Er rollt unter Wasser und zerstört Gegner oder Blöcke auf seinem Weg.

Spuktreppe
Man findet sie am Steilhang und sie erscheint in regelmäßigen Zeitabständen.

Spukplattform
Spukmatze treiben ihre Scherze und schütteln und bewegen sie unvorhersehbar.

Notenblock
Darauf hüpft man. Mit dem richtigen Timing kann man hochspringen.

Willi-Drehkanone
Die Mündungen drehen sich und feuern Kugelwillis in beide Richtungen ab.

Drehblock
Eine Variante rotiert in regelmäßigen Zeitabständen, die andere, wenn Mario in der Nähe ist.

Drehplattform
Ein Lift mit mehreren Plattformen. Manchmal muss man ihn selbst in Bewegung setzen.

Schlüssel
Er taucht nach dem Bosskampf im jeweiligen Schloss auf. Sammelt man ihn ein, ist die Welt geschafft.

Versteckter Zielpfahl
Ein Zielpfahl mit einer roten Flagge. Er führt zur versteckten Route.

Unsichtbarer Block
Er taucht aus dem Nichts auf. Darin findet man Münzen oder Items.

Vulkangestein
Es fällt von oben herunter. Schaden bei Kontakt.

Gitter
Man hält sich daran fest und kann sich in vier Richtungen bewegen. Auch Schläge sind möglich.

Holzkiste
Sie schwimmt auf dem Giftsumpf. Bleibt man darauf stehen, sinkt sie.

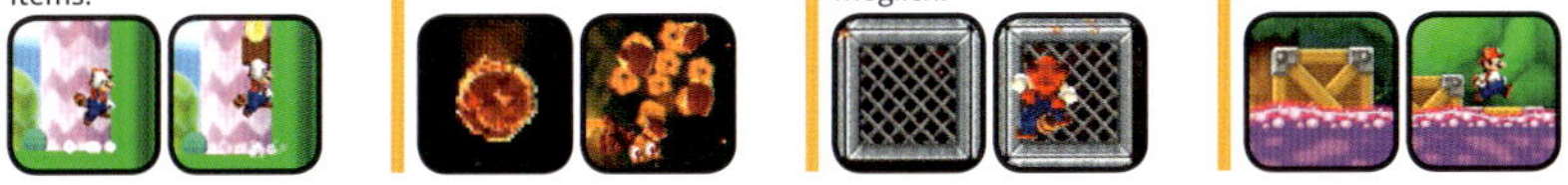

Mega-Pilz
Er macht Mario zu Mega-Mario. Er erscheint aus einem !-Rohr.

Riesen-!-Schalter
Ein Schalter im Kampf gegen Bowser. Er gibt Bowser den Gnadenstoß.

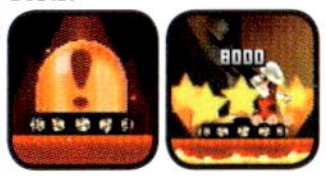

Willi-Kanone
Feuert mit Kugel-Willis. Wird ein Goldring passiert, wird auch die Kanone golden.

Bowser-Statue
Sie spuckt Bowser-Flammen. Es gibt eine Variante, die zielsuchende lila Flammen spuckt.

Bowser-Flamme
Sie fliegt geradeaus. Es gibt auch eine blaue Variante, die Wirkung bleibt gleich.

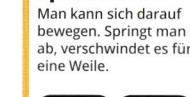

Spinnennetz
Man kann sich darauf bewegen. Springt man ab, verschwindet es für eine Weile.

Münze
Für 100 gesammelte Münzen erhält man einen Extraversuch. Außerdem ist eine Gesamtzahl einsehbar.

Münzvulkan
Wird der Vulkankrater mit einem Bob-omb gesprengt, quellen unter anderem Münzen heraus.

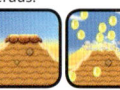

Eis-Donutblock
Dieselben Eigenschaften wie ein Donutblock, jedoch ist er gefroren und rutschig.

Eiskugel
Sie taucht in Schnee-Levels auf. Während sie rollt, zerstört sie Gegner und Blöcke.

Fliegender ?-Goldblock
Erscheint alle 200.000 Punkte.

Goldblume
Sie macht Mario zu Gold-Mario.

Goldblock
Mario setzt ihn auf, wenn man ihn von unten schlägt. Danach tauchen bei jeder Bewegung Münzen auf.

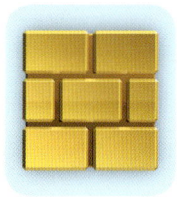

Goldring
Berührt man ihn, werden die Gegner in den Goldzustand versetzt. Auch die Musik verändert sich leicht.

Zielpfahl
Springt man dagegen, wird das Level abgeschlossen. Je höher man kommt, desto mehr Punkte erzielt man.

Breit-Pilz
Eine Plattform, die in regelmäßigen Zeitabständen breiter und schmaler wird.

Wippenplattform
Eine wippenartige Plattform. Die Seite, auf der man steht, sinkt.

Trampolin
Damit kann man hoch springen. Manchmal taucht es aus einem Block auf.

Streck-Pilz
Die blaue Variante streckt sich, die pinke Variante verkürzt sich, wenn man draufsteht.

Schalterbrenner
Dieser Brenner erzeugt Feuersäulen. Ein Schlag auf den !-Block stoppt ihn für eine Weile.

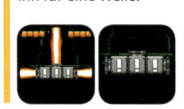

Schalterplattform
Fährt, solange man sie berührt. Verlässt man sie, bleibt sie stehen.

Wasserstrom
Die Strömung im Wasser. Man wird darin in bestimmte Richtungen bewegt.

Wasserstrom-Röhre
Diese Röhren lassen Wasser strömen. Dabei wird man von den Röhren weggeschoben.

Superpilz
Er macht Mario zu Super Mario.

Superblatt
Es macht Mario zu Waschbär-Mario.

Stern
Er macht Mario für eine Weile unverwundbar.

Sternenmünze
In jedem Level sind drei davon versteckt. Sie ist nötig, um das Schild auf der Karte zu entfernen.

Schlangenblock
Bewegt sich entlang einer Route, manchmal erst, wenn man draufsteht.

Schienenplattform
Läuft entlang einer Schiene. Manche bewegen sich erst, wenn man sich draufstellt.

Fass
Es schwimmt auf der Wasseroberfläche. Bleibt man darauf stehen, sinkt es.

Donutblock
Stellt man sich drauf, wird er rot. Nach einer Weile fällt er runter. Es gibt auch eine lange Variante.

Rücksetzpunkt
Wenn man ihn passiert, kann man bei einem Fehlversuch ab dieser Stelle weiterspielen.

Ranke
Man kann sich daran hoch und runter bewegen. Manche sprießen aus den Blöcken.

Buu-Huu-Wand
Die Wand wird von Buu Huus unregelmäßig zur Seite bewegt.

10er-Münze
Diese Münze zählt als zehn Münzen. Sie taucht aus einem Roulette-Münzblock auf.

10er-Münzblock
Daraus tauchen mehrere Münzen hintereinander auf. Wird nach zehn Schlägen zum Goldblock.

Strichlinien-Block
Durch !-Schalter erscheint dieser Block für eine Weile.

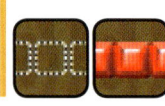

Plattformwaage
Stellen sich Mario oder ein Gegner drauf, sinkt die eine Seite und die andere Seite hebt sich.

Transparente Münze
Diese Strichlinien-Münze wird bei Berührung zu einer echten Münze.

Röhre
Daraus tauchen Gegner auf oder man kann sich damit bewegen. Manchmal quellen Münzen heraus.

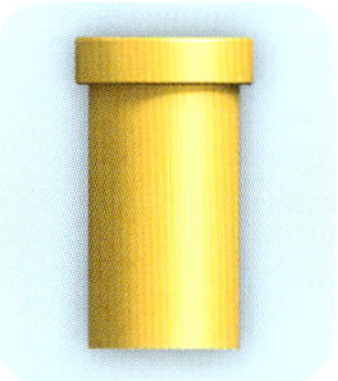

Röhrenkanone
Schlüpft man hinein, wird man herausgeschossen. Es gibt auch eine diagonale Variante.

Giftsumpf
Fehlversuch bei Kontakt. Je nach Level verändert sich der Pegel.

Stachel
Diese Stacheln sind an den Wänden oder Böden. Schaden bei Kontakt.

Stachelblock
Er ist mit Stacheln bedeckt. Schaden bei Kontakt. Es gibt verschiedene Längen.

Stachelkugel
Sie rollt über bestimmte Stellen oder fällt von oben herab.

Dornensäule
Sie bewegt sich in regelmäßigen Zeitabständen hin und her. In den Schlössern ist er grau.

Trampolin-Pilz
Stellt man sich drauf, hüpft man. In den Schlössern ist er grau.

Falsche Tür
Buu Huus verwandeln sich in eine Tür. Will man hinein, erscheint eine Münze und sie verschwindet.

Brenner
Er lässt eine vertikale oder horizontale Feuersäule erscheinen. Wird oft von Schienen geführt.

Sprungball
Er hüpft durch die Gegend. Bei Berührung prallt man stark ab.

Fliegender ?-Block
Er fliegt durch die Luft. Er erscheint, wenn man auf einen bestimmten ?-Block schlägt.

?-Schalter
Er aktiviert Gimmicks oder sorgt für irgendwelche Veränderungen.

?-Block
Daraus tauchen Münzen oder Items auf. Je nach Ort kann er verschiedene Farben haben.

Sprungfederboden
Er ist manchmal an unsichtbaren Stellen versteckt. Darauf kann man hoch springen.

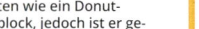

Auflistung aller 17 Spiele | 2012 → NEW SUPER MARIO BROS. 2

P-Schalter
Wird er betätigt, tauchen blaue Münzen auf. Münzen werden Blöcke, Blöcke werden Münzen.

!-Schalter
Er macht unsichtbare Blöcke für eine Weile sichtbar.

!-Rohr
Werft Feuerbälle hinein und es tauchen Münzen und Items auf.

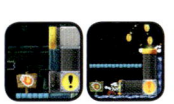

100er-Münze
Sie zählt als 100 Münzen. Sie taucht nur in Regenbogen-Levels auf.

Feuerbarriere
Ein Stab aus Feuer, der sich dreht. Es gibt ihn in verschiedenen Längen.

Feuerblume
Sie macht Mario zu Feuer-Mario.

Auftauchplattform
Kommt im Kampf gegen Bowser vor. Stellt man sich drauf, sinkt sie nach unten.

Hängeranke
Sie schwingt zur Seite und man kann sich daran fortbewegen.

Hängeseil
Dieselbe Funktion wie eine Hängeranke. Man findet es in Spukhäusern und Schlössern.

Fließband
Man wird in eine Richtung bewegt. Es gibt eine Variante, die die Laufrichtung ändert.

Fließband-Schalter
Der Schalter verändert die Transportrichtung des Fließbands.

Pfosten
Man kann daran hoch- und runterklettern. Mit einem Sprung geht es weiter zur Seite.

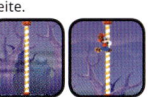

Knochenplattform
Ein Lift über der Lava, dessen drei Plattformen sich wellenförmig bewegen.

Feuerkugel
Mehrere Feuerkugeln springen nacheinander aus der Lava heraus. Sie fliegen langsam im Bogen.

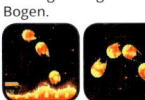

Bob-omb-Kanone
Sie feuert Para-Bombs ab. Es gibt eine Variante, die die Richtung ändert.

Riesen-Willi-Kanone
Eine riesige Kanone, die Riesen-Willis abfeuert.

Mini-Pilz
Er macht Mario zu Mini-Mario.

Mini-Röhre
Sehr kleine Röhre. Diese kann man nur als Mini-Mario betreten.

Mondmünze
Sie taucht in den W✦-Levels auf. In jedem Level sind drei davon versteckt.

Unbesiegbarkeitsblatt
Es macht Mario zum weißen Waschbär-Mario.

Wackel-Pilz
Eine Pilzplattform, die in verschiedene Richtungen wackelt.

Lava
Fehlversuch bei Kontakt. Je nach Level steigt der Pegel.

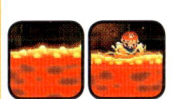

Plattform
Bewegt sich auf bestimmten Routen. Es gibt eine Variante, die herabfällt, wenn man sich draufstellt.

Treibsand
Stellt man sich drauf, sinkt man ein. Mit mehrfachen Sprüngen kommt man wieder raus.

Roulette-Münzblock
Schlägt man drauf, erscheinen Münzen in der angezeigten Menge.

Roulette-Block
Schlägt man drauf, erscheint das Item, das angezeigt wurde.

Block
Zerfällt, wenn man ihn schlägt. Manchmal steckt ein Item drin.

Seil
Man kann sich darauf zur Seite bewegen. Der Sprung auf dem Seil ist höher als ein normaler Sprung.

Langer ?-Block
Schlägt man drauf, tauchen drei Münzen oder Items auf.

1-Up-Pilz
Mario erhält einen Extraversuch. Erscheint zum Beispiel aus einem unsichtbaren Block.

AND MORE
• Anderes

BESONDERE SZENEN

Hier seht ihr einige Highlights aus *New Super Mario Bros. 2*. Das Spiel hat exklusive Szenen, die bei keinem anderen *New Super Mario*-Spiel zu sehen sind.

Luft zum Warpen!

Beim Vorgänger *New Super Mario Bros.* wurden Welten mit einer Kanone übersprungen. Diesmal geht das durch Sprinten. Ihr rennt durch ein Level hindurch, ohne ein einziges Mal zu bremsen. Schafft ihr das, wird der Warp-Vorgang erfolgreich sein.

Finish-Pose von Waschbär-Mario!

Waschbär-Mario posiert bei Erreichen des Zielpfahls anders als die anderen Marios.

Mega-Mario zerstört den Zielpfahl!

Beim Vorgänger konnte man mit Mega-Mario den Zielpfahl zerstören. Das geht auch bei diesem Spiel, allerdings nur in W5-6. Dafür bekommt man drei 1-Up-Pilze als Belohnung.

Marios Versteinerung!

Wird Mario vom Blitz der Koopalinge getroffen, wird er versteinert. Das ist ein seltener Zustand, den man in keinem anderen Game zu sehen bekommt.

Durch die Kanonen-Levels zu W🍄 und W🌼!

Um W🍄 und W🌼 zu erreichen, müsst ihr die versteckten Zielpfähle finden und die Kanonen-Levels meistern. W🍄 erreicht ihr, wenn ihr das versteckte Ziel in W1-🏰 findet und das Kanonen-Level im Anschluss bewältigt. W🌼 erreicht ihr entweder über das versteckte Ziel von W3-🏰 oder wenn ihr das Kanonen-Level hinter W🍄-B durchspielt.

Startet das Abenteuer mit Luigi!

Ihr wählt einen Spielstand, der nach dem Sieg gegen Bowser in W6 gespeichert wurde. Bestätigt ihn mit A, während ihr L und R gedrückt haltet. So spielt ihr mit Luigi. Seine Fähigkeiten sind genau wie die von Mario, doch seine Verwandlungen sehen oft anders aus. Beispielsweise wird er nicht zu Gold-, sondern zu Silber-Luigi.

Mit 90 Münzen zu W★!

Wird Bowser besiegt, kommt der Abspann. Danach öffnet sich W★. Doch um weitere Levels zu erreichen, müsst ihr 90 Sternenmünzen gesammelt haben. In W★ findet ihr übrigens Mondmünzen anstatt Sternenmünzen.

Der Showdown gegen Knochen-Bowser!

Im letzten Schloss von W★ wartet Knochen-Bowser auf euch. Er wirft mit Knochen und speit blaues Feuer. Marios Feuerbälle zeigen bei ihm keine Wirkung.

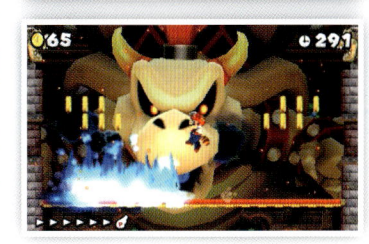

Wissenswertes & Techniken

Hier findet ihr nützliche Infos, die euch zum Beispiel bei der Münzjagd helfen können. Sammelt viele Münzen und errichtet eine goldene Mario-Statue.

Münzen sammeln in den Regenbogen-Levels!

Erreicht ihr das Ziel, wenn die beiden Endziffern der Restzeit der Weltnummer entsprechen, taucht ein Regenbogen-Level auf. Dies ist ein Level mit besonders vielen Münzen. Bei W1 ist die Restzeit also 11, bei W🍄 77, bei W🌼 88 und bei W★ 99.

Mario setzt seine Mütze ab!

Erreicht ihr drei Kronen, indem ihr die Höchstzahl an Versuchen (1110) schafft, setzt Mario seine Mütze ab. Das gilt im Übrigen auch für Luigi. Mario trägt dann auch als Mega-Mario oder Feuer-Mario keine Mütze mehr. Er zieht sie jedoch sofort wieder auf, sobald die Anzahl an Extraversuchen sinkt.

Am Spielstand erscheinen ★!

Werden bestimmte Bedingungen erfüllt, werden bis zu fünf ★ am Spielstand angezeigt. Die Bedingungen sind: W6-🏰 durchspielen, alle Levels freispielen, ohne Waschbär-Mario zu nutzen, alle Sternenmünzen sammeln, alle Mondmünzen sammeln, 1110 Extraversuche erreichen und speichern. Wurden alle Levels geschafft, ohne ein einziges Mal den Rettungsblock erscheinen zu lassen, blinken die Sterne.

Wähle eine Datei! / Kopieren / Löschen

Auftritt des fliegenden ?-Goldblocks!

Auf der Weltkarte erscheint alle 200.000 Punkte ein fliegender ?-Goldblock. Wird die höchste Punktzahl, also 999.999.999 Punkte, erreicht, bleibt er durchgehend auf der Karte.

Die goldene Mario-Statue!

Erreicht ihr insgesamt eine Million Münzen, wird das Titelbild gelb und es erscheint eine goldene Mario-Statue. Erreicht ihr das Maximum von 9.999.999 Münzen, erscheint eine goldene Waschbär-Mario-Statue.

Das geheime Toad-Haus!

Sammelt ihr alle Sternenmünzen in allen Levels aus W1 bis W6, W🍄 und W🌼, erscheint am Startpunkt von W★ ein Toad-Haus. Es ist ein besonderes Toad-Haus, in dem ihr einen Stern aufsammeln könnt.

Münzjagd auch im Abspann!

Ihr könnt Mario auch im Abspann steuern und die fallenden Münzen einsammeln. Selbstverständlich werden diese zu eurer Gesamtanzahl dazugezählt.

2012

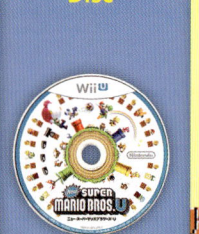

New SUPER MARIO BROS. U
ニュー・スーパーマリオブラザーズ・U

Download-Karte	Verpackung	Disc	Erklärungsblatt

- **Hardware**
  Wii U
- **Erscheinungsdatum Japan/EU**
  8. Dezember 2012
  18. November 2012
- **Spieleranzahl**
  1–5
- **Anmerkung**
  Als Download-Version für Wii U erhältlich.

Auflistung aller 17 Spiele (2012 → NEW SUPER MARIO BROS. U)

INTRODUCTION
● Einleitung

S T O R Y

Mario, Luigi sowie gelber und blauer Toad wurden zur Teezeremonie von Prinzessin Peach eingeladen. Sie unterhalten sich gerade sehr lebhaft, als plötzlich Bowsers Truppe mit der Luftgaleere angreift.

Aus der Luftgaleere wird eine riesige Hand herausgestreckt. Diese attackiert das Schloss, packt die Brüder und ihre Freunde und schleudert sie weit in die Ferne.

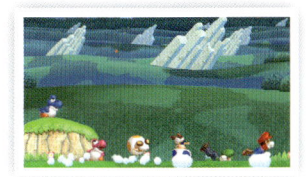

Sie alle landen an einem unbekannten Ort mit Super-Eichel-Bäumen. Das Schloss von Peach ist nur in der Ferne zu sehen und es wird weiterhin von Bowsers Truppe angegriffen.

Nun machen sie sich auf den Weg zum Schloss, um Prinzessin Peach zu retten!

I N F O S

»Boost-Modus«
für ein Abenteuer zu fünft!

Im Mehrspielermodus können bis zu vier Spieler gleichzeitig das Side-Scrolling-2-D-Action-Game spielen. Zudem kann ein fünfter Spieler am Wii U GamePad mitwirken: Im innovativen »Boost-Modus« kann dieser durch Berührung auf dem Touchscreen des Wii U GamePads Plattformen erstellen und die Gimmicks oder Gegner stoppen, um so die anderen Spieler zu unterstützen.
Im Einspielermodus kann der Spieler auch nur mit dem Wii U GamePad spielen. Das Abenteuer findet in einer großen Welt statt. Zusammen mit den Baby-Yoshis machen sich die Helden gemeinsam auf den Weg zum gekaperten Schloss.

Drei verschiedene Spielmodi:
»Mii-Modus«

Neben dem Story-Modus gibt es drei verschiedene Mehrspielermodi. Diese könnt ihr auch mit euren Miis spielen.

Herausforderungen
Hier sind mehrere Aufgaben zu erledigen, zum Beispiel muss man bei »Zeit-Attacke« innerhalb der vorgegebenen Zeit das Ziel erreichen.

Schnellspiel
Es geht darum, die automatisch scrollenden Levels schnellstmöglich zu schaffen. Das Sammeln von Münzen lässt das Level schneller scrollen.

Münzjagd
Die Spieler wetteifern um Münzen. Wer die meisten Münzen hat, gewinnt. Es gibt auch eine Editor-Funktion, um Münzen beliebig zu platzieren.

Luigi bestreitet das Abenteuer ohne Mario in New Super Luigi U

Als kostenpflichtiger Download-Inhalt wurde *New Super Luigi U* angeboten. Die 82 Levels aus *New Super Mario Bros. U* wurden mit Luigi als Hauptcharakter neu aufgelegt. Luigi kann höher springen, dafür rutscht er mehr. Außerdem hat er in jedem Level nur 100 Zeiteinheiten. Innerhalb dieser Zeit muss er das Ziel erreichen. Das Spielprinzip weicht also in vielerlei Hinsicht vom Hauptspiel ab. Mario steht als Spielercharakter nicht zur Verfügung, dafür Mopsie, der von Gegnern nicht verletzt werden kann. *New Super Luigi U* ist seit dem 20. Juni 2013 einzeln als Zusatzinhalt im Nintendo eShop erhältlich. Eine Retail-Version kam am 26. Juli 2013 auf den Markt. Zudem ist das Game im Download-Bundle mit *New Super Mario Bros U* erhältlich.

CHARACTERS
● Charaktere

SPIELBARE FIGUREN

Diese vier starten das Abenteuer. Im Boost-Modus kann ein fünfter Spieler mit dem Wii U GamePad mitspielen.

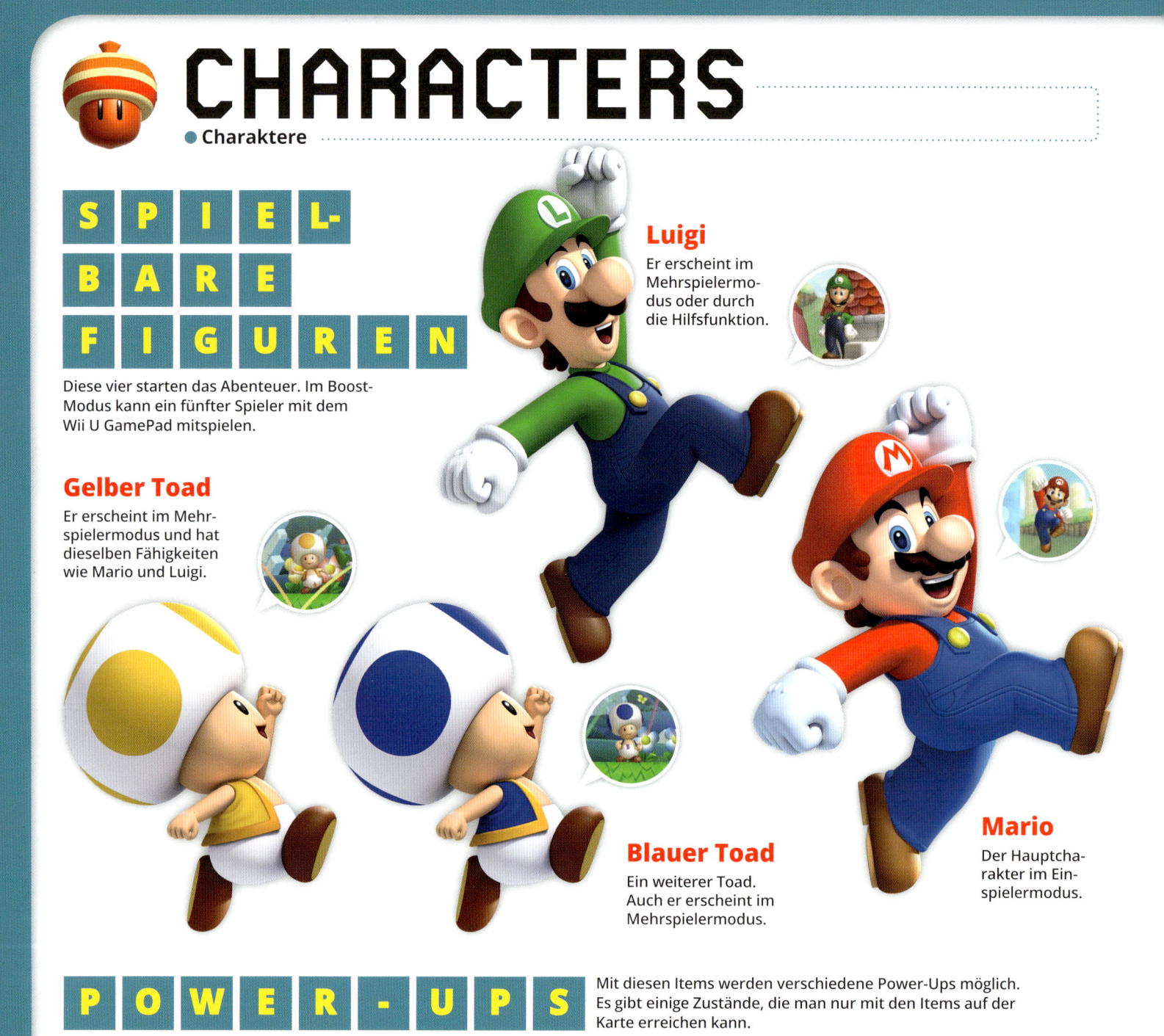

Gelber Toad
Er erscheint im Mehrspielermodus und hat dieselben Fähigkeiten wie Mario und Luigi.

Luigi
Er erscheint im Mehrspielermodus oder durch die Hilfsfunktion.

Blauer Toad
Ein weiterer Toad. Auch er erscheint im Mehrspielermodus.

Mario
Der Hauptcharakter im Einspielermodus.

POWER-UPS

Mit diesen Items werden verschiedene Power-Ups möglich. Es gibt einige Zustände, die man nur mit den Items auf der Karte erreichen kann.

Klein-Mario
Zustand zu Beginn. Er kann keine Blöcke zerstören und bei Berührung verliert er einen Versuch.

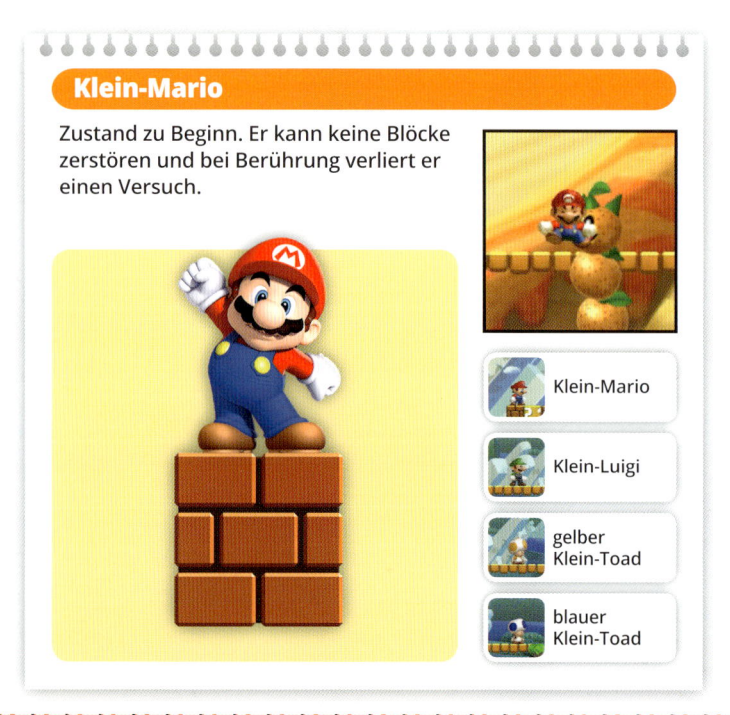

- Klein-Mario
- Klein-Luigi
- gelber Klein-Toad
- blauer Klein-Toad

Super Mario
Item ➜ Superpilz

Mit Schlägen und Stampfattacken zerstört er Blöcke. Erleidet er Schaden, wird er zu Klein-Mario.

- Super Mario
- Super Luigi
- gelber Super Toad
- blauer Super Toad

Feuer-Mario
Item ➔ Feuerblume

Er kann mit bis zu zwei Feuerbällen gleichzeitig angreifen.

- Feuer-Mario
- Feuer-Luigi
- gelber Feuer-Toad
- blauer Feuer-Toad

Eis-Mario
Item ➔ Eisblume

Er wirft mit Eisbällen und friert die Gegner ein. Große Gegner tauen jedoch sehr schnell wieder auf.

- Eis-Mario
- Eis-Luigi
- gelber Eis-Toad
- blauer Eis-Toad

Flughörnchen-Mario
Item ➔ Super-Eichel

Er kann in der Luft gleiten. Beim Gleiten kann er mit einem Flughörnchensprung in die Höhe springen. Er kann sich auch kurz an Wänden festklammern.

- Flughörnchen-Mario
- Flughörnchen-Luigi
- gelber Flughörnchen-Toad
- blauer Flughörnchen-Toad

Propeller-Mario
Item ➔ Propeller-Pilz

Ein Schwung mit der Wii-Fernbedienung lässt ihn in die Höhe steigen. Genau wie der Pinguin-Anzug ist dieses Item nur in den Toad-Häusern erhältlich.

- Propeller-Mario
- Propeller-Luigi
- gelber Propeller-Toad
- blauer Propeller-Toad

Pinguin-Mario
Item ➔ Pinguin-Anzug

Er kann Eisbälle werfen, schnell im Wasser schwimmen und rutscht nicht auf Eis. Zudem kann er auf seinem Bauch gleiten.

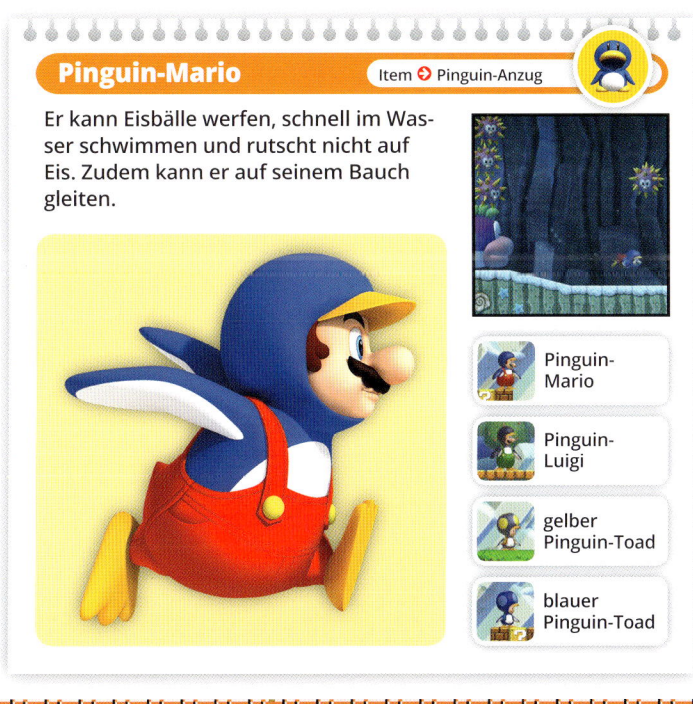

- Pinguin-Mario
- Pinguin-Luigi
- gelber Pinguin-Toad
- blauer Pinguin-Toad

Mini-Mario
Item ➔ Mini-Pilz

Er wird klein und nach dem Absprung schwebt er lange in der Luft. Außerdem ist er in der Lage, senkrechte Wände hochzulaufen.

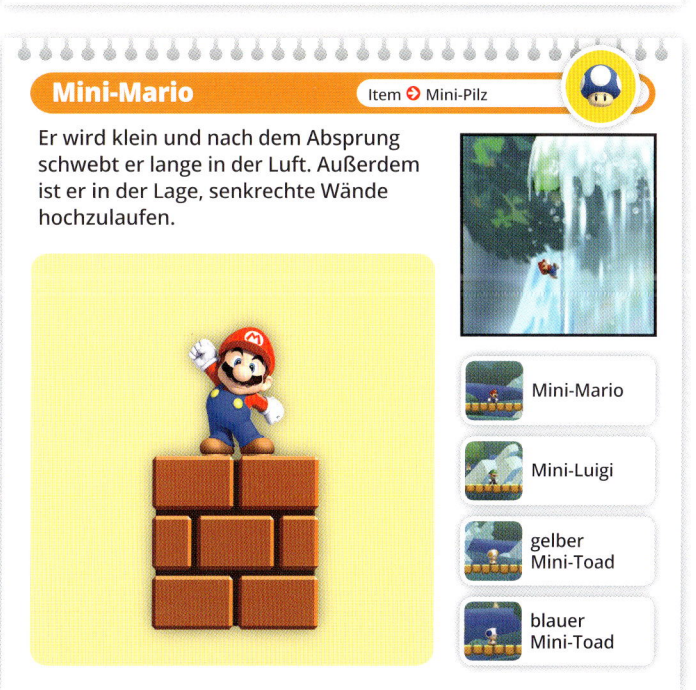

- Mini-Mario
- Mini-Luigi
- gelber Mini-Toad
- blauer Mini-Toad

Unbesiegbarer Mario — Item ➔ Stern

Sein Körper blinkt für eine Weile und er vernichtet Gegner durch Berührung. Werden acht oder mehr Gegner in Folge besiegt, gibt es ein 1-Up.

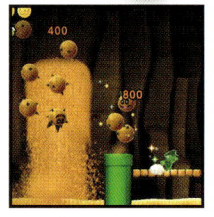

- Unbesiegbarer Mario
- Unbesiegbarer Luigi
- Unbesiegbarer gelber Toad
- Unbesiegbarer blauer Toad

P-Flughörnchen-Mario — Item ➔ P-Eichel

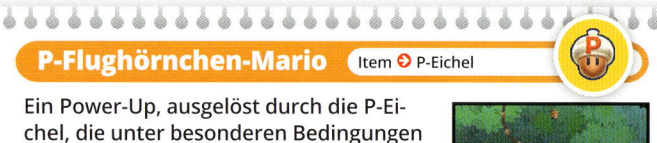

Ein Power-Up, ausgelöst durch die P-Eichel, die unter besonderen Bedingungen erhältlich ist. Im Prinzip verhält er sich wie Flughörnchen-Mario, jedoch kann er beliebig oft den Flughörnchensprung ausführen.

- P-Flughörnchen-Mario
- P-Flughörnchen-Luigi
- gelber P-Flughörnchen-Toad
- blauer P-Flughörnchen-Toad

YOSHIS FREUNDE

Im Abenteuer tauchen Yoshi und Baby-Yoshis auf.

Yoshi

Er taucht in bestimmten Levels aus dem ?-Block auf. Er streckt seine klebrige Zunge heraus, frisst Früchte oder Gegner und bleibt mit seinem Flattersprung etwas länger in der Luft. Wird ein Level beendet, muss man sich von ihm verabschieden.

Baby-Yoshi

Man kann einen Baby-Yoshi tragen, dieser frisst dann Gegner bei Berührung. Es gibt drei Arten, die durch das Schütteln der Wii-Fernbedienung verschiedene Fähigkeiten anwenden.

Ballon-Baby-Yoshi
Man findet ihn auf der Weltkarte. Er bläst sich auf wie ein Ballon und schwebt in der Luft.

Blubber-Baby-Yoshi
Man findet ihn auf der Weltkarte. Er spuckt Blasen, sperrt darin Gegner ein und verwandelt sie in Items.

Leucht-Baby-Yoshi
Er taucht in bestimmten Levels auf. Sein leuchtender Körper bringt Licht in die Finsternis. Manche Gegner weichen vor ihm zurück.

ANDERE CHARAKTERE

Andere Charaktere, die mit dem Abenteuer zusammenhängen.

Mopsie
Er taucht in bestimmten Levels auf. Schnappt man ihn, bekommt man ein Item.

Prinzessin Peach
Ihr Schloss wurde von Bowsers Truppe gekapert.

Toads
Die Toads stellen nützliche Items zur Verfügung.

GEGNER

Die Gegner aus den Levels. Auch Gegner aus früheren Spielen kehren zurück.

Eis-Piranha-Pflanze
Sie kommt aus den Röhren und spuckt Eisbälle, um anzugreifen.

Eis-Bruder
Er wirft in hohem Bogen Eisbälle, die Schaden verursachen und das Ziel einfrieren.

Auflistung aller 17 Spiele — 2012 — NEW SUPER MARIO BROS. U

Perlenmuschel
Sie öffnet und schließt sich in regelmäßigen Zeitabständen. Es befindet sich ein Item darin.

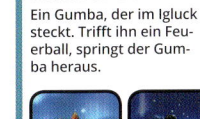

Stachel-Gumba
Ein Gumba, der im Igluck steckt. Trifft ihn ein Feuerball, springt der Gumba heraus.

Iggy
Der Boss des Limonadendschungels. Er geht durch die Röhren und nutzt Zauberattacken.

Häcki
Er bewegt sich mit den langen Beinen zur Seite. Passend zur Musik wird sein Körper zu einer Mandarine.

Glutsauger
Er taucht auf, wenn Iggys Zauber die Lava berührt, und stürmt auf Mario zu.

Glutsauger-Bruder
Er steigt aus der Lava auf und wartet. Ist Mario in der Nähe, kommt er heran.

Wendy
Der Boss der Eiswürfeleisfälle. Sie gleitet auf dem Eis und wirft mit Ringen.

Teich-Piranha
Diese Pflanze schwimmt auf der Wasseroberfläche und pustet eine Stachelkugel hoch.

Igluck
Meistens bleibt er unter Wasser stehen. Gelegentlich bewegt er sich vertikal oder horizontal.

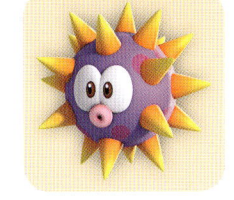

Gumbalg
Ähnelt den Gumbas, wendet aber am Ende der Plattform.

Karl Krabbe
Er hüpft ein wenig und wirft einen Fels horizontal.

Spike
Er spuckt eine Eisenkugel aus dem Mund und wirft sie zur Seite.

Kamek
Der Boss der Burg der Zuckerwattenwolkenzone. Er kann mit seiner Zauberei Blöcke verwandeln.

Knochentrocken
Tritt man auf ihn drauf, zerfällt sein Körper. Nach einer Weile baut er sich wieder auf.

Kugelwilli
Er wird mit der Willi-Kanone abgefeuert und fliegt geradeaus.

Wuschi
Er spuckt Nebel zur Seite und schränkt die Sicht ein.

König Kugelwilli
Ein riesiger Kugelwilli, der fast den gesamten Bildschirm bedeckt. Er fliegt zur Seite oder senkrecht.

Piranha-Spross
Lakitus werfen damit. Berührt ein Spross den Boden, wird er zu einer Piranha-Pflanze.

Bowser
Er hat Peachs Schloss gekapert. Nach einer Niederlage wird er größer. Bowser Jr. begleitet ihn.

Bowser Jr.
Der Boss der Luftgaleere. Er fliegt mit dem Koopa-Jr.-Kopter und lässt Gegner erscheinen.

Boxbold
Er nähert sich dem Spieler, während er Schlagattacken ausführt. Seine Schläge zerstören Steinblöcke.

Gumba
Er läuft am Boden entlang. Es gibt welche, die mithilfe eines Luftballons schweben.

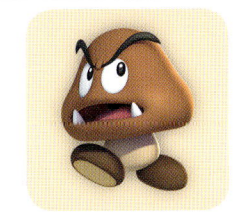

Sumo-Bruder
Er bewegt sich zur Seite über den Schlagboden. Seine Stampfattacken lösen vertikale Blitze aus.

Blooper
Er schwimmt aus den Röhren heraus und auf Mario zu.

Flammenhund
Nähert sich Mario schwebend. Er explodiert, nachdem er vier Feuerkugeln gespuckt hat.

Blooper-Sitter
Schwimmt mit vier kleinen Baby-Bloopern herum. Die Babys folgen ihm.

Großer Gumba
Ein etwas größerer Gumba. Wird er getreten, teilt er sich in zwei Gumbas auf.

Steinblöckchen
Ein Gegner in Form eines Blocks. Er hüpft bogenförmig zur Seite.

Grrroll
Ein stacheliger, runder Gegner. Er rollt auch die Steilhänge entlang.

Treffer-Willi
Ein rot blinkender Kugelwilli, der Mario verfolgt.

Treffer-Ted
Er richtet sich auf Mario aus und explodiert am Ende.

Pokey
Ein Gegner mit mehrgliedrigem Körper. Das Gesicht ist der Schwachpunkt. Mitunter klebt er an der Decke.

Lakitu
Er schwebt in der Luft und wirft mit Stachi-Eiern. Es gibt eine Variante, die mit Piranha-Sprossen wirft.

Feisthörnchen
Gleitet vom Kliff herab. Es gibt eine Variante, die eine P-Eichel trägt.

Kahlross
Hüpft auf der Stelle auf und ab und wirft mit Schneebällen.

Riesen-Grrroll
Ein großer Grrroll. Er wendet, wenn er gegen ein Hindernis stößt.

Drachenaal
Er hat einen langen Körper und schwimmt auf Mario zu.

Gratterich
Sie laufen in Gruppen durchs Dunkel. Wird einer von ihnen angegriffen, laufen alle weg.

209

Locke
Beleuchtet die dunklen Stellen unter Wasser und schwimmt langsam.

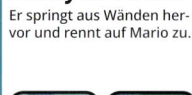

Monty Maulwurf
Er springt aus Wänden hervor und rennt auf Mario zu.

Fuzzy
Er bewegt sich entlang der Schienen. Es gibt eine Variante, die auf der Stelle bleibt.

Riesen-Igluck
Ein großer Igluck. Manchmal schwimmt er an der Oberfläche und wird von einem Geysir hochgetragen.

Riesen-Knochentrocken
Bei einem normalen Tritt lacht er nur. Eine Stampfattacke lässt ihn zerbrechen.

Riesen-Gumba
Ein Tritt macht ihn zu zwei großen Gumbas. Eine Stampfattacke zu vier normalen Gumbas.

Riesen-Pokey
Er taucht im Kampf gegen Morton auf. Er attackiert, indem er seine Körperteile wirft.

Riesen-Fuzzy
Ein großer Fuzzy. Er bewegt sich mit heftiger Geschwindigkeit entlang der Schienen.

Atom-Buu
Ein großer Buu Huu. Er versteckt sich, doch wegen seiner Größe ist es schwierig, ihm auszuweichen.

Maxi-Steinblock
Ein großer Steinblock. Wegen der Größe ist es schwer, drunter durchzulaufen.

Riesen-Koopa (rot)
Springt man auf ihn drauf, bleibt nur sein Panzer übrig, den man nicht tragen kann. Drei Feuerbälle besiegen ihn.

Riesen-Koopa (grün)
Ein großer Koopa. Er bewegt sich genauso wie ein normaler grüner Koopa.

Riesen-Piranha-Pflanze
Eine große Piranha-Pflanze. Es gibt zwei verschiedene Varianten.

Riesen-Wiggler
Ein großer Wiggler. Er wird nicht wütend, auch wenn man auf ihn tritt. Man prallt an ihm ab.

Riesen-Sparky
Ein großer Sparky. Im Gegensatz zum kleinen friert er nur ein, wenn man einen Eisball auf ihn wirft.

Riesen-Käfer
Ein großer Käfer. Auf der Lava verkriecht er sich in seinen Panzer und treibt an der Oberfläche.

Pirsch-Piranha
Eine mobile Piranha-Pflanze. Sie bewegt sich für eine Weile zur Seite und streckt sich dann.

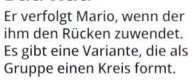

Buu Huu
Er verfolgt Mario, wenn der ihm den Rücken zuwendet. Es gibt eine Variante, die als Gruppe einen Kreis formt.

Torpedo-Ted
Er schwimmt in eine Richtung unter Wasser. Manchmal wird er mit der Torpedo-Kanone abgeschossen.

Stachi
Wegen der Stacheln ist er immun gegen Tritte. Landet ein Stachi-Ei am Boden, wird es zum Stachi.

Stachel-Cheep
Er verfolgt Mario hartnäckig, wenn er ihn sieht.

Pickelkäfer
Er geht langsam um die Plattformen herum. Wegen des Stachels kann man ihn nicht treten.

Steinblock
Ist Mario in der Nähe, fällt er herab und schwebt langsam wieder zurück.

Irr-Cheep
Er schwimmt langsam geradeaus und weicht Mario aus, wenn der in der Nähe ist.

Koopa (rot)
Ein Koopa, der an Unebenheiten wendet. Springt man auf ihn drauf, wird er zum Panzer.

Koopa (grün)
Ein Koopa, der auch an Kliffen weitergeht. Manchmal winkt er im Takt der Musik.

Stachi-Ei
Eine stachelige Kugel, mit der Lakitu wirft. Bei der Landung wird sie zu einem Stachi.

Happ-Cheep
Er reißt sein Maul auf und stürmt auf Mario zu. Wird man verschluckt, verliert man einen Versuch.

Flappflapp
Wartet an der Decke und fliegt zum Angriff herab, wenn Mario in der Nähe ist.

Para-Gumba
Ein Gumba mit Flügeln. Er nähert sich Mario hüpfend. Wird er getreten, wird er zum Gumba.

Parakoopa (rot)
Er fliegt vertikal oder horizontal. Wird er getreten, wird er zum roten Koopa.

Koopa (grün)
Er fliegt oder hüpft am Boden entlang. Wird er getreten, wird er zum grünen Koopa.

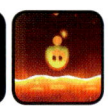

Para-Käfer
Man kann ihn als Plattform nutzen. Steht man auf ihm drauf, steigt er langsam auf.

Piranha-Pflanze
Sie taucht in regelmäßigen Zeitabständen aus den Röhren auf. Manchmal wächst sie auch am Boden.

Wiggler
Er geht ruhig am Boden entlang, wird er jedoch getreten, wird er wütend und rot.

Hothead
Eine Feuerkugel, die aus der Lava springt. Die Sprunghöhe variiert.

Para-Bomb
Ein Bob-omb, der langsam an einem Fallschirm herabfällt. Berührt er Biribiri, fällt er sofort herab.

Hammer-Bruder
Er greift mit Hämmern an und springt manchmal hoch.

Sparky
Er dreht sich auf der Stelle und setzt Strom frei.

Auflistung aller 17 Spiele — 2012 → NEW SUPER MARIO BROS. U

Loderschlange
Hüpft am Boden entlang und nähert sich Mario. Der Körper ist aus Feuer und beleuchtet dunkle Stellen.

Feuer-Piranha-Pflanze
Sie greift mit Feuer an. Das Feuer fliegt geradeaus.

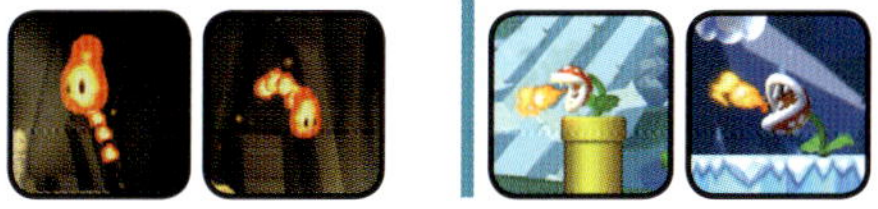

Feuer-Bruder
Er wirft mit Feuerbällen und greift damit an.

Skelettfisch
Wenn er Mario sieht, verändert sich seine Augenfarbe. Dann stürmt er auf Mario zu.

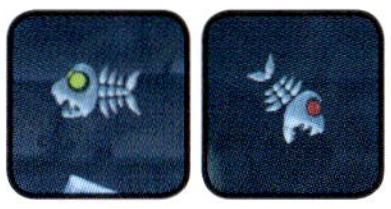

Rocky Schraubschlüssel
Er taucht in der Luftgaleere auf. Er wirft mit Schraubenschlüsseln.

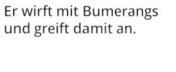

Bumerang-Bruder
Er wirft mit Bumerangs und greift damit an.

Cheep-Cheep
Er schwimmt unter Wasser. Es gibt mehrere Größen- und Geschwindigkeits-Variationen.

Stachelfisch
Er schwimmt schnell und zur Seite an der Wasseroberfläche. Manchmal springt er hoch.

Mampfer
Mehrere Mampfer bilden eine Reihe. Sie sind unverwundbar, aber Unbesiegbarer Mario kann darauf stehen.

Bumm Bumm
Taucht als Boss in Festungen auf. Er greift mit Schwungattacken an und kann auch fliegen.

Pincool
Er gleitet auf Eis. Wird er getreten, verliert er seine Sonnenbremse und wird langsamer.

Sumo-Bruder-Boss
Der Boss der Festung der Kandis-Minen. Er stampft auf den Boden und erzeugt dadurch Beben und Blitze.

Knochen-Käfer
Er bewegt sich zur Seite, bleibt gelegentlich stehen und lässt Stacheln aus dem Panzer sprießen.

Bob-omb
Ein Tritt oder Feuerball entzündet diese Bombe. Nach einer Weile explodiert sie.

Riesen-Kugelwilli
Er wird mit der Riesen-Willi-Kanone abgefeuert und fliegt geradeaus.

Mikro-Gumba
Er bleibt an Marios Körper haften und verlangsamt seine Bewegungen.

Robo-Koopa
Er geht auf Mario zu. Wird er getreten, bleibt er stehen und lässt sich tragen.

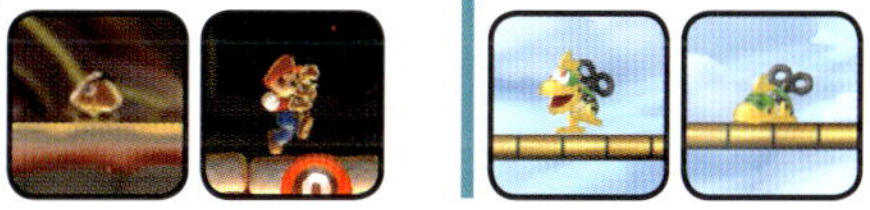

Riesen-Para-Käfer
Ein großer Para-Käfer. Stellt man sich auf ihn drauf, sinkt er langsam.

Robo-Cheep
Ein Cheep-Cheep-Roboter unter Wasser. Er ist immun gegen Feuerbälle.

Vorschlag-Bruder
Er wirft mit Hämmern. Manchmal springt er hoch und lähmt Mario mit einem Beben.

Käfer
Meistens sieht man die Käfer in Höhlen. Springt man auf ihn drauf, kann man seinen Panzer tragen.

Morton
Der Boss der Sandkuchenwüste. Mit seinem Hammer schleudert er den Körper des Riesen-Pokeys weg.

Qualle
Sie beleuchtet dunkle Stellen unter Wasser. Der Leuchtbereich ist je nach Auf- oder Absteigen anders.

Larry
Der Boss des Minzmeers. Er springt durch die Gegend und setzt Zauberattacken ein.

Ludwig
Der Boss der Zuckerwattenwolkenzone. Er teilt sich in drei Teile auf und greift an.

Lemmy
Der Boss des Eichenheins. Er wirft mit Bomben.

Roy
Der Boss der Kandis-Minen. Er trägt eine Kanone und feuert damit Kugelwillis ab.

Stein-Spike
Er trägt Stachelfelsen und wirft sie nach unten.

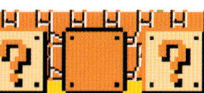

Kettenhund
Er ist an den Pfahl gekettet. Eine Stampfattacke gegen den Pfahl lässt ihn weglaufen.

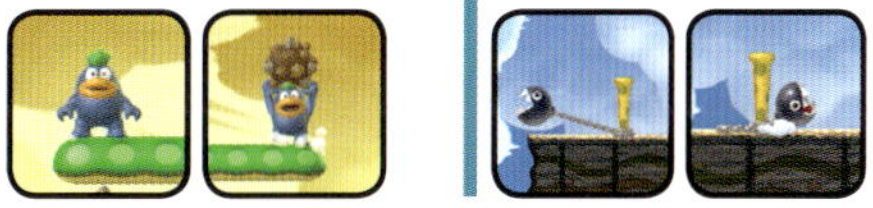

WORLDS
● Welten

L E V E L S
Ihr bewegt euch entlang von Wegabzweigungen. Es gibt auch versteckte Levels, die als Abkürzungen dienen.

Eichenhain
Ein Grasland unter dem P-Eichenbaum.

1 Ouvertüre im Eichenhain
Ein Grasland mit vielen Feisthörnchen. Außerdem tauchen viele P-Eicheln auf. 

2 Schiefes Bergwerk 
Höhlen-Level mit beweglichen Plattformen und schrägen Röhren.

Risiko im Ritzelturm 
Auf Zahnrädern geht ihr weiter nach oben.

3 Yoshi-Hügel 
Aus den Wänden tauchen viele Rocky Schraubschlüssel auf. Der erste Yoshi ist hier zu finden.

4 Pilz-Parcours 
Ihr springt über Pilzplattformen. Ihr könnt mit dem Ballon-Baby-Yoshi durch die Luft fliegen.

5 Piranha-Auf-und-Ab 
Große und kleine Piranha-Pflanzen warten auf beweglichen Plattformen. Meistert sie!

Lemmys Pendelfestung 
Hüpft über die Pendelplattformen, die über der Lava hängen.

Blooper-Beschuss 
Wasser-Level mit vielen Röhren, aus denen Blooper herausschwimmen.

Sandkuchenwüste
Sandplateaus mit vielen Steingesichtern.

1 Tal der Gesichtsfelsen
Nutzt die sich unheimlich bewegenden Steingesichter als Plattformen. 

2 Party in der Pokey-Höhle 
Die Sand-Geysire brechen in der Höhle aus. Hier gibt es viele Pokeys.

3 Loch der Loderschlangen 
Auf unsicheren Plattformen nutzt ihr einen Leucht-Baby-Yoshi als Lichtquelle.

Trubel im Turm der bewegten Steine 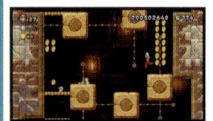
Bewegt die Schraubenplattformen und klettert hoch.

4 Spikes Sandkasten 
Spikes werfen mit Eisenkugeln. Die Wurfrichtungen werden mit den Gimmicks beeinflusst.

5 Stein-Spike-Stakkato 
Auf Pilzplattformen zielen die Stein-Spikes mit stacheligen Felsen auf den Spieler.

6 Lakitus Garten 
Durch geworfene Piranha-Sprosse füllen sich die Drehplattformen mit Piranha-Pflanzen.

Mortons Pressfestung 
Über der Lava bewegen sich die Plattformen in alle Richtungen. Findet das richtige Timing heraus.

Piranha-Pflanzen auf Eis 
Feuer-Piranha-Pflanzen tauen die Eisböden auf.

Minzmeer
Ein Gebiet nah am Meer mit Korallenbänken.

1 Strand der tausend Fontänen
Geysire brechen aus, während Karl Krabbes den Spieler mit Felsen bewerfen. 

2 Tropische Tiefen 
Ein Wasser-Level mit schrägen Röhren. Riesen-Iglucks versperren den Weg.

Dilemma im Turm der Dornensäulen 
Klettert den Turm hoch, während ihr den herausspringenden Dornensäulen ausweicht.

Buu Huus in Seenot 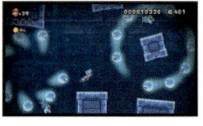
Ein halb versunkenes unheimliches Schiff, in dem Buu Huus nisten.

3 Cheep-Cheep-Höhenflug 
Hier fliegen unzählige Cheep-Cheeps herum. Dabei lauft ihr über Plattformwaagen.

4 I-Gluck-Gluck 
Durch Geysire werden die Riesen-Iglucks hochgeschleudert.

Auflistung aller 17 Spiele — 2012 → NEW SUPER MARIO BROS. U

5 Drachenaals Grotte
Ihr schwimmt durch das Wasser-Level, während ihr vom Drachenaal verfolgt werdet.

Larrys Torpedofestung
Eine Festung aus Eis und Feuer. Im Wasser nähern sich euch Torpedo-Teds.

Wachstumsschub
Nutzt große Blätter und Ranken und klettert daran nach oben.

Eiswürfel-eisfälle
Ein Schneeberggebiet mit Höhen und Tiefen.

1 Drehsternhimmel
Lauft auf den funkelnden rotierenden Sternenplattformen weiter. 

2 Pincool-Polonaise
Auf diesem eisigen Weg flitzen euch viele Pincools vorbei.

Tanztee im Tauwetterturm
Über Plattformen geht es nach oben, während die Eiszapfen in verschiedenen Größen herunterfallen.

3 Gletscher der Stachel-Gumbas
Stachel-Gumbas können hier von Feuerkugeln der Feuer-Piranha-Pflanzen abgeschossen werden.

4 Waagenlift-Wagnis
In diesem Tal fliegen Kugelwillis und Feisthörnchen umher. Nutzt die Plattformwaagen.

5 Eisgezapft is'!
Hier fallen viele Eiszapfen herunter. Weicht ihnen aus oder nutzt sie als Plattformen.

P-Schalter-Paradies
Im Spukhaus mit sich bewegenden Räumen löst ihr die Rätsel, um den Ausgang zu finden.

Wendys Steinblockfestung
Ihr geht über Stahlgerüste. An einer bestimmten Stelle fallen mehrere Steinblöcke herab.

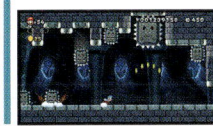

Kahlross-Karambolage
Auf dem Wasser schweben Kisten. Hier gibt es viele instabile Plattformen.

Limonadendschungel
Ein Wald mit giftigen Sümpfen. Löst das Rätsel oder ihr bleibt für immer hier.

Lass dir das eine Galeere sein!
Eine Kugelhagel-Luftgaleere. Im Wasser werdet ihr von Treffer-Teds attackiert. 

1 Giganto-Garten
In diesem Dschungel-Level sind die Gegner, Blöcke und Röhren riesig.

2 Giftige Gewässer
Ihr lauft auf den instabilen Plattformen und den Blöcken über dem Giftsumpf hinweg.

3 Häcki-Hektik
Tief im Wald laufen die Häckis in den schmalen Gängen hin und her.

Schlangenblockturm
Auf großen Schlangenblöcken weicht ihr den Morgensternen aus.

Lichtlos-Labyrinth
Ein Spukhaus mit dunklen Räumen. Findet den Ausweg mit einem Leucht-Baby-Yoshi.

4 Gemalt von Geisterhand
Ein mysteriöses Level wie ein van-Gogh-Gemälde. Lauft über die sinkenden Röhren.

5 Tiefsee-Träumerei
Ein Teich im Dschungel. Im Wasser ist es dunkel, doch die Quallen sorgen für gute Sicht.

6 Es geht zur Neige!
Lauft über die beweglichen Baumstämme über dem Giftsumpf. Im Sumpf seht ihr Teich-Piranhas.

7 Wiggler-Wahnsinn
Riesen-Wiggler läuft über den Giftsumpf. Nutzt seinen Rücken!

Iggys Heiße-Sohlen-Festung
Die Lavawellen und die auf- und absteigenden Plattformen behindern euch.

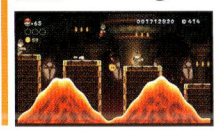

Parakäfer-Parade
Ein Spaziergang durch den Himmel über Para-Käfer. Dabei kommen König Kugelwillis angeflogen.

Kandis-Minen
Ein Felsgebiet mit kleinen Plattformen. Ihr öffnet und versperrt Wege mit roten und blauen Schaltern.

1 Fuzzy-Felsen
Weicht den Fuzzys aus, die sich entlang der Schienen bewegen. 

2 In der Höhle des Stachelfischs
Das Level liegt halb unter Wasser. Ihr geht abwechselnd an Land und unter Wasser weiter.

Grrroll-Turm des Grauens
Das Gebäude wurde von stacheligen Wesen wie Grrrolls und Pickelkäfern gekapert.

3 Feisthörnchens Kobel
Zuerst klettert ihr mit den Pendelplattformen hoch, danach geht es wieder abwärts.

4 Dunkle Blockade
Eine dunkle Höhle. Nutzt die leuchtenden Plattformen, um nach oben zu kommen.

5 Ballett der Piranha-Pflanzen
Auf schmalen Plattformen im Felsgebiet laufen Pirsch-Piranhas herum.

6	**Knochenbahn im Dunkelwahn**		**Kammerjagd im Drehwurm-Turm**	7	**Schiebewandhöhle**		**Roys Gefahr-am-Fließband-Festung**
	In der dunklen Höhle mit beschränkter Sicht geht es auf der Knochenbahn weiter.		Weicht den Feuerbarrieren aus und nutzt die Schraubenplattformen. Vorsicht vor den Sumo-Brüdern!		Ein athletisches Höhlen-Level mit beweglichen Plattformen.		Auf den Fließbändern werden Eisenklötze transportiert. Nutzt sie als Plattformen.

Zuckerwattenwolkenzone

Ein Gebiet über den Wolken. Meistens werden Plattformen genutzt.

				1	**Ein Himmel voller Blöcke**	2	**Wipppilz-Rodeo**
					Eine Reise im Himmel mit dem Wolkenfloß. Nach und nach tauchen Blöcke auf.		Nutzt die Wippen, die im Himmel aufgestellt sind. Gegen Ende tauchen auch Lakitus auf.
3	**Hin-und-Her-Hügel**		**Schieb-Schieb-Turm**		**Rotation im Geisterhaus**	4	**Springwolken und Bumerang-Brüder**
	Nutzt geschickt die Pfeilplattformen, so kommt ihr durch den Kugelwilli-Kugelhagel.		Mit rotierenden Schiebeplattformen klettert ihr nach oben. Vorsicht vor den Feuer-Brüdern!		Ein Irrgarten aus gleich aussehenden Räumen. Findet das Ziel.		Ein Level in der Abenddämmerung. Hier hüpft ihr über Springwolken.
5	**Wasserballons in luftiger Höhe**	6	**Schlangenblock im Tal des Nebels**		**Ludwigs Uhrwerk-Festung**		**Luftgaleere im Anflug!**
	Bewegt euch von einer schwebenden Wasserblase zur nächsten. So gewinnt ihr Höhe.		Mit Schlangenblöcken reist ihr durch den Himmel. Die Wuschis behindern euch.		Ihr müsst zwischen den Schienen-Blöcken durch, die sich zur Seite bewegen.		Weicht den Attacken aus und nutzt die Remote-Transporter, um ins Schiff zu gelangen.

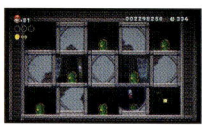

Peachs Schloss

Das Gebiet rund um das gekaperte Schloss von Prinzessin Peach.

				1	**Magma und Meteoriten**	2	**Reise übers Magmameer**
					Die Plattformen verschwinden nach und nach in der Lava. Weicht den Flammenkugeln aus.		Von hinten nähert sich der Giftnebel. Haltet die Zählplattformen im Blick.
3	**Warm genug?**	4	**Meteoritendusche**		**Heißer Aufzug**		**Die letzte Schlacht**
	Der Lavapegel ändert sich stetig. Wartet auf dem Rücken des Riesen-Käfers ab.		Ein Forced-Scroll-Level. Weicht den Flammenkugeln aus und erklimmt den Feuerberg.		Die Lava steigt von unten auf. Nutzt die Remote-Plattform, um aufzusteigen!		Der Showdown. Bowser leistet letzten Widerstand.

Superstar-Boulevard

Eine besondere Welt, die unter bestimmten Bedingungen freigespielt wird.

				1	**Knochenbahn gen Himmel**	2	**Weiterlaufen, bitte!**
					Auf der Knochenbahn rast ihr durch das Level und weicht dabei Riesen-Fuzzys aus.		Mit dem P-Schalter erstellt ihr Plattformen aus Blöcken. Beeilung ist angesagt!
3	**Auf der Flucht**	4	**Hammerhöhle**	5	**Unvernunft im Sumpf**	6	**Brennende Klippen**
	Schwimmt und flieht vor dem Happ-Cheep, der euch verfolgt.		Hier gibt es rutschige Podeste und wackelige Plattformen. Achtung, Eiszapfen!		Auf Drehplattformen gelangt ihr über den Giftsumpf.		Riesige Feuerbarrieren behindern euch aus allen Richtungen.
7	**Lakitu! Lakitu! Lakitu!**	8	**Mysterium der Morgenstern-Festung**	9	**Den Panzer im Visier**		
	Ein athletisches Level mit Schiebeplattformen. Die Lakitus werden immer mehr.		Weicht den Morgensternen aus und lauft über die Donutblöcke.		Tretet den Panzer weg und aktiviert die Gimmicks, um ihn zum Ziel zu bringen.		

ITEMS & GIMMICKS

Hier seht ihr die Items und Gimmicks aus den Levels. Einige Items sind nur für den Boost-Modus bestimmt, wie etwa der Symbol-Block oder der 3-Up-Mond.

Eisblume
Sie macht Mario zu Eis-Mario.

Blaue Münze
Ein P-Schalter lässt blaue Münzen erscheinen. Diese Münzen sind genauso wie die normalen Münzen.

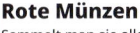

Rote Münzen
Sammelt man sie alle innerhalb der vorgegebenen Zeit, wird man mit Items belohnt.

Roter Ring
Bei Berührung tauchen acht rote Münzen in der Umgebung auf.

Steinblock
Marios Angriff kann ihn nicht zerstören, aber einige Gegner und Gimmicks.

Balkenbrücke
Eine bewegliche Brücke aus einem Balken. Es gibt eine Variante, die sich dreht.

Beweg-Gitter
Man kann sich daran festhalten und darauf bewegen. Es bewegt sich vertikal oder horizontal.

Gesichtsfels
Ein Fels mit einem Gesicht. Er steht vertikal oder horizontal, manche fallen um, wenn man sich draufstellt.

Schwebekiste
Eine Stampfattacke lässt sie tief sinken. Danach steigt sie als Reaktion schnell hoch.

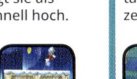

Bewegboden
Der Boden bewegt sich vertikal oder horizontal. Man wird nicht zerquetscht.

Großer Schlangenblock
Eine größere Variante des Schlangenblocks, die dieselbe Funktion hat.

Großer Eiszapfen
Er fällt herab, wenn Mario in der Nähe ist. Dann steckt er im Boden und wird als Plattform genutzt.

Große Röhre
Aus den Röhren tauchen Piranha-Pflanzen auf. Man kann nicht hineinschlüpfen.

Großer ?-Block
Er ist groß, hat aber dieselbe Funktion wie ein normaler ?-Block.

Große Feuerbarriere
Hier sind die Feuerkugeln größer. Die Anzahl der Feuerkugeln ist unterschiedlich.

Große Kanone
Sie feuert große Kugeln zur Seite ab.

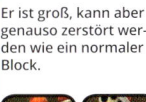

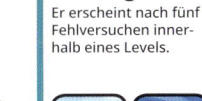

Großer Block
Er ist groß, kann aber genauso zerstört werden wie ein normaler Block.

Rettungsblock
Er erscheint nach fünf Fehlversuchen innerhalb eines Levels.

Spuk-Block
Dieser ?-Block greift an, wenn Mario in der Nähe ist. Knallt er irgendwo dagegen, geht er kaputt.

Notenblock
Springt man drauf, ertönt ein Geräusch und man hüpft hoch. Dabei taucht nicht selten eine Münze auf.

Willi-Drehkanone
Feuert Kugelwillis abwechselnd nach links und nach rechts ab.

Dreh-Brenner
Er erzeugt eine Feuersäule und dreht sich um 180 Grad.

Drehboden
Ein runder Boden, der sich dreht. Es gibt auch eine Eisvariante.

Zählplattform
Die Plattform zeigt eine Zahl an. Steht man drauf, wird die Zahl kleiner. Bei Null bleibt sie stehen.

Feuerkugel
Die Kugel fällt vom Himmel herab. Ein Eisball verkleinert sie.

Versteckter Zielpfahl
Ein versteckter Zielpfahl mit roter Flagge. Führt zu einer versteckten Route.

Unsichtbarer Block
Er taucht auf, wenn man draufspringt. Es steckt eine Münze oder ein Item drin.

Kliff
Man kann sich daran festhalten und in alle Richtungen bewegen.

Tiefströmung
In der Strömung wird man nach unten gesaugt.

Block A im Kamek-Kampf
Dieser Block wird zum Donutblock, wenn er von Kameks Zauber getroffen wird.

Block B im Kamek-Kampf
Auf Kameks Befehl fällt er herab.

Kiste
Eine Stampfattacke zerstört sie. Manchmal findet man darin ein Item.

Willi-Kanone
Feuert Kugelwillis ab. Es gibt eine Variante, die nur in Marios Richtung feuert.

Nebel
Er kann mit einer Drehung vertrieben werden. Manchmal werden danach Münzen sichtbar.

Wasserblase
Eine schwebende Wassermasse. Man kann darin schwimmen.

Frucht
Yoshi kann sie fressen. Nach der fünften Frucht legt er ein Ei mit einem Item.

Bowsers Flamme
Sie kommt vor dem Bowser-Kampf angeflogen.

Elektro-Bowser
Eine elektrisch geladene Bowser-Statue. Sie setzt Strom frei, der sich entlang der Schienen ausbreitet.

Wolkenfloß
Ein riesiges Wolkenfloß, um durch den Himmel zu fliegen. Es bewegt sich, wenn man sich draufstellt.

Wackel-Fels
Er kippt, wenn man sich draufstellt. Wird die Neigung zu stark, fällt er herunter.

Morgenstern
Eine große rotierende Stachelkugel. Auch die Befestigung hat Stacheln.

Kreuzplattform
Die vertikalen und horizontalen Plattformen bewegen sich zusammen.

Münze
Bei 100 Münzen gibt es ein 1-Up. Es gibt eine Variante mit Fallschirm.

Eisklumpen
Man rutscht darauf aus. Es gibt auch Klumpen mit eingefrorenen Münzen.

Eisplattform
Eine große Plattform aus Eis. Es gibt eine Variante, die sich auf und ab bewegt.

Zielpfahl
Hält man sich daran fest, ist das Level geschafft. Je höher der Anschlagpunkt, desto höher die Punktzahl.

Treffer-Ted-Kanone
Diese rote Kanone feuert Treffer-Teds ab.

Wippenplattform
Die Pilzplattform kippt durch das Gewicht, wenn man sich draufstellt.

Trampolin
Darauf kann man hoch springen. Man kann es auch transportieren.

Zerstörbarer Block im Kampf gegen Bowser-Jr.
Wird er zweimal angegriffen, geht er kaputt.

Wasserradplattform
Vier Plattformen, die sich drehen. Bewegt sich auf einer Schiene.

Superpilz
Er macht Mario zu Super Mario.

Stern
Er macht Mario für eine Weile unbesiegbar.

Super-Eichel
Sie macht Mario zu Flughörnchen-Mario. Sie rollt am Boden entlang.

Sternenmünze
In jedem Level sind drei der Münzen mit Sternensymbol versteckt.

Sand-Geysir
In regelmäßigen Zeitabständen bricht er aus. Man kann sich draufstellen.

Schlangenblock
Eine lange Blockreihe. Stellt man sich darauf, bewegt er sich auf bestimmten Routen.

Schiebeplattform
Große Plattformen, die sich entlang der Schienen drehen.

3-Up-Mond
Mario erhält drei Extraversuche. Er taucht im Boost-Modus auf.

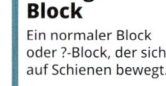

Beweglicher Block
Ein normaler Block oder ?-Block, der sich auf Schienen bewegt.

Transporter
Bewegt sich auf Schienen, wenn man darauf steht. Ist das Ende der Schiene rund, wendet er.

Kanone
Mit ihr kommt man ins Schiff von Bowsers Schergen.

Fass
Man kann es tragen. Schlägt ein Boxbold darauf, rollt es los.

Donutblock
Stellt man sich drauf, wird er rot und fällt nach einer Weile runter.

Rücksetzpunkt
Habt ihr ihn berührt, könnt ihr bei einem Fehlversuch von dem Punkt aus wieder starten.

Eiszapfen
Ein stachelförmiger Eisklumpen. Tropfende Eiszapfen fallen herab, wenn man in der Nähe ist.

Rankenplattform
Eine Plattform, die sich ausstreckt und zusammenrollt. Sie wächst an den Bohnenranken.

Rankenblock
Schlägt man drauf, streckt sich die Ranke. Wird er von oben geschlagen, wächst die Ranke nach unten.

Eisenklumpen
Er schwimmt auf der Lava, daher könnt ihr ihn als Plattform nutzen.

10er-Münzblock
Es tauchen für eine Weile Münzen daraus auf. Er sieht genauso aus wie ein normaler Block.

Plattformwaage
Sie hat zwei Plattformen, die sich wie eine Waage verhalten.

Unsichtbare Münze
Berührt man die Strichlinien, tauchen Münzen auf.

Torpedo-Kanone
Eine Kiste mit einem Totenkopf. Sie feuert Torpedo-Teds ab.

Röhre
Sie werden vertikal, horizontal oder diagonal in den Levels platziert.

Röhren-Wasserstrom
Die Wasserströmung aus den Röhren spült Mario weg. Es gibt eine Variante, die wirbelt.

Röhrenkanone
Schlüpft man in sie hinein, wird man nach oben oder schräg abgefeuert. Gleicht optisch den normalen Röhren.

Giftnebel
Er nähert sich dem Spieler langsam von hinten. Berührt man ihn, verliert man einen Versuch.

Giftsumpf
Ein lila Teich. Man findet ihn oft im Dschungel. Fällt man hinein, verliert man einen Versuch.

Dornensäule
Sie schießt schnell und in regelmäßigen Zeitabständen heraus.

Symbol-Block
Er taucht im Boost-Modus auf, wenn man den Bildschirm des Wii U GamePads berührt.

Schraubenmutter
Sie schraubt sich vorwärts, wenn man draufspringt. Bleibt man stehen, fällt man runter.

Lavawellen
Aufgewühlte Lava. Manchmal springen Hotheads heraus.

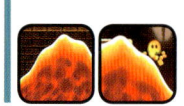

Strickleiter
Man kann sich daran festhalten und vertikal bewegen. Sie bringt einen auf die obere Plattform.

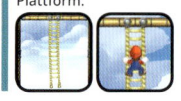

Falsche Tür
Will man hinein, verschwindet sie und hinterlässt eine Münze.

Schraubenplattform
Sie bewegt sich langsam auf einer Schiene, wenn man eine Schraube dreht.

Schrauben-Pilz
Er bewegt sich nach oben oder nach unten, wenn man die Schraube mit einer Drehung dreht.

Schraubenplattform
Drehungen bewegen sie. Wird die Drehung gestoppt, kehrt sie langsam zurück.

Kletterpfahl
Man kann daran hoch- und runterklettern. Mit einem Sprung kann man zum nächsten Pfahl springen.

Dehnblock
In regelmäßigen Zeitabständen streckt er sich zur Seite. Dabei verändert er auch seine Position.

Brenner
Er erzeugt eine Flammensäule, entweder temporär oder durchgehend.

POW-Block
Wird er geschlagen oder geworfen, besiegt er mit einem starken Beben alle Gegner im Bild.

Zahnrad
Rotierende Zahnradplattformen. Es gibt unterschiedliche Größen und Drehrichtungen.

Fliegender ?-Block
Ein ?-Block mit Flügeln. Ein Schlag lässt die Flügel abfallen. Danach bleibt er stehen.

Blattplattform
Sie wächst aus der Bohnenranke. Nach einer Weile wird sie rot und fällt ab.

?-Schalter
Er aktiviert Gimmicks. Manchmal lässt er für eine Weile rote Plattformen erscheinen.

?-Block
Schlägt man drauf, taucht ein Item auf. Danach wird er zum leeren Block.

Blume
Manchmal taucht eine Münze auf, wenn man neben einer Blume einen Drehsprung ausführt.

P-Eichel
Sie macht Mario zu P-Flughörnchen-Mario.

P-Schalter
Er macht Blöcke zu Münzen oder lässt blaue Münzen erscheinen.

Leucht-Baby-Yoshi-Ei
Daraus schlüpft ein Leucht-Baby-Yoshi.

Leuchtplattform
Sie blinkt in regelmäßigen Zeitabständen. Es gibt eine Variante, die durch einen ?-Block aktiviert wird.

!-Schalter
Er taucht im Bowser-Kampf auf. Wird er betätigt, fällt die Axt herunter und zerschlägt die Brücke.

Feuersäule
Eine Säule aus Feuer, die aus der Lava spritzt. Schaden bei Kontakt.

Feuerbarriere
Mehrere sich drehende Feuerkugeln. Es gibt eine Variante mit mehreren Barrieren.

Feuerblume
Sie macht Mario zu Feuer-Mario.

Auflistung aller 17 Spiele (2012 → NEW SUPER MARIO BROS. U)

Boost-Stern
Er taucht im Boost-Modus auf. Wer ihn aufsammelt, wird für 15 Sekunden unverwundbar.

Hänge-Kette
Man hängt sich dran und bewegt sich hoch oder runter. Mit einem Schwung wird ein weiter Sprung möglich.

Hänge-Ranke
Sie hat dieselbe Wirkung wie eine Hängekette, sieht aber wie eine Ranke aus.

Baumel-Hammer
Die Plattform schlägt um 180 Grad um. Fährt manchmal auch auf Schienen.

Schwungplattform
Schwingt langsam zur Seite.

Propeller-Pilz
Er macht Mario zu Propeller-Mario. Er taucht nicht in den Levels auf.

Fließband
Es bringt Mario in eine bestimmte Richtung, entweder nach rechts oder nach links.

Pinguin-Anzug
Er macht Mario zu Pinguin-Mario. Er taucht nicht in den Levels auf.

Kanone
Sie feuert Kugeln diagonal ab.

Sternenplattform
Eine sternförmige Plattform. Stellt man sich drauf, ertönen Geräusche und sie dreht sich.

Knochenbahn
Der Lift bewegt sich schnell. Durch eine Stampfattacke rattert der Kopf.

Knochenboden
Er wellt sich bei einer Sturzattacke von Bowser Jr. Diese Welle schleudert Mario weg.

Springwolke
Darauf kann man hoch springen. Es gibt sie in verschiedenen Längen und auch eine Variante, die sich bewegt.

Riesen-Willi-Kanone
Diese Kanone feuert Riesen-Kugelwillis ab.

Mini-Pilz
Er macht Mario zu Mini-Mario.

Mini-Röhre
Kleine schmale Röhre. Mini-Mario kann in manche kleine Röhren hineinschlüpfen.

Mario-Bros.-Plattform
Ein Schlag von unten drückt die Plattform hoch.

Baumstamm
Eine Plattform auf dem Giftsumpf. Bleibt man stehen, sinkt er langsam nach unten.

Geysir
Ausbrechende Wassersäule. Man kann darin schwimmend aufsteigen.

Grüne Münze
Drei Münzen tauchen in einem Set auf. Nach fünf Sets erhält man ein Item.

Grüner Ring
Wird er berührt, tauchen grüne Münzen in der Umgebung auf.

Unsichtbare Wand
Man sieht es nicht auf den ersten Blick, aber man kann durch die Wand hindurchgehen.

Mech-Hand
Eine riesige Hand, die aus der Luftgaleere erscheint. Die Faust zerstört Plattformen.

Palme
Die Blätter werden zu Plattformen. Es gibt sie in verschiedenen Höhen.

Pfeilplattform
Sie bewegt sich in die Pfeilrichtung, wenn man sich draufstellt. Verlässt man sie, fährt sie zurück.

Pendelplattform
Sie kippt langsam zur Seite, unabhängig von Marios Gewicht.

Wackel-Pilz
Eine wackelnde Pilzplattform. Sie wackelt zur Seite oder vertikal.

Lava
Aus der roten Flüssigkeit tauchen Hotheads auf. Fällt man hinein, verliert man einen Versuch.

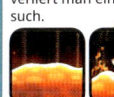

Seitstreck-Pilz
In regelmäßigen Zeitabständen streckt sich diese Pilzplattform zur Seite.

Yoshis Ei
Daraus schlüpft ein Yoshi aus. Yoshi kann ein Ei legen, wenn er fünf Früchte gegessen hat. Es liefert ein Item.

Plattform
Bewegt sich in der Luft zur Seite oder vertikal. Es gibt verschiedene Längen.

Remote-Hochplattform
Mit dem Controller steigt die Plattform auf.

Remote-Transporter
Mit dem Controller wird der Lift bewegt.

Treibsand
Landet man darin, versinkt man. Manchmal findet man Münzen darin.

Roulette-Block
Wird er geschlagen, taucht das angezeigte Item auf.

Schienen-Block
Eine große Plattform, die sich entlang der Schienen zur Seite bewegt.

Block
Durch einen Schlag taucht ein Item auf. Wenn nicht, geht er kaputt.

1-Up-Pilz
Mario erhält einen Extraversuch. Man kann bis zu 99 davon sammeln.

AND MORE
• Anderes

BESONDERE SZENEN

Hier zeigen wir euch beeindruckende Momente. Während des Abenteuers in den riesigen Welten warten viele dramatische Augenblicke auf euch.

Unheimliches Peach-Schloss!

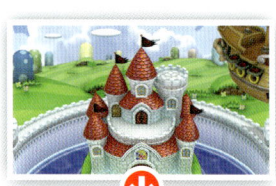

Das Peach-Schloss wird von Bowsers Schergen gekapert. Im Abenteuer sieht es nach und nach immer unheimlicher aus.

Mario guckt in die Kamera!

Wenn ihr Mario im Level nicht steuert, guckt er euch an. Dasselbe passiert auch mit den anderen Charakteren.

Das Abenteuer mit den Baby-Yoshis!

Yoshi! (Hey! Ich bin ein launischer Baby-Yoshi.)

Auf der Karte findet ihr zwei verschiedene Yoshi-Arten. Sie sind sehr neugierig und kommen mit, wenn ihr sie ansprecht. Erreicht ihr mit ihnen das Ziel, folgen sie euch auch danach. Ein Leucht-Baby-Yoshi taucht allerdings nur in bestimmten Levels auf.

Fundsachen auf der Karte!

Auf der Weltkarte liegt manchmal ein Item herum. Berührt ihr es, könnt ihr es aufsammeln. Doch es könnten auch Gegner in der Nähe sein. Berührt ihr das Gegnersymbol, kommt es zum Kampf.

Abkürzung mit versteckten Routen!

Findet ihr ein verstecktes Ziel, öffnet sich der Weg zum versteckten Level. Nach dem versteckten Level kommt ihr in ein anderes Gebiet, so erreicht ihr »Peachs Schloss« schneller.

Schnappt euch Mopsie!

Nach der Sandkuchenwüste-1 oder dem Limonadendschungel-1 passiert etwas. Der mysteriöse Charakter Mopsie klaut ein Item und läuft weg. Ihr nehmt die Verfolgung auf und landet in einem bestimmten Level. Habt ihr ihn gefangen, bekommt ihr von einem Toad als Belohnung eine P-Eichel. Habt ihr Mopsie in allen Gebieten außer »Peachs Schloss« und dem »Su-

Oben: Fang Mopsie!
Unten: Mopsie geschnappt!

perstar-Boulevard« gefangen, wird er ab dem achten Versuch schneller.

Peachs Schloss voller Lava!

Das letzte Gebiet ist »Peachs Schloss«. Es hat stets gestrahlt, doch nun ist das Schloss dank Bowsers Taten voller Lava. Die Musik in »Peachs Schloss« ist ein Remix der Musik aus dem Pilz-Schloss aus *Super Mario 64*.

Bewegung im Abspann!

Die Spielercharaktere tanzen im Abspann. Sie können währenddessen auch gesteuert werden. Ihr könnt springen, Kameraden werfen oder die Münzen der Baby-Yoshis sammeln.

Superstar-Boulevard, eine besondere Welt!

Habt ihr Bowser besiegt und den Abspann gesehen, kommt ihr in eine spezielle Welt, auf den »Superstar-Boulevard«. Hier gibt es acht Levels. Ein weiteres Level wird freigeschaltet, wenn man in jedem der acht Levels alle Sternenmünzen gesammelt hat. Habt ihr alle Sternenmünzen in den Superstar-Boulevard-Levels ergattert, könnt ihr das letzte (neunte) Level spielen.

Besiegt Bowser und reist zur geheimen Insel!

Mit dem Sieg gegen Bowser wird zeitgleich mit dem »Superstar-Boulevard« die »Geheime Insel« freigespielt. Auf der Insel steht ein kleines Haus und dort könnt ihr 14 detaillierte Rekorde sehen, wie zum Beispiel die Anzahl, wie oft ihr einen Gumba getreten habt, oder wie oft ihr in den Levels das Ziel erreicht habt.

Erreichte Zielpfähle / Mit Yoshi erreichte Ziele / Mit Baby-Yoshis erreichte Ziele / An Zielpfählen gesammelte 1-Ups / Ausgelöste Zielfeuerwerke / Erhaltene Applause / Geschnappte Mopsies

Ultrakleine Symbol-Blöcke!

Die Symbol-Blöcke tauchen auch im »Boost-Modus« auf. Hat Mario aber 99 Extraversuche, werden sie ultraklein und es wird äußerst schwierig, draufzuspringen.

Wissenswertes & Techniken

Hier findet ihr nützliche Techniken. Zum perfekten Durchspielen müsst ihr Mopsie überall fangen.

Mehr ★ Im Spielstandmenü auftauchen lassen!

Je nach eurem Fortschritt bekommt ihr ★ beim Spielstand. Wird Bowser besiegt, erscheint ein ★. Wurden alle Levels außer dem »Superstar-Boulevard« geschafft, dann ★★. Habt ihr alle Sternenmünzen außer die im »Superstar-Boulevard« erhalten, gibt es ★★★. Wurden auch die Sternenmünzen im »Superstar-Boulevard« eingesammelt, dann sind es schon ★★★★. Sind alle Levels geschafft, alle Sternenmünzen gesammelt und wurde Mopsie in sieben Gebieten gefangen, erreicht ihr ★★★★★.

Du hast alle Levels bis Peachs Schloss gemeistert! Herzlichen Glückwunsch! Als Beweis bekommst du den zweiten Stern beim Spielstand!

Gleiche Zahlen führen zum Item!

Berührt ihr den Zielpfahl, wenn die beiden Endziffern der Restzeit gleich sind, werdet ihr von einem Toad mit einem Item belohnt. Bei 11, 22 und 33 bekommt ihr einen Superpilz, bei 44 eine Feuerblume, bei 55 eine Eisblume, bei 66 einen Mini-Pilz oder einen Superpilz, bei 77 eine Super-Eichel, bei 88 oder 99 einen Stern. Bei 00 gibt es keine Belohnung.

Tausend Dank für deine Hilfe! Hier, greif zu!

Besonderes Toad-Haus für ein besonderes Item

In den Toad-Häusern des »Superstar-Boulevards« erhaltet ihr den Propeller-Anzug oder den Pinguin-Anzug. Diese Items tauchen nicht in den Levels auf, sie sind also ausschließlich hier erhältlich.

2013

SUPER MARIO 3D WORLD
スーパーマリオ 3Dワールド

Download-Karte	Verpackung	Disc	Schnellstart-anleitung

- **Hardware**
  Wii U
- **Erscheinungsdatum Japan/EU**
  21. November 2013
  29. November 2013
- **Spieleranzahl**
  1–4
- **Anmerkung**
  Es ist eine Download-Version für die Wii U erhältlich.

# INTRODUCTION
- Einleitung

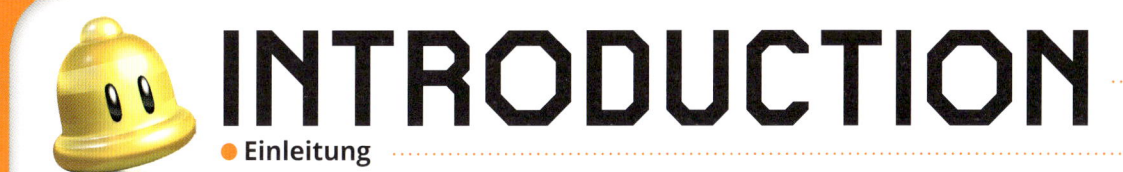

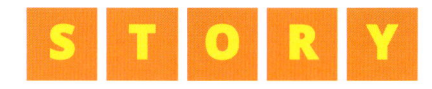

S T O R Y

Während eines abendlichen Festes finden Mario, Luigi, Peach und der blaue Toad ein wunderschönes Glasrohr. Sie wundern sich und schauen in das Rohr hinein ... und sehen das Feenland.

In diesem Augenblick springt eine Feenprinzessin heraus. Es scheint, dass Bowsers Truppe im Feenland gewütet und alle anderen Feenprinzessinnen gefangen genommen hat.

Da schaut plötzlich auch Bowser aus dem Rohr heraus! Er schnappt sich kurzerhand die Feenprinzessin und flieht mit ihr wieder ins Feenland.

So beginnt das Abenteuer von Mario, Luigi, Peach und dem blauen Toad. Gemeinsam wollen sie die gefangenen Feenprinzessinnen befreien!

I N F O S

3-D-Mario für alle

Es handelt sich hier um ein 3-D-Action-Spiel für die Wii U. Es ist das erste 3-D-Action-Spiel dieser Serie mit Mehrspielermodus. Aus den fünf Charakteren Mario, Luigi, Peach, Toad und dem freispielbaren Charakter Rosalina wird einer ausgesucht. Sie haben alle besondere Fähigkeiten. Man kann mit bis zu vier Spielern gleichzeitig spielen. Euch erwarten Katzen-Mario, der die Wände hochklettern kann, die Doppel-Kirsche, die Kopien der Charaktere erstellt, zudem gibt es neue Gimmicks zum Aufsetzen. So bietet dieses Spiel die meisten Power-Up-Möglichkeiten. Mit unterschiedlichen Charakteren, vielfältigen Power-Ups und zahlreichen Action-Elementen erkundet ihr die Gebiete.

Tiefgründige, vielfältige Levels

Das Grundprinzip wurde beibehalten: Ihr begebt euch in die Tiefen des Levels bis zum Zielpfahl. Die Levels sind jedoch deutlich abwechslungsreicher. Es gibt welche, in denen ihr den Touchscreen oder das Mikrofon des Wii U GamePads nutzt. Hinzu kommen die Mini-Levels mit Captain Toad, die ihr mit Perspektivänderungen erkundet. Es gibt somit ganz neue Level-Variationen. Durch die Kletterfähigkeit der neuen Katzen-Verwandlung wurden auch die begehbaren Bereiche der Levels um einiges erweitert.

Sammelt die Stempel
und schreibt was im »Miiverse«

Das Spiel ist kompatibel mit dem »Miiverse«, dem Netzwerk-Service für die Wii U. Das bedeutet, ihr könnt nun Kommentare zu den Levels hinterlassen. Außerdem sind in den Levels »Stempel« versteckt. Findet ihr sie, könnt ihr diese Illustrationen im »Miiverse« posten.

CHARACTERS
● Charaktere

SPIELBARE FIGUREN

Fünf Charaktere mit unterschiedlichen Fähigkeiten stehen für das Abenteuer zur Verfügung. Rosalina wird unter bestimmten Bedingungen freigespielt.

Prinzessin Peach
Wird die Sprungtaste im Sprung gehalten, kann sie für eine Weile in der Luft laufen. Sie läuft dann langsamer.

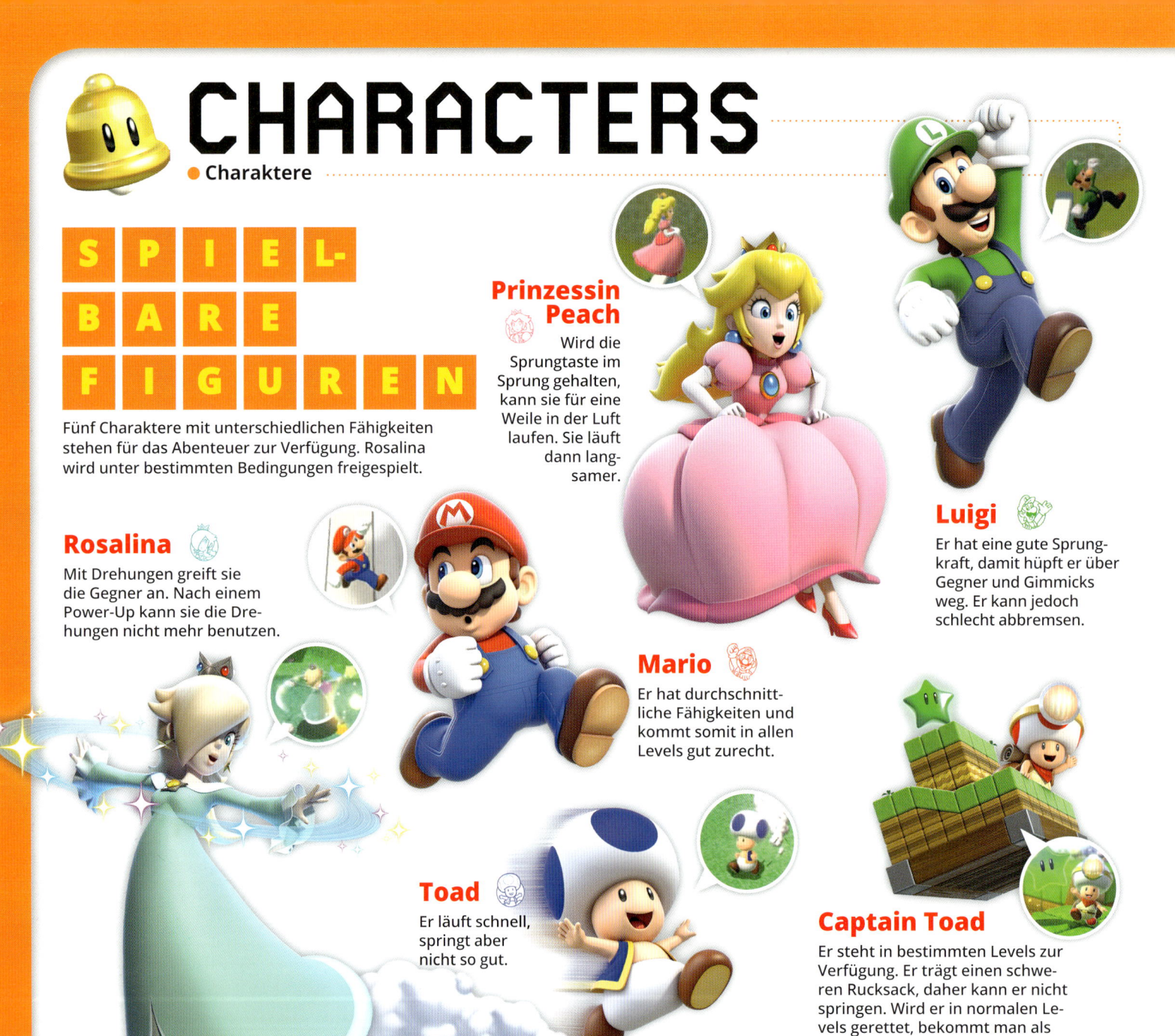

Luigi
Er hat eine gute Sprungkraft, damit hüpft er über Gegner und Gimmicks weg. Er kann jedoch schlecht abbremsen.

Rosalina
Mit Drehungen greift sie die Gegner an. Nach einem Power-Up kann sie die Drehungen nicht mehr benutzen.

Mario
Er hat durchschnittliche Fähigkeiten und kommt somit in allen Levels gut zurecht.

Toad
Er läuft schnell, springt aber nicht so gut.

Captain Toad
Er steht in bestimmten Levels zur Verfügung. Er trägt einen schweren Rucksack, daher kann er nicht springen. Wird er in normalen Levels gerettet, bekommt man als Belohnung einen grünen Stern.

POWER-UPS

Mit bestimmten Items werden Power-Ups mit unterschiedlichen Fähigkeiten möglich. Für einige Power-Ups müssen Gimmicks aufgesetzt werden. Diese gehen bei Schaden verloren, doch zuvor aktivierte Power-Ups durch Items bleiben erhalten.

Klein-Mario
Ein kleiner Mario. Man wird klein, wenn man Schaden erleidet. Beim nächsten Schaden verliert man einen Versuch.

- Klein-Mario
- Klein-Luigi
- Klein-Peach
- Klein-Toad
- Klein-Rosalina

Super Mario
Item ➜ Superpilz

Der Grundzustand. Er kann mit einem Schlag Blöcke zerstören. Bei Schaden wird er zu Klein-Mario.

- Super Mario
- Super Luigi
- Super Peach
- Super Toad
- Super Rosalina

Auflistung aller 17 Spiele • 2013 • SUPER MARIO 3D WORLD

Feuer-Mario — Item ➔ Feuerblume

Er greift Gegner mit Feuerbällen an. Feuerbälle werden auch genutzt, um zum Beispiel Kerzenständer anzuzünden.

- Feuer-Mario
- Feuer-Luigi
- Feuer-Peach
- Feuer-Toad
- Feuer-Rosalina

Katzen-Mario — Item ➔ Superglocke

Er greift Gegner mit Kratz- oder Sprungattacken an. Außerdem kann er sich kurz an Wänden festhalten und sich an ihnen bewegen.

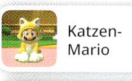

- Katzen-Mario
- Katzen-Luigi
- Katzen-Peach
- Katzen-Toad
- Katzen-Rosalina

Tanuki-Mario — Item ➔ Blatt

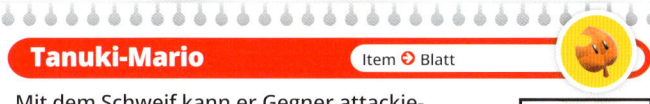

Mit dem Schweif kann er Gegner attackieren oder auf die Blöcke schlagen. Wird die Sprungtaste gehalten, fällt er deutlich langsamer und bleibt somit länger in der Luft.

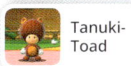

- Tanuki-Mario
- Kitsune-Luigi
- Tanuki-Peach
- Tanuki-Toad
- Tanuki-Rosalina

Bumerang-Mario — Item ➔ Bumerangblume

Er wirft einen Bumerang, der wieder zurückkommt. Mit ihm kann man mehrere Gegner auf einmal besiegen. Es ist auch möglich, damit ein weiter entferntes Item einzusammeln.

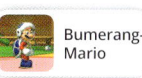

- Bumerang-Mario
- Bumerang-Luigi
- Bumerang-Peach
- Bumerang-Toad
- Bumerang-Rosalina

Doppel-Mario — Item ➔ Doppelkirsche

Sammelt ihr die Doppelkirsche ein, taucht ein Double auf. Maximal fünf Doubles sind möglich. Die Kopien übernehmen die aktuellen Power-Ups und verschwinden, wenn man verletzt wird oder ein Level beendet.

- Doppel-Mario
- Doppel-Luigi
- Doppel-Peach
- Doppel-Toad
- Doppel-Rosalina

Goldstatuen-Mario — Item ➔ Glücksglocke

In der Regel identisch mit Katzen-Mario, doch bei der Stampfattacke verwandelt er sich in eine goldene Statue. Dadurch bekommt man Münzen und es werden Gegner besiegt, die sonst nicht besiegt werden können.

- Goldstatuen-Mario
- Goldstatuen-Luigi
- Goldstatuen-Peach
- Goldstatuen-Toad
- Goldstatuen-Rosalina

Mega-Mario — Item ➔ Mega-Pilz

Er wird für eine Weile größer und fegt Gegner und Hindernisse weg. Er kann nicht unter Wasser schwimmen, daher läuft er am Meeresboden entlang.

- Mega-Mario
- Mega-Luigi
- Mega-Peach
- Mega-Toad
- Mega-Rosalina

Unverwundbarer Mario — Item ➔ Stern

Der Körper blinkt für eine Weile und die Gegner werden allein durch Berühren besiegt. Die Punktzahl steigt von Gegner zu Gegner, wenn man sie direkt nacheinander besiegt. Ab dem achten Gegner gibt es ein 1-Up.

Mario

- Unverwundbarer Luigi
- Unverwundbare Peach
- Unverwundbarer Toad
- Unverwundbare Rosalina

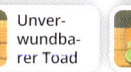

Weißer Tanuki-Mario
Item → Unbesiegbarkeitsblatt

Das Blatt taucht nach fünf Fehlversuchen am Levelanfang auf. Es macht Mario zum unverwundbaren Tanuki-Mario.

- Weißer Tanuki-Mario
- Weißer Kitsune-Luigi
- Weiße Tanuki-Peach
- Weißer Tanuki-Toad
- Weiße Tanuki-Rosalina

Panzer
Power-Up durch Gimmick — **Item →**

Er erscheint, wenn man auf einen Koopa tritt. Man kann ihn tragen und durch Ducken kriecht man hinein. Wird der Panzer dann weggeschleudert, kann man seine Gegner besiegen, bis einem schwindelig wird.

Mario

- Luigi
- Peach
- Toad
- Rosalina

?-Block
Power-Up durch Gimmick — **Item →**

Setzt man sich diese Box auf den Kopf und bewegt sich, erhält man bis zu 100 Münzen. Wenn man einen Gegner berührt, verschwindet er automatisch.

Mario

- Luigi
- Peach
- Toad
- Rosalina

Kanonen-Box
Power-Up durch Gimmick — **Item →**

In regelmäßigen Zeitabständen werden Kanonenkugeln abgefeuert. Damit werden Gegner besiegt oder rissige Wände zerstört. Wird die Taste gehalten, kann man Energie sammeln und Kanonenkugeln mit größerer Reichweite schießen.

- Mario
- Luigi
- Peach
- Toad
- Rosalina

Propeller-Box
Power-Up durch Gimmick — **Item →**

Wird die Sprungtaste in der Luft gehalten, fliegt man weit hoch. Hält man die Taste nach Erreichen des Höhepunkts, kann man langsam nach unten gleiten.

Mario

- Luigi
- Peach
- Toad
- Rosalina

Leucht-Box
Power-Up durch Gimmick — **Item →**

Man findet sie in dunklen Levels. Setzt man sie auf, wird der Bereich vor einem beleuchtet. Das Licht besiegt Buu Huus oder Spukmatze, wenn man sie länger anstrahlt.

Mario

- Luigi
- Peach
- Toad
- Rosalina

Gumba-Maske
Power-Up durch Gimmick — **Item →**

Ein Gumba-Kopf zum Aufsetzen. Setzt man ihn auf, wird man von Gumbas, Mini-Gumbas und Galumbas nicht mehr als Gegner wahrgenommen.

Mario

- Luigi
- Peach
- Toad
- Rosalina

Schlittschuh
Power-Up durch Gimmick — **Item →**

Er erscheint, wenn man einen Schlittschuh-Gumba besiegt. Damit kann man gleiten und Gegner besiegen. Außerdem kann man damit über Stacheln fahren. Er verschwindet, wenn man eine Wand rammt.

Mario

- Luigi
- Peach
- Toad
- Rosalina

Auflistung aller 17 Spiele 〈 2013 ➔ SUPER MARIO 3D WORLD 〉

ANDERE CHARAKTERE

Diesen Charakteren werdet ihr in den Levels und Welten begegnen. Sie werden euch bei eurem Abenteuer unterstützen.

Luma
In einigen Levels begegnet man Lumas. Sie schweben in der Luft und passen auf euch auf.

Toads
Sie sind in Toad-Häusern stationiert und versorgen euch mit Items. Je nach Welt haben sie unterschiedliche Farben.

Feenprinzessinnen
Prinzessinnen aus dem Feenland. Insgesamt sind es sieben und sie alle wurden von Bowser entführt.

Plessie
Sie erscheint in einigen Levels und schwimmt Flüsse oder gleitet Dünen hinab. Man kann sie zur Seite bewegen und mit ihr springen.

Feen
Sie tauchen in einigen Levels oder Rätselhäusern auf. Bei einer Fee mit einem Fernglas könnt ihr in die Ferne schauen.

Hase
Der Hase rennt durch die Gegend. Fängt man ihn, wird man manchmal mit einem Item belohnt. Es gibt auch eine große Variante.

GEGNER

Die Gegner aus den Levels. Es gibt auch Katzen-Gegner.

Trupp-Krabbel
Sie krabbeln in Gruppen auf der Erde und an den Wänden entlang.

Fuzzler
Er rollt auf den Schienen entlang. Der Körper ist voller Stacheln.

Glutfisch
Er springt aus der Lava heraus, wenn man sich ihm nähert. Schaden bei Kontakt.

Schwimmring-Gumba
Er schläft auf einem stacheligen Schwimmring. Er wacht auf und nähert sich euch, wenn ihr kommt.

Klonk
Ein rahmenförmiger Gegner, der sich auf festgelegten Routen bewegt.

König Klonk
Er fällt und stellt sich wieder hin, um sich zu bewegen. Der Rücken ist seine Schwäche.

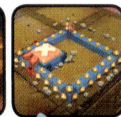

Spike
Er zieht eine Stachelwalze aus seinem Mund und wirft damit. Er bleibt dabei an einer Stelle.

Krötsus
Er macht sich normalerweise durchsichtig und versteckt sich. Bei einem Angriff regnet es Münzen.

Kamek
Teleportiert sich hin und her und greift mit Magie an.

Guckiwummps
Springt aus der Erde heraus und versperrt den Weg mit Seitwärtsbewegungen. Sein Körper hat Stacheln.

Kugelwilli
Er fliegt geradeaus. Durch eure Schweif- oder Krallenattacken verändert sich seine Flugrichtung.

Bowser
Er fährt mit einem Fahrzeug und wirft mit Bomben.

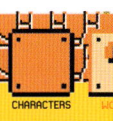

Gumba
Er läuft am Boden entlang und stürmt heran, sobald er euch sieht.

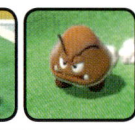

Galumba
Wird er getreten, dreht er sich um und wird ohnmächtig. Ein weiterer Tritt besiegt ihn.

Blooper
Er schwimmt im Wasser und stürmt auf euch zu, sobald er euch sieht.

Karumpel
Er hüpft aus der Erde heraus und rollt auf euch zu. Wird er angegriffen, bleibt er stehen.

Rammerhai
Sein Merkmal ist das längliche Gesicht. Er bewegt sich auf bestimmten Routen.

Rammerhai (klein)
Ein Rammerhai in anderer Farbe mit schmalerem Gesicht. Manchmal springt er aus dem Wasser.

Schlittschuh-Gumba
Er sitzt im Schlittschuh und verfolgt euch. Wird er besiegt, hinterlässt er den Schuh.

Schnee-Pokey
Der Körper besteht aus stacheligen Schneebällen. Wird er besiegt, hinterlässt er Schneebälle.

Oktumba
Er schießt drei Kanonenkugeln hintereinander ab. Er ist nur mit einer Stampfattacke zu besiegen.

Graulquappe
Er schwimmt an der Wasseroberfläche und verfolgt euch, sobald er euch sieht.

Gumba-Turm
Aufgestapelte Gumbas. Andere Gegner oder Items können auch ein Teil des Turms sein.

Fuzzy
Er bewegt sich entlang bestimmter Routen. Oft bilden mehrere Fuzzys eine Kette.

Pickondor
Ist er in der Nähe, knickt er seinen langen Hals und pickt mit dem Schnabel. Er bewegt sich nur selten.

Stachel-Krabbel
Sie schützt sich mit dem Stachel gegen Tritte. Sonst verhält sie sich wie eine normale Ameise.

Riesen-Krabbel
Sie verhält sich wie eine normale Ameise. Man kann auf ihren Rücken springen, um weiterzukommen.

Riesen-Galumba
Er wird auf dieselbe Weise wie ein normaler Galumba besiegt. Er kommt auf euch zu.

Atom-Buu
Ein großer Buu Huu. Er bewegt sich wie ein normaler Buu Huu.

Riesen-Piranha-Pflanze
Eine große Piranha-Pflanze. Zwei Attacken in Folge besiegen sie.

Buu Huu
Er nähert sich schwebend. Guckt man ihn an, bleibt er stehen.

Spukmatz
Er bewegt sich entlang bestimmter Routen. Meistens bilden mehrere eine Reihe oder einen Kreis.

Pünktchen
Es gibt sie in vielen Farben. Mehrere Pünktchen bilden eine Formation. Sie laufen feste Routen ab.

Stachi
Er hat einen stacheligen Panzer und verfolgt den Spieler, wenn er ihn entdeckt.

Steinblock
Er bewegt sich an bestimmten Positionen auf und ab. Man kann sich draufstellen.

Bully
Er rempelt euch an, sobald er euch sieht. Dann werdet ihr weit weggestoßen.

Bully-Prinz
Er speit Feuer. Geht er in ein durchsichtiges Rohr, wird sein Körper zusammengepresst.

Katzen-Kugelwilli
Er wird mit der Kanone abgefeuert und fliegt auf euch zu.

Katzen-Bowser
Bowser in Katzenform. Er kann kratzen und mit dem Schwanz angreifen.

Katzen-Gumba
Er kann springen und Kratzattacken ausführen. Er ist an bestimmten Orten zu finden.

Koopa
Wird er getreten, hüpft er aus dem Panzer heraus. Dann kann der Panzer genutzt werden.

Kriech-Piranha
Streckt den stacheligen Stängel und bewegt sich damit. Wird der Kopf angegriffen, weicht er zurück.

Para-Knochentrocken
Er fliegt und nähert sich euch. Wird er getreten, zerfällt er.

Parapünktchen
Pünktchen mit Flügeln. Mehrere Pünktchen bilden eine Reihe und fliegen entlang bestimmter Routen.

Piranha-Pflanze
Sie streckt den Hals und beißt zu, wenn man in ihrer Nähe ist. Ein Tritt besiegt sie.

Auflistung aller 17 Spiele › 2013 › SUPER MARIO 3D WORLD

Summser
Fliegt tief und verfolgt euch, wenn er euch entdeckt.

Hothead
Springt in regelmäßigen Zeitabständen aus der Lava heraus. Es gibt auch eine blaue Variante.

Stachel-Hopsmaus
Wegen der Rückenstacheln kann sie nicht getreten werden. Bewegt sich wie eine normale Hopsmaus.

Hammer-Bruder
Er bewegt sich mit Sprüngen und wirft zum Angriff mit Hämmern.

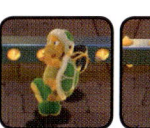

Orkoschi
In regelmäßigen Zeitabständen erzeugt er einen starken Wind, der euch wegbläst.

Hopsmaus
Rennt gerne auf rotierenden Plattformen. Manchmal springt sie.

Feuer-Piranha-Pflanze
Sie spuckt Feuerkugeln nach euch, wenn sie euch erblickt.

Feuer-Bruder
Er bewegt sich mit Sprüngen und greift mit Feuerbällen an.

Bumerang-Bruder
Er bewegt sich mit Sprüngen und greift mit Bumerangs an.

Cheep-Cheep
Er schwimmt auf bestimmten Routen hin und her.

Stachelfisch
Er schwimmt im Wasser. Die Stacheln auf dem Rücken machen ihn immun gegen Stampfattacken.

Floptikop
Er dreht die Flügel, gleitet langsam und nähert sich euch.

Football-Chuck
Er rammt euch. Wird er angegriffen, wird er schneller.

Bumm Bumm
Er wirbelt mit den Armen, wenn er angreift. Manchmal macht er sich durchsichtig beim Angriff.

Pom Pom
Sie erzeugt Doubles und wirft mit Wurfsternen. Der pinke Wurfstern verrät, wer die echte Pom Pom ist.

Elektroschmelzer
Er klebt am Boden und breitet sich aus, um sich elektrisch zu entladen.

Von Zischel
Er taucht zusammen mit kleinen Artgenossen auf. Er lässt Felsen fallen.

Von Zischel (pink)
Pinke Variante von Von Zischel. Er speit Feuer.

Boss-Karumpel
Kommt angerollt. Trifft ihn ein Karumpel, verstreut er Felsen, während er sich dreht.

Boss-Blubbarrio
Er plustert sich auf und hüpft herum. Nach dem Sturzflug wird sein Körper sichtbar.

Schnappolin
Er nähert sich hüpfend. Manche von ihnen werden zum Sprungbrett, wenn sie besiegt sind.

Bob-omb
Entzündet sich und verfolgt euch. Wird er angegriffen, wird er zu einer Bombe.

Sprunder
Er guckt aus dem Wasser oder aus dem Sand. Rammt man ihn mit Plessie, prallt man ab.

Links-Zwo
Sie bilden eine Reihe und marschieren. Wird auch nur einer angegriffen, geraten sie durcheinander.

Riesen-Kugelwilli
Ein großer Kugelwilli. Er kommt aus einer Kanone und fliegt geradeaus.

Riesen-Katzen-Kugelwilli
Er fliegt in eure Richtung aus einer Kanone heraus.

Lavaball
Er nähert sich rollend. Auf dem Weg hinterlässt er Lava, die Schaden verursacht.

Mini-Gumba
Er fliegt weg, wenn man ins Mikrofon des Wii U GamePads pustet.

Flauschi
Mehrere Flauschis versperren euch den Weg. Durch einen Angriff verschwinden sie für eine Weile.

Ring Burner
Er erzeugt einen Strahl, der sich ausbreitet. Dieser ist entweder kreisförmig oder viereckig.

WORLDS
● Welten

LEVELS
Zusammen mit den Mini-Levels mit Captain Toad warten insgesamt 117 Levels auf euch.

Welt 1
Eine ruhige Steppenwelt. Hier könnt ihr euch in Katzen-Mario verwandeln.

1 Der Superglockenhügel
Der Anfang des Abenteuers. Als Katzen-Mario rennt ihr durch die Steppe.

2 Ärger in der Koopa-Grotte 
Eine Unterwelt, aufgeteilt in mehrere Ebenen. Hier ist ein Warp-Rohr versteckt.

A Aus dem Weg, Football-Chucks! 
Ein Kampf gegen zwei Football-Chucks. Ihr müsst sie besiegen, um voranzukommen.

3 Höhenrausch 
Auf dem Berg laufen Katzen-Gumbas herum. Nutzt die Gimmicks zum Klettern.

4 Wasserspaß mit Plessie 
Auf Plessie reist ihr stromabwärts. Im Wasserfall links ist ein Weg versteckt.

5 Schalter an, Manege frei! 
Mehrere kleine Räume mit vielen Umdrehböden. Tretet auf alle Böden und geht voran.

Bowser gibt Gas 
Eine Schlacht gegen Bowser auf einer riesigen Brücke. Mit Kick-Bomben kämpft ihr euch voran.

Kapitän Toad will hoch hinaus 
Ihr steuert Captain Toad und sammelt die grünen Sterne ein.

Welt 2
Eine Welt aus Sand und Felsen. Hier findet ihr Wüsten- und Berg-Levels.

1 Pickondors Wüstenruine
Weicht in der weiten Wüste den Attacken der Pickondore aus. 

2 Zieh auf den Pustegipfel! 
Nutzt das Wii U GamePad. Mit Berührung und Pusten bahnt ihr euch den Weg.

3 Unterirdische Schattenspiele 
Schatten werden an die Wand geworfen. Die Topf-Piranha-Pflanze ist eine große Hilfe.

4 Über die Kullerhügel! 
Hopsmäuse laufen auf den Drehplattformen herum.

A Aus dem Weg, Maxi-Galumbas! 
Der Showdown gegen drei Riesen-Galumbas auf der Lavaplattform.

5 Auf dem Doppelkirschenberg
Premiere der Doppelkirsche. Erstelle Doubles, um Gegner und Gimmicks zu bewältigen.

Bowsers Kugelwilli-Kolonne 
Ein Panzer-Level mit vielen Gimmicks, die wie eine Parade auf euch zukommen.

Hau sie weg im Rätselhaus! 
Hier habt ihr jeweils zehn Zeiteinheiten. Besiegt alle Gegner innerhalb dieser Zeit.

Welt 3
Eine kalte Eis-Welt mit einigen kleinen Inseln.

1 Schneetreiben im Winterpark
Ein Level aus Schnee und Eis. Mit Schlittschuhen könnt ihr auf dem Eis gleiten. 

2 Akrobatik am Gitterzaun 
Weicht den Gitterzäunen aus, die sich in verschiedene Richtungen bewegen.

3 Auf und ab im Gruselhaus 
Die Villa der Buu Huus. Es gibt gemeine Gimmicks wie Fälschungen.

4 Panik in Pastell 
Ein kurzes, niedliches Level in Pink. Rotierende Plattformen sehen aus wie Schleifen.

A Aus dem Weg, Kameks! 
Ein Kampf gegen drei Kameks. Sie teleportieren sich nach einem Angriff.

5 Die Röhrenlagune 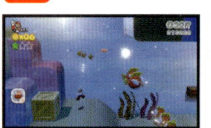
Ihr schwimmt durch enge Wasserwege mit mehreren Cheep-Cheeps.

6 Bergpass-Sprint 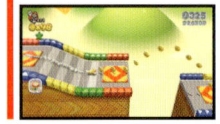
Ihr beschleunigt euch mit den Sprint-Platten wie bei *Mario Kart*.

7 Hin und her im Schaltertal 
Das Laub fällt von den bunten Herbstbäumen. Mit Wippenkarren überquert ihr das Tal.

Sturm auf Bowsers Kugelwilli-Express 
Ein Expresszug. Vom Zug daneben werden viele Katzen-Kugelwillis zu euch geschossen.

B Von Zischel gewährt eine Audienz 
Der Kampf gegen Von Zischel. Springt dreimal auf den Kopf, um ihn zu besiegen.

Auflistung aller 17 Spiele (2013 → SUPER MARIO 3D WORLD)

Kapitän Toad und der geheimnisvolle See
Ein See mit sich veränderndem Wasserstand. Sucht auch unter Wasser nach den grünen Sternen.

Welt 4
Eine orange Plateau-Welt. Hier warten Berge und Sümpfe auf euch.

1 Krabbelei im Canyon
Große und kleine Trupp-Krabbel laufen in dem Felsgebiet herum. 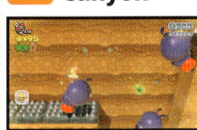

2 Der Sumpf der Kriech-Piranhas
Zahlreiche Kriech-Piranhas krabbeln in den düsteren Giftsümpfen herum.

A Aus dem Weg, Karumpel-Bande!
Ihr kämpft gegen vier Karumpel. Lasst sie gegeneinanderprallen oder in die Lava fallen.

3 Tanz in der Wolkendisco
Mit dem richtigen Timing lauft ihr über die schwebenden Blink-Blöcke.

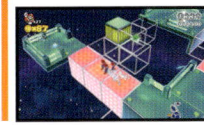

4 Abenteuer in den Trampolinbergen
An der Hochebene wachsen große und kleine Trampolin-Pilze. Hüpft voran.

5 Die verlorene Stadt in den Spike-Bergen
Hier gibt es viele Steilhänge. Von oben lassen Spikes Stachelwalzen herunterrollen.

Boss-Karumpels Lavaversteck
In der Festung tauchen Karumpels auf. Nutzt sie, um an die Gimmicks zu kommen.

B Das erste Versteck der Feuer-Brüder
In der Unterwelt kämpft ihr gegen drei Feuer-Brüder.

Raserei im Rätselhaus
Nutzt die Gimmicks, um Attacken auszuweichen, und rennt zum grünen Stern.

Welt 5
Eine Wasserwelt mit verstecktem Bonus-Level.

1 Sonnenbrand am Tropenstrand
Lauft durch den weißen Sand und sucht nach den Schlüsselmünzen. 

2 Tollkühne Trapezträume
Mit Trapezen schwingt ihr euch durch das Zirkus-Level.

3 Hektik im Hinterhof
Obwohl das Ziel direkt vor euch liegt, müsst ihr Umwege machen, um die grünen Sterne zu bekommen.

A Die Football-Chucks schlagen zurück
Auf engem Raum kämpft ihr gegen fünf Football Chucks. Weicht den Tackles aus und greift an.

4 Grandiose Grassteppe
Ein großes Grasland bei schönem Sonnenuntergang. Hier laufen Hasen herum.

5 Bob-ombs im Keller
Eine Höhle voller Bob-ombs. Sprengt die Gimmicks, um vorwärtszukommen.

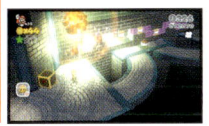

6 Hüpfparcours durchs Schlemmerland
Ein Level mit Süßigkeiten. Bewältigt das Level über die Springklapp-Scharniere.

7 Schleichgang unter Scheinwerfern
Werdet ihr in der Festung vom Scheinwerfer erwischt, werden Kugelwillis abgefeuert.

König Klonks Kastell
Auf schmalen Plattformen klappern die Klonks. Am Ende kämpft ihr gegen König Klonk.

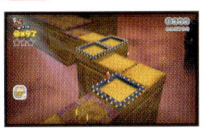

B Das zweite Versteck der Feuer-Brüder
Kampf gegen die Feuer-Brüder. Sie stehen auf dem Gumba-Turm.

Kapitän Toad und die Gruselvilla
Mit beweglichen Plattformen sammelt ihr die grünen Sterne in diesem Spukhaus.

? Goldexpress
Ein Bonus-Level mit einem goldenen Zug, der mit unzähligen Münzen beladen ist.

Welt 6
Eine Welt über den Wolken. Das Wetter in den Levels ist wechselhaft.

1 Reise per Glasrohrpost
Hier schwebt ihr durch die durchsichtgen Röhren, in denen auch Gegner und Items stecken. 

2 Die verwunschene Flotte
Bei Regen erforscht ihr dieses unheimliche und schwankende Geisterschiff.

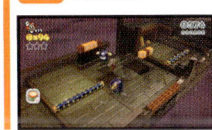

3 Das Haus der tausend Touchscreen-Türen
Mit Berührungen aktiviert ihr Gimmicks oder öffnet die Schiebetüren.

4 Eine Floßfahrt im Dschungel
Das Floß fährt über den Giftsumpf. Überwindet die Hindernisse.

A Aus dem Weg, Bully-Prinz!
Ein Duell gegen den Bully-Prinzen. Schiebt ihn ins durchsichtige Rohr und tretet ihn weg.

5 Winterstürme
Auf dem Schneeberg versuchen die Orkoschis, euch wegzupusten.

6 Sturm auf die Kugelwilli-Festung
Klettert auf die gigantische Festung. An einigen Stellen kommt ihr nur als Katzen-Mario weiter.

7 Schicht in der Fuzzy-Fabrik
In diesem Level lauft ihr vor den zahlreichen Fuzzys davon.

Bowsers Bob-omb-Brigade
Die Panzer-Truppe greift euch mit Bomben und Bob-ombs an.

B Das dritte Versteck der Feuer-Brüder
Besiegt zwei Hammer-Brüder, zwei Bumerang-Brüder und einen Feuer-Bruder.

C Boss-Blubbarrios großer Auftritt
Der Showdown gegen Boss-Blubbarrio. Er versucht euch zu zerquetschen.

Ballabend im Rätselhaus
Werft die Bälle, um die Gimmicks auszulösen und sammelt die grünen Sterne ein.

Welt 🏰

In dieser Welt ragt ein riesiges Schloss empor. Die letzte Feenprinzessin wird hier gefangen gehalten.

1 Das Fort der Feuer-Brüder
Eine Festung mit blauer Lava. Besiegt die Feuer-Brüder. 

2 Fackeln in der Finsternis 
Tretet die Umdrehböden und schaltet das Licht in der dunklen Höhle an.

3 Hitzige Hetze 
Mit Sprint-Platten rennt ihr über komplexe schmale Wege.

4 Bullys an der Lavafurt 
Überwindet das blaue Lavameer über die auf- und abtauchenden Plattformen.

A Die Karumpel-Bande schlägt zurück 
Erneuter Kampf gegen den Boss-Karumpel. Lavabälle behindern euch dabei.

B Bully-Prinz schlägt zurück 
Ein weiterer Kampf gegen den Bully-Prinzen. Seine Feuerattacken sind nun stärker.

5 Der Klarsichtturm 
Der Turm hat transparente Außenwände. Dort sammelt ihr die Schlüsselmünzen.

6 Im Reich des Rammerhais 
Ein unterirdischer See mit vielen Rammerhaien. Weicht ihnen aus.

7 Heißer Tanz am Lavasee 
Der Lavapegel verändert sich ständig. Findet die sicheren Stellen.

🏰 Bowsers Schloss im Lavasee 
Wieder tretet ihr gegen Bowser an, der im Lavaschloss auf euch wartet.

C Das vierte Versteck der Feuer-Brüder 
Sieben Feuer-Brüder auf einmal greifen an.

🍄 Kapitän Toad und die Steinblock-Fabrik 
In der Festung fliegen Kugel-willis umher. Nutzt die Steinblöcke als Plattformen.

Welt 🐢

Eine prunkvolle Welt mit Neonlichtern. Im imposanten Turm wartet Bowser auf euch.

1 Kampf auf den Stachelbrücken
Ihr lauft durch ein ganzes Gebiet aus Stachelböden. Achtet auf euer Timing! 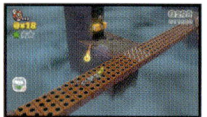

2 Plessies Dünenrallye 
Auf Plessie meistert ihr die Sandströmung. Am Hügel sind Sprunder zu sehen.

3 Süßes Räderwerk 
Schokolade, Kekse und andere Süßigkeiten werden in diesem Level zu Plattformen.

🚂 Sturm auf Bowsers Schergen-Express 
Ein Zug voller Gegner. In jedem Waggon warten andere Gegner auf euch.

4 Geheimnisvolle Pfade 
Ein Level mit transparenten Böden. Überprüft vorsichtig, wohin ihr treten könnt.

5 Windende Wassergänge 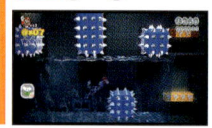
Schwimmt durch Wasserklumpen. Dabei müsst ihr auch Plessie nutzen.

6 Ein Licht im Dunkeln 
Euer Weg führt über schwebende Plattformen. Eure einzige Waffe ist die Leucht-Box.

7 Wumpel-Inferno 
Auf Wumpels, die die Seiten wechseln, überwindet ihr das Lavameer.

A Boss-Blubbarrios Zugabe 
Ein weiterer Kampf gegen Boss-Blubbario. Bei der Landung erzeugt er Schockwellen.

B Von Zischel schlägt zurück 
Von Zischel kehrt zurück. Diesmal ist er pink und speit Feuer.

🏰 Bowsers großer Turm 
Auf dem hohen Turm erwartet euch der letzte Kampf gegen Bowser, diesmal als Katze.

🎲 Krallen raus im Rätselhaus 
Als Katzen-Mario klettert ihr die Wände hoch zu den grünen Sternen.

Welt ⭐

Diese Welt wird nach dem Abspann erreichbar. Rosalina spielt ab dieser Welt mit.

1 Reise durchs Regenbogenland
Ihr lauft über sich bewegende Regenbogenplattformen. Im mittleren Teil reitet ihr auf Plessie. 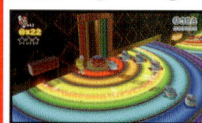

2 Die Super-Galaxie 
Im weit entfernten All gibt es viele Drehböden. Hier trefft ihr euch mit Rosalina.

3 Auf dem Holzweg 
In dem athletischen Level werden die runden Plattformen gerollt.

4 Rauf auf den Zielpfahl! 
Lauft dem Para-Zielpfahl hinterher. Das Level ist geschafft, wenn ihr ihn eingeholt habt.

5 Bombenspaß im Land der Blöcke 
Das Level ist voller Blöcke. Nutzt die Bomben, um nach den Schlüsselmünzen zu suchen.

6 Wandern auf dem Wabenweg 
Ein Vertical-Scrolling-Level mit Kameraperspektive von oben.

7 Die Grotte der Giganten 
Durch die düstere Höhle rennt ihr als Mega-Mario.

8 Spuk im Winternebel 
Auf dem verschneiten Platz sucht ihr nach Schlüsselmünzen. Danach folgt ein nebliger Sumpf.

9 Schwere Sternengeschütze 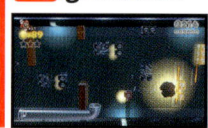
Setzt die Kanonen-Box auf und bewältigt das Kugelhagel-Gebiet.

🍄 Kapitän Toad ist am Rotieren 
Wird der P-Schalter betätigt, dreht sich der Raum. Sammelt die grünen Sterne.

Auflistung aller 17 Spiele | 2013 | SUPER MARIO 3D WORLD

Welt 🍄
Eine Bonus-Welt. Bekannte Levels kehren zurück, allerdings mit höherer Schwierigkeitsstufe.

1 Nacht über den Kullerhügeln
Eine Ebene bei Nacht mit strengem Zeitlimit. 

2 Kletterei am Stachelhang 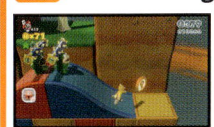
Ein hoher Berg mit vielen Stachelgegnern. Findet auch hier die Schlüsselmünzen.

3 Floßfahrt zur Geisterstunde 
Ein dunkles Dschungel-Level mit zahlreichen Buu Huus. Meistert es mithilfe der Leucht-Box.

4 Gefährliche Schattenspiele 
Besiegt alle Gumba-Türme in den Gassen, um den Weg zu öffnen.

5 Zurück im Haus der tausend Touchscreen-Türen 
Im Haus voller Bälle löst ihr die Rätsel, um Schlüsselmünzen zu sammeln.

6 Die Flotte der Riesen 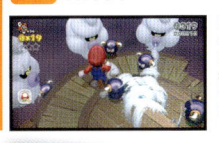
Bullys versuchen euch runterzublasen. Ihr bekämpft sie mit Mega-Mario.

7 Panik an der Lavafurt 
Hier tauchen weniger Plattformen auf, dafür aber mehr Gegner.

Keilerei im Rätselhaus 
Besiegt die Gegner und sammelt die grünen Sterne in allen zehn Räumen.

Welt 🌷
Die zweite Hälfte der Bonus-Welt. Einfach ist das Ziel nicht zu erreichen.

1 Strom an, Manege frei!
Besiegt die herumlaufenden Elektroschmelzer und tretet auf die Umdrehböden. 

2 Rohrbruch in der Fuzzy-Fabrik 
Mit beweglichen Wasserklötzen müsst ihr den sich nähernden Fuzzys ausweichen.

3 Nachts im Kriech-Piranha-Sumpf 
Ein finsteres Sumpfgebiet. Zündet die Fackeln mit Feuerbällen an.

4 Hektik im Fort der Feuer-Brüder 
Hier habt ihr kaum Zeit. Nehmt die Uhren auf und besiegt die Feuer-Brüder.

5 Hasenjagd in der Grassteppe 
Auf dem großen Grasland laufen Hasen und Pickondore herum.

6 Hin und her im Gruselhaus 
Buu Huus haben viele gefälschte Items in diesem Spukhaus platziert.

7 Ballerei in der Röhrenlagune 
Setzt euch die Kanonen-Box auf. Störenfriede werden abgeschossen.

8 Hektik in der Wolkendisco 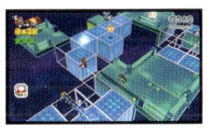
Die Blink-Blöcke sind schneller und sehr komplex platziert. Timing ist alles!

9 Gumba-Stress am Tropenstrand 
Besiegt alle Feuer-Brüder auf den Gumba-Türmen.

10 Wahnsinn auf dem Wabenweg 
Auf dem nun schmaleren Wabenweg tauchen mehr Gegner auf.

11 Schleicherei auf der Stachelbrücke 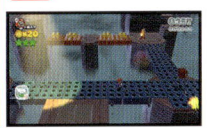
Wird man in der Festung vom Scheinwerfer erwischt, sprießen viele Stacheln aus dem Boden.

12 Bosse im fliegenden Wechsel 
Sechs Boss-Kämpfe in Folge, etwa mit Boss-Karumpels oder Von Zischels.

Welt 👑
Die allerletzte Welt, die unter bestimmten Voraussetzungen freigespielt wird.

Marathon im Rätselhaus
Hier gibt es 30 kleine Räume mit jeweils einem grünen Stern. 

Kapitän Toads feuriges Finale 
Bei wechselndem Lavapegel lauft ihr auf instabilen Plattformen weiter.

Der Weg der Champions 
Diverse Gegner und Gimmicks tauchen in diesem schwierigsten und allerletzten Level auf.

ITEMS & GIMMICKS

Hier werden die Items und Gimmicks aus den Levels vorgestellt. Einige reagieren auf das Touchscreen oder das Mikrofon des Wii U GamePads.

Blaue Münze
Diese Münzen tauchen auf, wenn man auf den P-Schalter tritt. Sammelt ihr sie, erhaltet ihr einen grünen Stern.

Rote Münze
Diese Münzen tauchen auf, wenn man durch den roten Ring geht. Das Einsammeln wird mit einem Item belohnt.

Roter POW-Block
Ein Schlag dagegen besiegt die Gegner und zerstört die Blöcke.

Roter Ring
Wird er berührt, tauchen acht rote Münzen auf.

Rettungsblock
Er taucht nach fünf Fehlversuchen am Anfang des Levels auf.

Farbplattform
Stellt man sich drauf, verändert sich die Farbe. Wurden alle getreten, taucht ein grüner Stern auf.

Baum
Man kann daran hoch- und runterklettern. Manchmal tauchen Münzen oder Items auf.

Schlüsselmünze
In manchen Gebieten muss man fünf davon sammeln, um die Warp-Box zu aktivieren.

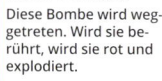

Kick-Bombe
Diese Bombe wird weggetreten. Wird sie berührt, wird sie rot und explodiert.

Trampolin-Pilz
Stellt man sich drauf, hüpft man ein wenig. Mit dem richtigen Timing ist ein hoher Sprung möglich.

Holzkiste
Wird bei Angriffen zerstört. Darin können sich Items, Münzen oder Gegner verstecken.

Charakter-Schalter
Nur der Charakter, der zum Symbol passt, kann diesen Schalter betätigen.

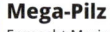

Mega-Pilz
Er macht Mario für eine Weile zu Mega-Mario.

Pflanze
Sie wachsen in den Levels. Wenn man drüberläuft, können Münzen erscheinen.

Bowser-Schild
Wird er zerstört, erhält man von Captain Toad einen grünen Stern.

Wolkenkanone
Sie schwebt in der Luft. Springt man hinein, wird man ins Bonus-Level über den Wolken gebracht.

Wolkenfloß
Eine quadratische Plattform. Mit einem Sprung oder einer Stampfattacke kann man durchbrechen.

Grüner Stern
Mehrere grüne Sterne sind in den Levels versteckt. Einige tauchen nur unter bestimmten Bedingungen auf.

Grüne Sternenmünze
Werden sie gesammelt, taucht ein grüner Stern auf.

Grüner Sternenring
Wird er berührt, tauchen grüne Sternenmünzen auf.

Münze
Bei 100 gesammelten Münzen gibt es ein 1-Up. Manchmal sind sie aufgetürmt.

?-Box
Setzt man sie auf, tauchen Münzen auf, solange man sich bewegt.

Münz-Ring
Ein gelber Ring. Wird er berührt, erhält man drei Münzen.

Kristallblock
Wird er geschlagen, geht er kaputt. Hier ist kein Item drin.

Goldpanzer
Münzen tauchen auf, wenn man ihn hochhebt oder sich in ihm bewegt. Er geht nach 100 Münzen kaputt.

Gold-P-Schalter
Wird er getreten, tauchen für eine Weile Münzen auf.

Zielpfahl
Berührt man ihn, gilt das Level als geschafft. Je höher man anschlägt, desto höher die Punktzahl.

Wumpel
Eine würfelförmige Plattform, die auf der Lava rollt.

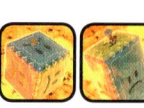

Scheinwerfer
Er beleuchtet bestimmte Stellen. Wird man beleuchtet, werden feindselige Gimmicks aktiviert.

Kaktus
Er geht kaputt, wenn er angegriffen wird, und hinterlässt eine Münze.

Wippe
Durch Marios Körpergewicht kippt sie zu einer Seite. Es gibt unterschiedliche Varianten.

Wippenkarre
Sie hat vorne und hinten jeweils einen Schalter und fährt in die Richtung des betätigten Schalters.

Sprungplattform
Darauf kann man hoch springen.

Trampolin
Darauf kann man hoch springen. Man kann es transportieren.

Schiebetür
Sie wird durch Berührungen auf dem Wii U GamePad geöffnet.

Fackel
Sie wird mit Feuerbällen angezündet. So können Gimmicks aktiviert werden.

Schalter-Block
Bei jedem Schlag wechseln die Farben von Rot zu Blau und umgekehrt. Das beeinflusst Gimmicks.

Superpilz
Er macht Mario zu Super Mario.

Superblatt
Es macht Mario zu Tanuki-Mario.

Stern
Er macht Mario für eine Weile unverwundbar.

Super-POW-Block
Wird er viermal geschlagen, wird Katzen-Bowser weggeschleudert.

Superglocke
Sie macht Mario zu Katzen-Mario.

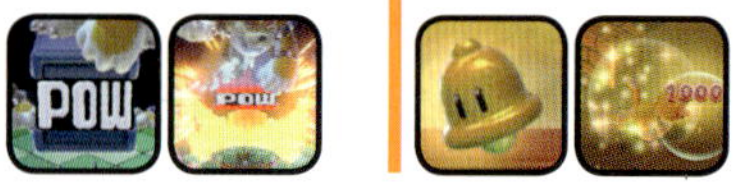

Schlittschuh
Er bleibt liegen, wenn man einen Schlittschuh-Gumba besiegt.

Sandstatue
Eine Sandstatue in Gegnerform. Wird sie zerstört, erscheinen zum Beispiel Gegner.

Sprint-Platte
Bei Berührung sprintet man für eine Weile automatisch.

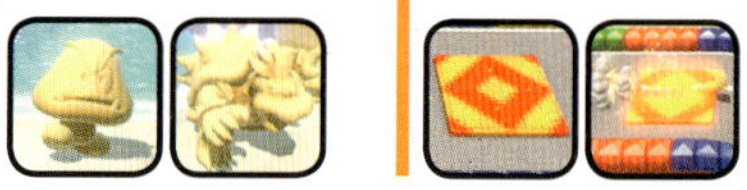

Auflistung aller 17 Spiele — 2013 — SUPER MARIO 3D WORLD

Touch-Plattform
Sie bewegt sich, wenn man das Wii U Game-Pad berührt. Nach einer Weile geht sie wieder zurück.

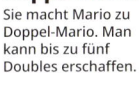

Doppelkirsche
Sie macht Mario zu Doppel-Mario. Man kann bis zu fünf Doubles erschaffen.

Donutblock
Stellt man sich drauf, wird er rot und fällt herab. Nach einer Weile kommt er wieder zurück.

Rücksetzpunkt
Wenn man ihn berührt, kann man bei einem Fehlversuch wieder von dem Punkt aus starten.

Riesen-Zielpfahl
Man findet sie in Festungen oder auf Zügen. Erreicht man sie, gilt das Level als geschafft.

Riesen-Block
Ein großer Block, der erst nach fünf Schlägen zerstört wird.

Gegner-Box
Sie lässt in regelmäßigen Zeitabständen Gegner erscheinen. Stellt man sich drauf, kommen sie nicht mehr.

Buu-Huu-Streich
Buu Huus spielen Röhre oder Zielpfahl. Sie verschwinden bei Berührung.

10er-Münzblock
Aus dem Block tauchen mehrere Münzen in Folge auf. Es gibt eine Variante, die die Münzen verstreut.

Blink-Block
Er erscheint und verschwindet in regelmäßigen Zeitabständen. Sie blinken abwechselnd in Rot und Blau.

Unsichtbare Münze
Wenn man drüberläuft, tauchen sie auf. Pustet man ins Mikrofon, findet man sie leichter.

Glasrohr
Man kann hindurchschweben. Manchmal verstecken sich Items oder Gegner darin.

Glasrohr-Kanone
Ein Einbahn-Glasrohr. Manchmal wird man von ihr in die Ferne geschossen.

Transparenter Block
Diese Blöcke sind unsichtbar. Pusten und Stampfen verraten seine Position.

Unsichtbare Plattform
Sie sind unsichtbar. Man sieht sie kurz, wenn man eine Aktion in der Nähe ausführt.

Röhre
Sie bringen den Spieler in andere Bereiche. Ein goldenes Rohr führt zu einem Bonus-Gebiet.

Giftsumpf
Ein lila Sumpf im Dschungel. Fällt man hinein, verliert man einen Versuch.

Stachelball
Er versperrt den Weg in den Glasröhren und lässt sich zum Beispiel mit Feuerbällen zerstören.

Stachelboden
Bodenplatte mit Stacheln. Bei den meisten schnellen die Stacheln heraus und ziehen sich wieder zurück.

Stachelwalze
Ein langer Stab mit Stacheln. Rollt auf der Oberfläche von Abhängen oder Wippen.

Gong
Wird er geschlagen, tauchen Münzen oder Gegner auf.

Katzen-Säule
Katzen-Marios Kratzen lässt die Plattform in der Nähe aufsteigen.

Dehnblock
Wird er geschlagen, streckt er sich nach oben oder zur Seite. Es gibt auch eine größere Variante.

Para-Zielpfahl
Ein Zielpfahl mit Flügeln. Er bewegt sich und das Level gilt als geschafft, wenn man sich an ihm festhält.

Topf-Piranha-Pflanze
Sie wird mit einem Angriff besiegt. Trägt man sie, frisst sie die Gegner in Laufrichtung auf.

?-Block
Wird er geschlagen, tauchen Münzen oder Items auf. Es gibt eine Variante, die sich verwandelt.

Gumba-Maske
Ein Gumba-Kopf zum Aufsetzen. Er taucht auf, wenn man einen Gumba besiegt.

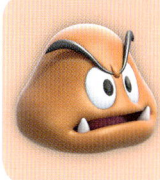

Stempel
In manchen Levels ist ein Stempel versteckt. Er kann im Miiverse eingesetzt werden.

P-Schalter
Wird er betätigt, tauchen blaue Münzen oder grüne Sterne auf, oder es werden Gimmicks aktiviert.

Leuchtender Punkt
Mit einer Stampfattacke auf einem leuchtenden Punkt tauchen Münzen oder Items auf.

Feuerbarriere
Feuerkugeln, die sich um einen Block drehen. Es gibt einen mit zwei Stäben und einen mit einem Stab.

Feuerblume
Sie macht Mario zu Feuer-Mario.

Bumerangblume
Sie macht Mario zu Bumerang-Mario.

Uhr
Die Uhr schenkt einem Zeit. Die blaue erhöht die Zeiteinheit um 10, die grüne um 100.

Schaukel
Hält man sich daran fest, beginnt sie zu schaukeln. Mit einem Schwung kann man weit springen.

Umdrehboden
Bei Kontakt wechselt die Farbe von Blau zu Gelb. Ist alles gelb, werden Gimmicks aktiviert.

Propeller-Box
Die Sprung-Taste mit aufgesetzter Box halten, dann fliegt man hoch.

Propellerplattform
Der Lift fährt los, wenn man in das Wii U Game-Pad pustet.

Kanone
Sie feuert mit Kanonenkugeln oder Kugelwillis. Diese werden manchmal zu Kanonen-Boxen.

Kanonen-Box
Erscheint, wenn man bestimmte Kanonen oder ?-Blöcke schlägt. Setzt man sie auf, feuert man Kugeln ab.

Ball
Man kann ihn aufnehmen und zum Angriff werfen. Auch Gimmicks können damit aktiviert werden.

Bombe
Sie wird beim Aufsammeln angezündet. Nach einer Weile oder bei Kontakt nach dem Werfen explodiert sie.

Glücksglocke
Sie macht Mario zu Goldstatuen-Mario.

Multi-P-Schalter
Mehrere Schalter gehören zusammen. Werden sie alle betätigt, erscheint ein Item.

Multiplattform
Sie fährt los, wenn so viele Charaktere wie angezeigt auf der Plattform stehen.

Rätselbox
Sie bringt einen zum Gebiet mit den grünen Sternen.

Unbesiegbarkeitsblatt
Es macht Mario zum weißen Tanuki-Mario.

Schneeball
Er hat dieselbe Funktion wie ein Ball. Manchmal erscheint er, wenn ein Schnee-Pokey besiegt wird.

Lava
Daraus tauchen Hotheads oder Lavabälle auf. Fällt man hinein, verliert man einen Versuch.

Leucht-Box
Setzt man sie auf, beleuchtet man den Weg vor sich. Buu Huus oder Spukmätze vertragen das Licht nicht.

Plattform
Auf der Plattform kann man sich transportieren lassen. Es gibt verschiedene Arten.

Treibsand
Fällt man hinein, bewegt man sich träger. Bleibt man drin, versinkt man.

Roulette-Block
Schlägt man drauf, taucht das Item auf, das nach dem Schlag angezeigt wurde.

Springklapp-Scharnier
Die Platzierungen der beiden Plattformen verändern sich bei jedem Sprung.

Block
Er wird zerstört, wenn man auf ihn draufschlägt. Manchmal findet man dann ein Item.

Fels-Block
Ein etwas größerer Block. Er kann nicht mit Schlägen zerstört werden, aber mit einer Bombe.

Langer ?-Block
Daraus tauchen drei Münzen oder Items auf.

Warp-Box
Springt man hinein, wird man zu einem anderen Ort gebracht. Funktioniert nur in eine Richtung.

Welt-Warp-Rohr
Es bringt Mario in eine andere Welt.

Pappus
Sie verschwinden bei Berührung oder wenn man in das Wii U GamePad pustet.

1-Up-Pilz
Mario erhält einen Extraversuch. Meist ist der 1-Up-Pilz gut versteckt.

Sammelt die 85 Stempel!!

Zu Beginn stehen 15 Stempel zur Verfügung.
Alle anderen werden erst nach Erhalt in der Übersicht der gesammelten Stempel angezeigt.
Sammelt alle 100 Stempel und erfüllt damit eine der Bedingungen, um die finale Krone-Welt freizuspielen.

AND MORE
- Anderes

BESONDERE SZENEN

Hier haben wir einige beeindruckende Szenen ausgesucht. Die Szene, in der Rosalina sich euch anschließt, kann nur einmal gesehen werden.

Das Debüt!
Erlebt Abenteuer mit Captain Toad!

Captain Toad macht sich allein auf den Weg, um nach den grünen Sternen zu suchen. Manchmal wird er von Gegnern attackiert. Rettet ihr ihn, bekommt ihr einen grünen Stern. Es gibt auch besondere Levels, in denen ihr ihn steuert, um den grünen Stern zu holen.

Münzregen beim Roulette!

Während des Abenteuers taucht manchmal ein Roulette-Haus auf der Weltkarte auf. Hier könnt ihr Münzen in unterschiedlichen Mengen erhalten, je nachdem, was für Symbole ihr bei dem Mini-Game erspielt habt. Das Spiel und auch die Musik sind eine Hommage an das Mini-Game von *Super Mario USA*.

Versteckter Luigi!

Das Erscheinungsjahr dieses Spieles 2013 war das 30. Jubiläum von Luigi, daher gab es auch eine große Kampagne zum »Jahr des Luigi«. Aus diesem Grund sind überall im Spiel Luigis in Pixelgrafik versteckt. Mal taucht er aus Blöcken auf, mal ist er im Hintergrund versteckt, mal erscheint er nur unter bestimmten Voraussetzungen. Viele sind nur schwer zu finden. Er versteckt sich sogar in der digitalen Anleitung.

Springen/Ducken/Stampfattacke (in der Luft)

Pflanzen tanzen zur Musik!

Die Pflanzen am Boden tanzen passend zur Hintergrundmusik. Je nach Melodie verändert sich auch der Tanz. Das erkennt ihr gut, wenn ihr am Zielpfahl auf die Pflanzen achtet.

Mario Kart wie auf dem SNES?

In W3-6 »Bergpass-Sprint« rennt ihr mithilfe der Sprint-Platten. Dieses Leveldesign basiert auf dem Spiel *Super Mario Kart* für den SNES und beinhaltet viele Elemente aus dem Originalspiel, wie die Start- und Ziellinie oder die bunten Bordsteine. Auch die Musik ist ein Remix von *Mario Kart: Super Circuit*.

Feuerwerke am Ziel!

Kommt ihr ins Ziel, wenn die Endziffer der Restzeit die 1 ist, wird das Feuerwerk einmal abgeschossen. Bei einer 3 dreimal und bei einer 6 fünfmal.

Goldene Bahn voller Münzen!

Nehmt ihr das versteckte Rohr auf der Weltkarte von W5, findet ihr den »Goldexpress«. Das ist ein Bonus-Level mit etlichen Münzen. Diese Bahn taucht auch danach wieder auf, und zwar immer dann, wenn man 20 Levels durchgespielt hat.

Ein etwas trauriger Abspann?!

Habt ihr nicht alle Feenprinzessinnen gerettet, weil ihr Warps genutzt habt, tauchen diese auch nicht in den Abspann-Sequenzen auf.

Wettlauf gegen den Ghost-Mii!

Nach W♣ wird die Bestzeit für jedes Level angezeigt. Zudem taucht ein schneller Ghost-Mii auf. Gegen ihn könnt ihr um die Wette laufen.

Spielt Luigi Bros.!

Habt ihr W★ geschafft, müsst ihr das Pixel-Luigi-Icon auf dem Titelbild berühren. Dann wird das Spiel *Luigi Bros.* gestartet. Es basiert auf dem Famicom-Spiel *Mario Bros.*, jedoch sind beide Charaktere hier Luigi. Habt ihr eine Datei zu *New Super Luigi U* auf der Wii-U-Konsole gespeichert, könnt ihr das Spiel *Luigi Bros.* gleich zu Beginn spielen.

Mit Rosalina ins Abenteuer!

In W★-2 werdet ihr Rosalina sehen, jedoch nur beim ersten Mal. Wird das Level geschafft, steht sie als eine der spielbaren Figuren zur Verfügung. Das Level basiert auf *Super Mario Galaxy*, und ihr trefft auf Lumas und Oktumbas.

Rosalina auch in den Demo-Sequenzen!

Geht ihr zurück zum Startbildschirm, nachdem ihr W★-2 durchgespielt habt, seht ihr in der Demo-Sequenz Rosalina. Ist Rosalina bei euch, erscheint sie auch im Abspann.

Die letzte Herausforderung: Welt ♛!

Habt ihr in allen Levels bis W♚ alle grünen Sterne und alle Stempel gesammelt und bei allen Zielpfählen den höchsten Punkt berührt, öffnet sich die letzte Welt W♛! Werden dann die drei schwierigen Levels beendet, gilt das Spiel als komplett geschafft. Die Musik, die auf der Weltkarte gespielt wird, ist der Titel »Rosalina der Sternwarte« von *Super Mario Galaxy*.

Wissenswertes & Techniken

Hier findet ihr nützliche Informationen. Für das perfekte Durchspielen müsst ihr alle Levels mit allen Charakteren beenden.

Die Anzahl von ★ beim Spielstand ist ein Zeichen der Ehre!

Es werden immer mehr ★ beim Spielstand angezeigt. Nach dem Abspann kommt ★. Werden alle grünen Sterne bis W8 gesammelt, sind es ★★. Werden danach W★, W♚ und W♛ durchgespielt, gibt es ★★★. Wenn alle grünen Sterne außer W♛ gesammelt sind, sind es ★★★★. Werden die grünen Sterne und Stempel überall gesammelt, außer in W♛, und habt ihr mit allen Charakteren den höchsten Punkt des Zielpfahls in allen Levels berührt, erreicht ihr ★★★★★.

Anzeige gespielter Charaktere!

Taucht W♛ auf, wird auf der Weltkarte zu den Levels angezeigt, mit welchem Charakter das Level bereits abgeschlossen wurde. Immer wenn ihr mit einem Charakter alle Levels gemeistert habt, bekommt ihr einen besonderen Stempel.

Durch die Röhre in die nächste Welt!

In W1-2 und W4-2 findet ihr jeweils ein Warp-Rohr. Mit beiden kommt ihr in die nächste Welt. Ihr findet diese Röhren, wenn ihr über das Dach lauft.

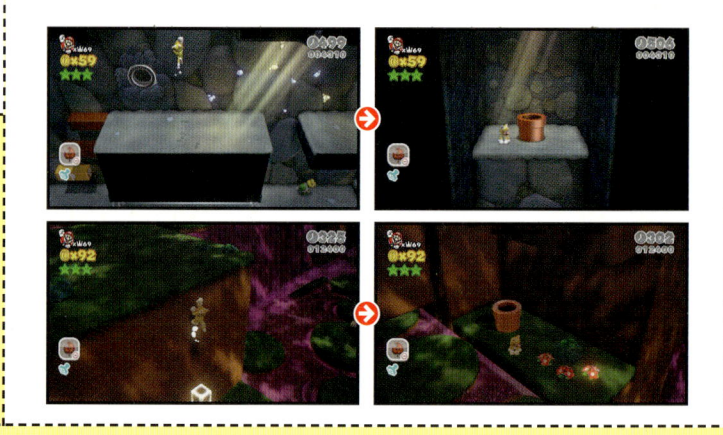

COLUMN • Kolumne

Als Mario noch nicht »super« war

Mit *Super Mario Bros.* hat Mario die Welt blitzschnell erobert. Doch auch er musste hart dafür arbeiten. Wir zeigen euch hier einen Einblick in Marios Zeit als Held der Spielhallen und der Spielereihe *Game & Watch*.

Um diese Zeit kamen noch weitere *Mario*-Spiele für *Game & Watch* raus: *Mario's Cement Factory* und *Mario's Bombs Away*.

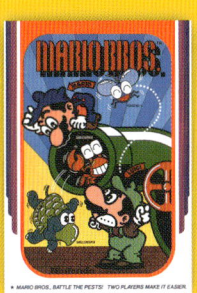

Ab 1981 — Die Donkey Kong-Ära

Mario tauchte das erste Mal im Jahr 1981 im Arcade-Spiel *Donkey Kong* auf. Das ist ein Action-Spiel, in dem er mit Sprüngen und Hämmern auf einen Stahlbau klettert, um Pauline zu retten, die von Donkey Kong entführt wurde. Damals hatte Mario noch keinen Namen und wurde nur »Jump Man« oder »Mr. Video Game« genannt. Er bekam den Namen »Mario« erst in der Fortsetzung *Donkey Kong Jr.*, die ab 1982 (EU: 1987) auf den Markt kam. Der Hauptcharakter bei diesem Spiel ist Donkey Kong Jr., der Sohn von Donkey Kong, der wegen seiner üblen Taten in einen Käfig gesperrt wurde. Um seinen Vater zu retten, nutzt er die Seile und Früchte und besiegt damit seine Gegner. Mario ist dabei der Bösewicht, der seine Gegner kontrolliert und Donkey Kong Jr. angreift.

Auch bei den Spielen *Donkey Kong 2* und *Donkey Kong Hockey*, die beides *Game & Watch*-Titel sind, ist Donkey Kong der Hauptcharakter. Bei *Donkey Kong 3* taucht Mario gar nicht mehr auf. Der spielbare Charakter trägt hier den Namen Stanley.

Flyer außerhalb Japans

Arcade Mario Bros.
Das Spiel kam nahezu zeitgleich mit der Famicom-Version heraus. Inhaltlich war es gleich, jedoch waren die Charaktere etwas größer.

Game & Watch: Mario Bros.
Erschien im März 1983, noch vor der Famicom-Version. Auf dem linken Bildschirm wurde Luigi und auf dem rechten Mario gesteuert.

Ab 1985 — Super Mario Bros.-Ära

Von *Mario Bros.* zu *Super Mario Bros.* Im Pilz-Königreich besteht Mario sein Abenteuer, um Prinzessin Peach zu retten, die von Bowser entführt wurde. Nach der Veröffentlichung auf dem Family Computer kam das *Game & Watch*-Remake heraus. Außerhalb Japans gab es auch ein Arcade-Spiel dazu.

Arcade: Super Mario Bros.
Basierend auf der Famicom-Version wurden die Levels etwas modifiziert und schwieriger gestaltet. Bei einem Game-over wurden die Punkte gespeichert.

Donkey Kong als Arcade-Automat
Markteinführung 1981. Insgesamt gibt es vier Levels. Das Spiel hat ein Level 2 (50 m) und Demosequenzen zwischen den Levels, die bei der Famicom-Version nicht vorhanden sind.

Donkey Kong als Game & Watch-Spiel
Mario weicht den Fässern aus und klettert am Stahlgerüst hoch. Hier wurden zwei Bildschirme eingeführt und zum ersten Mal wurde ein Spiel mit der Kreuztaste gesteuert.

Game & Watch: Super Mario Bros.
In Japan konnte man es als Preis im Disc-System-Spielwettbewerb gewinnen. Außerhalb Japans kam es mit dem New Wide Screen oder transparentem Crystal Screen auf den Markt.

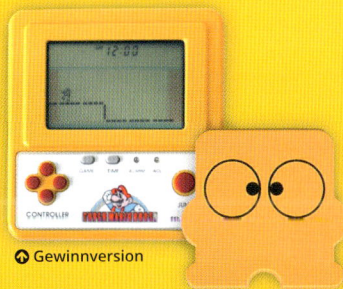

↑ Gewinnversion

→ New Wide Screen

Ab 1983 — Die Mario Bros.-Ära

Das erste *Mario*-Spiel war *Mario Bros.* aus dem Jahr 1983. Am Arcade-Automaten und auf dem Famicom taucht auch Marios Zwillingsbruder Luigi auf. Beide arbeiten zusammen, um die unterirdischen Monster zu besiegen. Egal ob Münzen, Röhren, Schildkröten oder POW-Blocke – hier sieht man schon einige Fundamente der späteren *Super Mario Bros.*-Serie. Das Gegeneinanderspielen zu zweit wurde zum Gesprächsthema und machte den Namen »Mario« weltbekannt. Die *Game & Watch*-Version unterscheidet sich inhaltlich. Mario und Luigi wurden separat mit den linken und rechten Tasten gesteuert, um die Pakete auf den Fließbändern zu tragen.

↑ Crystal Screen

Bildmaterial zur Verfügung gestellt von: Takenosuke

Marios Auftritte
in Videospielen!

Hier listen wir alle Spiele, in denen Mario mitgewirkt hat, von der Famicom-Zeit bis zum 10. September 2015 chronologisch auf. Dazu gehören Spiele der *Super Mario*-Serie sowie Spiele, die den Namen »Mario« im Titel tragen oder in denen Mario einen Gastauftritt hat. Hinzu kommen Spiele, bei denen Mario als Icon oder Bestandteil genutzt wird, und die Games, die mit der *Mario*-Familie zusammenhängen.

(Kein Anspruch auf Vollständigkeit)

ERKLÄRUNGEN / LEGENDE

15. JULI 1983 `FC` → ★★★

↑ Erscheinungsdatum
Hardware (siehe unten)

Zusammenhang mit Mario:
- ★★★★ Hauptspiel *Super Mario Bros.*
- ★★★ Mario nimmt als Hauptcharakter teil.
- ★★ Mario nimmt teil.
- ★ Mario taucht zum Beispiel als Icon auf.
- Die *Mario*-Familie taucht auf.

Family Computer `FC`
Spitzname »Famicom«, hat die Heimkonsole etabliert. Erschienen am 15. Juli 1983 in Japan, in Deutschland mit abgewandeltem Design als Nintendo Entertainment System (NES) bekannt.

Family Computer Disc System `FCD`
Eine Famicom-Erweiterung mit beschreibbaren Disketten. Erschienen am 21. Februar 1986 ausschließlich in Japan.

Game Boy `GB`
Der Megahit, der den Handheldmarkt begründete. Die erste Generation war schwarz-weiß, später erschien der Game Boy Color. Erschienen am 21. April 1989 in Japan und am 28. September 1990 in Europa.

Super Famicom `SFC`
Der Nachfolger des Famicom, mit verstärkter Grafik- und Soundleistung. Auf dem Controller wurden die X-, Y-, L- und R-Taste hinzugefügt. Erschienen am 21. November 1990 in Japan und als Super Nintendo Entertainment System (SNES) am 11. April 1992 in Europa.

Virtual Boy `VB`
Der Spieler blickt ins Gerät hinein und genießt die Spiele in 3-D. Die Grafiken werden in Rot und Schwarz dargestellt. Erschienen am 21. Juli 1995 in Japan, in Europa nicht erhältlich.

Nintendo 64 `N64`
Ermöglichte das Spielen in dreidimensionaler Umgebung. Der Controller hat einen 3-D-Stick, den man als Ursprung der Analogsticks bezeichnen kann. Später gab es noch eine Erweiterung namens 64DD mit einem Laufwerk, allerdings nur in Japan. Der N64 erschien am 23. Juni 1996 in Japan und am 1. März 1997 in Europa.

Game Boy Advance `GBA`
Dieser Handheld hatte eine bessere Grafik als der Super Nintendo. Später kamen weitere Varianten auf den Markt, z. B. der klappbare SP oder der kleine Micro. Der GBA erschien am 21. März 2001 in Japan und am 22. Juni 2001 in Europa.

Nintendo GameCube `GC`
Die Nintendo-Konsole, die die optische Disc einführte, und zwar eine eigene kleine Disc mit einem Durchmesser von 8 cm. Der GameCube erschien am 14. September 2001 in Japan und am 3. Mai 2002 in Europa.

Nintendo DS `DS`
Der doppelte Bildschirm und der Touchscreen wurden eingeführt. Später erschienen mehrere Varianten: DS Lite, DSi und DSi LL. Es gibt auch Download-Spiele nur für den DSi. Der DS erschien am 2. Dezember 2004 in Japan und am 11. März 2005 in Europa.

Wii `Wii`
Mit dem neuen Controller, der Wii-Fernbedienung, wurde ein neues intuitives Spielprinzip eingeführt. Auch für die Wii gibt es Download-Spiele. Die Konsole erschien am 2. Dezember 2006 in Japan und am 8. Dezember 2006 in Europa.

Nintendo 3DS `3DS`
3-D-Darstellungen fürs bloße Auge wurden eingeführt. Der 3DS kommt mit mehr vorinstallierten Programmen. Später kamen viele Varianten wie der 3DS LL oder New Nintendo 3DS auf den Markt. Die Download-Spiele werden mit gekennzeichnet. Der 3DS erschien am 26. Februar 2011 in Japan und am 31. März 2011 in Europa.

Wii U `Wii U`
Mit dem Wii U GamePad werden auf dem TV und dem GamePad-Monitor unterschiedliche Spielelemente angezeigt. Die Download-Spiele werden als `Wii U-DL` gekennzeichnet. Die Wii U erschien am 1. Dezember 2012 in Japan und am 30. November 2012 in Europa.

1983

15. JULI 1983 `FC` ★★★

Donkey Kong
Hier hatte Mario seinen ersten Auftritt. Bei dem Ein-Bild-Action-Spiel folgt er seiner Freundin Pauline, die von Donkey Kong entführt wurde.

15. JULI 1983 `FC` ★★

Donkey Kong Jr.
Donkey Kong Jr. rettet Donkey Kong. Mario ist hier der Bösewicht.

9. SEPTEMBER 1983 `FC` ★★★

Mario Bros.
Das erste Spiel, das im Titel den Namen »Mario« führt. Luigi hat hier seinen ersten Auftritt. Gemeinsam besiegen die Brüder die Gegner, die aus den Röhren kommen.

©1983 Nintendo

12. DEZEMBER 1983 `FC` ★

Donkey Kong Jr. no Sansuu Asobi
In Europa unter dem Namen *Donkey Kong Jr. Math* erschienen. Mario tritt gar nicht auf. Ein pädagogisches Mathe-Action-Spiel.

1984

14. JANUAR 1984 `FC` ★★

Tennis
Mario sitzt auf dem Schiedsrichterstuhl.

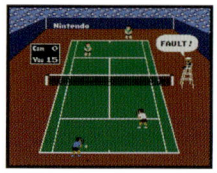

©1984 Nintendo

2. FEBRUAR 1984 `FC` ★★

Pinball
Mario taucht hier in einem Bonus-Level auf.

21. JUNI 1984 `FC` ⭐

Family Basic

Programmier-Hardware für den Famicom. Mario und Pauline haben Cameo-Auftritte. Identische Pixelgrafik zu *Donkey Kong*.

4. JULI 1984 `FC`

Donkey Kong 3

Der Held dieses Spiels ist nicht Mario, sondern Stanley. Es ist ein Ballerspiel auf einem Bildschirm.

1985

21. FEBRUAR 1985 `FC` ⭐

Family Basic V3

Die Update-Version des Programmier-Tools Family Basic. Auch hier hat Mario einen Cameo-Auftritt.

18. JUNI 1985 `FC` ⭐⭐⭐

Wrecking Crew

Mario und Luigi arbeiten als Abrissunternehmer und zerstören alle Wände der Levels.

©1985 Nintendo

13. SEPTEMBER 1985 `FC` ⭐⭐⭐⭐

Super Mario Bros.

Um das Pilz-Königreich zu retten, tritt Mario gegen Bowser an (Seite 16 ff.).

1986

21. FEBRUAR 1986 `FCD` ⭐⭐

Disc System (Startbildschirm)

Beim Start tauchen Mario und Luigi mit der Grafik von *Mario Bros.* auf.

3. JUNI 1986 `FCD` ⭐⭐⭐⭐

Super Mario Bros. 2

In Deutschland als *Super Mario Bros.: The Lost Levels* bekannt. Schwieriges *Super Mario*-Spiel mit neuen Elementen für Experten (Seite 24 ff.).

27. AUGUST 1986 `FCD` ⭐

I am Teacher – Super Mario no Sweater

Bedeutet in etwa: »Super Marios Pullover«, in Deutschland nicht erschienen. Es handelt sich um einen Strick-Simulator, der grafisch erklärt, wie man einen Pullover mit Mario- oder Gumba-Motiven strickt.

DEZEMBER 1986 `FCD` ⭐⭐⭐

All Night Nippon Super Mario Bros.

Ein Kollaborationsprodukt mit dem Radiosender Nippon Hoso. Auf der Verpackung waren die MCs der Sendung *All Night Nippon* abgebildet. Auch inhaltlich wurde das Spiel angepasst. Verkauft in limitierter Auflage.

1987

21. FEBRUAR 1987 `FCD` ⭐⭐⭐

Golf Japan Course

Mario taucht als Spielercharakter auf. Das erste Mario-Sportspiel.

14. JUNI 1987 `FCD` ⭐⭐⭐

Golf US Course

Das zweite Golfspiel, diesmal spielt es in den Staaten. Mario trägt ein gestreiftes Outfit in Weiß und Rot.

©1987 Nintendo

30. OKTOBER 1987 `FCD` ⭐⭐

Famicom Grand Prix: F1-Race

Auf der Verpackung prangt eine große Mario-Illustration.

21. NOVEMBER 1987 `FC` ⭐⭐

Mike Tyson Punch Out!!

Die Gewinnspiel-Variante wurde als *Punch Out* zum Beispiel via Virtual Console zur Verfügung gestellt. Mario spielt hier die Rolle eines Kampfrichters.

1988

14. APRIL 1988 `FCD` ⭐⭐⭐

Famicom Grand Prix 2: 3D Hot Rally

Mario ist der Fahrer und Luigi der Navigator. Man kann Luigi sehen, wenn der Wagen repariert wird.

©1988 Nintendo

23. OKTOBER 1988 `FC` ⭐⭐⭐⭐

Super Mario Bros. 3

Mario besiegt die Koopalinge und holt sich die Zauberstäbe zurück. Ein großes Abenteuer in der Pilzwelt (Seite 32 ff.).

30. NOVEMBER 1988 `FCD` ⭐⭐⭐

Kaettekita Mario Bros.

Der Titel bedeutet in etwa: »Mario Bros. kehrt zurück«, in Deutschland nicht erschienen. Ein Kollaborationsprodukt mit der Firma Nagatanien. Ihre Werbung ist im Spiel zu sehen. Das Game ist ein Remake von *Mario Bros.*

1989

21. APRIL 1989 `GB` ⭐⭐⭐⭐

Super Mario Land

Ein Side-Scrolling-Action-Spiel, das gleichzeitig mit dem Game Boy erschienen ist. Es spielt in Sarasaland (Seite 44 ff.).

©1989 Nintendo

21. APRIL 1989 `GB` ⭐⭐

Alleyway

Mario steigt ins Paddle ein und zerstört die Blöcke mit dem Ball. Es gibt ein Level, das wie Marios Gesicht aussieht.

29. MAI 1989 `GB` ⭐⭐

Tennis

Wie bei der Famicom-Version sitzt Mario auf dem Schiedsrichterstuhl.

14. JUNI 1989 `GB` ⭐⭐

Tetris

Mario erscheint nur im Multiplayer-Modus. Der erste Spieler ist Mario, der zweite Spieler ist Luigi.

1990

13. APRIL 1990 GB
Quix
Je nach erreichter Punktzahl taucht Mario beim Game-over auf. Auch Luigi und Peach treten auf.

27. JULI 1990 FC
Dr. Mario
Je nach erreichter Punktzahl taucht Mario beim Game-over auf. Auch Luigi und Peach sind zu sehen. 
©1990 Nintendo

27. JULI 1990 GB
Dr. Mario
Inhaltlich identisch zur Famicom-Version. Es gibt kleine Änderungen wie z. B., dass die Flasche eine Stufe niedriger ist. 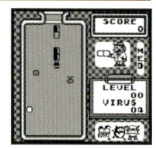
©1990 Nintendo

9. NOVEMBER 1990 GB
F1 Race
Beim Sieg im Grand Prix wird man von Mario honoriert.

21. NOVEMBER 1990 SFC
Super Mario World
Zeitgleich erschienen mit dem Super Famicom. Ein neues Abenteuer von Mario und Yoshi im Dinosaurierland (Seite 50 ff.). 
©1990 Nintendo

1991

26. APRIL 1991 SFC
Sim City
Ein Stadtentwicklungssimulator. Wer eine große Halbe-Million-Stadt baut, bekommt eine Mario-Statue.

20. SEPTEMBER 1991 FC
Mario Open Golf
Mario ist der Spielercharakter. Auf dem Titelbild tauchen auch Peach und Daisy im Minirock auf. 
©1991 Nintendo

21. NOVEMBER 1991 SFC
Legend of Zelda – A Link to the Past
In einem Haus im Dorf Kakariko hängt ein Mario-Bild.

14. DEZEMBER 1991 FC
Yoshi no Tamago
In Europa als *Mario & Yoshi* erschienen. Ihr bewegt Mario unten auf dem Bildschirm und verändert den Landepunkt der Gegner, um sie zwischen den Eiern zu zerquetschen. 
©1991 Nintendo

14. DEZEMBER 1991 GB
Yoshi no Tamago
Mario & Yoshi mit denselben Spielregeln wie bei der Famicom-Version. Jedoch ist das Bild nur sieben Stufen hoch.

1992

14. JULI 1992 SFC
Mario Paint
Das erste Spiel mit Maus-Unterstützung. Man konnte mit der beigelegten Super Famicom-Maus zeichnen und Animationen oder Musik erstellen. 
©1992 Nintendo

27. AUGUST 1992 SFC
Super Mario Kart
Das erste Spiel der mittlerweile berühmten Serie. Mario und seine Freunde fahren gegeneinander und setzen dabei Items ein.
©1992 Nintendo

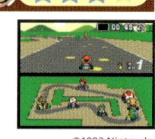

14. SEPTEMBER 1992 FC
Super Mario USA
In Deutschland als *Super Mario Bros. 2* bekannt. Ein Action-Spiel mit Mario, Luigi, Peach und Toad im Traumland Subcon (Seite 64 ff.). 
©1988, 1992 Nintendo

21. OKTOBER 1992 GB
Super Mario Land 2: 6 Golden Coins
Die Fortsetzung von *Super Mario Land*. Mario sammelt goldene Münzen, um das von Wario gekaperte Schloss zurückzuholen (Seite 72 ff.). 
©1992 Nintendo

21. NOVEMBER 1992 FC
Yoshi's Cookie
Das zweite Puzzlespiel mit Yoshi. Mario backt Kekse als Bäcker. 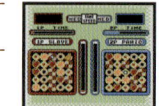
©1992 Nintendo

21. NOVEMBER 1992 GB
Yoshi's Cookie
Im Gegensatz zur Famicom-Version kann man mit bis zu vier Spielern gegeneinander spielen. Auch Peach und Bowser spielen mit. 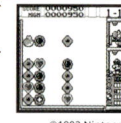
©1992 Nintendo

1993

6. JUNI 1993 GB
The Legend of Zelda: Link's Awakening
Yoshis Figur und Peachs Foto tauchen im Spiel auf.

21. JUNI 1993 SFC
Super Scope 6
Das Spiel speziell für das Super-Famicom-Zubehör Super Scope. Im Game *LazerBlazer Type A: Intercept* wird Mario von Lemmy verfolgt.

9. JULI 1993 SFC
Yoshi's Cookie
Die Grafik ist bunter als bei der Famicom-Version. Außerdem wurde der Puzzle-Modus hinzugefügt.

14. JULI 1993 SFC
Super Mario Collection
Super Mario All-Stars, ein Spiel mit den Remakes von *Super Mario Bros.*, *Super Mario Bros. 2*, *Super Mario Bros. 3* und *Super Mario Bros.: The Lost Levels*. 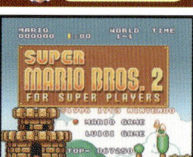 
©1993 Nintendo

14. JULI 1993 `SFC` ★★★

Yoshi's Safari

Ein Spiel speziell für die Lightgun Super Scope. Mario reitet auf Yoshi und besiegt die Gegner.

27. AUGUST 1993 `SFC` ★★★

Mario & Wario

Ein Spiel, das speziell für die Maus entwickelt wurde. Ihr steuert die Fee Wanda und bringt Mario, der nichts sehen kann, ins Ziel.

©1993 Nintendo

1994

21. JANUAR 1994 `GB` ★★

Super Mario Land 3: Wario Land

Ein Action-Spiel mit Wario als Hauptcharakter. Mario erscheint nur im Abspann.

29. FEBRUAR 1994 `FC`

Wario's Woods

Das letzte Famicom-Spiel von Nintendo. Ein Puzzlespiel mit Toad als Hauptcharakter.

4. JUNI 1994 `SFC` ★

Stunt Race FX

Ein Rennspiel mit 3-D-Grafik. Auf der Strecke tauchen Schilder mit Mario auf.

14. JUNI 1994 `GB` ★★★

Donkey Kong

Ein Game-Boy-Spiel, das auf der Welt von *Donkey Kong* basiert. Das erste Level ist ein Remake der Arcade-Version.

©1994 Nintendo

14. JUNI 1994 `SFC` ★

Super Game Boy

Ein Aufsteckmodul, mit dem Game-Boy-Spiele auf dem Super Nintendo gespielt werden können. Mit geheimer Tasteneingabe erscheint Mario als Spielrahmen.

27. AUGUST 1994 `SFC`

Mother 2

In Europa als *EarthBound* erschienen. Wenn man dem Spiel die Namenseingabe überlässt, werden Namen wie »Mario« oder »Luigi« vorgeschlagen.

26. NOVEMBER 1994 `SFC`

Super Donkey Kong

In Europa als *Donkey Kong Country* bekannt. Ein Action-Spiel mit Donkey Kong als Hauptcharakter. Hier feiert Diddy Kong sein Debüt.

1995

14. MÄRZ 1995 `GB` ★★★

Mario's Picross

Mit den vertikalen und horizontalen Ziffern als Hinweisen muss Archäologe Mario die versteckten Bilder enthüllen.

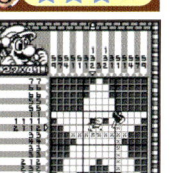

©1995 Nintendo / APE Inc. / JUPITER Co. Ltd.

21. JULI 1995 `VB` ★★★

Mario Tennis

Ein Spiel für den Virtual Boy. Auf dem 3-D-Spielfeld spielen Mario und seine Freunde Tennis.

©1995 Nintendo

27. JULI 1995 `GB`

Super Donkey Kong GB

In Europa unter dem Namen *Donkey Kong Land* erschienen.

5. AUGUST 1995 `SFC` ★★★

Super Mario: Yoshi's Island

In Europa unter dem Namen *Super Mario World 2: Yoshi's Island* erschienen. Yoshi trägt Baby Mario auf dem Rücken und erlebt ein großes Abenteuer.

©1995 Nintendo

14. SEPTEMBER 1995 `SFC` ★★★

Mario's Super Picross

Die Super-Famicom-Version von *Mario's Picross*. Es wurde umfangreicher und man kann auch zu zweit spielen.

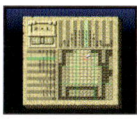

© 1995 Nintendo. © 1995 APE inc. © 1995 Jupiter Co, LTD.

28. SEPTEMBER 1995 `VB` ★★★

Mario Clash

In der räumlichen Welt des Virtual Boy benutzt Mario die Koopa-Panzer und besiegt damit die Gegner.

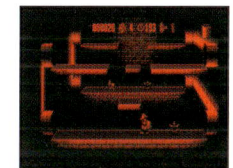

©1995 Nintendo

21. NOVEMBER 1995 `SFC` ★★

Super Donkey Kong 2

In Europa als *Donkey Kong Country 2: Diddy's Kong Quest* bekannt. Auf dem Ergebnisbildschirm treten nach dem Sammeln von DK-Münzen Mario und seine Freunde als »Video Game Hero« auf.

1. DEZEMBER 1995 `VB`

Virtual Boy Wario Land

Ein Action-Spiel für den Virtual Boy mit Wario als Hauptcharakter.

1996

27. FEBRUAR 1996 `GB`

Pocket Monsters Aka / Midori, Ao / Pikachu

Im Spiel erscheint der Text: »Das ist ein Spiel, bei dem Mario sich einen Eimer auf den Kopf setzt und läuft.«. Diese Spiele entsprechen nicht den in Europa erhältlichen *Pokémon*-Spielen.

9. MÄRZ 1996 `SFC` ★★★

Super Mario RPG

Zum ersten Mal wird Mario zum Hauptcharakter eines Rollenspiels. Es gibt auch einige Action-Elemente, wie z. B. das Erhöhen von Schaden, wenn man beim Angriff mit dem richtigen Timing auf die Tasten drückt.

©1995 Nintendo / SQUARE

21. MÄRZ 1996 `SFC` ★

Kirby Super Star

Ein Action-Spiel mit Kirby. Bei der Stein-Verwandlung oder im Hintergrund bei Megaton Punch tauchen Mario und andere Charaktere auf.

23. JUNI 1996 N64 ★★★★

Super Mario 64

In der 3-D-Umgebung läuft Mario frei herum. Am 18. Juli 1997 erschien Japan-exklusiv auch die Rumble-Pak-Version (Seite 82 ff.).

©1996 Nintendo

23. JUNI 1996 N64 ★

Pilot Wings 64

In Little States gibt es einen Fels, der wie Mario aussieht. Fliegt man dagegen, verwandelt er sich in Warios Gesicht.

19. OKTOBER 1996 GB ★★★

Picross 2

Größere Fläche, dreifache Rätselmenge. Ein *Picross*-Spiel mit großem Umfang.

26. OKTOBER 1996 GB ★

Yoshi no Panepon

Das Super-Famicom-Puzzlespiel *Panel de Pon*, das in Europa als *Tetris Attack* erschien, hier nun in der Yoshi-Version.

23. NOVEMBER 1996 SFC ★

Super Donkey Kong 3 – Nazo no Kremisu Tou

In Europa unter dem Namen *Donkey Kong Country 3: Dixie Kong's Double Trouble* erschienen. Das dritte Spiel der *Donkey Kong Country*-Serie. Wrinkly Kong spielt *Super Mario 64*.

23. NOVEMBER 1996 GB ★★

Donkey Kong Land

Die vereinfachte Variante von *Donkey Kong Country 2*, ein Remake für den Game Boy.

14. DEZEMBER 1996 N64 ★★★

Mario Kart 64

Rennspiel mit Mario und anderen Charakteren auf plastisch wirkenden Strecken. Acht Charaktere der *Mario*-Familie fahren mit.

©1996 Nintendo

1997

1. FEBRUAR 1997 GB ★★★

Game Boy Gallery

Vier exzellente *Game & Watch*-Spiele. Hier gibt es eine Remake-Version, in der die *Mario*-Familie auftritt.

27. SEPTEMBER 1997 GB ★★★

Game Boy Gallery 2

Fünf Spiele aus der *Game & Watch*-Reihe, u. a. *Donkey Kong*. Man kann auch zu zweit spielen.

21. NOVEMBER 1997 N64 ★

Diddy Kong Racing

Diddy Kong ist der Hauptcharakter. Ein Rennspiel mit sieben Tieren als spielbare Charaktere.

1. DEZEMBER 1997 SFC ★

Heisei Shin Onigashima (Zenpen)

Bedeutet in etwa: »Neue Dämoneninsel der Heisei-Ära (Teil 1 von 2)«. Ein zweiteiliges Adventure-Spiel, das für das Peripheriegerät Nintendo Power angeboten wurde. Am 23. Mai des nächsten Jahres erschien auch die Retail-Version. Im Spiel taucht eine goldene Mario-Statue auf mit dem Text: »Das ist eine goldene Mar... ups, eine goldene Buddha-Statue.«

19. DEZEMBER 1997 N64 ★

Tamagotchi 64: Minna de Tamagotchi World

Ein Party-Brettspiel der Firma Bandai, das nur in Japan erschien. Der Titel bedeutet in etwa: »Alle zusammen in der Tamagotchi-Welt«. Als erwachsenes Tamagotchi tauchte zum Beispiel Mariotchi auf.

21. DEZEMBER 1997 N64 ★

Yoshi's Story

Ein Action-Spiel, bei dem kleine bunte Yoshis gesteuert werden.

1998

1. JANUAR 1998 SFC ★★★

Wrecking Crew '98

Ein Spiel via Nintendo Power. Das Remake von *Wrecking Crew*. Am 23. Mai des nächsten Jahres erschien auch die Retail-Version.

©1998 Nintendo

21. FEBRUAR 1998 GB ★★

Pocket Camera

Damit wird der Game Boy zu einer Kamera. Bei den Bonusbildern taucht Mario auf.

1. APRIL 1998 SFC ★

Famicom Tantei Club Part II – Ushiro ni Tatsu Shoujo

Bedeutet in etwa: »Famicom-Detektiv-Club II – Das Mädchen, das hinter einem steht«. Als eines der über Nintendo Power erhältlichen Spiele erschien das gleichnamige Disc-System-Spiel als Remake. Zu Beginn wird der Startbildschirm des Disc-Systems mit Mario und Luigi eingeblendet.

1. JUNI 1998 SFC ★★★

Dr. Mario

Ein Spiel nur für Nintendo Power. Basierend auf der Famicom-Version wurde der VS-Modus gegen den Computer eingeführt.

©1990, 1994, 1998 Nintendo

21. OKTOBER 1998 GBC ★

Wario Land II – Nusumareta Zaiho

Auf deutsch in etwa: »Der gestohlene Schatz«. Ein Action-Spiel, bei dem der unsterbliche Wario gesteuert wird.

21. NOVEMBER 1998 N64 ★

The Legend of Zelda: Ocarina of Time

Wenn man durch das rechte Fenster ins Schloss Hyrule blickt, sieht man Gemälde von Mario.

2. DEZEMBER 1998 N64 ★★

Mario no Photopi

Fotos werden über die Smart Media Card eingelesen und editiert. Separat erhältlich waren Charaktersammlungen wie »Yoshi's Story«.

12. DEZEMBER 1998 `GBC`

The Legend of Zelda: Link's Awakening DX

Das Game-Boy-Spiel nun in Farbe. Manche Rätsel wurden für diese Version abgewandelt.

18. DEZEMBER 1998 `N64` ★★★

Mario Party

Ein Brettspiel mit vielen Mini-Games und der *Mario*-Familie als Spielercharaktere.

©1998 Nintendo ©1998 HUDSON SOFT

1999

21. JANUAR 1999 `N64` ★★

Nintendo All-Star! Dairantou Smash Brothers

In Europa unter dem Namen *Super Smash Bros.* erschienen. Ein Action-Spiel mit wild tobenden Nintendo-Charakteren. Es geht darum, die Gegner aus der Arena zu stoßen. Mario, Yoshi, Luigi und andere Charaktere treten auf.

8. APRIL 1999 `GBC` ★★★

Game Boy Gallery 3

Hier ist *Mario Bros.* von vor der Famicom-Zeit enthalten. In dem neuen Modus tauchen neben Mario Charaktere wie Toad, Yoshi und Shy Guy auf.

©1980-1984, 1997-1999 Nintendo

1. JUNI 1999 `SFC`

Picross NP Vol. 2

Die *Picross*-Serie für Nintendo Power. Im Character-Modus tauchen Charaktere wie Yoshi und Shy Guy auf.

11. JUNI 1999 `N64` ★★★

Mario Golf 64

Ein Golfspiel mit der Mario-Familie. Neben dem Turnier gibt es auch andere Modi wie z. B. »Ring Shot«, bei dem der Ball durch den Ring fliegen soll, um Sterne zu sammeln.

©1999 Nintendo / CAMELOT

10. AUGUST 1999 `GBC` ★★★

Mario Golf GB

Der Hauptcharakter des Spieles möchte eines Tages wie der legendäre Golfspieler Mario sein. Ein Golfspiel mit Rollenspiel-Storyline.

1. DEZEMBER 1999 `64DD` ★★

64DD (Startbildschirm)

Zubehör für den Nintendo 64: 64DD. Es wird unter dem N64 angeschlossen. Auf dem Startbildschirm taucht Mario neben dem Logo auf.

©1999 Nintendo

1. DEZEMBER 1999 `64DD` ★★★

Mario Artist – Paint Studio

Ein Zeichenprogramm mit Nintendo-64-Maus-Unterstützung.

10. DEZEMBER 1999 `N64` ★★

Donkey Kong 64

Ein 3-D-Action-Spiel, bei dem die unterschiedlichen Fähigkeiten von Donkey Kong, Diddy Kong, Tiny, Lanky und Chunky genutzt werden. *DK Arcade*, die Originalfassung des ersten *Donkey Kong*, ist enthalten.

17. DEZEMBER 1999 `N64` ★★★

Mario Party 2

Das zweite Brettspiel mit der Mario-Familie. Hier geht es um Mini-Spiele im Freizeitpark.

©1999 Nintendo ©1999 HUDSON SOFT

2000

28. JANUAR 2000 `GBC`

Donkey Kong GB: Dinky Kong & Dixie Kong

Dixie Kong und das Baby Kiddy Kong, in Japan Dinky Kong genannt, suchen in diesem Action-Spiel die legendäre Lost World.

1. FEBRUAR 2000 `SFC` ★

Picross NP Vol. 6

Im Charakter-Modus tauchen Aufgaben zum Thema Mario und seine Freunde auf.

© 1995, 1999, 2000 Nintendo / Jupiter Corp.

1. FEBRUAR 2000 `64DD` ★★★

Mario Artist – Talent Studio

Mit der Maus für den N64 werden Stars erstellt und mit ihnen Movies gedreht.

1. FEBRUAR 2000 `64DD` ★

Sim City 64

Eine Mario-Statue steht als Bonusgebäude zur Verfügung. Der Kopfteil ist ein Aussichtsturm, von dem aus man die Stadt sehen kann.

1. MÄRZ 2000 `GBC` ★★★

Super Mario Bros. DX

Ein Remake von *Super Mario Bros.* mit neuen Spielmodi. Unter bestimmten Bedingungen wird auch Teil 2 freigespielt. Nur auf Nintendo Power erhältlich.

21. MÄRZ 2000 `GBC`

Wario Land 3

Wario erlebt ein Abenteuer, als er in einer mysteriösen Spieluhr eingesperrt wird.

1. APRIL 2000 `SFC`

Picross NP Vol. 7

Im siebten Teil der Serie geht es um Wario.

27. APRIL 2000 `N64` ★

The Legend of Zelda: Majora's Mask

Im fröhlichen Maskenladen sieht man eine Maske, die Mario sehr ähnlich sieht.

1. JUNI 2000 `SFC`

Picross NP Vol. 8

Hier werden Aufgaben zum Thema Donkey Kong gestellt.

27. JUNI 2000 `64DD` ★★★

Mario Artist – Communication Kit

Die Erzeugnisse der *Mario Artist*-Serie können ins Internet hochgeladen werden.

243

21. JULI 2000 `N64` ★★★

Mario Tennis 64

Ein simples Tennisspiel, bei dem mit zwei Tasten Topspin oder Slice gespielt wird. Waluigi taucht hier das erste Mal auf.

©2000 Nintendo / CAMELOT

11. AUGUST 2000 `N64` ★★★

Mario Story

In Europa unter dem Namen *Paper Mario* erschienen. Bei dem Action-Rollenspiel erlebt Mario, der nun so flach wie ein Blatt Papier ist, sein Abenteuer in einer Welt mit märchenhafter Grafik.

©2000 Nintendo. Game by INTELLIGENT SYSTEMS.

31. AUGUST 2000 `64DD` ★★★

Mario Artist – Polygon Studio

Ein Spiel, mit dem man 3-D-Computergrafiken erstellen kann.

1. NOVEMBER 2000 `GBC` ★★★

Mario Tennis GB

Ein Tennisspiel für den Game Boy, mit Elementen zum Verstärken. Es gibt auch Mini-Spiele mit Charakteren der *Mario*-Familie.

7. DEZEMBER 2000 `N64` ★★★

Mario Party 3

Das dritte Brettspiel mit Mario. Man spielt um den Millennium-Stern, der alle 1.000 Jahre geboren wird.

©2002 Nintendo ©2002 HUDSON SOFT

14. DEZEMBER 2000 `N64` ★

Pokémon Stadium Gold / Silber

Wenn man darin eine Spielkonsole im eigenen Zimmer platziert, werden manchmal *Mario*-Spiele angezeigt.

2001

21. JANUAR 2001 `GBC`

Donkey Kong 2001

Die Umsetzung von *Super Donkey Kong* für den Game Boy Color.

21. MÄRZ 2001 `GBA` ★★★

Super Mario Advance

Das Remake von *Super Mario USA* für den Game Boy Advance. Auch *Mario Bros. Classic* ist enthalten.

14. APRIL 2001 `N64` ★

Doubutsu no Mori

In Europa unter dem Namen *Animal Crossing* erschienen. Ein Kommunikationsspiel. Hier gibt es Mario-Outfits. Wenn man im Game einen NES besorgt, kann man Spiele wie *Donkey Kong* spielen.

11. MAI 2001 `GBC` ★★

Mobile Golf

Neben Mario, Peach und Yoshi taucht auch Blacky auf. Dies ist sein erster Auftritt außerhalb der *Wrecking Crew*-Serie.

21. JULI 2001 `GBA` ★★★

Mario Kart Advance

Mario und seine Freunde, insgesamt acht Charaktere, wetteifern beim Kart-Rennen. Mario fährt einen mittelgewichtigen Kart mit durchschnittlicher Leistung.

©1992, 2001 Nintendo. Game developed by INTELLIGENT SYSTEMS.

21. AUGUST 2001 `GBA`

Wario Land Advance

Wario ist der Hauptcharakter dieses Action-Spiels. Diesmal ist Wario nicht unbesiegbar und er hat eine Lebensleiste.

27. AUGUST 2001 `GBC` ★★

Mario Family

Mit dem Game Boy Color wird die Jaguar-Computer-Nähmaschine gesteuert, um damit Marios Stickereien zu nähen. Nur in limitierter Auflage erschienen.

14. SEPTEMBER 2001 `GC` ★★

Luigi's Mansion

Das erste Spiel mit Luigi als Hauptcharakter. Er durchsucht das Geisterhaus nach seinem verschollenen Bruder Mario. Mario kommt im Abspann vor.

21. NOVEMBER 2001 `GC` ★★

Super Smash Bros. Melee

Ein Prügelspiel mit beliebten Nintendo-Charakteren. Peach, Bowser und Dr. Mario nehmen zum ersten Mal daran teil.

14. DEZEMBER 2001 `GBA` ★★★

Super Mario Advance 2

Basierend auf *Super Mario World* wurden neue Elemente wie abweichende Eigenschaften für Luigi hinzugefügt.

14. DEZEMBER 2001 `GC` ★

Doubutsu no Mori

Für das Möbelstück »Famicom« im Spiel *Animal Crossing* wurden neue Games hinzugefügt. Mit einem Code, der z. B. in Magazinen veröffentlicht wurde, konnte man auch *Super Mario Bros.* spielen.

2002

19. JULI 2002 `GC` ★★★★

Super Mario Sunshine

Auf der Insel des ewigen Sommers, der Isla Delfino, schwingt Mario seine Wasserspritze, um nach dem Verantwortlichen für die Schmierereien zu suchen (Seite 96 ff.).

©2002 Nintendo

6. SEPTEMBER 2002 `GBA`

Densetsu no Starfy

Etwa: »Legendärer Starfy«. Ein Marine-Action-Spiel, bei dem der Prinz aus Pufftop gesteuert wird. Einer der Schätze ist die »Mütze von Luigi«.

20. SEPTEMBER 2002 `GBA` ★★★

Super Mario Advance 3

In Europa unter dem Namen *Yoshi's Island: Super Mario Advance* erschienen. *Yoshi's Island* für die Handheldkonsole. *Mario Bros.* ist wie bereits bei anderen GBA-Spielen enthalten.

8. NOVEMBER 2002 `GC` ⭐⭐⭐

Mario Party 4

Das vierte Party-Spiel. Das Brett wurde zum ersten Mal in 3-D dargestellt.

©2002 Nintendo ©2002 HUDSON SOFT

2003

7. FEBRUAR 2003 `GC` ⭐⭐⭐

Nintendo Puzzle Collection

Drei repräsentative Nintendo-Puzzlespiele, u. a. *Dr. Mario* und *Yoshi's Cookie* sind enthalten.

14. MÄRZ 2003 `GBA` ⭐

**The Legend of Zelda:
A Link to the Past and Four Swords**

Wie in der Super-Nintendo-Version hängt in einem Haus von Kakariko ein Mario-Bild.

21. MÄRZ 2003 `GBA` ⭐⭐

Made in Wario

In Europa unter dem Namen *WarioWare, Inc.: Minigame Mania* erschienen. Ein blitzschnelles Action-Spiel. Wario gründet die Firma Wario Company und seine Freunde tauchen auf. Als Mikro-Spiele tauchen *Donkey Kong*, *Super Mario Bros.* und mehr auf.

20. JUNI 2003 `GBA`

Mother 1+2

Genauso wie *Mother 2* für den Super Famicom.

27. JUNI 2003 `GC` ⭐

Doibutsu no Mori e+

Marios Trophäe, Famicom-Möbel und Super-Mario-Möbel tauchen auf.

11. JULI 2003 `GBA` ⭐⭐⭐

Super Mario Advance 4

Die GBA-Version von *Super Mario Bros. 3* Auch *Mario Bros.* ist enthalten. Das Spiel ist jetzt e-Card-kompatibel. Damit lassen sich neue Levels freischalten.

5. SEPTEMBER 2003 `GC` ⭐⭐⭐

Mario Golf Family Tour

Falscher Mario und Boss-Piranha-Pflanzen sind zum ersten Mal spielbar. Auch Daisy nimmt teil.

©2003 Nintendo / CAMELOT

17. OKTOBER 2003 `GC` ⭐⭐

Atsumare! Made in Wario

In Europa unter dem Namen *WarioWare, Inc.: Mega Party Game$!* erschienen. Die Mikro-Games können mit mehreren Spielern gespielt werden.

7. NOVEMBER 2003 `GC` ⭐⭐⭐

Marlo Kart Double Dash!!

Das erste und bisher einzige *Mario Kart*-Spiel mit Zweier-Karts. Es gibt auch einen Zweispieler-Modus, dabei steuern die Spieler zwei Charaktere des gleichen Karts.

©2003 Nintendo

21. NOVEMBER 2003 `GBA` ⭐⭐⭐

Mario & Luigi RPG

In Europa unter dem Namen *Mario & Luigi: Superstar Saga* erschienen. Ein Rollenspiel mit Action-Elementen. Es spielt im Beanbean-Königreich. Mario und Luigi verfolgen eine böse Hexe, die Peachs Stimme geraubt hat.

©1983-2003 Nintendo
Developed by ALPHADREAM

28. NOVEMBER 2003 `GC` ⭐⭐⭐

Mario Party 5

Als Spielercharaktere nehmen nun zum ersten Mal Buu Huu, Toad und Bowser Jr. teil. Es gibt insgesamt 75 neue Mini-Spiele.

12. DEZEMBER 2003 `GC` ⭐

Donkey Konga

Ein Rhythmus-Spiel mit DK Bongos. Auf dem Speicherbildschirm taucht Mario auf. Außerdem kann man auch die Musik von *Super Mario* auswählen.

12. DEZEMBER 2003 `GBA`

Super Donkey Kong

Eine Umsetzung der Super-Nintendo-Version mit neuen Elementen.

2004

22. JANUAR 2004 `GC` ⭐

1080° Silver Storm

Ein Snowboard-Spiel, in Europa unter dem Namen *1080° Avalanche* erschienen. Marios Eisstatue, Snowboards mit Mario usw. tauchen auf.

29. JANUAR 2004 `GBA`

Pokémon Feuerrote / Blattgrüne Edition

Remakes zu *Pokémon Rot / Grün*. Im Spiel erscheint derselbe Text wie in der Game-Boy-Version.

14. FEBRUAR 2004 `GBA` ⭐⭐⭐

Famicom Mini 01: Super Mario Bros.

Das erste Spiel, das zum 20. Jubiläum des Famicom erschienen ist. Es gibt einige Veränderungen, z. B. das Bildschirmverhältnis.

14. FEBRUAR 2004 `GBA` ⭐⭐⭐

Famicom Mini 02: Donkey Kong

Ein Remake für die Famicom-Mini-Serie.

11. MÄRZ 2004 `GC` ⭐

Metal Gear Solid: The Twin Snakes

In Dr. Emmerichs Labor tauchen Figuren von Mario und Yoshi auf.

22. APRIL 2004 `GBA` ⭐⭐⭐

Mario Golf GBA Tour

Im Story-Modus wird ein Originalcharakter wie bei einem Rollenspiel verstärkt. Es gibt auch einen VS-Modus mit Charakteren der *Mario*-Familie.

21. MAI 2004 `GBA` ⭐⭐⭐

Famicom Mini 11: Mario Bros.

Ein Remake für die Famicom-Mini-Serie.

21. MAI 2004 `GBA` ★★★
Famicom Mini 14: Wrecking Crew
Ein Remake für die Famicom-Mini-Serie.

21. MAI 2004 `GBA` ★★★
Famicom Mini 15: Dr. Mario
Ein Remake für die Famicom-Mini-Serie.

27. MAI 2004 `GC` ★
Wario World
Ein 3-D-Action-Spiel mit Wario als Hauptcharakter. Mit seinen starken Aktionen fegt er die Gegner weg.

10. JUNI 2004 `GBA` ★★★
Mario vs. Donkey Kong
Mario nimmt die Puzzle-Action-Herausforderungen an, um Mini-Marios zurückzuholen, die Donkey Kong ihm weggenommen hat.

©2004 Nintendo / Developed by Nintendo Software Technology Corporation

1. JULI 2004 `GC` ★
Donkey Konga 2: Hit Song Parade
Das zweite Rhythmus-Spiel. Wenn man bei einem Song zu den besten drei gehört, kann man den Rekord zusammen mit einem Abzeichen speichern. Dabei gibt es auch Abzeichen von Mario und Luigi.

1. JULI 2004 `GBA` ★★
Super Donkey Kong 2
Ein Remake der Super-Famicom-Version mit neuen Elementen.

22. JULI 2004 `GC` ★★★
Paper Mario RPG
In Deutschland als *Paper Mario: Die Legende vom Äonentor* erschienen. In einer bilderbuchartigen, flachen Welt erlebt Mario sein Abenteuer. Die Kämpfe finden auf der Bühne statt und die Stimmung des Publikums beeinflusst auch das Ergebnis.

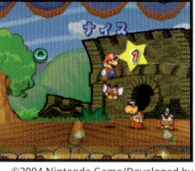

©2004 Nintendo Game/Developed by INTELLIGENT SYSTEMS

5. AUGUST 2004 `GBA` ★
Densetsu no Starfy 3
In den Levels taucht Wario auf.

10. AUGUST 2004 `GBA` ★★
Famicom Mini: Disc System Selection
Der dritte Teil dieser Serie ist eine Auswahl von Disc-System-Spielen. Hält man die Tasten A und B beim Hochfahren gedrückt, tauchen Mario und Luigi auf.

10. AUGUST 2004 `GBA` ★★★
Famicom Mini 21: Super Mario Bros. 2
Ein Remake für die Famicom-Mini-Serie.

26. AUGUST 2004 `GBA` ★★★
Super Mario Ball
In Europa unter dem Namen *Mario Pinball Land* erschienen. Mario wird darin zum Ball eines Pinball-Spiels.

©2004 Nintendo

14. OKTOBER 2004 `GBA` ★★
Mawaru Made in Wario
Auch bekannt als *WarioWare: TWISTED! Super Mario Bros. 3* und andere Spiele kommen bei den Mikro-Spielen vor.

28. OKTOBER 2004 `GC` ★★★
Mario Tennis GC
In Europa unter dem Namen *Mario Power Tennis* erschienen. Starke Spezialschläge wurden hinzugefügt. Es gibt auch Gimmick-Spielfelder, die auf verschiedenen *Mario*-Welten wie der »Isla Delfino« basieren.

©2004 Nintendo / CAMELOT

18. NOVEMBER 2004 `GC` ★
Mario Party 6
Hier wurde der Mikrofon-Modus eingeführt, der das mitgelieferte Zubehör »Nintendo GameCube-Mikrofon« unterstützt.

2. DEZEMBER 2004 `DS` ★
Super Mario 64 DS
Das Remake von *Super Mario 64*, das zusammen mit dem Nintendo DS auf den Markt kam. Yoshi, Luigi und Wario können als Spielercharaktere ausgewählt werden.

2. DEZEMBER 2004 `DS` ★
Sawaru Maide in Wario
In Europa unter dem Namen *WarioWare: Touched!* erschienen. Auftritt in einem der Mikro-Spiele im Nintendo-Touch-Level.

2. DEZEMBER 2004 `DS` ★
Daigasso! Band Brothers
Etwa: »Großes Ensemble! Band Brothers«. Ein Musikspiel, bei dem man allein oder mit mehreren Spielern zusammenspielen konnte. Es enthält ein *Mario*-Medley. Später, am 26. September 2005, erschien ein Erweiterungspack.

9. DEZEMBER 2004 `GBA` ★
Yoshi no Banyuu Inryoku
In Europa unter dem Namen *Yoshi's Universal Gravitation* erschienen. Yoshi tritt gegen Bowser an, um die Welt, gefangen in einem Bilderbuch, zurückzuholen. Ein Action-Spiel, bei dem die Gimmicks durch die Neigung des Game Boy Advance kontrolliert werden.

16. DEZEMBER 2004 `GC` ★
Donkey Kong Jungle Beat
Ein Donkey-Kong-Action-Spiel, das mit den DK Bongos gespielt wird. Es geht darum, andere Tiere zu überwältigen, um König des Dschungels zu werden.

2005

13. JANUAR 2005 `GBA` ★★★
Mario Party Advance
Das Ziel dieses Abenteuers in der Pilz-Stadt ist es, Mini-Games zu sammeln. Dies ist das erste Spiel der *Mario Party*-Serie für eine Handheldkonsole.

©2005 Nintendo ©2005 HUDSON SOFT

27. JANUAR 2005 `DS` ★★★
Catch! Touch! Yoshi!
Ein Action-Spiel, in Europa unter dem Namen *Yoshi Touch & Go* erschienen. Mit dem Stylus werden Wolken eingezeichnet, um Baby Mario und Yoshi zu führen.

17. MÄRZ 2005 (GC)

Donkey Konga 3: Tabehoudai! Haru Mogitate 50 Kyoku

Das dritte Spiel der Serie, übersetzt heißt es in etwa: »All-you-can-eat! 50 frisch geerntete Frühlingslieder«. Wie bei den Vorgängern gibt es auch hier Abzeichen. Im »Famicom-Raum« kann man die berühmten Stücke der *Super Mario Bros.*-Serie spielen.

31. MÄRZ 2005 (DS)

Yakuman DS

Ein Mah-Jongg-Spiel mit Mario-Charakteren. Alle Charaktere haben spezielle Eigenschaften. Zum Beispiel ist Mario ein ausbalancierter Charakter und Luigi greift scharf an.

7. APRIL 2005 (DS)

Electroplankton

Ein interaktives Musik-Game, bei dem man mit unterschiedlichem Plankton spielen kann. Das Glockentierchen nutzt den Famicom-Sound und spielt die Musik von *Super Mario Bros.*

21. APRIL 2005 (DS)

nintendogs

Ein Simulationsspiel mit Welpen. Im Spiel gibt es Spielzeuge wie *Mario Kart*, *Bowser Kart*, *Peach Kart* und Accessoires wie eine rote Mütze.

19. MAI 2005 (GBA)

Burabura Donkey

In Europa unter dem Namen *Donkey Kong: King of Swing* erschienen. Ein Action-Spiel der *Donkey Kong*-Familie. Ein großes Abenteuer, für das man die L- und R-Tasten betätigt.

19. MAI 2005 (DS)

Nou wo Kitaeru Otona no DS Training

In Europa unter dem Namen *Dr. Kawashimas Gehirn-Jogging* erschienen. Ein Gehirntrainingsprogramm, das für einen großen Hype gesorgt hat. Wenn das Ergebnis »Gehtempo« ist, wird die Musik von *Super Mario Bros.* gepfiffen.

26. MAI 2005 (GC)

NBA Street V3

Mario, Luigi und Peach tauchen in der Street-Basketball-Welt auf.

16. JUNI 2005 (DS)

DS Rakuhiki Jiten

Bedeutet in etwa: »DS: Einfaches Nachschlagewerk«. Hier sind Nintendo-relevante Begriffe wie »Mario« oder »Donkey Kong« zu finden.

23. JUNI 2005 (GC)

Chibi-Robo!

In diesem Action-Adventure wird Chibi-Robo gesteuert, um Happy-Punkte einzusammeln. Der Gegner Eggplant Kid aus *Wrecking Crew* kommt in diesem Spiel vor.

14. JULI 2005 (GC)

Dance Dance Revolution with Mario

Auch bekannt als *Dance Dance Revolution: Mario Mix*. Brillante Tanz-Action zu Marios Musikstücken. Es wird mit der mitgelieferten Tanzmatte gespielt.

©2005 KONAMI / Nintendo

21. JULI 2005 (GC)

Super Mario Stadium

In Europa unter dem Namen *Mario Superstar Baseball* erschienen. Die *Mario*-Familie spielt nun Baseball. Mario ist ein ausbalancierter Allrounder. Seine Spezialtechnik ist der »Feuerball«.

13. SEPTEMBER 2005 (GBA)

Famicom Mini: Super Mario Brothers (Neuauflage)

Zum 20. Jubiläum der *Super Mario Bros.*-Serie wurde die Famicom-Mini-Serie neu aufgelegt. Einer der Titel zum 20. Jubiläum.

13. SEPTEMBER 2005 (GBA)

Dr. Mario & Panel de Pon

Die beiden Top-Puzzlespiele kamen als Sammlung auf den Markt. Einer der Titel zum 20. Jubiläum.

13. SEPTEMBER 2005 (GBA)

Mario Tennis Advance

Genau wie bei *Mario Tennis GC* gibt es spezielle Schläge. Einer der Titel zum 20. Jubiläum.

©2005 Nintendo / CAMELOT

13. SEPTEMBER 2005 (GBA) (DS)

PLAY-YAN micro

Ein Zubehör, das den GBA oder DS zum Video- und Musikspieler macht. Mit einer Key-Datei wird die Benutzeroberfläche in eine Mario-Version verwandelt.

22. SEPTEMBER 2005 (GBA)

Screw Breaker

In Europa unter dem Namen *Drill Dozer* erschienen. Unter bestimmten Voraussetzungen trägt die Heldin Kururi auf dem Hauptbildschirm ein Mario-ähnliches Outfit.

20. OKTOBER 2005 (DS)

Super Princess Peach

Peach erlebt ein Abenteuer auf Vibe Island mit dem mysteriösen Sonnenschirm »Perry«, um die entführten Mario und Luigi zu retten.

©2005 Nintendo

10. NOVEMBER 2005 (GC)

Mario Party 7

Vier Zweierteams treten im »4 Team Battle« an. Man kann mit bis zu acht Spielern spielen.

10. NOVEMBER 2005 (DS)

Otona no DS Golf

In Europa unter dem Namen *Nintendo Touch Golf: Birdie Challenge* erschienen. Bei der Auswahl der Golfbekleidung gibt es ein Mario-Outfit, bzw. ein Overall.

23. NOVEMBER 2005 (DS)

Oideyo Doubutsu no Mori

In Europa unter dem Namen *Animal Crossing: Wild World* erschienen. Hier gibt es ein Pinball-Game mit Mario. Zudem erhält man via StreetPass Mario-Möbelstücke als Geschenk vom Bürgermeister.

24. NOVEMBER 2005 (GC)

SSX on Tour with Mario

Ein Snowboard-Action-Spiel. Mario, Luigi und Peach treten auf.

1. DEZEMBER 2005 (GBA)

Super Donkey Kong 3

In Europa unter dem Namen *Donkey Kong Country 3* erschienen. Eine Umsetzung der Super-Famicom-Version. Neue Welten und Mini-Spiele wurden hinzugefügt.

8. DEZEMBER 2005 `DS` ★★★

Mario Kart DS
Das Spiel ist Wi-Fi-kompatibel und man kann gegen Rivalen aus allen Ländern fahren. Neue Items wie Kugelwilli oder Blooper wurden hinzugefügt.

©2005 Nintendo

29. DEZEMBER 2005 `DS` ★★★

Mario & Luigi RPG 2
In Europa unter dem Namen *Mario & Luigi: Partners in Time* erschienen. Baby Mario und Baby Luigi aus der Vergangenheit spielen mit. Erwachsene und Babys tun sich zusammen und so reisen sie zu viert durch die Zeit.

©2005 Nintendo / Developed by ALPHADREAM

29. DEZEMBER 2005 `DS`

Motto Nou wo Kitaeru Otona no DS Training
In Europa unter dem Namen *Dr. Kawashima: Mehr Gehirn-Jogging* erschienen. Ist das Ergebnis »Gehtempo«, wird die Musik von *Super Mario Bros.* gepfiffen. Außerdem enthält es das Spiel »Bazillenjagd«.

2006

19. JANUAR 2006 `GC` ★★★

Super Mario Strikers
In Europa unter dem Namen *Mario Smash Football* erschienen. Ein Fußball-Game, in dem alles erlaubt ist. Mario und andere Charaktere sind Teamkapitäne. Sie verfügen über Superschüsse, die gleich zwei Punkte erzielen können.

13. APRIL 2006 `DS`

Kanji Sonomama DS Rakuhiki Jiten
Ein Nachschlagewerk für den DS. Auch Begriffe wie »Mario« oder »Donkey Kong« sind enthalten.

13. APRIL 2006 `DS`

Densetsu no Starfy 4
Bei den Umzieh-Goodies gibt es das Kostüm-Set »Prinzessin und ihr Sonnenschirm«, welches Peach und Perry ähnelt.

27. APRIL 2006 `DS` ★★

Tetris DS
Die DS-Version des Puzzlespiels *Tetris*. Wenn die Blöcke gelöscht werden, läuft Mario auf dem oberen Bildschirm weiter. Er tritt auch gegen Bowser an.

25. MAI 2006 `DS` ★★★★

New Super Mario Bros.
Ein nostalgisches, aber dennoch neues Side-Scrolling-Action-Spiel, das den Spieler zurück zum Ursprung führt (Seite 110 ff.).

24. JULI 2006 `DS`

Nintendo DS Browser
Damit kann man mit dem DS aufs Internet zugreifen. Auf der Verpackung ist Mario abgebildet.

27. JULI 2006 `DS` ★★★

Mario Basketball 3 on 3
In Europa unter dem Namen *Mario Slam Basketball* erschienen. Die Charaktere werden mit der Kreuztaste bewegt und durch die intuitive Touch-Steuerung wird gedribbelt oder der Ball in den Korb geworfen.

©2006 Nintendo ©2006 SQUARE ENIX

28. JULI 2006 `DS` ★★★

Game & Watch Collection
Ein Spezialprodukt, das nur im Club Nintendo erhältlich war. Ein *Game & Watch-Donkey Kong* ist im Spiel enthalten.

14. SEPTEMBER 2006 `DS` ★★★

Wi-Fi Taiou Yakuman DS
Mit der Wi-Fi-Funktion kann man mit weit entfernten Spielern spielen. Natürlich auch gegen die *Mario*-Familie.

2. DEZEMBER 2006 `Wii` ★★

Wii Shopping Channel
Einer der Wii-Kanäle. Nach dem Kauf tauchen beim Download Mario und Luigi auf.

2. DEZEMBER 2006 `Wii` ★★

Odoru Made in Wario
In Europa unter dem Namen *WarioWare: Smooth Moves* erschienen. Bei den Mikro-Spielen der bekannten Figuren 9-Volt und 18-Volt tauchen Mario und andere Charaktere auf. Natürlich auch Wario.

14. DEZEMBER 2006 `DS` ★

Touch de Tanoshimu Hyakunin Isshu
Übersetzt etwa: »Amüsieren mit Berührung: Hyakunin-Isshu-Kartenspiel«. Als eine der Lernkarten taucht Mario auf.

2007

18. JANUAR 2007 `DS`

Kaitou Wario the Seven
In Europa unter dem Namen *Wario: Master of Disguise* erschienen. Wario kann mit der Macht von Stilgut sein Aussehen verändern. Mit der Fähigkeit erhält er Schätze in diesem Action-Spiel.

22. FEBRUAR 2007 `DS`

SimCity DS
Als eines der Wahrzeichen gibt es Bowsers Schloss.

8. MÄRZ 2007 `DS` ★★★

Yoshi's Island DS
Ein großes Abenteuer von Yoshi, der fünf Babys herumträgt. Baby Mario verwandelt sich mit dem Item Stern zu Super Baby Mario.

©2006-2007 Nintendo

12. APRIL 2007 `DS` ★★★

Mario vs. Donkey Kong 2: Marsch der Mini-Marios
Mit dem Stylus werden die Aufzieh-Mini-Marios ins Ziel geführt.

19. APRIL 2007 `Wii` ★★★

Super Paper Mario
Mario erlebt ein Abenteuer, bei dem er zwischen 2-D- und 3-D-Welt umschalten kann. Peach und Bowser werden zu Kameraden.

©2007 Nintendo / INTELLIGENT SYSTEMS

26. APRIL 2007 `Wii` ★

Yawaraka Atama Juku
In Europa unter dem Namen *Big Brain Academy* erschienen. Eine Illustration von Tanuki-Mario wird genutzt.

21. JUNI 2007 `DS` ★★★
Itadaki Street DS
Ein Brettspiel mit dem Ziel, schnellstmöglich Geld zu verdienen. Die Charaktere aus der *Dragon Quest*-Serie und der *Mario*-Familie agieren zusammen.

28. JUNI 2007 `Wii`
Donkey Kong Taru Jet Race
In Europa unter dem Namen *Donkey Kong Jet Race* erschienen. Ein Rennspiel mit der *Donkey Kong*-Familie und den Kremlings.

26. JULI 2007 `Wii` ★★★
Mario Party 8
70 neue Mini-Spiele für die Wii-Fernbedienung. Hammer-Bruder und Blooper sind als neue Spielercharaktere dabei.

26. JULI 2007 `DS` ★★
Taiko no Tatsujin DS
Bedeutet in etwa: »Trommel-Meister DS«. Man kann mit der Musik von *Super Mario Bros.* spielen.

9. AUGUST 2007 `DS`
Donkey Kong: Jungle Climber
Ein Action-Spiel, bei dem die linke Hand des Charakters mit der L-Taste und die rechte Hand mit der R-Taste kontrolliert wird. Aus der Ferne unterstützt Diddy Kong.

20. SEPTEMBER 2007 `Wii` ★★★
Mario Strikers Charged Football
Das zweite Spiel der Serie. Die Kapitäne haben die Supertechnik »Mega Strike«, womit sechs Punkte auf einmal erzielt werden.

1. NOVEMBER 2007 `Wii` `Wii-DL` ★★★★
Super Mario Galaxy
Mario fliegt ins All, um Bowsers Vorhaben, eine neue Galaxie zu gründen, zu stoppen (Seite 122 ff.).

8. NOVEMBER 2007 `DS` ★★★
Mario Party DS
Die bekannte Serie als DS-Version. Mit bis zu vier Spielern spielbar. Es gibt auch Mini-Spiele, bei denen das DS-Mikrofon benutzt wird.

12. NOVEMBER 2007 `Wii-DL` ★
Mii Contest Channel
Man konnte ein Andenkenfoto schießen, wenn man ein passendes Mii zu Marios Aufgabe gepostet hatte.

22. NOVEMBER 2007 `Wii` ★★★
Mario & Sonic at the Bejing Olympics
In Deutschland als *Mario & Sonic bei den Olympischen Spielen* erschienen. Traumhafte Zusammenarbeit von der *Mario*-Familie und *Sonic*-Charakteren der Firma Sega. Hier spielt man in acht Sportarten in 20 Disziplinen gegeneinander.

1. DEZEMBER 2007 `Wii` ★
Wii Fit
Beim Joggen taucht Pixel-Mario auf.

2008

17. JANUAR 2008 `DS` ★★★
Mario & Sonic at the Beijing Olympics
Man kann mit maximal vier Spielern spielen. Die Sportarten werden mit der DS-typischen Steuerung gespielt. Zum Beispiel nimmt man beim Weitsprung Anlauf mit dem Stylus.

31. JANUAR 2008 `Wii` ★★
Dairantou Smash Brothers X
In Europa unter dem Namen *Super Smash Bros. Brawl* erschienen. Das dritte Spiel der Serie. Neben Mario, Luigi, Peach, Bowser, Donkey Kong und Yoshi kommen nun Wario und Diddy Kong dazu.

25. MÄRZ 2008 `WiiWare` ★★★
Dr. Mario & Saikin Bokumetsu
In Europa als WiiWare-Game unter dem Namen *Dr. Mario & Bazillenjagd* erschienen. Neben *Dr. Mario* ist das Puzzlespiel »Bazillenjagd« aus *Mehr Gehirn-Jogging* enthalten.

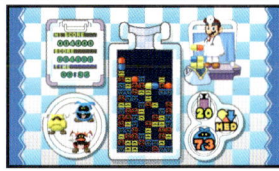

10. APRIL 2008 `Wii` ★★★
Mario Kart Wii
Die Wii-Version ist kompatibel zu Wii-Lenkrad und den Miis. Zum ersten Mal kann man auch auf Bikes fahren. Über Wif-Fi kann man im Internet gegeneinander antreten, außerdem gibt es den »Mario Kart Kanal«.

19. JUNI 2008 `Wii` ★★★
Super Mario Stadium Family Baseball
Werfen oder Schlagen wird mit dem Schwung der Wii-Fernbedienung ausgeführt. Aus der *Mario*-Familie nehmen mehr als 30 Charaktere an dem Spiel teil.

26. JUNI 2008 `DS` ★
The Tower DS
Hier taucht ein *Mario*-Turm auf.

26. JUNI 2008 `DS`
Daigasso! Band Brothers DX
Im Instrumenten-Lexikon läuft die Musik von *Mario*.

23. JULI 2008 `Wii-DL` ★
Digi Cam Print Channel
Damit kann man Visitenkarten oder Alben mit *Mario*-Charakteren erstellen.

24. JULI 2008 `Wii`
Wario Land Shake
Ein Action-Spiel mit Wario als Hauptcharakter. Die Steuerung ist einfach und das Schütteln der Wii-Fernbedienung ermöglicht wilde Aktionen.

28. AUGUST 2008 `Wii` ★
Captain Rainbow
Als einer der wenigen anerkannten Männern hat Tracy ein Bild von Mario aufgehängt.

16. OKTOBER 2008 `Wii` ★
Wii Music
Wenn man die Musik von *Super Mario Bros.* spielt, taucht im Hintergrund Pixel-Mario auf.

1. NOVEMBER 2008 — DS ★★

Nintendo DSi Shop

In der Download-Sequenz des Nintendo DSi tauchen Mario, Luigi, Peach und Toad auf.

1. NOVEMBER 2008 — DS ★

Nintendo DSi-Kamera

Als Gestaltung für den Rahmen stehen Elemente wie die Mario-Mütze oder sein typischer Schnauzbart zur Verfügung.

1. NOVEMBER 2008 — DS ★

Nintendo DSi Sound

Wartet man bei der Aufnahme eine Minute, wird automatisch eine typische *Mario*-Melodie abgespielt.

6. NOVEMBER 2008 — DS ★★

Hoshi no Kirby Ultra Super Deluxe

In Europa unter dem Namen *Kirby Super Star Ultra* erschienen. Ein Remake von *Super Deluxe*. Mario taucht im Zuschauerrang von Megaton Punch und auch bei der Stein-Verwandlung auf, allerdings ohne Victory-Pose.

20. NOVEMBER 2008 — Wii ★

Machi e Ikou Yo Doubutsu no Mori

In Europa unter dem Namen *Animal Crossing: Let's Go to the City* erschienen. Überall findet man Mario-Motive. Auf das Pinball-Spiel ist Mario gezeichnet und es gibt auch Mario-Möbelstücke.

11. DEZEMBER 2008 — Wii ★★

Taiko no Tatsujin Wii

Die Musik aus *Super Mario Bros.* ist im Spiel enthalten.

11. DEZEMBER 2008 — Wii

Wii de Asobu Donkey Kong Jungle Beat

Das Remake der GameCube-Version für die Wii.

24. DEZEMBER 2008 — DSiWare ★★★

Chotto Dr. Mario

Der Titel bedeutet in etwa: »Ein bisschen Dr. Mario«. Als DSiWare kann das Meisterwerk ohne Modulwechsel gespielt werden.

©2008 Nintendo

24. DEZEMBER 2008 — DSiWare

Utsusu Made in Wario

In Europa unter dem Namen *WarioWare: Snapped!* erschienen. Damit kam Wario auch beim DSi an. Schnelle Spiele mit der Kamera stehen hier zur Verfügung.

24. DEZEMBER 2008 — DSiWare

Ugoku Memo Cho

In Europa unter dem Namen »Flipnote Studio« erschienen. Es ist ein Programm, um Notizen zu machen oder Animationen zu erstellen. Mario taucht in der Anleitung auf. Vom 13. September 2010 bis 10. Januar 2011 wurde in Japan der »Mario Ugo Memo Contest« veranstaltet.

2009

15. JANUAR 2009 — Wii ★★★

Wii de Asobu Mario Tennis GC

Ein Spiel der *Wii de Asobu*-Serie. Die Bedienung wurde im Vergleich zur GameCube-Version drastisch verändert. Vor- und Rückhand kann man nun durch Schwingen der Wii-Fernbedienung spielen.

©2004-2009 Nintendo / CAMELOT

28. JANUAR 2009 — DSiWare ★

Art Style Series: PiCOPiCT

Wenn man die herabfallenden Pixel löscht, wird auf dem oberen Bildschirm eine Pixelgrafik angefertigt. Die Musik ist ein Remix aus *Super Mario Bros.*

11. FEBRUAR 2009 — DS ★★★

Mario & Luigi RPG 3!!!

Bei uns unter dem Namen *Mario & Luigi: Abenteuer Bowser* erschienen. Das Game spielt im Körper von Bowser. Auf dem oberen Bild wird Bowser, auf dem unteren Bild werden Mario und Luigi in Bowsers Körper angezeigt. Ihre Aktionen beeinflussen sich gegenseitig.

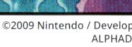

©2009 Nintendo / Developed by ALPHADREAM

25. FEBRUAR 2009 — DSiWare ★★

Nintendo DSi Dentaku Famicom Mario Type

Heißt so viel wie: »Nintendo DSi-Taschenrechner Type Famicom Mario«. Eine Programmreihe, die den DSi zum Taschenrechner macht, im Pixel-Mario-Design.

1. APRIL 2009 — DSiWare ★★

Nintendo DSi Tokei Famicom Mario Type

Eine Programmreihe, die den DSi zur Uhr macht, im Pixel-Mario-Design.

29. APRIL 2009 — DS ★★

Made in Ore

In Europa unter dem Namen *WarioWare: D. I. Y.* erschienen. In einem der Sample-Spiele von 9-Volt taucht Mario zusammen mit der Musik auf. Das wurde sogar in der Sendung *Hobo Maishu Soft* erwähnt.

29. APRIL 2009 — WiiWare ★★

Asobu Made in Ore

In Europa unter dem Namen *WarioWare: D. I. Y. Showcase* erschienen. In einem der Sample-Spiele taucht Mario auf. Hier konnte man die Spiele vom Nintendo DS übertragen und spielen.

21. MAI 2009 — Wii ★

Tact of Magic

Die Karte »Der Raum des Bruders« im Versus-Modus hat die Form von Pixel-Mario.

11. JUNI 2009 — Wii

Wii de Asobu Chibi-Robo!

Ein Spiel der *Wii de Asobu*-Serie. Es ist mit der GameCube-Version identisch.

29. JUNI 2009 ★

Nintendo Zone

Ein Netzwerk-Dienst von Nintendo in der Stadt. Wenn man mit dem DSi darauf zugreift, erscheint ein Icon von Pixel-Mario.

8. JULI 2009 — DSiWare

Elektro Plankton Tsuriganemushi

Interaktives Musik-Game mit dem Sound vom Famicom. Für die DSi-Ware wurde das Programm in mehrere Teilen aufgeteilt angeboten.

23. JULI 2009 — Wii / Wii U-DL
PUNCH-OUT!!
Ein Box-Action-Spiel. Im letzten Match erscheint Donkey Kong.

19. AUGUST 2009 — DSiWare
Game & Watch Donkey Kong Jr.
Die Umsetzung des *Game & Watch*-Titels *Donkey Kong Jr.* (New Wide Screen-Version) aus dem Jahr 1982.

19. AUGUST 2009 — DSiWare
Game & Watch Mario's Cement Factory
Die Umsetzung des *Game & Watch*-Titels *Mario's Cement Factory* aus dem Jahr 1983.

26. AUGUST 2009 — DSiWare
The Tower DS Classic
Die DS-Version wurde als eine vereinfachte Version auf dem DSi rausgebracht. Auch der Mario-Turm ist weiterhin enthalten.

2. SEPTEMBER 2009 — DSiWare
Nintendo DSi Metronom
Das Metronom schlägt den Rhythmus zum eingestellten Tempo. Es enthält das Mini-Spiel *Donkey Metronome*.

7. OKTOBER 2009 — DSiWare
Mario vs. Donkey Kong: Mini Mini Saikoushin!
In Deutschland unter dem Namen *Mario vs. Donkey Kong: Die Rückkehr der Mini-Marios* erschienen. Diesmal kann man eigene Levels uploaden, oder die Levels von anderen Spielern runterladen.

5. NOVEMBER 2009 — Wii
Mario & Sonic at the Vancouver Olympics
Bei uns unter dem Namen *Mario & Sonic bei den Olympischen Winterspielen* erschienen. Mario und Sonic nehmen an den Disziplinen der Olympischen Spiele in Vancouver (Februar 2010) teil. Es gibt neue Disziplinen wie Eiskunstlauf.

19. NOVEMBER 2009 — DS
Mario & Sonic at the Vancouver Olympics
In der Nintendo DS-Version gibt es auch den Modus »Adventure Tours«. Hier erleben Mario und Sonic ein Abenteuer bei den Olympischen Spielen, um die Schneefee zurückzuholen.

3. DEZEMBER 2009 — Wii
New Super Mario Bros. Wii
Nun ist ein Mehrspielermodus mit bis zu vier Spielern vorhanden. Man kann dabei mit- oder gegeneinander spielen (Seite 140 ff.).

2010

27. MAI 2010 — Wii / Wii U-DL
Super Mario Galaxy 2
Mit Raumschiff Mario als Stützpunkt fliegt Mario zusammen mit Yoshi durchs All. Das zweite Action-Spiel mit kugelförmigen Landschaften (Seite 154 ff.).

8. JULI 2010 — Wii
Wii Party
Bei der Kleeblatt-Suche gibt es eine Aufgabe mit Pixel-Mario.

21. OKTOBER 2010 — Wii
Super Mario Collection Special Pack
Inhaltlich wie die *Super Mario Collection* für den Super Famicom.

11. NOVEMBER 2010 — Wii
Super Mario Bros. (25. Jubiläum)
In Europa unter dem Namen *Super Mario All-Stars – 25 Jahre Jubiläumsedition* erschienen. Das vorinstallierte Spiel zur Jubiläumskonsole. Einige Details wurden bei *Super Mario Bros.* geändert, z. B. steht auf dem ?-Block eine »25« statt ein »?«.

17. NOVEMBER 2010 — DSiWare
Jibun de Tsukuru Nintendo DS Guide
Bedeutet in etwa: »Selbst erstellen: Nintendo DS Guide«. Damit kann man Fotos und Sounds kombinieren und einen eigenen Guide erstellen. Die Resultate kann man auch ins Netz stellen. Bei den Gruppenauswahl-Icons gibt es unter anderem Mario-Items.

25. NOVEMBER 2010 — Wii
Mario Sports Mix
Die *Mario*-Familie sowie Charaktere aus der *Final Fantasy*- und der *Dragon Quest*-Serie spielen gemeinsam in diesem Sportspiel mit. Sie nehmen an Disziplinen wie Volleyball oder Hockey teil.

2. DEZEMBER 2010 — DS
Mario vs. Donkey Kong Totsugeki! Mini Land
In Europa unter dem Namen *Mario vs. Donkey Kong: Aufruhr im Miniland* erschienen. Mini-Marios werden ins Ziel geführt. Mario ist hinter Donkey Kong her, der Pauline entführt hat. Man kann zudem selbst erstellte Levels übers Netz an andere Leute weiterleiten.

©2010 Nintendo

2. DEZEMBER 2010 — Wii
Taiko no Tatsujin Wii – Minna de Party ★ Sandaime
Hier kann man die Musik aus *New Super Mario Bros. Wii* spielen.

9. DEZEMBER 2010 — Wii / Wii U-DL
Donkey Kong Returns
In Europa unter dem Namen *Donkey Kong Country Returns* erschienen. Mit verschiedenen Aktionen versucht Donkey Kong über 70 Levels zu bewältigen. Diddy Kong unterstützt ihn dabei.

2011

26. FEBRUAR 2011 — 3DS
Nintendo 3DS Camera
Ein vorinstalliertes Nintendo-3DS-Programm. Wenn man das Geräusch des Auslösers auf »???« einstellt, ertönt die Oberwelt-Melodie von *Super Mario Bros.*

26. FEBRUAR 2011 — 3DS
AR Games
Ein vorinstalliertes 3DS-Programm, um AR (Augmented Reality) zu genießen. Damit kann man Mario aufnehmen. Im Angelspiel kann man *Mario*-Charaktere wie die Blooper angeln.

26. FEBRUAR 2011 — 3DS
Nintendo 3DS Sound
Ein vorinstalliertes 3DS-Programm. Bei den Soundeffekten des Schlagzeugs sind Münz- und Sprunggeräusche von *Mario* enthalten. Lässt man 100-mal das Münzgeräusch ertönen, kommt der 1-Up-Jingle.

251

26. FEBRUAR 2011 `3DS`

StreetPass Mii Lobby

Ein vorinstalliertes Programm für den Nintendo 3DS. In »Puzzle-Tausch« gibt es Motive von Mario, in »Rette die Krone!« erhält man Mario-Mützen.

26. FEBRUAR 2011 `3DS`

nintendogs + cats

Gleichzeitig erschienen mit dem Nintendo 3DS. Ein Simulationsspiel mit Welpen und Kätzchen. Im Spiel gibt es zum Beispiel *Mario Kart*-Spielzeuge, dazu Raummotive im *Mario*-Style.

12. MAI 2011 `3DS`

Steel Diver

Ein U-Boot-Action-Spiel. Es gibt Mario-Sticker, um die Leistung des U-Boots zu erhöhen.

16. JUNI 2011 `3DS`

The Legend of Zelda: Ocarina of Time 3D

Wenn man durch das Fenster von Schloss Hyrule schaut, erblickt man dort die Welt von *Mario*.

14. APRIL 2011 `3DS`

Pilotwings Resort

Flugsportarten in 3-D. Aus den Häusern hört man, wie jemand *Mario*-Spiele spielt.

5. OKTOBER 2011 `3DS`

Hikuosu

In Europa unter dem Namen *Pullblox* erschienen. Ein Puzzle-Action-Spiel, bei dem die Plattformen gezogen und gedrückt werden, um das Ziel zu erreichen. Es gibt Mario-relevante Aufgaben.

3. NOVEMBER 2011 `3DS`

Super Mario 3D Land

Eine neue Art von *Mario* in 3-D, nah am 2-D-Spiel (Seite 176 ff.).

23. NOVEMBER 2011 `Wii`

Taiko no Tatsujin Wii Ketteiban

Hier kann man die Musik aus *New Super Mario Bros. Wii* spielen.

1. DEZEMBER 2011 `3DS`

Mario Kart 7

Die *Mario Kart*-Welt wurde erweitert. Man kann fliegen oder im Meer schwimmen. Die Karts können außerdem modifiziert werden.

©2011 Nintendo

1. DEZEMBER 2011 `Wii`

Itadaki Street Wii

Bei dem etablierten Brettspiel treten wieder die *Mario*-Familie und *Dragon Quest*-Charaktere gemeinsam auf.

8. DEZEMBER 2011 `Wii`

Mario & Sonic at the London Olympics

Bie uns als *Mario & Sonic bei den Olympischen Spielen: London 2012* erschienen. Mario und Sonic laufen gemeinsam bei den Olympischen Spielen in London auf. Hier gibt es auch das Party-Game »London Festa«.

©1995, 1999, 2011 Nintendo / Jupiter Corp.

21. DEZEMBER 2011 `3DS-DL`

Itsu No Ma Ni Koukan Nikki

In Deutschland als *Nintendo-Briefkasten* erschienen, auch als *Swapnote* oder *Nintendo Letter Box* bekannt. Hier gab es ein Mario-Briefpapier.

27. DEZEMBER 2011 `3DS-DL`

Tobidasu Purikura ☆ Kiradeko Revolution

Im Spiel sind Deko-Elemente wie das »Mario Basic-Set« oder das »Mario Kart 7-Set« enthalten.

2012

12. JANUAR 2012 `3DS`

Shinrei Camera – Tsuiteru Techo

In Europa unter dem Namen *Spirit Camera: The Cursed Memoir* erschienen. Hier taucht ein Peach-Kostüm auf.

19. FEBRUAR 2012 `Wii`

Kiki Trick

Bedeutet in etwa: »Hör-Trick«. Es ging darum, aus rauschenden Geräuschen den richtigen Ton herauszuhören. Dabei werden Videos von *Super Mario Bros.* oder *Super Mario Kart* genutzt.

1. MÄRZ 2012 `3DS`

Mario & Sonic at the London Olympics

Die *Mario*-Familie und *Sonic*-Charaktere wetteifern in 57 Disziplinen, so vielen wie noch nie zuvor.

8. MÄRZ 2012 `3DS`

Metal Gear Solid Snake Eater 3D

Überall im Spiel verstecken sich Yoshis.

26. APRIL 2012 `Wii`

Mario Party 9

Die Spielregeln wurden komplett erneuert. Man läuft zu viert gleichzeitig auf dem Spielbrett und je nach Spielfeld, auf dem man landet, wird ein Mini-Spiel ausgefochten.

©2012 Nintendo

24. MAI 2012 `3DS`

Mario Tennis Open

Es gibt Mini-Spiele wie *Super Mario Tennis*, bei dem *Super Mario Bros.* gesteuert wird, indem man gegen die Wand spielt.

©2012 Nintendo / CAMELOT

28. JULI 2012 `3DS-DL`

Donkey Kong Original Edition

Ein Startbonus für die Sommer-Download-Kampagne. Hier wurde das Level der Arcade-Version (50 m) hinzugefügt.

28. JULI 2012 `3DS`

New Super Mario Bros. 2

Waschbär-Mario kehrt nach langer Zeit wieder zurück und Gold-Mario ist neu hinzugekommen (Seite 190 ff.).

13. SEPTEMBER 2012 `3DS-DL`

Club Nintendo Picross

Ein *Picross*-Spiel zum Tauschen bei Club Nintendo. Es gibt Aufgaben mit Mario und anderen Nintendo-Charakteren.

31. OKTOBER 2012 `3DS-DL`

Hikuotsu

In Europa unter dem Namen *Fallblox* erschienen. Es gibt Rätsel mit Piranha-Pflanzen und Kugelwillis.

8. NOVEMBER 2012 `3DS`

Tobidase Doubutsu no Mori

In Europa unter dem Namen *Animal Crossing: New Leaf* erschienen. Hier spielt man den Bürgermeister eines eigenen Dorfs. Es tauchen auch Möbelstücke mit *Mario*-Motiven auf.

29. NOVEMBER 2012 `Wii`

Taiko no Tatsujin Wii – Cho Gouka Ban

Hier kann man die Musik aus *New Super Mario Bros. Wii* spielen.

6. DEZEMBER 2012 `3DS`

Paper Mario Super Seal

In Europa unter dem Namen *Paper Mario: Sticker Star* erschienen. Papierflacher Mario erlebt ein großes Abenteuer, wobei er Sticker einsetzt. Die Kämpfe werden auch mit Stickern geführt und besonders wichtig sind die »Dings-Sticker«.

8. DEZEMBER 2012 `Wii U`

New Super Mario Bros. U

Zusammen mit der Wii-U-Konsole erschienen. Man kann bis zu viert spielen, und es gibt noch den unterstützenden »Boost-Modus« mit dem Wii U Game-Pad (Seite 204 ff.).

©2012 Nintendo

8. DEZEMBER 2012 `Wii U`

Nintendo Land

Man kann an zwölf verschiedenen Attraktionen teilnehmen. »Mario Chase«, »Luigi's Ghost Mansion«, »Yoshi's Fruit Cart« und »Donkey Kong's Crash Course« stehen in Verbindung zu Mario.

8. DEZEMBER 2012 `Wii U`

Tekken Tag Tournament 2 Wii U Edition

Es gibt einige Elemente nur für die Wii U, wie der Pilz-Kampf, bei dem die Charaktere immer größer werden. Außerdem gibt es Nintendo-Kostüme (Mario, Luigi, Toad, Peach, Bowser).

2013

20. MÄRZ 2013 `3DS`

Luigi's Mansion 2

Das zweite Adventure-Game mit Luigi als Hauptcharakter. Er muss die Teile des Finstermondes sammeln und seinen Bruder suchen. Im Abspann tritt Mario auf.

©2013 Nintendo

28. MÄRZ 2013 `Wii U`

Game & Wario

Warios Truppe kommt auf die Wii U, mit einem ähnlichen System wie die *Made in Wario*-Serie. Bei »Kat & Anas Patchwork-Spiel« gibt es Mario-Aufgaben.

23. APRIL 2013 `3DS`

Issho ni Photo Super Mario

Mit den beigefügten Karten zu den Prepaid-Karten kann man z. B. Fotos schießen. Im ersten Paket gab es Motive mit Mario, Gumba und Peach, im zweiten Paket (29. Juni 2013) waren Luigi, Koopa und Bowser dabei.

13. JUNI 2013 `3DS`

Donkey Kong Returns 3D

Eine Umsetzung des Wii-Spiels *Donkey Kong Returns* für den Nintendo 3DS. Diese Version enthält acht neue Levels.

18. JUNI 2013 `3DS-DL`

Surechigai Garden

Hierzulande unter dem Namen *Säen und Staunen* erschienen. Ein Spiel zum Blumenzüchten via StreetPass. Es gibt einen großen Pilz und einen Yoshi-Formschnitt.

13. JULI 2013 `Wii U`

New Super Luigi U

Die Levels von *New Super Mario Bros. U* wurden überarbeitet und die Spieler können 82 neue Levels genießen. Luigi ist der Hauptcharakter, so taucht hier nur die Mütze von Mario auf. Mopsie dient als zweiter Spielercharakter.

©2012-2013 Nintendo

18. JULI 2013 `3DS`

Mario & Luigi RPG 4: Dream Adventure

In Europa unter dem Namen *Mario & Luigi: Dream Team Bros.* erschienen. Ein großes Abenteuer in der Traumwelt. Erneut ist die entführte Peach zu retten. Es gibt traumhafte Kämpfe mit unzähligen Luigis und Vergrößerungen.

©2013 Nintendo / Developed by ALPHADREAM

24. JULI 2013 `3DS-DL`

Mario and Donkey Kong Mini Mini Carnival

In Deutschland als *Mario und Donkey Kong: Minis on the Move* erschienen. Ein Puzzlespiel. Innerhalb der vorgegebenen Zeit werden die Platten verbunden, um Mini-Marios ins Ziel zu bringen.

25. JULI 2013 `Wii U`

Lego City Undercover

In der großen Lego-Welt tauchen ?-Blöcke, Röhren und Cheep-Cheeps auf.

14. SEPTEMBER 2013 `3DS`

Monster Hunter 4

Teil des Spiels ist eine Eventquest namens »Mario – Pilzliebende Brüder«. Dort gibt es Katzenkostüme mit Mario- und Luigi-Motiven, dazu noch Gildenkarten mit *Mario*-Motiv (Hintergrund und Pose) und *Donkey Kong*-Motiv (Hintergrund).

17. OKTOBER 2013 `Wii U`

Rayman Legends

Marios und Luigis Kostüme tauchen auf.

24. OKTOBER 2013 `Wii U`

Sonic Lost World

Als DLC gibt es die *Yoshi's Island Zone*. Sonic rennt mit einem Ei durch ein Level wie aus »Yoshi's Island«.

31. OKTOBER 2013 `Wii U`

Wii Party U

Bei dem Spiel »Mii Modenschau« findet man Peachs Kleid und mehr.

14. NOVEMBER 2013 `3DS`

Daigasso! Band Brothers P

Bei den Liedern, Videos und Klamotten gibt es einige Mario-relevante Sachen.

21. NOVEMBER 2013 — Wii U ★★★★

Super Mario 3D World

Mario, Luigi, Peach, Toad und Rosalina haben unterschiedliche Eigenschaften und stehen als spielbare Charaktere zur Verfügung. Ein 3-D-*Mario*-Spiel, das man mit allen spielen kann (Seite 220 ff.).

21. NOVEMBER 2013 — Wii U ★★

Taiko no Tatsujin Wii U Version

Hier kann man die Musik aus *Super Mario Bros.* spielen.

5. DEZEMBER 2013 — Wii U ★★★

Mario & Sonic at the Sochi Oylmpics

In Deutschland unter dem Namen *Mario & Sonic bei den Olympischen Winterspielen: Sotschi 2014* erschienen. Das etablierte Sportspiel spielt diesmal in Sotschi. Neben den 16 Olympischen Disziplinen gibt es noch acht Traumdisziplinen mit *Mario*- und *Sonic*-Elementen.

19. DEZEMBER 2013 — Wii U-DL ★★

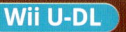

Famicom Remix

Die altbekannten Famicom-Spiele als Remix-Version. Die Mini-Spiele basieren auf 16 Famicom-Titeln wie *Super Mario Bros.* und *Mario Bros.*

2014

15. JANUAR 2014 — Wii U-DL

Dr. Luigi & Saikin Bokumetsu

In Europa unter dem Namen *Dr. Luigi* erschienen. Hier sind die Kapseln »L«-förmig. Das Game »Bazillenjagd« ist auch enthalten.

13. FEBRUAR 2014 — Wii U

Donkey Kong Tropical Freeze

In Europa unter dem Namen *Donkey Kong Country: Tropical Freeze* erschienen. Großes Abenteuer auf sechs Inseln mit Donkey Kong, Diddy Kong, Dixie Kong und Cranky Kong. Zu zweit gleichzeitig spielbar.

27. FEBRUAR 2014 — 3DS

Bokujo Monogatari Tsunagaru Shintenchi

In Europa unter dem Namen *Story of Seasons* erschienen. Auf den Feldern kann man Superpilze, Feuerblumen und Sterne ernten.

20. MÄRZ 2014 — 3DS ★★★

Mario Party: Island Tour

Sieben Karten und 80 neue Mini-Games. Es gibt auch den Einspielermodus »Bowsers Turmturnier«, bei dem man die Mini-Games bewältigen muss.

24. APRIL 2014 — Wii U-DL ★★

Famicom Remix 2

Die Retail-Version (1+2) erschien am selben Tag. Hier wurden die Melodien aus *Super Mario Bros. 2* und *Super Mario Bros. 3* geremixt.

1. MAI 2014 — 3DS ★★★

Mario Golf: World Tour

Man kann gegen Spieler aus der ganzen Welt spielen. Es ist auch möglich, neue Golfplätze und Spielercharaktere dazuzukaufen.

29. MAI 2014 — Wii U ★★★

Mario Kart 8

Das neue Hauptmerkmal sind Antigravitationsstrecken. Außerdem kann man neue spielbare Charaktere auswählen und mit DLCs das Spiel erweitern. Es ist amiibo-kompatibel.

19. JUNI 2014 — Wii U

Hiku Osu World

In Europa unter dem Namen *Pullblox World* erschienen. Hier gibt es Aufgaben mit Gumbas, Cheep-Cheeps und Bowser.

1. JULI 2014 — 3DS-DL ★★★

New Super Mario Bros. 2: Gold Edition

Ein besonderes Angebot im Rahmen einer Werbekampagne. Eine spezielle Version des gleichnamigen Spiels, inklusive DLCs.

24. JULI 2014 — 3DS ★★★

Yoshi's New Island

Die Fortsetzung des Abenteuers von Yoshi und Baby Mario. Es wurden neue Eier und Verwandlungsarten hinzugefügt.

14. AUGUST 2014 — Wii U

Zelda Muso

In Europa unter dem Namen *Hyrule Warriors* erschienen. Ein Hack-and-Slay-Spiel. Der Kettenhund tritt als Waffe auf. Das Game ist amiibo-kompatibel.

13. SEPTEMBER 2014 — 3DS ★★

Dairantou Smash Bros. for Nintendo 3DS

In Europa unter dem Namen *Super Smash Bros. for Nintendo 3DS* erschienen. Als Spielercharaktere sind Rosalina mit Luma und Bowser Jr. zum ersten Mal dabei.

20. SEPTEMBER 2014 — Wii U ★

Bayonetta 2

Ein Climax-Action-Spiel. Es erschien zusammen mit dem Vorgänger von anderen Konsolen auf zwei Discs. Bei Bayonettas Spezial-Kostümen gab es ein »Spezial-Kleid vom Pilz-Königreich« u. Ä.

10. OKTOBER 2014 — 3DS-DL ★

Club Nintendo Picross Plus

Eine Platinum-Belohnung vom Club Nintendo im Jahr 2014. Hier werden viele Nintendo-Aufgaben gestellt, wie z. B. zur *Super Mario*-Serie.

13. NOVEMBER 2014 — Wii U ★★

Susume! Kinopio Taicho

In Europa unter dem Namen *Captain Toad: Treasure Tracker* erschienen. Ein Spin-off-Spiel mit Captain Toad als Hauptcharakter, der bereits in *Super Mario 3D World* eine große Rolle gespielt hat. Im Abspann taucht Mario auf.

13. NOVEMBER 2014 — 3DS ★

One Piece Super Grand Battle! X

Mithilfe von amiibo trägt die Strohhut-Piratenbande Klamotten der Nintendo-Charaktere, darunter auch Marios Outfit.

6. DEZEMBER 2014 — Wii U ⭐⭐

Dairantou Smash Bros. for Wii U

In Europa unter dem Namen *Super Smash Bros. for Wii U* erschienen. Dieselben Spielercharaktere wie in der 3DS-Version. Es gibt aber mehrere Spielmodi nur für die Wii U, wie z. B. den 8-Kämpfer-Smash.

17. DEZEMBER 2014 — 3DS-DL ⭐

Badge Toreru Center

In Europa unter dem Namen *Nintendo Badge Arcade* erschienen. Es werden Badges von Mario und anderen Charakteren der *Mario*-Familie verkauft.

2015

29. JANUAR 2015 — 3DS ⭐

Ace Combat 3D Cross Rumble+

Es erscheinen Maschinen mit relevanten Motiven wie Mario oder Luigi. Man erhält sie aus den ?-Blöcken. Mit amiibo erhält man sie in anderen Farben.

12. MÄRZ 2015 — Wii U ⭐⭐⭐

Mario Party 10

Die »Bowser Party« ist da, die man mit dem Wii U GamePad bis zu fünft spielen kann. Dabei geht es um Team Mario gegen Bowser.

©1995, 1999, 2015 Nintendo / Jupiter Corp.

19. MÄRZ 2015 — Wii U ⭐⭐⭐

Mario vs. Donkey Kong Minna de Mini-Land

In Europa unter dem Namen *Mario vs. Donkey Kong: Tipping Stars* erschienen. Ein von alleine gehender Mini-Mario muss innerhalb der vorgegebenen Zeit ins Ziel geführt werden. Inhaltlich sind die 3DS- und Wii-U-Versionen fast identisch.

©1995, 1999, 2015 Nintendo/Jupiter Corp.

19. MÄRZ 2015 — 3DS ⭐⭐⭐

Mario vs. Donkey Kong Minna de Mini-Land

Die Bildschirmproportionen sind anders, aber im Prinzip ist das Spiel inhaltlich identisch zur Wii-U-Version.

©1995, 1999, 2015 Nintendo / Jupiter Corp.

2. APRIL 2015 — 3DS-DL

Surechigai Fishing

In Europa unter dem Namen *Ein fetter Fang* erschienen. Ein kostenpflichtiges Spiel der StreetPass Mii-Lobby. Hier könnt ihr Cheep-Cheeps und Blooper angeln.

16. APRIL 2015 — 3DS

Girls Mode 3 Kira Kira ☆ Coorde

In Europa unter dem Namen *New Style Boutique 2 – Fashion Forward* erschienen. Mit amiibo erhält man nach den Events Klamotten, die zu den Charakteren passen. Es gab auch DLCs wie »Rosalinas Yukata«.

23. APRIL 2015 — Wii U-DL ⭐⭐⭐

Touch! Amiibo Ikinari Famicom Mei Scene

Bei uns als *Amiibo Touch & Play: Nintendo Classics Highlights* erschienen. Mit den amiibo kann man die besten Szenen von bestimmten Famicom- oder Super-Famicom-Spielen drei Minuten lang spielen, z. B. die erste Begegnung mit Yoshi in *Super Mario World*.

29. APRIL 2015 — 3DS ⭐⭐⭐

Puzzle & Dragons: Super Mario Bros. Edition

Mario und seine Freunde beginnen das Puzzle-Kampf-Abenteuer, um Prinzessin Peach zu retten.

13. MAI 2015 — 3DS-DL

Hikudasu Hippa Land

Im »Opas Famicom-Plaza« gibt es Rätsel mit Pixel-Charakteren wie dem Kettenhund.

28. MAI 2015 — Wii U

Splatoon

Dokan T-Gear nach dem *The King of Games*-Design usw.

31. MAI 2015 — 3DS-DL ⭐⭐⭐

Dr. Mario Gyakuten! Tokkoyaku & Saikin Bokumetsu

Bedeutet in etwa: »Dr. Mario: Blatt gewendet! Wundermedizin & Bazillenjagd«. In *Dr. Mario* kann man mit der Wundermedizin das Blatt auf einmal wenden. Auch die »Bazillenjagd« ist enthalten.

11. JUNI 2015 — 3DS

Rhythm Tengoku The Best+

In Europa unter dem Namen *Rhythm Paradise Megamix* erschienen. Unter bestimmten Voraussetzungen tauchen Charaktere aus *Made in Wario* auf.

16. JULI 2015 — 3DS

Yoshi's Woolly World

Mit amiibo tauchen wollige Yoshis auf, die den amiibo-Charakteren entsprechen.

22. JULI 2015 — 3DS-DL

Daigassou! Band Brothers P Debut

Eine Variante von *Daigassou! Band Brothers P* mit eingeschränkten Funktionen.

22. JULI 2015 — 3DS

Doubutsu no Mori Happy Home Designer

In Europa unter dem Namen *Animal Crossing: Happy Home Designer* erschienen. Möbelstücke mit *Mario*-Motiven tauchen auf.

27. AUGUST 2015 — 3DS ⭐⭐⭐

Famicom Remix Best Choice

Die besten Spiele aus bisherigen *Famicom Remix*-Teilen wurden ausgesucht. Enthält auch das Spiel *Speed Mario Bros.*, eine schnellere Variante von *Super Mario Bros.*

10. SEPTEMBER 2015 — 3DS

Monster Hunter Nikki Poka Poka Airou Mura DX

Als Kollaborationskostüme für Airou gibt es hier Mario-Outfits.

10. SEPTEMBER 2015 — Wii U ⭐⭐⭐

Super Mario Maker

Man kann Levels für *Super Mario Bros.*, *Super Mario Bros. 3*, *Super Mario World* und *New Super Mario Bros. U* beliebig erstellen, spielen und diese für andere Spieler zur Verfügung stellen (Seite 6 ff.).

©2015 Nintendo

NINTENDO OFFICIAL GUIDE BOOK

DIE ERSTEN 30 JAHRE

SUPER MARIO ENZYKLOPÄDIE

1985 – 2015

JAPANISCHE ORIGINALAUSGABE

- Approval / Unterstützung: ....Nintendo Co., Ltd.
- Planung / Redaktion: .... Kazuya Sakai (Ambit)
  Kikai
  Akinori Sao
  Junko Fukuda
  Kunio Takayama
  Ko Nakahara (Shogakukan)
- Cover / Textdesign: .... Akemi Tobe (at)
- Redaktionelle Unterstützung: ....Mika Kanmuri
  Nobuo Takagi
- Special thanks to: .... Takashi Tezuka (Nintendo)

©1985-2015 Nintendo
Lizensiert durch Nintendo

DEUTSCHE AUSGABE

- Verantwortliche Redakteure: ....Sabine Scholz
  Benjamin Spinrath
- Übersetzung: ....Hirofumi Yamada
- Retusche / Satz: .... Vibrraant Publishing Studio
- Herstellung: ....Jacqueline Bradtke
- Koordination / Approval: ....Arika Yanaka

Super Mario Bros. ©1985 Nintendo
Super Mario Bros. 2 ©1986 Nintendo
Super Mario Bros. 3 ©1988 Nintendo
Super Mario Land ©1989 Nintendo
Super Mario World ©1990 Nintendo
Super Mario USA ©1992 Nintendo
Super Mario Land 2: 6 Golden Coins ©1992 Nintendo
Super Mario 64 ©1996 Nintendo
Super Mario Sunshine ©2002 Nintendo
New Super Mario Bros. ©2006 Nintendo
Super Mario Galaxy ©2007 Nintendo
New Super Mario Bros. Wii ©2009 Nintendo
Super Mario Galaxy 2 ©2010 Nintendo
Super Mario 3D Land ©2011 Nintendo
New Super Mario Bros. 2 ©2012 Nintendo
New Super Mario Bros. U ©2012 Nintendo
Super Mario 3D World ©2013 Nintendo

TOKYOPOP
1. Auflage, 2017
Deutsche Ausgabe/German Edition
© TOKYOPOP GmbH, Hamburg 2017

TM & © 2017 Nintendo.
All Rights Reserved.
[NINTENDO OFFICIAL GUIDE BOOK]
SUPER MARIO BROS. ENCYCLOPEDIA
30TH ANNIVERSARY
1985–2015
All rights reserved.
Original Japanese edition published by SHOGAKUKAN.
German translation rights arranged with SHOGAKUKAN
through The Kashima Agency.

Druck und buchbinderische Verarbeitung:
Livonia Print
Printed in Latvia

Alle deutschen Rechte vorbehalten. Nachdruck, auch auszugsweise, verboten. Kein Teil dieses Werkes darf ohne schriftliche Genehmigung des Verlages in irgendeiner Form reproduziert oder unter Verwendung elektronischer Systeme verarbeitet, vervielfältigt oder verbreitet werden.

ISBN 978-3-8420-3653-6

www.tokyopop.de
www.nintendo.de